westermann

Autoren: Jürgen Gratzke, Lennart Gratzke, Jens Kullin, Ingo Patett

Herausgeber: Jürgen Gratzke

IT-Berufe

Fachstufe
Kaufmännische IT-Berufe
Lernfelder 6–9

Arbeitsbuch Lernsituationen

1. Auflage

Bestellnummer 220152

Die in diesem Produkt gemachten Angaben zu Unternehmen (Namen, Internet- und E-Mail-Adressen, Handelsregistereintragungen, Bankverbindungen, Steuer-, Telefon- und Faxnummern und alle weiteren Angaben) sind i. d. R. fiktiv, d. h., sie stehen in keinem Zusammenhang mit einem real existierenden Unternehmen in der dargestellten oder einer ähnlichen Form. Dies gilt auch für alle Kunden, Lieferanten und sonstigen Geschäftspartner der Unternehmen wie z. B. Kreditinstitute, Versicherungsunternehmen und andere Dienstleistungsunternehmen. Ausschließlich zum Zwecke der Authentizität werden die Namen real existierender Unternehmen und z. B. im Fall von Kreditinstituten auch deren IBANs und BICs verwendet.

Zu diesem Produkt sind digitale Zusatzmaterialien kostenlos online für Sie erhältlich.
Sie können diese ganz einfach über die Eingabe des nachfolgenden Codes im Suchfeld unter www.westermann.de abrufen.

BVE-220152-001

Die Seiten dieses Arbeitshefts bestehen zu 100 % aus Altpapier.

Damit tragen wir dazu bei, dass Wald geschützt wird, Ressourcen geschont werden und der Einsatz von Chemikalien reduziert wird. Die Produktion eines Klassensatzes unserer Arbeitshefte aus reinem Altpapier spart durchschnittlich 12 Kilogramm Holz und 178 Liter Wasser, sie vermeidet 7 Kilogramm Abfall und reduziert den Ausstoß von Kohlendioxid im Vergleich zu einem Klassensatz aus Frischfaserpapier. Unser Recyclingpapier ist nach den Richtlinien des Blauen Engels zertifiziert.

Druck und Bindung: Westermann Druck GmbH, Georg-Westermann-Allee 66, 38104 Braunschweig

ISBN 978-3-14-**220152**-8

Vorwort

Die Autoren dieser Buchreihe haben sich zum Ziel gesetzt, auf der Basis der neuen IT-Ausbildungsordnung und des entsprechenden Rahmenlehrplans handlungs- und kompetenzorientierte Unterrichtsmedien zur Verfügung zu stellen. Im vorliegenden Arbeitsbuch wurden auf die Lernfelder und das zugehörige Schülerbuch abgestimmte Lernsituationen konzipiert. Daher werden Hinweise zu passenden Kapiteln im Schülerbuch gegeben und mit Zusatzmaterialien ergänzt. Die Lernsituationen des Arbeitsbuches sind aus der Sicht des Ausbildungsbetriebes, der Ausbilderin bzw. Ausbilders erstellt. Das Arbeitsbuch mit den Lernsituationen im Modellunternehmen soll die Kooperation bzw. Ausbildungskoordination zwischen den Bildungspartnern unterstützen.

Die Autoren haben unter der gegebenen Themenvielfalt eine möglichst breit gefächerte Auswahl an Einstiegssituationen, Zusatzmaterialien, Hinweisen und Aufgabenstellungen vorgenommen. Den Lehrkräften stehen damit für die weitere Ausgestaltung der vier Lernfelder in der Fachstufe 1 31 Lernsituationen mit über 100 Teilaufgaben zur Verfügung. Aus dem technischen Arbeitsbuch sind die Lernfelder 6 und 8 (als Lernfeld 7 reduziert auf die Anforderungen der kaufmännischen Berufe) sowie Lernfeld 9 (geändert für die kaufmännischen Berufe) übernommen worden, Lernfeld 8 (Beschaffung) wurde neu erstellt.

Alle Bände der Reihe stellen ihre Inhalte handlungsorientiert im Rahmen des Modellunternehmens JIKU IT-Solutions GmbH dar, eines innovativen Systemhauses der IT-Branche. Damit sollen zugleich ein stärkerer Praxisbezug und ein größerer Handlungsbezug erreicht werden. Informationen zum Modellunternehmen werden gleich zu Anfang sowohl im Schülerbuch als auch im Arbeitsbuch gegeben. Im Downloadbereich zur Buchreihe auf der Verlagswebseite können zahlreiche Dateien zum Modellunternehmen heruntergeladen werden. Wir bitten um Verständnis, dass in der gesamten Reihe genderneutral formuliert bzw. die männliche Form geschlechtsneutral verwendet wurde.

Eine Methodensammlung und Vorlagen im Downloadbereich der Buchreihe sollen die didaktische Jahresplanung und die kompetenzorientierte Lernarbeit unterstützen.

Zur leichteren Orientierung wurden folgende Symbole ergänzt:

S	Situationsbeschreibung
	Aufgaben
	Material (Quellen, auch Auszüge, für handlungsorientiertes Lernen)
	Verweis auf Kapitel im Schülerbuch (Fachstufe 1, BN 220144)
	Check (Schwerpunkt auf Kontrolle und Reflexion)
	Offene, freie Aufgaben
	Verweis auf freien Download
	Verweis auf Aufgaben, die in einer Gruppe bearbeitet werden können.
	Verweis auf Aufgaben, die als Projekt bearbeitet werden können.

Freie Downloads zum Schülerbuch sind unter www.westermann.de (Bestell-Nr. **220144**) zu finden. Für Lehrkräfte ist zusätzlich ein Löser-Download unter www.westermann.de (Bestell-Nr. **220148**) erhältlich. Er enthält Lösungen, Lösungsvorschläge, komplette Lösungsdateien sowie Dateien für die Unterrichtsplanung. Das Arbeitsbuch ist unter www.westermann.de (Bestell-Nr. **220152**) erhältlich. Auch hierzu werden freie Downloads sowie ein Löser-Download für Lehrkräfte angeboten. Gerne nehmen wir Anregungen oder Kritik unter service@westermann.de entgegen.

Frühjahr 2023

Herausgeber und Autoren

Inhaltsverzeichnis

Das Modellunternehmen JIKU IT-Solutions GmbH

Unternehmensbeschreibung

Als IT-Systemhaus sind wir eine Brücke zwischen Endkunden und Hersteller. Kunden unseres Systemhauses sind überwiegend mittelständische Unternehmen (Bereich „Business“), aber auch Behörden und Organisationen (Bereich „Public“) und Privatkunden (Bereich „Consumer“ beziehungsweise „Verbraucher“).

Das Systemhaus berät die Kunden, entwickelt IT-Lösungen, beschafft die erforderlichen Produkte und richtet diese beim Kunden ein. Danach kümmert es sich meist weiterhin um die Wartung der Systeme der Kunden und sorgt dafür, dass deren Funktionalität gesichert ist. Wir arbeiten gerne per Fernwartung sowie vor Ort des Kunden. Die Fernwartung macht es möglich, dass die Techniker sich im Falle einer Fehlermeldung direkt auf die Systeme des Kunden aufschalten und so schnell wie möglich mit der Problemlösung beginnen können. Vor-Ort-Termine sind wichtig für persönliche Beratungsgespräche, wenn sich ein Problem nicht per Fernwartung lösen lässt sowie für die Implementierung neuer Komponenten. Es ist durchaus möglich, dass der Kunde eine eigene IT-Abteilung beschäftigt und nur Teile seiner IT-Aufgaben an das Systemhaus abgibt. Dies ist oft bei großen Unternehmen der Fall. Oder aber, er wünscht eine Auslagerung oder Outsourcing der IT-Infrastruktur und -Dienste, und der IT-Dienstleister kümmert sich um die komplette IT-Infrastruktur. Immer häufiger nimmt das Systemhaus heute auch die Rolle des Beraters zur IT-Neuorganisation, in IT-Ausstattungsfragen und zur IT-Sicherheit ein.

Durch unseren Systemhauszusammenschluss mit zehn Systemhäusern an 16 Standorten können wir dem Kunden gebündelt besten und vielfältigen Service auf neuestem Stand anbieten und können auf gemeinsame personelle und technische Ressourcen zugreifen.

Daten und Fakten

- Verbund von zehn Systemhäusern und 16 Standorten, insgesamt 96 Auszubildende
- Insgesamt 480 Mitarbeiter, am Standort Hamburg 32 Mitarbeiter, davon zehn Auszubildende
- Eigene Rechenzentren
- Anspruch: Exzellenz in IT-Solutions

Überblick über das Leistungsportfolio
(siehe auch Schülerbuch Band 1, Lernfeld 1, Kapitel 1.3.1 und Lernfeld 2, Kapitel 2.4.14)

<table>
<tr><th>IT-Service</th><th>Server und Storage</th><th>IT-Solutions</th></tr>
<tr><td>1 IT-Service vor Ort
2 IT-Betreuung für Unternehmen
3 IT-Management
4 IT-Outsourcing
5 IT-Vertrieb und IT-Beschaffung
6 Helpdesk und IT-Support</td><td>• Optimierte Serversysteme und IT-Konzepte
• Virtualisierte Server/Storage
• Virtual Desktop Infrastructure
• Hyperkonvergente Server-Systeme, Edge-Systeme</td><td rowspan="5">• Business IT-Solutions
• Public IT-Solutions
• Industrial 4.0 IT-Solutions (Smart Factory)
• Digital Workplace Solution
• DevOps Solutions
• Communication und Collaboration Solutions
• Financial Solutions
• Remarketing Solutions</td></tr>
<tr><th>IT-Infrastrukturen</th><th>Cloud-Hosting</th></tr>
<tr><td>1 Server- und Storage-Systeme
2 Standortvernetzung (VPN)
3 Telefonanlagen und IP-Telefonie
4 Virtualisierung</td><td rowspan="3">• Cloud-Migration als Service
• Business-Hosting/Server-Hosting
• Managed Hosting
• Office-Apps für Unternehmen
• Rechenzentrum Server-Housing
• Cloud-Backup-Speicher für Ihr Unternehmen</td></tr>
<tr><th>IT-Beratung</th></tr>
<tr><td>1 IT-Beratung Mittelstand
2 IT-Security Beratung
3 IT-Innovationsberatung</td></tr>
</table>

Auszüge AGB
(siehe Zusatzmaterialien zum Download)

Organigramm
(siehe auch Schülerbuch Band 1, Lernfeld 1, Kapitel 1.3.4)

Geschäftsleitung
Geschäftsführer: Christian Berg MA Informatik, Andrea Anders BA Wirtschaftsinformatik

Ausbilder
Holger Lübberstedt

Auszubildende

Auszubildende JIKU IT-Solutions GmbH — JIKU IT-Solutions

Name	Alter	Jahrgang	Vorbildung	Berufsausbildung
John Steinbach	18	1	Erweiterter Sek 1 (Realschulabschluss), Berufsfachschule Technik	IT-Systemelektroniker
Stefan Köhler	17	1	Erweiterter Sek 1 (Realschulabschluss)	Fachinformatiker Fachrichtung Systemintegration
Patric Bauer	20	1	Hochschulreife	Fachinformatiker Fachrichtung Anwendungsentwicklung
Julian Markus	18	2	Erweiterter Sek 1 (Realschulabschluss)	Kaufleute für IT-Systemmanagement
Laura Meier	17	2	Erweiterter Sek 1 (Realschulabschluss)	Kaufleute für Digitalisierungsmanagement
Jannik Brunke	23	3	Hochschulreife	Fachinformatiker Fachrichtung Anwendungsentwicklung
Jürgen Pollina	20	3	Erweiterter Sek 1 (Realschulabschluss), Berufsfachschule Technik	Fachinformatiker Fachrichtung Systemintegration
Levi Kramer	21	3	Hochschulreife, Studienabbruch Ingenieurwissenschaften	Fachinformatiker Fachrichtung Digitale Vernetzung
Saahil Arora	21	3	Hochschulreife, abgebrochenes Informatikstudium	Fachinformatiker Fachrichtung Daten- und Prozessanalyse

(siehe im Schülerbuch zusätzlich Kapitel 1.3)

Aufgabe: **Ergänzen Sie sich oben in der Tabelle als zusätzlichen Auszubildenden von JIKU.**

Im Downloadbereich finden Sie eine Exceldatei mit dem Stellenplan der Mitarbeiterinnen und Mitarbeiter von JIKU.

Handlungsorientiert und mit digitalen Tools in Teamarbeit die Lernfelder bearbeiten

Der Rahmenlehrplan fordert einen Unterricht nach Lernfeldern und Lernsituationen bzw. Lernarrangements. Lernsituationen gehen von einer Einstiegssituation aus und fordern Sie als Schülerinnen und Schüler mit Aufgaben oder Arbeitsanweisungen auf, selbstständig durch Handlungsprodukte nachgewiesene Ergebnisvorschläge zu erstellen, zu präsentieren und zu reflektieren. Ein Handlungsprodukt kann auch ein Vortrag oder eine Präsentation sein. Wenn möglich sollte Teamarbeit geplant werden. Da diese Vorgehensweise zeitintensiv ist, muss in der Zeitplanung auch der Arbeitseinsatz außerhalb des Berufsschulunterrichts berücksichtigt und reflektiert werden. Sie sollen als Schülerinnen und Schüler in den Lernsituationen den vollständigen Kreis der Handlung IPERKA (Informieren, Planen, Entscheiden, Realisieren/Durchführen, Kontrollieren, Auswerten/Reflektieren) selbstständig durchlaufen (siehe auch Arbeitsbuch Band 1, S. 13, und Anhang S. 383 hier im Arbeitsbuch, im Downloadbereich die Methodensammlung). Aufgrund der Forderung nach einer spiralcurricularen Vorgehensweise werden Inhalte und Methoden mehrfach in verschiedenen Lernfeldern berücksichtigt und nicht wie klassisch nur an einer Stelle. Lernpsychologisch sollen damit Wissen und Erkenntnisse besser im Gehirn verknüpft werden und nachhaltiger verbleiben. Auch fordert der Rahmenlehrplan, überwiegend ergebnisoffene Aufgaben zu stellen, um den Schülerinnen flexibel Lernergebnisse zu ermöglichen. Die Lehrkraft sollte sich, soweit es der Zeitrahmen zulässt, auf ihre Rolle als Moderator, Unterstützer und Bewerter der Handlungsergebnisse konzentrieren.

Teamarbeit ist in der Praxis der IT-Berufe und damit auch in der Ausbildung wichtig. In der Buchreihe werden in verschiedenen Kapiteln Hinweise zur Team- und Projektarbeit gegeben (vgl. z. B. Schülerbuch Band 1, Kapitel 1.5, 2.5.3, 5.3.2, Schülerbuch Band 2 in den Kapiteln 2.4.2, 3.1.2, 3.8.3 und 4.1.2). Darüber hinaus werden Hinweise zur richtigen Kommunikation mit dem Kunden gegeben (z. B. 1.4, 4.1.1).

Da bei IT-Berufen von einem möglichst breiten Einsatz an digitalen Apps bzw. Anwendungsprogrammen in allen Phasen der vollständigen Handlung sowie in der Team- bzw. Projektarbeit, der Kollaboration und der Kommunikation auszugehen ist, sollen Arbeitsergebnisse möglichst auch digital erstellt oder präsentiert sein. Es ist daher notwendig, dass die Schülerinnen und Schüler jeweils einen Ordner mit Handlungsergebnissen anlegen. Dieses Arbeitsbuch will dies unterstützen.

Die Kompetenzchecks des Schülerbuches wurden im Arbeitsbuch durch umfangreichere Aufgaben ergänzt, die an die Rahmenbedingungen der Schulen und die gestreckten Prüfungen angepasst sind.

Aufgaben:

1. Prüfen Sie, welche Zusatzmaterialien digital derzeit im Downloadbereich zur Verfügung stehen.

2. Rufen Sie die Methodensammlung auf, recherchieren und präsentieren Sie arbeitsteilig wichtige Methoden und Hilfsmittel für Ihre Teamarbeit in den Lernfeldern.

3. Klären Sie, wie Sie zukünftig Teamarbeit organisieren, kontrollieren und reflektieren wollen, erstellen Sie dazu ein Ergebnisprotokoll (siehe Protokollvorlagen im Downloadbereich).

Lernfeld 6: Serviceanfragen bearbeiten

S **Die Auszubildenden im zweiten und dritten Ausbildungsjahr und die neuen Auszubildenden John Steinbach, Stefan Köhler und Patric Bauer werden vom Ausbildungsleiter Herrn Lübberstedt begrüßt. Sie sollen die IT-Services kennenlernen, im Helpdesk mitarbeiten, Serviceanfragen bearbeiten und managen helfen. Sie sollen die Kompetenz bekommen, Serviceanfragen einzuordnen, Fehlerursachen zu ermitteln und zu beheben.**

Holger Lübberstedt: Wenn Sie sich unser Leistungsportfolio anschauen, stellen Sie fest, dass wir einen weit überwiegenden Teil unserer Umsatzerlöse mit IT-Services oder mit Unterstützung durch unsere Services erzielen. Da Sie nach unserem Ausbildungsplan bald in den Helpdesk-Bereich wechseln, wollen wir uns schwerpunktmäßig über Servicebereiche unterhalten.

Julian Markus: Als angehender IT-Systemmanager habe ich bereits ein paar Wochen im Helpdesk-Bereich gearbeitet. Ich musste mich in das Helpdesk-System einarbeiten. Ich war nicht allein, sondern wir hatten ständig mindestens drei Helpdesk-Plätze besetzt, sodass wir uns unterhalten konnten und eingearbeitet wurden.

Levi Kramer: Geht es nur um die Arbeit am Helpdesk?

Holger Lübberstedt: Nein, in diesem Ausbildungsabschnitt müssen Sie sich mit allen Serviceanfragen auseinandersetzen. Neben den direkten Kundenkontakten kommt es auch laufend zu indirekten Kundenanfragen per E-Mail, Fax, Brief oder über Social-Media-Kanäle. Dazu erhalten wir Mitteilungen von Ausschreibungsplattformen, wenn dort für uns passende Ausschreibungen eingestellt werden.

Saahil Arora: Wenn wir über den Helpdesk direkt Kundenkontakt haben, müssen wir doch auch zügig Entscheidungen treffen. Was gibt es denn für Unterlagen für die Einarbeitung?

Julian Markus: Es gibt extra für den Helpdesk-Bereich eine Wissens- oder Falldatenbank. Hier sind die meisten Anfragen, die gestellt wurden, standardisiert erfasst. Man sollte sich diese vorher anschauen, damit man zu technischen Problemen Abläufe und Lösungsmöglichkeiten kennt.

Jannik Brunke: Sind denn auch Fragen für Anwendungsentwickler dabei?

Holger Lübberstedt: Grundsätzlich müssen sich alle IT-Berufe mit Servicefragen auseinandersetzen. Im Helpdesk-Bereich geht es häufig um Netzwerkprobleme, aber auch um Probleme an Geräten. Dazu kommen organisatorische Fragen. Dazu müssen viele Geschäftsbedingungen, Preisstaffeln, SLA-Verträge oder Wartungsverträge bekannt sein.

Jürgen Pollina: Den Bereich der Netzwerktechnik haben zwar alle Berufe in ihrem Ausbildungsplan, aber die Fachinformatiker mit der Fachrichtung Systemintegration am meisten.

Julian Markus: Es gibt im Helpdesk drei Levels. Wir arbeiten zunächst im Level 1. Wenn wir zu Fällen im ersten Level nicht fit sind, geben wir es zunächst an jemanden in unserem Level weiter. Die höheren Level sind für schwierigere oder komplexere Fälle gedacht. Wir müssen auch immer darauf achten, welche Reaktionszeiten im Vertrag mit dem Kunden, dem Service Level Agreement (SLA), vereinbart sind. Die müssen wir unbedingt einhalten.

Holger Lübberstedt: Wichtig ist, dass Sie mit Kunden gut und richtig kommunizieren. Auch das werden wir besprechen und üben. Auch müssen Sie im Helpdesk-System alles genau dokumentieren, damit die Vorgänge gut nachvollziehbar sind. Zu prüfen ist, was kostenfrei im Servicevertrag enthalten ist und worüber extra eine Rechnungsstellung erfolgen muss. Das müssen wir mit dem Kunden nachvollziehbar besprechen und dokumentieren. Viel zu tun – lassen Sie uns also direkt in diesen wichtigen Bereich einsteigen.

Lernsituation 1: Wir beschreiben Services im IT-Bereich und Serviceanforderungen

S **Herr Lübberstedt will den Auszubildenden eine Übersicht zu den IT-Services ermöglichen und darstellen, welche verschiedenen Managementaufgaben und -arten für IT-Services zu bewältigen sind. Dazu stellt er ein Übersichtsblatt der JIKU IT-Solutions vor, d. h. die definierten Leistungen, die das Systemhaus für seine Kunden erbringen kann. Außerdem hat er eine Linkliste vorbereitet, die den Auszubildenden zur Recherche dienen soll.**

Managed Server Services

JIKU IT-Solutions

„Wir bieten Ihnen ein professionelles und breites Spektrum an IT-Services!
Aus unserer über 20-jährigen Erfahrung als IT-Dienstleister unterstützen wir Sie professionell bei der Planung, Implementierung und dem Betrieb von individuellen Lösungen – ganz nach Ihren Bedürfnissen. Von der Projektleitung bis hin zum Support bieten wir Ihnen alle IT-Services aus einer Hand.

Unser Fokus liegt darin, die Sicherheit, Performance und Stabilität Ihrer IT-Infrastruktur wesentlich zu verbessern, zu überwachen und in Gang zu halten.

Ein breites Spektrum an IT-Services bieten wir Ihnen nach Bedarf oder in Form von individuellen Serviceverträgen zu einem monatlichen Fixbeitrag an. Bei Interesse nehmen Sie unverbindlich Kontakt mit uns auf!

Die Vorteile unseres Services auf einen Blick

- Technologie- und Produktunabhängigkeit
- Services an Ihre Bedürfnisse anpassbar (Serviceverträge, Einzelprojekte)
- Unterstützung Ihrer sämtlichen IT-gestützten Geschäftsprozesse
- Zuverlässige und freundliche Technikerinnen und Techniker mit umfassendem IT-Know-how
- Langjährige Partnerschaften mit führenden Herstellern und Lieferanten
- Alle Services aus einer Hand: Planung, Realisierung, Überwachung und Verbesserung Ihrer IT-Infrastruktur"

Quelle: COMPIMEX it-services, Firmenportrait, Compimex IT-Services e.K., Lüdenscheid, Seite 4, https://www.compimex.com/filemanager/files/PDF/COMPIMEX/COMPIMEX_Firmenportrait.pdf [01.12.2022]. Verändert.

„Monitoring Only

- Ereignisprotokollüberwachung: Überwachung der Windows-Ereignisanzeige
- Systemüberwachung: u. a. Überwachung der Festplatte, Erreichbarkeit des Servers, Hardwareänderungen, CPU- und RAM-Auslastung
- Dienstüberwachung: Überwachung der gestarteten Windows-Dienste
- Netzwerküberwachung: Überwachung der Netzwerkkonnektivität, ob aufgeführte Ports geöffnet werden können und eine Verbindung hergestellt werden kann
- Softwareüberwachung: Inventarisierung der installierten Software, Prüfung auf Funktionalität der geschäftskritischen Anwendungen
- Performance- und Leistungsdaten: Sammlung von Performance-Daten, z. B. RAM-, CPU- und Netzwerkauslastung
- Reports: Berichte über den Zustand (Verfügbarkeit, Störungen, Auslastungen) Ihrer IT-Infrastruktur in festgelegten Intervallen

Servicepläne

Zusätzlich zur Überwachung der Serverinfrastruktur erhalten Sie Automation, proaktives Monitoring und eine präventive IT-Wartung in Form eines Serviceplans.

- Automation: Neben der automatischen Bereinigung der temporären Dateien werden die Festplatten automatisch defragmentiert und kritische Serverdienste bei Störungen automatisch neu gestartet.
- Proaktives Monitoring: Für Ihre Serversysteme verfügen wir über zahlreiche Monitore, mit deren Hilfe ein drohender Systemausfall frühzeitig erkannt werden kann. Im Falle einer gemeldeten Störung greifen wir sofort ein, um drohende Ausfälle zu vermeiden und kurze Entstörungszeiten zu gewährleisten. Wird beispielsweise ein zu geringer Speicherplatz auf einer Serverfestplatte durch unser Monitoring erkannt, leiten wir proaktiv eine Erhöhung der Kapazitäten ein, bevor das gesamte System ausfällt.
- Präventive IT-Wartung: Damit Ausfälle Ihrer Server auf ein Minimum reduziert werden, übernehmen wir regelmäßig wichtige Wartungsaufgaben, z. B. die monatliche Systemprüfung oder die Prüfung auf immer wiederkehrende Ereignisse."

Quelle: Serviceplan365, IT-Serviceverträge für kleine und mittelständische Unternehmen, Compimex IT-Servies e.K., Lüdenscheid, Seite 10, https://www.compimex.com/filemanager/files/PDF/COMPIMEX-Managed-Services/COMPIMEX_Serviceplan365.pdf [01.12.2022].

Weitere Dokumente zu Ausbildungszwecken im Unternehmen JIKU IT-Solutions
Informationsblatt zu Managed Server Services, Linkliste zu Ausbildungszwecken, Rechnungsformular, AGB-Schulungsmuster, Helpdesk-Marketing (Kundenmitteilung zur Einführung des Ticketsystems), Ticket-Schulungsformular, VA-Vereinbarung, Wartungsverträge, Schulungsunterlagen zu Reaktionszeiten, Muster-Preisliste-Wartungspakete, Services-Preisstaffel, Servicebericht-Formular, Netzwerk-Services etc.

Linkliste zu Ausbildungszwecken JIKU IT-Solutions

Informationen zu Webseiten (Auswahl)	
Webseiten	**Stichworte**
Offizielle Seiten (.org u.Ä.)	
www.fitsm.eu	
https://outsourcin	
www. mimikama.at	
www.wikipedia.de	
www. topdump.org	

Info-, Vergleichsportale, Foren u.Ä.	
http://souroeforge.net https://administrator.de	Open-Source-, Business-Software-Plattform Experten Community, Magazin, Wissensbeiträge
www.bios-info.de	BIOS-Kompendium
www.capterra.com.de	Software-Vergleichsportal
www.heise.de/forum/startseite/	Übersicht der Foren im Heise-Portal
www.helpdesk-software-vergleich.de	Vorteile, Arten (Kategorien, Vergleiche)
www.informatik-forum.net	Community der IT-Technologie
www.it-administrator.de www.its.mf.de www.mcseboard.de www.netscout.com www.security-insider www.service-report- www.softselect.de www.softwareabc24. www.softwarecheck.	Magazin für Netzwerkadministration; Lexikon Community, Forum, Plattform IT Service Windows Server-, IT-Pro-Forum

www.wimsbios.com www.win-tipps-tweaks.de www.wintotal.de	BIOS-Update, Downloads, Forum Forum, Tipps, Tricks, Links Hilfe für Windows-Probleme
Unternehmen mit Service-Kernkompetenzen	
www.microfin.de www.ntop.org www.thomas-krenn.com/de/wiki	Beratungsunternehmen, SLA-Rechner, Glossar Netzwerk-Überwachung-, Traffic-Analyse-Tool Serveranbieter, Servicebeispiele, Wiki
www.userlike.com	Life-Chat-Software

1.1 Servicearten und Serviceanforderungen im IT-Bereich beschreiben

Services im IT-Bereich unterscheiden

S **Die Auszubildenden der JIKU IT-Solutions sollen als Einstieg IT-Services unterscheiden und Managementaufgaben mit Bezug zum IT-Service präsentieren.**

Holger Lübberstedt: Als Einstieg in den Servicebereich wollen wir uns zunächst einmal orientieren und feststellen, welche Services wir anbieten.

Julian Markus: Wir haben als Einstieg ja unsere Webseite, wo unsere Services angegeben sind. Dazu haben Vorgänger von uns für die Ausbildung Informationsblätter und Marketingunterlagen erstellt, die wir uns anschauen können.

Holger Lübberstedt: Sehr schön, Herr Markus, Sie waren ja bereits im Helpdesk-Bereich tätig und kennen sich daher schon aus.

Levi Kramer: Zu Managementaufgaben können wir ja auch im Internet recherchieren.

Jannik Brunke: Wir könnten auch einmal schauen, welche Services andere Systemhäuser anbieten. Ich habe gesehen, dass manche eine Rundum- oder Fullservice anbieten.

Saahil Arora: Wir müssten auch prüfen, welche Services eine IT-Abteilung in einem Betrieb selbständig den anderen Abteilungen anbieten kann und wie wir hierbei unterstützen können.

Holger Lübberstedt: Schauen wir erst einmal die Webseite und die Ausbildungsunterlagen an. Wir haben auch eine Linkliste mit interessanten Webseiten zum IT-Service.

Aufgabe 1: **Erarbeiten Sie entsprechend den Darstellungen passende IT-Services. Recherchieren Sie in der Linkliste und erweitern Sie diese. Verschaffen Sie sich auch einen Überblick über die Schulungsdokumente der JIKU IT-Solutions zu Services im Downloadbereich.**

1.1.1

1. Geben Sie jeweils auf einem Zusatzblatt zu den angezeigten Services an, worum es sich handeln könnte. Geben Sie zu einem ausgewählten Service, siehe auch Grundstufenband, mindestens eine Kurzbeschreibung.

Systemhaus | Ausbildung | Portfolio | Social Responsibility

JIKU

Leistungsportfolio

IT-Service
- IT-Service vor Ort in Unternehmen
- IT-Betreuung für Unternehmen
- IT-Management
- IT-Outsourcing
- IT Vertrieb & IT-Beschaffung
- Help-Desk und IT-Support

Cloud-Hosting
- Cloud-Migration als Service
- Businesshosting/Serverhosting
- Managed-Hosting
- Office für Ihr Unternehmen
- Hosting für Unternehmen
- Hosted-Infrastrukturen
- Rechenzentrum Server Housing & Colocation
- Cloud-Backup-Speicher für Ihr Unternehmen

Server und Storage
- Optimierte Serversysteme und IT-Konzepte
- Virtualisierte Server und Storage
- Virtual Desktop Infrastructure VDI
- Hyperkonvergente Serversysteme

IT-Infrastrukturen
- Server- und Storage-Systeme
- Standortvernetzung (VPN)
- Telefonanlagen & IP-Telefonie
- Virtualisierung

IT-Beratung
- IT-Beratung Mittelstand
- IT-Security Beratung und Management
- IT-Innovationsberatung

IT-Solutions und Expertise in der Systemhausgruppe
- Business-IT-Solutions
- Public-IT-Solutions
- Industrial-4.0-IT-Solution (Smart Factory)
- Digital Workplace-Solution
- DevOps-Solutions
- Communication & Collaboration Solutions
- Financial Solutions
- Remarketing-Solutions

Quelle: Grundstufenband, Kap. 1.3.1 (3), S. 43

Kurzbeschreibung eines ausgewählten Services: ______________________________

____

____

____

____

2 Rufen Sie das Informationsblatt zu den Managed Server Services der JIKU IT-Solutions im Downloadbereich auf und tragen Sie dazu vor. Beschreiben Sie kurz einen ausgewählten Service.

Kurzbeschreibung eines ausgewählten Services: ______________________________

Überarbeiten Sie das Informationsblatt formal und/oder inhaltlich und stellen Sie Ihre eigene Idee vor. Geben Sie dabei Kriterien bzw. Zielsetzungen an, die Sie bei der Überarbeitung berücksichtigt haben.

3 Ordnen Sie die Services von (1) bis (12) der richtigen Prozesskategorie im Schaubild zu.

(1) System mit neuem Monitor austauschen
(2) Bereitstellung IT
(3) Wiedervermarktung nicht mehr benötigter IT
(4) Umzug IT-System
(5) Entsorgung von IT-Geräten, Abbau und Zwischenlagerung von IT
(6) Updates und Upgrades der Arbeitsplatzsysteme vornehmen
(7) Installation IT-Komponenten
(8) Umzug IT-Komponenten inkl. Datensicherung
(9) Hard-/Softwareerweiterungen am vorhandenen Gerät vornehmen
(10) Löschung von Daten gemäß DSGVO und BSI
(11) Personalisieren der IT nach Kundenwunsch
(12) Funktionstest am neuen Arbeitsplatz

4 Ergänzen Sie zum Schaubild passende Beispiele für IT-Services in Stichworten.

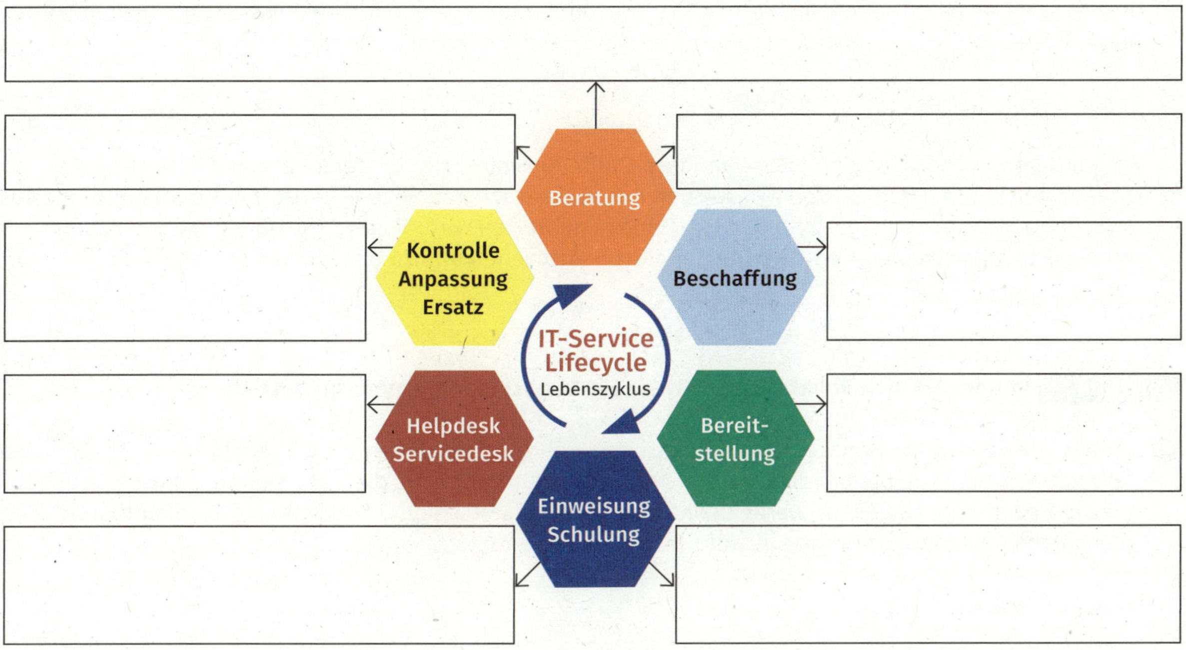

5 Sie sollen im Serviceportfolio folgende Tabelle mit den Support-Leistungsgrößen BASIC, SILBER, GOLD und PLATIN ergänzen und in Einzel- oder Partnerarbeit einen Vorschlag zur letzten Spalte unterbreiten.

Supportleistungen für JIKU CMS und JIKU CRMS				JIKU IT-Solutions
Support				
Geschäftszeiten	24 Std./Tag 7 Tage/Woche 365 Tage/Jahr	12 Std./Tag Montag–Freitag	8 Std./Tag Montag–Freitag	
Service-Gültig-keitsdauer	1, 2 oder 3 Jahre	1, 2 oder 3 Jahre	1, 2 oder 3 Jahre	
Produkt-Updates	ja	ja	ja	
Produkt-Upgrades	ja	ja	nicht verfügbar	
Unterstützte Produkte	JIKU CMS JIKU CRMS neueste Version	JIKU CMS JIKU CRMS Vorjahresversion	JIKU CMS 3.0 JIKU CRMS 4.0	
Kommunikation	Telefon/Internet	Telefon/Internet	Internet-Login	
Zugriff Know-ledge Base	ja	ja	ja	
Anzahl Support-Anfragen Monat	20	10	3	

Service-Management-Arten unterscheiden

S **In einer weiteren Sitzung der Auszubildenden der JIKU IT-Solutions sollen auch Service-Management-Arten erörtert werden.**

Holger Lübberstedt: Eine Herausforderung für große Unternehmen ist, ein IT-Service-Management-System aufzubauen und damit systematisch Services anzubieten und zu managen.

Laura Meier: Gibt es bei JIKU IT-Solutions ein ISMS, also ein Managementsystem für Informationssicherheit?

Holger Lübberstedt: Wir sind schon seit Jahren dabei, eines aufzubauen. Dazu haben wir systematisch unsere Services beschrieben, die Vertragsunterlagen darauf abgestimmt, ein Wissensmanagementsystem eingerichtet. Aber es gibt viel zu tun und es ist ein laufender Prozess, der nie endet.

Saahil Arora: Gibt es dazu Standards?

Holger Lübberstedt: Es gibt viele Standards, die Hinweise zur Umsetzung von Services geben und Managementarten herausstellen. Wir werden uns in der nächsten Sitzung vertieft mit den Standards auseinandersetzen. Zu den einzelnen Service-Managementarten wird diverse Software angeboten, sodass es interessant ist, sich einmal Beschreibungen davon anzusehen und zu prüfen, was diese leisten.

Aufgabe 2: Äußern Sie sich konkret zu Software für Servicemanagement im Betrieb.

1.1.1
1.1.2

1. Geben Sie an, welche Management-Software in Ausbildungsbetrieben für die Bewältigung der Services eingesetzt wird. Nennen Sie mindestens drei Managementprogramme, die Ihrer Meinung nach im Ausbildungsbetrieb bevorzugt eingesetzt werden sollten. Verwenden Sie ggf. die Linkliste im Downloadbereich für eine Recherche nach dieser Art von Software.

2. Geben Sie stichwortartig mindestens fünf Vorteile an, die sich durch die Verwendung von Managementprogrammen ergeben.

3. Nennen Sie stichwortartig mindestens zwei Nachteile des Bedarfs- bzw. Break/Fix-Service-Modells (siehe auch Schülerbuch Band 2, Lernfeld 6, Kapitel 1.1.1, S. 12), vergleichen und diskutieren Sie die Ergebnisse.
Für den Kunden:

Aus der Sicht des Dienstleisters:

4 Nennen Sie stichwortartig zwei Vorteile des online ermöglichten Managed-Service-Modells (siehe auch Schülerbuch Band 2, Lernfeld 6, Kapitel 1.1.1, S. 13), vergleichen und diskutieren Sie die Ergebnisse.
Für den Kunden:

Aus der Sicht des Dienstleisters:

Aufgabe 3: Bereiten Sie einen Workshop zum Thema „Mit den Services von JIKU IT-Solutions gut aufgestellt!" vor.

Verwenden Sie als Einstieg das Informationsblatt „JIKU Managed Server Services" und die „JIKU_Preisliste_Wartungspakete_Muster". Diskutieren Sie diese und machen Sie Vorschläge:

- Änderungsvorschläge inhaltlich, preislich, fachlich,
- Vorschläge zu einer Werbeaktion/Informationsveranstaltung mit (potenziellen) Kunden über Serviceleistungen,
- Art und Rahmenbedingungen der Veranstaltung.

1.1.1
1.1.2

Verwenden Sie eventuell zur Planung auch in mehreren Arbeitsgruppen das IPERKA-Formular im Anhang.

Lernsituation 2: Wir berücksichtigen Standards und Vorgaben für bessere IT-Services

S **Die Auszubildenden der JIKU IT-Solutions sollen prüfen, welche Standards im Qualitäts-, Service- und Informationssicherheitsmanagement eingesetzt werden. Sie sollen sich vertieft mit dem Standard „FitSM®" auseinandersetzen, der kompakt wesentliche Elemente für ein Servicemanagement bereitstellt und dazu im Copyright offen ist. Auch rechtliche Aspekte in IT-Services sind relevant.**

Holger Lübberstedt: Nun wollen wir uns einmal mehr mit formalen Aspekten auseinandersetzen. Wir haben in der vorangegangenen Lernsituation schon erfahren, dass eine Abstimmung in den Regelungen wichtig ist. Wir haben ja in der Technik schon viele Standards wie die ISO-Norm kennengelernt. Um ein Service-Management-System aufzubauen, sollte man wichtige Standards kennen und festlegen, welche als wichtig im Unternehmen beachtet werden sollen.

Julian Markus: Meinen Sie Standards wie ITIL® oder FitSM®?

Holger Lübberstedt: ITIL® ist ein wichtiger Standard, hat aber das Problem, das Copyright-Probleme entstehen können. Auch ist er sehr komplex. Er soll uns daher nur zur Orientierung dienen. Wir schauen uns diesen Standard kurz an und werden dann feststellen, dass für unsere Zwecke ein offener Standard wie FitSM® völlig ausreichend ist.

Laura Meier: Wenn wir uns mit rechtlichen Fragestellungen auseinandersetzen, meinen Sie die Allgemeinen Geschäftsbedingungen, die SLA und andere Rechtsgrundlagen?

Holger Lübberstedt: Genau, rechtliche Vereinbarungen werden immer dann wichtig, wenn etwas nicht glatt läuft. Kunden sind dann schnell sauer und wir müssen wissen, was vorab rechtlich vereinbart wurde, damit wir uns nicht zerstreiten. Zu den Services gehört auch, dass wir Kunden in rechtlichen Fragen und bei Lizenzfragen unterstützen. Lassen Sie uns mit den Standards beginnen.

Standards und Rahmenwerke im IT-Service unterscheiden

S **Die Auszubildenden der JIKU IT-Solutions sollen wichtige Standards für IT-Services und ein Service-Management vergleichen.**

Holger Lübberstedt: Nehmen wir einmal an, es gäbe keine Standards. Wäre das nicht super? Wir müssten uns nicht darüber unterhalten und könnten machen, was wir wollen.

Laura Meier: Ich bin eher dafür, dass es Regeln gibt und Vereinbarungen, nach denen man sich richtet.

Julian Markus: Ich weiß nicht, ob Standards bei einer agilen Vorgehensweise gut sind. Warum sollte es übergreifend für alle Unternehmen Festlegungen geben? Warum sollten wir es so machen, wie andere es wollen?

Saahil Arora: Standards entstehen i. d. R. aus der Praxis, die sich bewährt hat. Was spricht dagegen, Fehler zu vermeiden, die andere gemacht haben?

Holger Lübberstedt: Standards müssen sinnvoll sein. Wir sollten das für unsere Services prüfen.

Aufgabe 1: **Sie sollen das Service-Rahmenwerk FitSM® beschreiben und zu anderen Standards abgrenzen.**

1.1.3

1. Beantworten Sie dazu folgende Fragen:
   a) Wofür steht FitSM®?

___

b) Ist FitSM® frei verwendbar oder geschützt?

c) Welche anderen Standards beeinflussen FitSM®?

d) Wo kann man Informationen im Internet finden?

e) Warum werden Reifegrade wie „Initial“ oder „Managed“ eingeführt?

2 Sie sollen den Serviceprozess „Anschluss eines Arbeitsplatzdruckers“ nach den Anforderungen des Rahmenwerks FitSM® beschreiben. Nach FitSM® werden folgende Forderungen für ein gutes Service-Management-System aufgestellt. Geben Sie Hinweise bezogen auf den angegebenen Serviceprozess, tragen Sie diese gemeinsam zusammen und erarbeiten Sie in Gruppen eine Prozessbeschreibung mit den entsprechenden Angaben, vergleichen und diskutieren Sie diese.

GR2.2 (vgl. FitsM-1_Anforderungen.pdf über FitsSM Standard, Downloads, FitSM-1: Requirements auf www.fitsm.eu)	**Wie sollte dies Ihrer Meinung nach geschehen?**
Dokumentierte Definitionen aller Service-Management-Prozesse (siehe PR1-PR14) müssen erstellt und gepflegt werden. Jede dieser Definitionen muss mindestens folgende Elemente beinhalten:	*Geben Sie ein Beispiel entsprechend dem zu beschreibenden Service! (evtl. Zusatzdokument verwenden)*
Beschreibung der Prozessziele, z. B. als Checkliste	
Beschreibung von Inputs, Aktivitäten und Outputs des Prozesses, z. B. als Ablaufdiagramm	
Beschreibung prozessspezifischer Rollen und Verantwortlichkeiten, z. B. wer macht es, prüft, protokolliert	
Beschreibung der Schnittstellen zu anderen Prozessen, z. B. Prozess „Kartuschenwechsel“	
Prozessspezifische Richtlinien, soweit relevant, z. B. zur Geräuschentwicklung	

Aufgabe 2: Bereiten Sie sich für eine Mitarbeit in der Service-Entwickler-Arbeitsgruppe vor.

1.1.3

Sie sollen Kernaussagen zum Standard ITIL® 4 präsentieren und klären, ob diese allgemein auch für den IT-Service und die Nutzung des Standards FitSM® gelten sollen.

❶ Ergänzen Sie zur Vorbereitung folgende Schlagwörter und Aussagen mit Stichworten, die Sie in Ihre Präsentation der Kernaussagen einbeziehen würden, z. B. zur Verdeutlichung oder als Beispiel.

Schlagwörter im Service-Management		
Schlagwort	**Aussagen im Zusammenhang mit dem Schlagwort**	**Stichworte**
Agile (agil, beweglich)	Sammelbergriff für Zusammenarbeit, Priorisierung, Sprints, schrittweises iteratives Vorgehen, Verbesserung, Scrum, Lean, Kanban	
Availability (Verfügbarkeit)	Aufgabe, die sicherstellt, dass vereinbarte Verfügbarkeitsvereinbarungen mit den Anforderungen der Kunden übereinstimmen	
Business Case (Geschäftsvorhaben)	Betrachtung der strategischen und finanziellen Auswirkungen, Wirtschaftlichkeit, Nutzen, Risiken eines Vorhabens für das Geschäft	
Compliance (Regeltreue)	Dafür sorgen, dass Gesetze, Richtlinien, Leitbilder und freiwillige Kodizes eingehalten werden	
Customer Experience (Kundenerfahrung)	Kundenerfahrungen und -erlebnisse, die durch den Anbieter und die Dienste wahrgenommen werden.	
Design and Transition	Projekt zur Verbesserung der Services und zur Erfüllung der Erwartungen von Kunden und Unternehmer	
DevOps (vgl. auch LF 7, 8, 9)	Organisatorische Kultur mit Fokus auf CALMS (Culture, Automation, Lean, Measurement Sharing), um Wertschöpfung zu verbessern	
Engage (Engagement)	Einsatz aus Verbundenheit zu den Kunden und Stakeholdern und großes Verständnis für die Anforderungen der Servicekunden und gute Beziehungen zu ihnen	
Kanban	Methode, um mithilfe von Karten visuell Arbeitsleistungen darzustellen, mögliche Blockaden und Konflikte zu lösen, Projekte im Verlauf gemeinsam zu steuern	
Lean	Schlanke Gestaltung von Vorgängen entlang der Wertschöpfungskette, effizient und möglichst ohne Verzögerungen	
Obtain/Build (erhalten/bauen)	Begriffe für den Einsatz entlang der Wertschöpfungskette, um dafür zu sorgen, dass Service-Komponenten am richtige Ort mit den vereinbarten Anforderungen verfügbar sind	
Partner/Supplier (Subunternehmer und Lieferanten)	Wichtige Beziehungen und Zuständigkeiten in der Wertschöpfungskette, im gesamten Prozess vom Design bis hin zur KVP einzubeziehen	
Quick Win (schneller Erfolg)	Die „niedrig hängenden Früchte", die in der Entwicklung erfolgreicher Services schnell umgesetzt werden können	
Record (Nachweis)	Ein Dokument, eine Aufzeichnung oder ein Datensatz, das Nachweise über die durchgeführten Tätigkeiten und Vorhaben gibt	

Schlagwörter im Service-Management		
Schlagwort	**Aussagen im Zusammenhang mit dem Schlagwort**	**Stichworte**
Retire (ausscheiden, ruhen)	Handlung, laufend ein Produkt oder einen Service entsprechend geänderten Anforderungen zu erneuern oder zu ersetzen	
Risk Assessment (Risikobewertung)	Vorgänge, um Risiken zu identifizieren, zu analysieren und zu bewerten	
Service Consumption (Leistungsverbrauch)	Bedürfnisse, Erwartungen und Voraussetzungen und Mithilfe des Kunden, die sich vor, während und nach der Nutzung von Services zeigen	
Service Offering (Serviceangebot)	Beschreibung eines Services oder Service-Bündels mit Teilen, Servicemitteln und Funktionen, adressiert an eine Zielgruppe	
Service Value System (Service-Modell)	Modell mit Einflussfaktoren und Maßnahmen, um Möglichkeiten der Verbesserung der Wertschöpfung in Services aufzuzeigen	
Specification (Vorgaben)	Vorgaben an Produkte, Services oder Serviceelemente (CI), damit Leistungen möglichst überprüfbar für Vertragspartner sind	
Validation (Bestätigung)	Bestätigung, dass das Produkt, System oder der Service den vereinbarten Spezifikationen entspricht	
Workaround (Behelfslösung)	Notlösung, um bei einer Störung den Betrieb aufrechterhalten zu können oder Übergangslösung, um eine Störung zu vermeiden	
Service Value (Servicewert)	Aus Kundenperspektive generierter Wert oder Nutzen, Serviceleistungen, Benutzerfreundlichkeit u. a., auch im Vergleich zu den Kosten	
Value Chain Activities (Wertschöpfungsaktivitäten)	Einsatz, um wirtschaftlich und mit hoher Wertschöpfung mit Produkten und Services zu erzeugen	

2 Geben Sie die sieben leitenden Prinzipien von ITIL® 4 jeweils mit einer Erläuterung an.

Leitenden Prinzipien von ITIL® 4	Kurzerläuterung
1.	
2.	
3.	
4.	
5.	
6.	
7.	

3 Sie sollen das Service Level Agreement nach dem FitSM®-Standard ausformulieren und zu folgenden zwölf SLA-Anforderungen Teilanforderungen für eine selbst gewählte Servicemaßnahme angeben.

SLA-Servicemaßnahme	
Service Level Agreement laut FitSM®	**Teilanforderungen, z. B. passend zur Maßnahme**
1. Service-Beschreibung	z. B. Anschluss eines neuen Druckers
2. Service-Zeiten und Ausnahmen	z. B. während der Geschäftszeiten
3. Service-Komponenten und -Abhängigkeiten	
4. Support (Incident Behandlung/ Service-Request)	
5. Service-Level-Ziele	
6. Einschränkungen und Abgrenzungen	
7. Kommunikationswege, Berichte und Eskalierungsmaßnahmen	
8. Informationssicherheit und Datenschutz	
9. Weitere Aufgaben und Verantwortlichkeiten	
10. Mitwirkungspflichten des Kunden	
11. Review	
12. Begriffsglossar	

Aufgabe 3: **Bearbeiten Sie allgemeine Geschäftsbedingungen und verschiedene Vertragsarten zu Systemen, Services, Cloud-Diensten und Fragen von Kunden.**

Sie sollen allgemeine Geschäftsbedingungen (AGB) und verschiedene Vertragsarten bearbeiten, Fragen von Kunden beantworten und ein E-Mail-Antwortschreiben erstellen. Verschiedene Dokumente dazu finden Sie im Downloadbereich.

1 Geben Sie zu folgenden Kundenfragen jeweils stichwortartig eine Antwort. Formulieren Sie in einem Extradokument einen E-Mail-Entwurf als Antwortschreiben an den Kunden. Formulieren Sie Ihre Erläuterungen positiv und nachvollziehbar aus der Sicht von JIKU IT-Solutions. Fügen Sie die Geschäftsbedingungen aus dem Downloadbereich als Anhang an. Zu ergänzenden Informationen zu AGB und Verträgen siehe auch Schülerbuch Band 1, Lernfeld 2, Kapitel 2.5.1, 2.6.2, 2.9.4, 2.10.1).

Allgemeine Geschäftsbedingungen
Ausbildungsmuster 1
JIKU IT-Solutions

Frage des Kunden	Antwort in Stichworten, Ziffer der AGB
Service-Installation und Schulung in Hardwarekauf mit Software inbegriffen?	z. B. nach 1.3 nein
Kann ich mit Ihnen mündlich Details absprechen?	z. B. ja, aber nach 1.4 muss schriftlich bestätigt werden
Prüfen Sie die Ware auf Kompatibilität mit unserem System oder berechnen Sie dafür zusätzlich?	
Bis wann müssen wir Mängel an der gelieferten Ware melden?	
Wie oft können Sie nachbessern, ohne dass wir ein Recht auf Austausch oder Rücktritt haben?	

Allgemeine Geschäftsbedingungen
Ausbildungsmuster 2
JIKU IT-Solutions

Frage des Kunden	Antwort in Stichworten, Ziffer der AGB
In welcher Zeit muss ich Ihr schriftliches Angebot annehmen? Gibt es zusätzliche AGB?	
Gibt es Rechnungen online, kostet die Zusendung etwas?	
Wie ist es mit Preiserhöhungen?	
Kann ich als Nichtunternehmer, Kleinunternehmerin oder Verbraucher mit Zugeständnissen rechnen?	
Wer haftet für Schäden?	

Erläuterungen zu den Allgemeinen Geschäftsbedingungen
Besondere Vertragsbedingungen für die Erbringung von Dienstleistungen (BVB)
Ausbildungsmuster 2
JIKU IT-Solutions

Frage des Kunden	Antwort in Stichworten, Ziffer der AGB
Was ist, wenn die Dienstleistung Mängel hat?	
Was ist, wenn Sie Komponenten zur Reparatur benötigen? Können wir diese beschaffen?	
Beschaffen Sie immer die günstigste Software?	
Gibt es für Dienstleistungen einen festen Preis?	
Was ist, wenn mehr Zeitkontingente abgerechnet wurden als verwendet?	
Gehört zum Service auch die Bereitstellung der Anschlüsse?	
Was ist, wenn durch Ihren Service die Daten gelöscht sind?	
Wer zahlt den Schaden, wenn Sie Ihren Service nicht richtig machen?	
Wie sind die Kündigungsfristen?	

Besondere Vertragsbedingungen für die Lieferung von Waren **Ausbildungsmuster 2**	JIKU IT-Solutions
Frage des Kunden	**Antwort in Stichworten, Ziffer der AGB**
Was ist, wenn Sie nicht pünktlich liefern? Liefern Sie in jede Etage?	
Wenn Sie die Datensicherung übernehmen, wer zahlt die Datenträger?	
Gehört bei Ihnen zur Lieferung auch die Installation?	
Was ist, wenn Sie nicht liefern?	
Wer ist bei Lieferung von Software für die Sicherstellung der Kompatibilität verantwortlich?	
Was gilt genau bei Mängelhaftung?	
Wie ist der Eigentumsvorbehalt geregelt?	

Besondere Vertragsbedingungen für die Vermietung von Rechenzentrumskapazitäten sowie für Cloud-Service-Verträge **Ausbildungsmuster 2**	JIKU IT-Solutions
Frage des Kunden	**Antwort in Stichworten, Ziffer der AGB**
Wo steht Ihr Rechenzentrum? Ist ein Wechsel ohne Zustimmung möglich?	
Wird die Anbindung an die Cloud extra berechnet?	
Welche Verfügbarkeit garantieren Sie?	
Wann führen Sie Wartungsarbeiten am Server durch?	
Wie viel Datentransfer- und Speichervolumen garantieren Sie grundsätzlich pro Monat?	
Welche Pflichten haben wir?	
Welche Einschränkungen hat der Kunde?	
Welchen Support erhalten wir?	
Welche Laufzeit haben SaaS-Verträge? Kündbarkeit?	

2 In der Anlage zum Standard SLA-Vertrag von JIKU IT-Solutions sollen zukünftig auch Domain- und Web-Hosting-Services angeboten werden. In einer Arbeitsgruppe wird diskutiert, welche Reaktionszeiten (Ziffern 1 bis 12 nach Vorgabe) im Rahmen der unten angegebenen Zeiträume den Kunden zugesichert werden können.

a) Tragen Sie **Ihre** Empfehlung in die farblichen Leerfelder ein, vergleichen und diskutieren Sie die Vorschläge. Recherchieren Sie eventuell auch zu vergleichbaren Angeboten.

Anlage zu dem Service Level Agreement				JIKU IT-Solutions
Leistungswerte der Supportpakete				
	Allgemeine Anfrage	**Störung**	**Dringende Störung**	
Supportzeit	montags–freitags 9–17 Uhr, optional 24/7	montags–freitags 9–17 Uhr, optional 24/7	24/7	
	Reaktionszeit	Reaktionszeit	Reaktionszeit	Wiederher-stellungszeit
Supportpaket	**Standard**	**Standard**	**Standard**	**Standard**
Domain Basic; Mail; Webhosting	12 Std. – 6 Std. [ ]	12 Std. – 6 Std. [ ]	2 Std. – 1 Std. [ ]	8 Std. – 4 Std. [ ]
Virtual Server; Cloud Server	12 Std. – 6 Std. [ ]	12 Std. – 6 Std. [ ]	2 Std. – 1 Std. [ ]	6 Std. – 3 Std. [ ]
Webserver Premium	12 Std. – 6 Std. [ ]	12 Std. – 6 Std. [ ]	2 Std. – 1 Std. [ ]	4 Std. – 2 Std. [ ]
Backup, Managed Storage	6 Std. – 3 Std. [ ]	6 Std. – 3 Std. [ ]	2 Std. – 1 Std. [ ]	4 Std. – 2 Std. [ ]

Service Level Agreement – produktbezogene Werte	JIKU IT-Solutions
Hardwareverfügbarkeit (im Monatsmittel)	
Webserver Dedicated (Basic und Medium); Mail-Server Dedicated Firewall	95,00/99,95 % [ ]
Webserver Dedicated (Premium und Supreme); Mail-Server Dedicated (Premium und Supreme); Dedicated Server mit redundantem Netzteil; DDoS Protection	98,00/99,99 % [ ]
Dienstverfügbarkeit (im Monatsmittel)	
Domain Basic; Mail Basic; Mail Business; Mail; Webhosting	95,00 – 99,9 % [ ]

b) Bearbeiten Sie weitere Verträge im Downloadbereich.

NOTIZEN

c) Erstellen Sie Kurzpräsentationen, in denen Sie eingeschränkt auf Services und den Arbeitsbereich des jeweiligen Ausbildungsberufes (technisch, wirtschaftlich, softwareentwicklungsmäßig) arbeitsteilig wichtige rechtliche Festlegungen heraussuchen.

Rechtliche Anforderungen im Servicebereich unterscheiden

Aufgabe 4: Erläutern Sie Urheber-, Marken- und Lizenzbestimmungen auf Nachfragen. [1]

1.1.4 (5)

1 Finden Sie zum Urheber- und Markenrecht die richtigen Antworten unter Verwendung des UrhG und des MarkenG. Verwenden Sie dazu die Gesetzesauszüge auf S. 27 ff. Kreuzen Sie an, was zutrifft.

Urheber-, Marken- und Lizenzbestimmungen	
1. Für den Schutz selbst erstellter Computerprogramme, Bilder oder Darstellungen gilt:	
a) Sie sind nur dann nach UrhG geschützt, wenn sie persönliche geistige Schöpfungen sind.	☐
b) Computerprogramme sind im Vergleich zu Bildern nicht nach UrhG geschützt.	☐
c) Alle Bilder sind nur nach KunstUrhG geschützt.	☐
d) Webcasts sind nach UrhG nicht geschützt.	☐
e) Selbst erstellte Computerprogramme und Datenbanken mit geistiger Schöpfung sind nach UrhG geschützt.	☐
f) Wenn das Computerprogramm im Betrieb erstellt wurde, ist der Betrieb Urheber.	☐
g) Wenn ein Bild selbst erstellt wurde und keine anderen Rechte verletzt wurden, kann man es gegen Entgelt anderen anbieten.	☐
h) Man darf ein Bild mit einem Prominenten im beruflichen Wirkungskreis veröffentlichen.	☐
i) Ein Bild darf, auch wenn Menschen nur unwesentliches Beiwerk sind, nicht veröffentlicht werden.	☐
j) Bei Computerprogrammen unterliegen die Entwürfe nicht dem Urheberrecht.	☐
k) Bei einem Computerprogramm hat der Urheber gesetzlich für die Ideen und Grundsätze, die einem Element eines Computerprogramms zugrunde liegen, einschließlich der den Schnittstellen zugrunde liegenden Ideen und Grundsätze, Verwertungsrechte.	☐
l) Die Schutzfähigkeit von Computerprogrammen ist von qualitativen oder ästhetischen Bewertungen abhängig.	☐
2. Wer Urheber eines Bildes, einer Software oder einer Datenbank ist, für den gilt:	
a) Als Urheber darf man die Urheberbezeichnung bestimmen.	☐
b) Als Urheber kann man die Verbreitung nicht exklusiv einem Nutzer geben.	☐
c) Der Betrieb kann vertraglich verlangen, dass er die exklusiven Rechte an einer im dienstlichen Auftrag erstellten Software hat.	☐
d) Als Urheber kann man nicht einzelne, sondern nur alle Nutzungsarten anderen einräumen.	☐
3. Zur Prüfung der Verstöße gegen das UrhG gilt:	
a) Es ist nur mit Abmahnungen zu rechnen, die aber insgesamt beschränkt sind.	☐
b) Es ist auch mit Freiheitsstrafen, für Privatleute bis drei Jahre, gewerblich bis fünf Jahre, zu rechnen.	☐
c) Abmahnkosten sind gesetzlich nur gegenüber Privatleuten gedeckelt.	☐
d) Neben Abmahn-, Gerichts- und Anwaltskosten ist mit Schadensersatz zu rechnen.	☐
e) Unternehmen haften nicht für die Mitarbeiter, Mitarbeiter haften bei grober Fahrlässigkeit.	☐
f) Mitarbeiter dürfen fremde Programme öffentlich, z. B. auf Messen, vorführen.	☐
g) Bücher, die für Unterrichtszwecke erstellt wurden, dürfen nicht kopiert werden; zu nicht kommerziellen Zwecken aber bis zu 15 %.	☐
h) Solange man für fremde Bilder, die man ins Internet eingestellt hat, noch kein Geld erhalten hat, ist auch nicht mit einer Verurteilung zu rechnen.	☐
i) Bei fremden Bildern muss genau geprüft werden, ob und wie die Quellenangabe zu erfolgen hat.	☐

4. Zur Prüfung von Vorfällen im Markenrecht gilt:	
a) Ein einzigartiges Geschäftszeichen ist nur dann eine Marke, wenn es im Markenregister eingetragen ist.	☐
b) Eine Geschäftsmarke ist nur ein Logo, nicht eine Tonfolge oder ein Personenname.	☐
c) Der Markeninhaber hat weitgehende Rechte, sodass geschäftsübliches und nicht geschäftsschädigendes Handeln besonders zu beachten ist.	☐
d) Fremde Marken können im Geschäftsverkehr in engen Grenzen verwendet werden, wenn es um die Bezeichnung der Waren und insbesondere eines passenden Zubehörs geht.	☐
e) Wenn fremde Marken für eigenes werbliches Handeln ohne Zustimmung des Rechteinhabers genutzt werden, kann es zu Markenrechtverletzungen kommen.	☐

UrhG	Auszüge
§ 2	(1) Zu den geschützten Werken der Literatur, Wissenschaft und Kunst gehören insbesondere: 1. Sprachwerke, wie Schriftwerke, Reden und Computerprogramme; [...] 5. Lichtbildwerke einschließlich der Werke, die ähnlich wie Lichtbildwerke geschaffen werden; [...] 7. Darstellungen wissenschaftlicher oder technischer Art wie Zeichnungen, Pläne, Karten, Skizzen, Tabellen und plastische Darstellungen [...]. (2) Werke im Sinne dieses Gesetzes sind nur persönliche geistige Schöpfungen.
§ 4	(1) Sammlungen von Werken, Daten oder anderen unabhängigen Elementen, die aufgrund der Auswahl oder Anordnung der Elemente eine persönliche geistige Schöpfung sind (Sammelwerke) [...]. (2) Datenbankwerk im Sinne dieses Gesetzes ist ein Sammelwerk, dessen Elemente systematisch oder methodisch angeordnet und einzeln mithilfe elektronischer Mittel oder auf andere Weise zugänglich sind. Ein zur Schaffung des Datenbankwerkes oder zur Ermöglichung des Zugangs zu dessen Elementen verwendetes Computerprogramm (§ 69 a) ist nicht Bestandteil des Datenbankwerkes.
§ 13	Der Urheber hat das Recht auf Anerkennung seiner Urheberschaft am Werk. Er kann bestimmen, ob das Werk mit einer Urheberbezeichnung zu versehen und welche Bezeichnung zu verwenden ist.
§ 15	(1) Der Urheber hat das ausschließliche Recht, sein Werk in körperlicher Form zu verwerten; das Recht umfasst insbesondere 1. das Vervielfältigungsrecht (§ 16), 2. das Verbreitungsrecht (§ 17), 3. das Ausstellungsrecht (§ 18) [...].
§ 19	(1) Das Vortragsrecht ist das Recht, ein Sprachwerk durch persönliche Darbietung öffentlich zu Gehör zu bringen [...]. (3) Das Vortrags- und das Aufführungsrecht umfassen das Recht, Vorträge und Aufführungen außerhalb des Raumes, in dem die persönliche Darbietung stattfindet, durch Bildschirm, Lautsprecher oder ähnliche technische Einrichtungen öffentlich wahrnehmbar zu machen.
§ 20	Das Senderecht ist das Recht, das Werk durch Funk, wie Ton- und Fernsehrundfunk, Satellitenrundfunk, Kabelfunk oder ähnliche technische Mittel, der Öffentlichkeit zugänglich zu machen.
§ 24	(1) Ein selbstständiges Werk, das in freier Benutzung des Werkes eines anderen geschaffen worden ist, darf ohne Zustimmung des Urhebers des benutzten Werkes veröffentlicht und verwertet werden.
§ 31	(1) Der Urheber kann einem anderen das Recht einräumen, das Werk auf einzelne oder alle Nutzungsarten zu nutzen (Nutzungsrecht).
§ 43	Die Vorschriften dieses Unterabschnitts sind auch anzuwenden, wenn der Urheber das Werk in Erfüllung seiner Verpflichtungen aus einem Arbeits- oder Dienstverhältnis geschaffen hat, soweit sich aus dem Inhalt oder dem Wesen des Arbeits- oder Dienstverhältnisses nichts anderes ergibt.
§ 57	Zulässig sind die Vervielfältigung, Verbreitung und öffentliche Wiedergabe von Werken, wenn sie als unwesentliches Beiwerk neben dem eigentlichen Gegenstand der Vervielfältigung, Verbreitung oder öffentlichen Wiedergabe anzusehen sind.
§ 56	(1) In Geschäftsbetrieben [...] ist die Übertragung von Werken auf Bild-, Ton- oder Datenträger [...], zulässig, soweit dies notwendig ist, um diese Geräte Kunden vorzuführen oder instand zu setzen.

§ 59	(1) Zulässig ist, Werke, die sich bleibend an öffentlichen Wegen, Straßen oder Plätzen befinden, mit Mitteln der Malerei oder Grafik, durch Lichtbild oder durch Film zu vervielfältigen, zu verbreiten und öffentlich wiederzugeben. Bei Bauwerken erstrecken sich diese Befugnisse nur auf die äußere Ansicht.
§ 60 a	(1) Zur Veranschaulichung des Unterrichts und der Lehre an Bildungseinrichtungen dürfen zu nicht kommerziellen Zwecken bis zu 15 % eines veröffentlichten Werkes vervielfältigt, verbreitet, öffentlich zugänglich gemacht und in sonstiger Weise öffentlich wiedergegeben werden [...]. (3) Nicht nach den Absätzen 1 und 2 erlaubt sind folgende Nutzungen: 1. Vervielfältigung durch Aufnahme auf Bild- oder Tonträger und öffentliche Wiedergabe eines Werkes, während es öffentlich vorgetragen, aufgeführt oder vorgeführt wird, 2. Vervielfältigung, Verbreitung und öffentliche Wiedergabe eines Werkes, das ausschließlich für den Unterricht an Schulen geeignet, bestimmt und entsprechend gekennzeichnet ist [...].
§ 63	(1) Wenn ein Werk oder ein Teil eines Werkes in den Fällen des § 45 Abs. 1, der §§ 45a bis 48, 50, 51, 58, 59 sowie der §§ 60a bis 60d, 61 und 61c vervielfältigt oder verbreitet wird, ist stets die Quelle deutlich anzugeben.
§ 69 a	(1) Computerprogramme im Sinne dieses Gesetzes sind Programme in jeder Gestalt, einschließlich des Entwurfsmaterials. (2) Der gewährte Schutz gilt für alle Ausdrucksformen eines Computerprogramms. Ideen und Grundsätze, die einem Element eines Computerprogramms zugrunde liegen, einschließlich der den Schnittstellen zugrunde liegenden Ideen und Grundsätze, sind nicht geschützt. (3) Computerprogramme werden geschützt, wenn sie individuelle Werke in dem Sinne darstellen, dass sie das Ergebnis der eigenen geistigen Schöpfung ihres Urhebers sind. Zur Bestimmung ihrer Schutzfähigkeit sind keine anderen Kriterien, insbesondere nicht qualitative oder ästhetische, anzuwenden.
§ 69 b	(1) Wird ein Computerprogramm von einem Arbeitnehmer in Wahrnehmung seiner Aufgaben oder nach den Anweisungen seines Arbeitgebers geschaffen, so ist ausschließlich der Arbeitgeber zur Ausübung aller vermögensrechtlichen Befugnisse an dem Computerprogramm berechtigt, sofern nichts anderes vereinbart ist.
§ 69 c	Der Rechtsinhaber hat das ausschließliche Recht, folgende Handlungen vorzunehmen oder zu gestatten: 1. die dauerhafte oder vorübergehende Vervielfältigung, ganz oder teilweise [...]. 2. die Übersetzung, die Bearbeitung, [...]. 3. jede Form der Verbreitung des Originals eines Computerprogramms [...]. 4. die drahtgebundene oder drahtlose öffentliche Wiedergabe [...].
§ 77	(1) Der ausübende Künstler hat das ausschließliche Recht, seine Darbietung auf Bild- oder Tonträger aufzunehmen.
§ 78	(1) Der ausübende Künstler hat das ausschließliche Recht, seine Darbietung 1. öffentlich zugänglich zu machen (§ 19a) [...]. (2) Dem ausübenden Künstler ist eine angemessene Vergütung zu zahlen, wenn 1. die Darbietung nach Absatz 1 Nr. 2 erlaubterweise gesendet, 2. die Darbietung mittels Bild- oder Tonträger öffentlich wahrnehmbar gemacht [...].
§ 87 a	(1) Datenbank im Sinne dieses Gesetzes ist eine Sammlung von Werken, Daten oder anderen unabhängigen Elementen, die systematisch oder methodisch angeordnet und einzeln mithilfe elektronischer Mittel oder auf andere Weise zugänglich sind und deren Beschaffung, Überprüfung oder Darstellung eine nach Art oder Umfang wesentliche Investition erfordert.
§ 87 b	(1) Der Datenbankhersteller hat das ausschließliche Recht, die Datenbank insgesamt oder einen nach Art oder Umfang wesentlichen Teil der Datenbank zu vervielfältigen, zu verbreiten und öffentlich wiederzugeben [...].
§ 97 a	(1) Der Verletzte soll den Verletzer vor Einleitung eines gerichtlichen Verfahrens auf Unterlassung abmahnen und ihm Gelegenheit geben, den Streit durch Abgabe einer mit einer angemessenen Vertragsstrafe bewehrten Unterlassungsverpflichtung beizulegen [...]. (2) Die Abmahnung hat in klarer und verständlicher Weise [...] die Rechtsverletzung genau zu bezeichnen [...]. (3) Soweit die Abmahnung berechtigt ist [...], kann der Ersatz der erforderlichen Aufwendungen verlangt werden. Für die Inanspruchnahme anwaltlicher Dienstleistungen beschränkt sich der Ersatz der erforderlichen Aufwendungen hinsichtlich der gesetzlichen Gebühren auf Gebühren nach einem Gegenstandswert für den Unterlassungs- und Beseitigungsanspruch von 1 000 Euro, wenn der Abgemahnte [...] eine natürliche Person ist [...].

§ 99	Ist in einem Unternehmen von einem Arbeitnehmer oder Beauftragten ein nach diesem Gesetz geschütztes Recht widerrechtlich verletzt worden, hat der Verletzte die Ansprüche aus § 97 Abs. 1 und § 98 auch gegen den Inhaber des Unternehmens.
§ 108	(1) Wer in anderen als den gesetzlich zugelassenen Fällen ohne Einwilligung des Berechtigten [...] ein nachgelassenes Werk oder eine Bearbeitung [...] eines solchen Werkes [...] verwertet, [...] ein Lichtbild (§ 72) oder eine Bearbeitung oder Umgestaltung eines Lichtbildes vervielfältigt, verbreitet oder öffentlich wiedergibt, [...] eine Datenbank entgegen § 87b Abs. 1 verwertet, wird mit Freiheitsstrafe bis zu drei Jahren oder mit Geldstrafe bestraft. (2) Der Versuch ist strafbar.
§ 108 a	(1) Handelt der Täter in den Fällen der §§ 106 bis 108 gewerbsmäßig, so ist die Strafe Freiheitsstrafe bis zu fünf Jahren oder Geldstrafe. (2) Der Versuch ist strafbar.

Gesetz betreffend das Urheberrecht an Werken der bildenden Künste und der Photographie – KunstUrhG (Auszüge)	
§ 22	Bildnisse dürfen nur mit Einwilligung des Abgebildeten verbreitet oder öffentlich zur Schau gestellt werden. Die Einwilligung gilt im Zweifel als erteilt, wenn der Abgebildete dafür, dass er sich abbilden ließ, eine Entlohnung erhielt [...].
§ 23	(1) Ohne die nach § 22 erforderliche Einwilligung dürfen verbreitet und zur Schau gestellt werden: 1. Bildnisse aus dem Bereich der Zeitgeschichte; 2. Bilder, auf denen die Personen nur als Beiwerk neben einer Landschaft oder sonstigen Örtlichkeit erscheinen; 3. Bilder von Versammlungen, Aufzügen und ähnlichen Vorgängen, an denen die dargestellten Personen teilgenommen haben; 4. Bildnisse, die nicht auf Bestellung angefertigt sind, sofern die Verbreitung oder Schaustellung einem höheren Interesse der Kunst dient. (2) Die Befugnis erstreckt sich jedoch nicht auf eine Verbreitung und Schaustellung, durch die ein berechtigtes Interesse des Abgebildeten oder, falls dieser verstorben ist, seiner Angehörigen verletzt wird.

Markengesetz – MarkenG (Auszüge)	
§ 4	Der Markenschutz entsteht 1. durch die Eintragung eines Zeichens als Marke in das vom Deutschen Patent- und Markenamt geführte Register, 2. durch die Benutzung eines Zeichens im geschäftlichen Verkehr [...].
§ 14	(1) Der Erwerb des Markenschutzes nach § 4 gewährt dem Inhaber der Marke ein ausschließliches Recht.
§ 15	(4) Wer eine geschäftliche Bezeichnung oder ein ähnliches Zeichen entgegen Absatz 2 oder Absatz 3 benutzt, kann von dem Inhaber der geschäftlichen Bezeichnung bei Wiederholungsgefahr auf Unterlassung in Anspruch genommen werden [...].
§ 23	(1) Der Inhaber einer Marke oder einer geschäftlichen Bezeichnung darf einem Dritten nicht untersagen, im geschäftlichen Verkehr Folgendes zu benutzen: [...]. 3. die Marke oder die geschäftliche Bezeichnung zu Zwecken der Identifizierung oder zum Verweis auf Waren oder Dienstleistungen als die des Inhabers der Marke, insbesondere wenn die Benutzung der Marke als Hinweis auf die Bestimmung einer Ware insbesondere als Zubehör oder Ersatzteil oder einer Dienstleistung erforderlich ist.
§ 24	(1) Der Inhaber einer Marke oder einer geschäftlichen Bezeichnung hat nicht das Recht, einem Dritten zu untersagen, die Marke oder die geschäftliche Bezeichnung für Waren zu benutzen, die unter dieser Marke [...] in den Verkehr gebracht worden sind. (2) Absatz 1 findet keine Anwendung, wenn sich der Inhaber der Marke oder der geschäftlichen Bezeichnung der Benutzung der Marke oder der geschäftlichen Bezeichnung im Zusammenhang mit dem weiteren Vertrieb der Waren aus berechtigten Gründen widersetzt, insbesondere wenn der Zustand der Waren nach ihrem Inverkehrbringen verändert oder verschlechtert ist.

2 Klären Sie in Teams Lizenzbestimmungen verschiedener Softwareanbieter (Marktführer) und beantworten Sie dazu folgende allgemeine Kundenfragen. Präsentieren und vergleichen Sie Ihre Ergebnisse.

a) Was kostet eine Einzellizenz und kann man die Lizenz auch auf einem Zweitcomputer nutzen?

b) Kann man die Software kostenlos testen und wie lange?

c) Was kostet eine Netzwerklizenz und wie ist diese festgelegt?

d) Was kostet eine Cloud-Lizenz und wie ist diese festgelegt?

e) Gibt es günstigere Lizenzen und für welche Nutzergruppen?

Lernsituation 3: Wir nehmen Serviceanfragen entgegen und bearbeiten sie

S **Herr Lübberstedt zeigt den Auszubildenden den Helpdesk-Bereich von JIKU IT-Solutions.**

Holger Lübberstedt: Heute werden wir uns direkt mit dem Helpdesk-Bereich beschäftigen und diesen Bereich erkunden.

Julian Markus: Ich kann aus meinen Erfahrungen berichten. Man muss genau wissen, wer was kann, damit die Probleme richtig und schnell gelöst werden. Ansonsten muss man eskalieren.

Levi Kramer: Was bedeutet denn „eskalieren" in diesem Zusammenhang?

Holger Lübberstedt: Weiterreichen an einen Spezialisten oder ein Team. Wir werden das noch genau besprechen.

Laura Meier: Man muss auch wissen, welche Verträge es mit den Kunden gibt und wie man sich beim Kunden meldet.

Saahil Arora: Es gibt doch bestimmt auch viele unterschiedliche Servicefälle, nicht nur Störungsfälle?

Holger Lübberstedt: Lassen wir uns das einmal von Fachleuten aus dem Helpdesk erklären.

1.2 IT-Serviceanfragen entgegennehmen und bearbeiten

Den Prozess der Bearbeitung von Serviceanfragen beschreiben

S **Die Auszubildenden der JIKU IT-Solutions sollen im Unternehmen eingehende Serviceanfragen bearbeiten.**

Holger Lübberstedt: Serviceanfragen können in der Zentrale auflaufen, mündlich oder schriftlich eingehen oder auch im Helpdesk initiiert werden.

Laura Meier: Also geht es darum, wer die Anfrage annimmt und wie es dann weitergeht.

Saahil Arora: Es muss dann bestimmt auch ein Serviceverantwortlicher festgelegt werden, der dann mit dem Kunden alles klärt.

Holger Lübberstedt: Wir sollten uns einmal den Prozess der Servicebearbeitung anschauen, wobei das Helpdesk-System ein wichtiges Koordinierungstool ist. Dazu müssen die Verantwortlichkeiten geklärt werden. Dies will ich mal an einem RACI-Modell verdeutlichen.

Aufgabe 1: **Bearbeiten Sie Aufgaben zum Serviceprozess und zu Zuständigkeiten.**

1.2.1

1. Erstellen Sie für Ihren Ausbildungsbetrieb ein eigenes Schaubild oder beschreiben Sie den Serviceablauf in Worten. Folgendes Schaubild von JIKU IT-Solutions soll als Grundlage dienen.

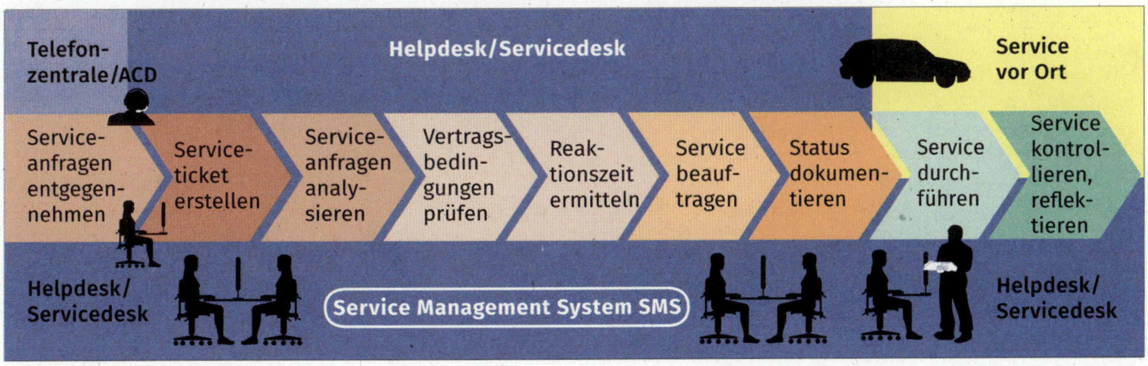

Serviceablauf im Ausbildungsbetrieb

❷ Erläutern Sie die Bedeutung bzw. Zuständigkeit der Rollen im RACI-Modell. Geben Sie entsprechend den Informationen im Fachbuch und der englischen Erläuterung stichwortartig wieder, was man nach dem RACI-Modell unter der jeweils genannten Zuständigkeit versteht.

RACI	Englische Erläuterung	Erläuterung in Stichworten
R = Responsible	The person(s) or people responsible for correct execution, who does the work, who completes the action or task. In case of a quick and simple task, the person responsible could also be the accountable person. Responsibility can be shared.	
A = Accountable	The person making the decisions, accountable for the quality and the end result. Only one person should be accountable for each task. This person usually has a leadership or management role, reviews the work, takes ownership for the results.	
C = Consulted	The persons who are consulted when their professional opinion is needed. They have more knowledge and information in theory and practice. They are consulted prior to a final decision or action.	
I = Informed	The people, who need to be informed, who are kept up to date on progress. They receive information about process execution and quality. People with this role usually work outside the project, often in other departments.	

❸ Ihr Arbeitskreis beschäftigt sich mit Zuständigkeiten im IT-Service. Folgende Rollen sollen eingerichtet werden.

R 1: Service-Chefin
R 2: Service-Annahme
R 3: Service-Level-1
R 4: Service-Level-2
R 5: Kundendienst
Für die Erstellung einer RACI-Matrix wird festgelegt:
Erläuterung: übernimmt: R, genehmigt: A, unterstützt: C, wird informiert: I

Folgende Aktivitäten sollen grundsätzlich (Ausnahmen möglich) die zugeteilten Zuständigkeiten erhalten:

- Annahme Services allgemein: übernimmt: R 2, genehmigt: R 1, unterstützt: R 3, R 4, R 5, wird informiert: –
- Annahme Services Kunden: übernimmt: R 1, R 2, genehmigt: R 1, unterstützt: R 3, R 4, R 5, wird informiert: –
- Monitoring-Aufgaben: übernimmt: R 3, genehmigt: R 3, unterstützt: R 2,R 4, wird informiert: R 1
- System-Vorkonfiguration: übernimmt: R 4, genehmigt: R 1, unterstützt: R 5, wird informiert: R 3
- Vor-Ort-Konfiguration: übernimmt: R 5, genehmigt: R 1, unterstützt: R 4, wird informiert: R 3

a) Vervollständigen Sie die folgende RACI-Matrix mit den vereinbarten Zuständigkeiten.

b) Diskutieren Sie über Vor-/Nachteile der Zuordnung.

RACI-Matrix	Rollen und Zuständigkeiten				
Tätigkeiten	**R1**				
Annahme Services allgemein	A				
Annahme Services Kunden	R/A				
Monitoring-Aufgaben					
System-Vorkonfiguration					
Vor-Ort-Konfiguration					

4 Ergänzen Sie zu typischen Rollen mögliche Aufgaben und Zuständigkeiten im Serviceprozess (z. B. Einrichtung eines Managementsystems im Unternehmen, Lösung eines großen Sicherheitsproblems) und vergleichen Sie die Ergebnisse. Ergänzen Sie gemeinsam mögliche RACI-Zuordnungen (Mehrfachnennungen möglich).

Service-Rollen	Aufgaben, Zuständigkeiten	Zugeordnete RACI-Rollen
CEO		
CIO		
System-Support		
Service-Owner		
Incident-Manager		
Problem-Manager		
Projektmanager		
Change-Manager		
System-Developer		
Service-Level-Manager		
Configuration and Deployment Manager		
IT-Security-Manager		
Business-Relationship-Manager		
Enterprise Architect		
Rollen im Ausbildungsbetrieb:		

5 Sie sollen folgende RACI-Matrix entsprechend dem Protokollauszug aus einer Sitzung vervollständigen.

Besprechungsprotokoll (Auszug):

Für die Projektplanung ist Holger zuständig und Jana unterstützt ihn. Die technische Dokumentation erstellt federführend Jana, sie hält Georg darüber auf dem Laufenden. Kundenverhandlungen führt grundsätzlich Georg, Holger unterstützt ihn. Für Kundenservices ist Holger zuständig, Georg unterstützt ihn, er hält als Vertreterin Jana informiert. Verträge mit Kunden bereitet Jana vor, Verträge unterzeichnet Anna, gibt darüber an die jeweils Zuständigen (Holger, Jana, Georg) eine Kenntnisnahme (CC). Die Protokolle erstellt und unterzeichnet Anna selbst. Jana verwaltet die Protokolle.

Ergänzen Sie eventuell Anmerkungen, welche Alternativen möglich wären.

RACI-Matrix für das Service-Team				JIKU IT-Solutions
	Anna	Holger	Jana	Georg
Projektplanung	A	R	C	
Technische Dokumentation erstellen				
Kundenverhandlungen durchführen				
Kundenservices				
Kundenverträge vorbereiten				
Verträge unterzeichnen				
Protokolle der Meetings erstellen				
Anmerkungen:				

6 Sie assistieren in einem Projekt der Service-Key-Account-Managerin von JIKU IT-Solutions. Sie bittet Sie, die Beantwortung folgender E-Mail des Kunden zu den Festlegungen in der RACI zu entwerfen.

Hinweis: Der Chief Architect ist beim Kunden für die gesamte Unternehmensentwicklung zuständig, der Head of ITO beim Kunden für die IT-Infrastruktur, der Head of Development ist der Entwicklungsleiter.

Bereiten Sie Ihre Antwort in Stichpunkten vor.

E-Mail mit CC an alle

Guten Tag X-Service-Team,

entsprechend unserer Sitzung habe ich folgende RACI erstellt. Ich bitte um Kenntnisnahme und eventuelle Rückmeldung bei Änderungswünschen.

Beste Grüße

Jana Sinner, BPO, HOH AG

RACI-Matrix Happy-Online-Hour AG								
	CEO	CIO	Chief Architect	Business-Process-Owner	Head of Development	Head of ITO	Compliance-Manager	Service-Key-Account-Manager JIKU
Service-Katalog erstellen	I	A	I	C	C	C	I	R
SLA-für X-Services erstellen	I	C	I	C	R	R	C	A/R

NOTIZEN

Prozesse der Störungs- und Serviceanfragen beschreiben

S **Die Auszubildenden der JIKU IT-Solutions sollen genauer den Prozess der Ticketbearbeitung beschreiben.**

Holger Lübberstedt: Wir schauen uns jetzt einmal den Prozess der Servicebearbeitung genauer an.

Laura Meier: Dann müssten wir uns doch auf ein Ticketsystem beziehen.

Holger Lübberstedt: Jeder kann seine Erfahrungen mit einem Ticketsystem einbeziehen. Ich habe für Ausbildungszwecke eine allgemeine Übersicht eines Standard-Ticketsystems erstellt, die ich zu den Aufgaben ergänze.

Saahil Arora: Wir könnten auch typische Helpdesk-Software recherchieren.

Holger Lübberstedt: Auch das ist eine gute Möglichkeit, Zusatzinformationen über den Helpdesk zu erhalten. Ich habe in diesem Zusammenhang die Aufgabe, für Kunden eine Helpdesk-Software anzubieten.

Aufgabe 2: **Bearbeiten Sie folgende Teilaufgaben.**

1. Sie sollen das Ticketsystem eines Ausbildungsbetriebs präsentieren. Erstellen Sie dazu eine Präsentation. Geben Sie ergänzend in den vier Feldern (s. nächste Seite) stichwortartig jeweils drei Aspekte für den Vortrag als wichtige Schlüsselwörter für einen freien Vortrag an. Verwenden Sie eventuell auch die Dateien im Downloadbereich zum Ticketsystem.

1.2.2

IT-Service-Ticketsystem			JIKU IT-Solutions
Service-Annahme	First-Level-Support	Second-Level-Support	Third-Level-Support

2 Erläutern Sie zunächst gemeinsam das folgende Service-Ticket für die Ausbildung. Erstellen Sie in einer freien Darstellung mit ausgewählten Ticketelementen ein Musterticket mit einem Anwendungsfall und präsentieren Sie diesen. Im Downloadbereich finden Sie eine Datei mit folgendem Service-Ticketformular.

Service-Ticket (Ausbildung) JIKU IT-Solutions

Felder	Erläuterung
Titel	*Überschrift für das Ticket*
Ticketnummer	*i. d. R. automatisch*
Bearbeiter/-in	
Kontaktdaten Meldende/-r	*Ticketersteller/-in, z. B. Name, E-Mail-Adresse*
Art der Kommunikation	
Datum/Uhrzeit d. Aufnahme	*Datum und Uhrzeit*
Beschreibung der Symptome	
Sonstiges	
Service-Klassifizierung	*Incident, Service-Request, Change-Request u. a.*
Kategorie	*Frei konfigurierbar nach Servicekategorien im Unternehmen, z. B.* *☐ Hardware ☐ Netzwerk ☐ Cloud ☐ Software ☐ Bedienung*
Freigabe/Genehmigung	*Zeichen, Position, Name, Datum u. a.*
Kostenübernahme	*Zeichen, Position, Name, Datum u. a.*
Status im Bearbeitungsablauf	*Ticket neu/öffnen, Bearbeitung durch Mitarbeiter/-in* *☐ bearbeitet und abgeschlossen ☐ zurückgestellt ☐ u. a.*
Fälligkeitsdatum	*Datum und Uhrzeit*
Case-Owner	*für den Fall verantwortlicher Mitarbeiter*
Support-Team	*Team für ein Workaround*
Anlagen	*des Kunden oder von Analysen, Berichten etc., als Anhang/Links*
Priorität	*Wichtig-/Dringlichkeit je nach Stufe*
Datum/Zeit zur Lösung	*Termin/Reaktionszeit*
Bearbeitungsdauer	*Nötige Dauer*
Configuration Items (CI)	*betroffen: Konfiguration der Laufzeitumgebung der User*
Ähnliche Probleme	*Know Errors*
Servicekatalog	*Katalog der vorhandenen Serviceeinheiten (Service Items, SI)*
Erledigt am	*Datum und Uhrzeit*
Datum/Uhrzeit d. Beendigung	*Datum und Uhrzeit*

3 JIKU IT-Solutions bietet Services von einem internationalen Provider an. Berücksichtigen Sie die Prioritätsstufen auf Englisch und ergänzen damit die Vertragsbedingungen (Auszüge) für Ihre deutschen Kunden. Geben Sie eine deutsche Übersetzung (inhaltlich) auf einem Extrablatt an und besprechen Sie die Vorgehensweise.

Prioritätsstufen	Englisch	Deutsch
Highest (Customer, critical) – höchste Priorität (kundenkritisch)	JIKU IT-Solutions will assign this level in case of a critical application failure if workarounds are ineffective solving the problem and the issue affects the organization as a whole.	*JIKU IT-Solutions wird diese Ebene zuweisen, wenn ...*
High (Individual User, critical) – Priorität hoch (Einzelbenutzer, kritisch)	JIKU IT-Solutions will assign this level in case of a critical function failure if workarounds are ineffective solving the problem and the issue affects an individual user.	...
Medium (Individual User, non-urgent) – mittlere Priorität (Einzelbenutzer, nicht dringend)	JIKU IT-Solutions will assign this level if problems affect the efficiency of users but can be fixed with a workaround.	*JIKU IT-Solutions wird diese Ebene zuweisen, wenn ...*
Low (User Inquiry) – geringe Priorität (Benutzeranfrage)	JIKU IT-Solutions will assign this level if there are problems with no negative impact on processing.	...
Lowest (Information Only) – niedrigste (nur Informationen)	JIKU IT-Solutions will assign this level if a customer requests information about our applications but there is no problem to solve.	...
Support Hours: During normal office hours Monday through Friday from 8 a. m. to 8 p. m. (excluding public holidays).		*Die Supportzeiten sind ...*
Support Request means the reporting of a defect or an error in JIKU IT-Solutions' products when the products do not function according to the applicable documentation.		*Eine Supportanforderung bezeichnet die Meldung ...*
Response means that someone from JIKU IT-Solutions makes an effort to respond within the time frame of the SLA. The time for a response begins when JIKU IT-Solutions receives a Support Request during Support Hours or immediately in the next Support Hour.		*„Antwort" bedeutet, dass jemand von JIKU IT-Solutions ...*
Resolution means that JIKU IT-Solutions will act in good faith with reasonable effort to resolve the Support Request in the time frame set in the SLA, so that the product functions as described in the documentation or as is appropriate. The time period for resolution begins when JIKU IT-Solutions receives a good documentation of the defect or error and, if requested by JIKU, a listing of information that JIKU IT-Solutions requires in order to reproduce similar working conditions as existed when the defect or error was discovered.		*„Lösung" bedeutet, dass JIKU IT-Solutions nach Treu und Glauben angemessene Anstrengungen unternimmt, um ...*

Hinweise:
assign = zuweisen
level = Ebene
critical application failure = kritischer Anwendungsfehler
workarounds = Problemumgehungen
addressing the issue = Behebung des Problems
issue affects = das Problem betrifft
reasonable efforts = angemessene Anstrengungen
solve = Problemlösung finden
resolve = Problem beheben
according to = gemäß, entsprechend

1.2.2

Aufgabe 3: **Die JIKU IT-Solutions möchte ihren Kunden Helpdesk-Software anbieten. Eine Mitarbeiterin stellt folgenden Vorschlag für einen Werbetext (Auszug) vor. Diskutieren Sie den Vorschlag und geben Sie in Stichworten an, was Sie für gut oder ausbaufähig halten. Überlegen Sie außerdem, welche mögliche Nachfragen Kunden stellen könnten.**

Werbetextentwurf für eine Helpdesk-Software

Ablauf einer Kundenabfrage

Eine Helpdesk-Software kann grundsätzlich als technische Unterstützung bei der Verarbeitung von Kundenanfragen verstanden werden. Hierbei wird den Mitarbeitern des Unternehmens eine zentrale Plattform zur Verfügung gestellt, mit welcher die Kundenanfragen verwaltet und bearbeitet werden können. Die Bearbeitungsschritte einer Kundenanfrage können durch den Einsatz einer Softwarelösung vollständig digitalisiert ablaufen, wodurch weniger Zeit für die Bearbeitung benötigt wird.

Im Folgenden ist als Beispiel der vereinfachte Ablauf einer Kundenanfrage dargestellt.

1. Ein Kunde schickt an ein Unternehmen eine Supportanfrage als E-Mail und beschreibt in dieser die Problematik.
2. Von der Helpdesk-Software wird die Kundenanfrage in ein Ticket umgewandelt. Anschließend wird das Ticket an einen Mitarbeiter im Unternehmen übermittelt, welcher über die Fähigkeiten zur Lösung des Problems verfügt und ausreichende Kapazitäten zur Bearbeitung hat. Der entsprechende Mitarbeiter wird nach der Zuordnung der Kundenanfrage automatisch darüber informiert, dass ein neues Ticket zur Bearbeitung eingegangen ist.
3. Der ausgewählte Mitarbeiter erhält das Ticket und kann mit der Bearbeitung beginnen. Mithilfe der Helpdesk-Software kann der Mitarbeiter mit dem Kunden kommunizieren und diesem beispielsweise benötigte Dokumente zukommen lassen. Der Fortschritt des Tickets wird vom System automatisch dokumentiert, sodass der Mitarbeiter jederzeit den Überblick über den aktuellen Stand der Kundenanfrage hat.
4. Nach dem erfolgreichen Abschluss des Tickets kann das jeweilige Ticket geschlossen werden. Das Ticket kann hierbei in der eigenen Wissensdatenbank des Unternehmens automatisch abgespeichert werden. Hierdurch können andere Mitarbeiter auf die Erkenntnisse in der Zukunft zurückgreifen.

Mithilfe einer Helpdesk-Software kann ein Unternehmen also zusammenfassend den gesamten Prozess der Beantwortung von Kundenanfragen effizient abwickeln. Durch die Automatisierung der Arbeitsschritte haben Mitarbeiter die Möglichkeit, eine deutlich höhere Anzahl an Kundenanfragen zu beantworten.

NOTIZEN

Kundenzufriedene Fallbearbeitung unterstützen

S **Herr Lübberstedt begrüßt die Servicemanagerin in der Sitzung. Sie bringt eine Statistik zur Ticketanalyse in die Sitzung ein. Es soll besprochen werden, wie die Qualität der Serviceleistungen möglichst hoch, die Zahl der Kundenbeschwerden möglichst niedrig ausfallen kann.**

Holger Lübberstedt: Ich begrüße heute Frau Sander in unserer Ausbildungssitzung. Als Servicemanagerin hat sie uns eine Statistik aus dem Helpdesk-Bereich mitgebracht, die sie für Ausbildungszwecke aufbereitet hat.

Lisa Sander: Vielen Dank für die Einladung. Im Helpdesk-Bereich haben wir die meisten Kundenkontakte. Eine kleine Statistik soll die Diskussion einleiten, wie wir höchste Kundenzufriedenheit bei den Kunden im Servicebereich erreichen und sichern können.

Julian Markus: Über die Bearbeitung der Tickets kann man viel zur Verbesserung der Services erfahren.

Saahil Arora: Auch Umfragen bei Kunden bringen viel Aufschluss.

Lisa Sander: Wir sollten ganzheitlich über ein 360-Grad-Feedback sprechen. Die meisten Unternehmen legen großen Wert auf guten Service.

Laura Meier: Ich stelle immer wieder fest, dass Onlineunternehmen die Kundenzufriedenheit als sehr wichtig ansehen.

Levi Kramer: Es gibt auch KPI, also Leistungskennzahlen, die entsprechend dem Service Level Agreement zu beachten sind.

Holger Lübberstedt: Wir sollten mit der Auswertung der Helpdesk-Statistik beginnen.

Aufgabe 4: Bearbeiten Sie folgende Teilaufgaben.

1.2.3

1. Vervollständigen Sie die Tabelle, indem Sie Auswertungen ausrechnen und eintragen. Nutzen Sie bei Bedarf ein Tabellenkalkulationsprogramm (siehe Vorlage im Downloadbereich). Geben Sie eine Stellungnahme ab.

Ticketanalyse	Service Level 1			Service Level 2			Service Level 3		
	Vorjahr	Jahr	Veränderung	Vorjahr	Jahr	Veränderung	Vorjahr	Jahr	Veränderung
Ticketanzahl	600	660	10 %	200	240		100	90	
Tickets geschlossen	500	600		180	228	27 %	95	89	-6 %
Anteil % nicht geschlossener Tickets	-17 %	-9 %	-45 %		-5 %				-78 %
Tickets max. 10 Tagen offen	400	460	15 %	180	200		90	88	
Tickets max. 30 Tagen offen	160	160		10	30	200 %	8	2	-75 %
Tickets max. 100 Tagen offen	40	40		10	10		2	0	
Anteil % 100-Tage-Tickets	7 %		-9 %		4 %	-17 %	2 %		–
Tickets erneut geöffnet	50	70		25	12	-52 %	8	5	-38 %
Anteil % neu geöffneter Tickets	8 %		27 %	13 %	5 %	-60 %	8 %	6 %	-31 %
Note Umfragen Kundenzufriedenheit	3	2,5	-17 %	2,8	2,4	-14 %	2,5	2	

2 Führen Sie eine KPI-Auswertung durch und ergänzen Sie die freien Felder. Geben Sie eine Stellungnahme ab.

KPI-Auswertung	Statistik 1	Statistik 2	Statistik 3	Statistik 4	gesamt
KPI	Bereich A	Bereich B	Bereich C	Bereich D	bzw. Ø
Servicezeit Std. gesamt	2000	1000	800	600	
Ausfallzeit/TTR Std. gesamt	30	20	10	6	
Verfügbarkeit in %					
Systemzuverlässigkeit (MTBF)	6	8	5	2	

3 Führen Sie eine SLA-Statistik-Analyse (evtl. mit Tabellenkalkulation) mit Kurzstellungnahme durch.

SLA-Statistik-Analyse (Vorlage)		Anteile %	Veränderung %
Anzahl Serviceaufträge gesamt:	2000		
davon Anzahl Serviceaufträge mit Servicekatalognummer:	1200		
davon Anzahl Serviceaufträge mit SLA:	600		
davon Sonstige Serviceaufträge:	200		
Anzahl SLA dieses Jahr:	20		
Anzahl SLA dieses Jahr überarbeitet:	4		
Anzahl SLA letztes Jahr überarbeitet:	6		
Anzahl SLA dieses Jahr nicht überarbeitet:	16		

4 Prüfen Sie in einer Selbstreflexion folgende Fragen zu einem ausgewählten Betrieb (IT-Abteilung intern oder Servicedienstleister extern) als IT-Services an und präsentieren Sie die Ergebnisse.

	Noten 1–6
Erreichbarkeit: Wie können die Kunden (intern Mitarbeiter) den Servicebereich erreichen?	
Schnelligkeit: Wie lang ist die durchschnittliche Antwortzeit bei Serviceanfragen?	
Beratung: Welchen Mehrwert bietet der IT-Kundenservice?	
Einfachheit: Wie kundenfreundlich sind die Service-Prozesse?	
Information: Was bietet der Service den Kunden (intern Mitarbeitern, extern Betrieben) an?	
Was sollte verbessert werden (Stichworte):	

5 Ordnen Sie die folgenden Begriffe den Aussagen richtig zu

(1) Latenz
(2) Reaktionszeit
(3) Servicelevel
(4) Servicezeit
(5) Störung
(6) Supportzeit
(7) Verfügbarkeit

Aussagen zum Cloud-Hosting/RZ-Leistungen	Begriff
a) Betroffener Service ist noch erreichbar, aber eingeschränkt	
b) Zeitintervall vom Ende eines Ereignisses bis zum Beginn der Reaktion auf dieses Ereignis	
c) Möglichkeit zur tatsächlichen Nutzung der zugrunde liegenden Services	
d) Festgelegte und messbare Kriterien für die Erbringung eines bestimmten Services durch die JIKU IT-Solutions	
e) Zeit, in der der gebuchte Service zur Verfügung steht	
f) Zeitraum seit Eingang der Meldung, in der der Kunde auf seine Anfrage/Meldung eine qualifizierte Aussage von einem Mitarbeiter der JIKU IT-Solutions erhält, vorausgesetzt, die Meldung ist im richtigen Kommunikationskanal eingetroffen	
g) Zeitraum, in dem der für das jeweilige Produkt zuständige technische Kundenservice auf dem zugehörigen Kommunikationskanal erreichbar ist	

Lernsituation 4: Wir analysieren komplexe Serviceanfragen genauer

S **Die Auszubildenden der JIKU IT-Solutions sollen Möglichkeiten kennenlernen und erarbeiten, den Servicefällen genauer auf den Grund zu gehen, die Ursachen von Störungen schnell und richtig zu ermitteln.**

Holger Lübberstedt: Die meisten Serviceanfragen im Helpdesk können wir aufgrund von Erfahrungen und häufig vorkommenden Fällen schnell und gut bearbeiten. Was machen wir, wenn wir eine Störung oder einen Servicefall bisher noch nicht hatten?

Julian Markus: Wir eskalieren ihn und geben ihn an den nächsten Level-Support weiter, insbesondere wenn es dringlich ist.

Holger Lübberstedt: Und wenn kein Level-Support diesen Fall bisher hatte? Was machen wir dann?

Julian Markus: Wir initiieren ein Workaround und gehen der Sache auf den Grund. Wir fragen den Kunden aus, wann die Störung eingesetzt hat, was genau passiert ist.

Saahil Arora: Wir können über das Monitoring häufig schon erkennen, wo der Engpass ist. Oder wir schalten uns remote auf das System und prüfen die Log-Dateien und was los ist.

Laura Meier: In unserer Wissensdatenbank haben wir bestimmt die meisten Fälle erfasst und auch für Einsteiger Lösungen parat, sodass man nicht gleich ein Workaround initiieren muss.

Holger Lübberstedt: Sie wissen ja, nach Pareto kommen 20% der Fälle immer wieder in 80% der Fälle vor. Wir müssen auf jeden Fall diese 20 % ermitteln und gut ausarbeiten. Und was ist mit Servicefällen, die neu sind und keine Störungen?

Levi Kramer: Wenn ein Kunde von uns einen neuen Service erwartet, dann müssen wir diesen ebenfalls von Grund auf erarbeiten und dann in den SLA genau angeben, was wir zu leisten haben und welche KPI gelten.

Holger Lübberstedt: Ich habe als Einstieg ein paar Aufgaben dazu vorbereitet und zum Schluss schlage ich vor, dass wir uns in Gruppen oder Partnerarbeit noch einmal vertiefend an Schwerpunktaufgaben heranmachen.

1.3 Serviceanfragen vertiefend analysieren und Lösungen erarbeiten

Anforderungen und Methoden zur IT-Problem-Analyse präsentieren

S **Die Auszubildenden der JIKU IT-Solutions sollen feststellen, welche persönliche Anforderungen an Helpdesk-Mitarbeiter gestellt werden und wie man einfachen und komplexen Problemen systematischer auf den Grund geht.**

Holger Lübberstedt: Müssen Mitarbeiterinnen und Mitarbeiter am Helpdesk besondere persönliche Fähigkeiten mitbringen?

Laura Meier: Sie müssen freundlich in der Kommunikation sein, dem Kunden zugewandt, alles genau protokollieren, damit andere sich schnell einarbeiten können, sich natürlich technisch gut auskennen.

Holger Lübberstedt: Wir können ja mal in zwei Gruppen persönliche und technische Anforderungen herausarbeiten lassen, die am Helpdesk notwendig sind. Was machen wir, wenn wir remote oder über das Monitoring die Ursache nicht genau ermitteln können.

Julian Markus: Dann fragen wir den Kunden, wie es passiert ist und was gerade der Status ist.

Holger Lübberstedt: Und wenn es sich um sehr komplexe Probleme oder Serviceaufgaben handelt?

Saahil Arora: Dann müssen wir dem Fall wohl im Team strukturiert auf den Grund gehen.

Holger Lübberstedt: Das sollte wir jetzt mal tun und zunächst mit einem Test das Vorwissen abfragen.

Aufgabe 1: Bearbeiten Sie die Aufgaben und präsentieren Sie IT-Problem-Analysen.

1.2/1.3

Überprüfen Sie mit folgendem Test, ob Sie für das Gespräch mit dem Kunden gut vorbereitet sind.

1 Geben Sie an, welcher der genannten Ausdrücke am besten zu der Aussage passt (max. 13 Punkte).

(1) Bandbreite
(2) DMAIC
(3) FIN-Fehler
(4) Methode der 5 Warum
(5) Ishikawa-Diagramm
(6) Latenz
(7) Log-Datei
(8) Monitoring
(9) Ping
(10) Predictive Maintenance
(11) RTT
(12) SYN-Fehler
(13) TCP-Verlust

Aussagen	Nr.
a) Problemlösungszyklus für komplexe Probleme	
b) Analysemethode im Management kleiner Probleme	
c) Ursachen-Wirkungsdiagramm für komplexe Probleme	
d) Überwachung als Begriff	
e) Störungsvermeidung als Begriff	
f) Paketumlaufzeit von und zu einer IP-Adresse = Latenz*2	
g) Zeitliche Paketverzögerung Quelle-Ziel auf einer Strecke	
h) RTT lässt sich mit diesem Test messen	
i) Datendurchsatz, der technisch unterstützt wird	
j) Anzahl von nicht angekommenen Datenpaketen	
k) Fehler beim Verbindungsaufbau des Clients zum Server	
l) Fehler beim Verbindungsabbau zwischen Client und Server	
m) Hier werden Systemereignisse eingetragen	

Erreichte Punktzahl	

2 Gehen Sie dem Problem mit der Methode der 5 Warum auf den Grund (max. 5 Punkte).

Problem: Ein Kunde teilt fernmündlich mit, dass sein Internet nicht funktioniert.	
1. Warum	
2. Warum	
3. Warum	
4. Warum	
5. Warum	

Erreichte Punktzahl	

3 Erläutern Sie folgende sieben Begriffe (max. 7 · 1 Punkt).

Begriffe	Erläuterung oder zwei Beispiele
Patch-Management	
Mean Time to Repair	
Workaround	
SLA	
KPI	
System-Monitoring	
RACI	

Erreichte Punktzahl	

Notenschlüssel						
Note	sehr gut	gut	befriedigend	ausreichend	mangelhaft	ungenügend
Punkte	ab 23 P.	ab 20 P.	ab 17 P.	ab 13 P.	ab 8 P.	darunter
					Eigene Punktzahl	

Zusatzaufgabe: Teilen Sie sich in Vierergruppen auf und bearbeiten Sie verschiedene IT-Probleme.

4 Stellen Sie die Lösungsbeschreibungen kurz vor und notieren Sie sich diese. Besprechen Sie, wie eine kleine Problemlösungsdatenbank aufgebaut werden könnte.

Gruppe und Problem	Lösungsbeschreibung in Stichworten

NOTIZEN

Monitoring und Einsatz von Analyse und Entstörungstools erläutern

S **Die Auszubildenden der JIKU IT-Solutions sollen die Bedeutung des Monitorings im Helpdesk erläutern.**

Holger Lübberstedt: Wir hatten bereits über die Möglichkeit gesprochen, über Monitoring, Service-Dashboards, Fernzugriff oder Entstörungstools Problemen auf den Grund zu gehen. Jetzt wollen wir einen ersten Einstieg vornehmen und weiter vertiefen.

Laura Meier: Über Monitoringsysteme können wir die Devices des Kunden aufrufen und feststellen, was los ist. Auch teilen uns die Systeme mit, wenn eine Störung vorliegt.

Julian Markus: Bei den Monitoringsystemen kann man Systemmonitoring und Anwendungsmonitoring unterscheiden. Kunden melden sich, wenn der Server nicht erreichbar ist. Dann müssen die Lastspitzen kontrolliert werden. Vielleicht läuft gerade ein Update oder ein Backup und alle Kerne laufen auf 100 %. Dann muss man das Update oder das Backup in ein anderes Zeitfenster schieben, wo die Last geringer ist. Um das System abzusichern, sperrt man einen Kunden beispielsweise für eine Stunde, wenn er ein Passwort dreimal falsch eingegeben hat. Er muss sich dann melden, weil das System gesperrt ist, aber anders geht es nicht, sonst könnten ja Angriffsroboter alle Passwörter durchprobieren. Wir haben beispielsweise einen Überwachungsserver eingerichtet, der alle möglichen Aktionen ausführt und das System überprüft, z. B. regelmäßig Pings, um die Erreichbarkeit von Servern zu prüfen. Im negativen Fall gibt es eine Meldung im Monitoring oder eine E-Mail. Auch sollte die Festplattenkapazität immer mindestens bei 80 % sein, ansonsten muss man sie erhöhen.

Aufgabe 2: Bearbeiten Sie folgende Teilaufgaben.

1. Erstellen Sie auf einem oder mehreren Plakaten ein Puzzle von IT-Monitoring-Systemen sowie ggf. von passenden Entstörungstools. Ergänzen Sie Kurztexte bezogen auf angezeigte Alarme und Messwerte, die auf Störungen (Incidents) hinweisen.
   Hinweis: Sie können Ihre Arbeit und Präsentation im Schülerbuch, Kapitel 1.5.1, S. 72, mit den Aufgaben 2 und 3, fortsetzen.

1.3.2

2. Erstellen Sie in einem Extra-Dokument eine Liste mit Problem-/Störungsfällen und wie man diese behebt.

Analysen und Lösungsbearbeitungen in Teams durchführen

S Die Auszubildenden der JIKU IT-Solutions sollen in Teams unterschiedliche Anforderungen bei der Analyse und Lösungsfindung von IT-Services bearbeiten.

Holger Lübberstedt: Um die Teamarbeit zu fördern, sollen Sie sechs Themen in Teams bearbeiten, je nach Absprache auch mit Parallelteams. So könnte man die Ergebnisse vergleichen und diskutieren. Das Schaubild gibt die Themen und die Vorgehensweise an.

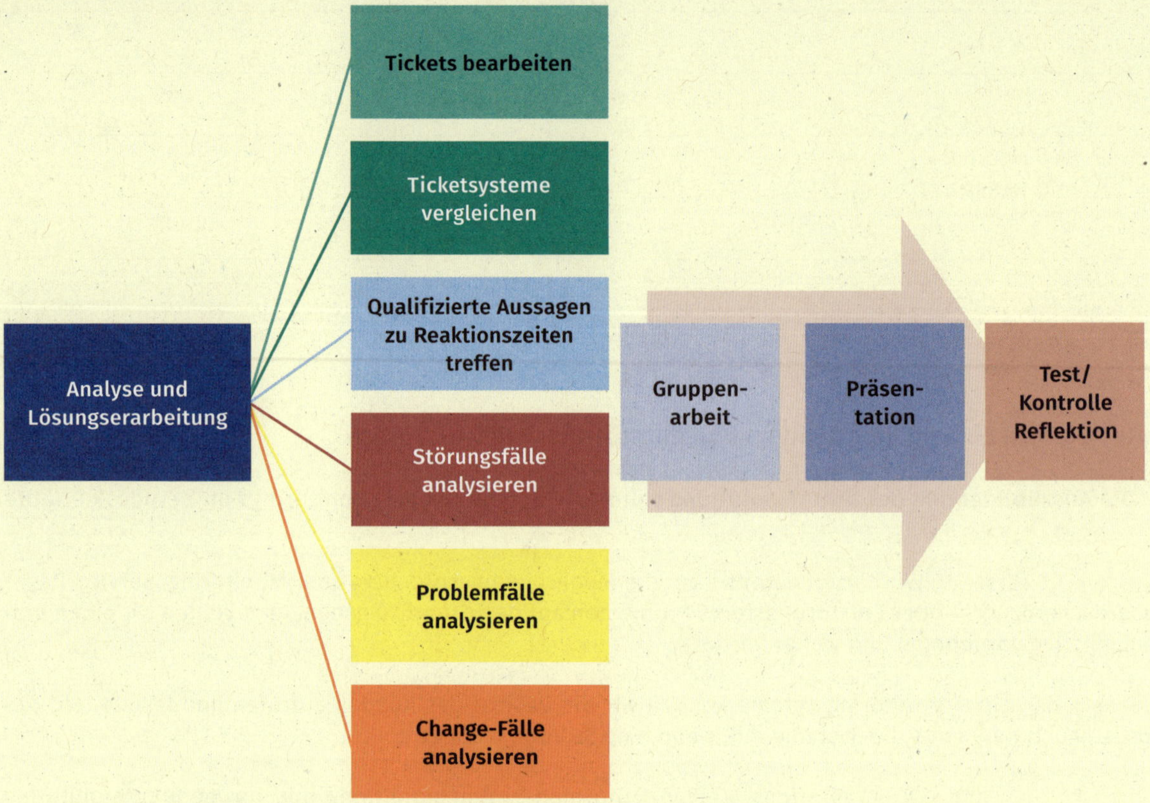

Laura Meier: Was ist denn mit Test/Kontrolle oder Reflexion gemeint?

Holger Lübberstedt: Sie können selbst entscheiden, ob Sie mit einer Reflexion der Gruppenarbeit abschließen oder eine Gruppe andere Kontrollmöglichkeiten, z.B. einen Test, erstellt und erprobt.

Aufgabe 3: Bearbeiten Sie Vertiefungsaufgaben gemeinsam oder in Teams.

1.3.3

Verwenden Sie ggf. das IPERKA-Formular im Anhang zur Organisation der Projektarbeit. Beachten Sie die Informationen und Hinweise im Schülerbuch S. 55 ff. zu den sechs einzelnen Aufgaben.

1 Tickets bearbeiten

Beachten Sie die Informationen und Hinweise im Schülerbuch. Rufen Sie folgende Dateien im Downloadbereich dazu auf:

- JIKU Ticketfomular_Schulung.docx
- JIKU Servicebericht_Formular_Online.docx
- JIKU Helpdesk_Marketing.docx

Verwenden Sie die Linkliste im Downloadbereich und recherchieren Sie in Vergleichsportalen zu den Anbietern.

2 Ticketsysteme vergleichen

Beachten Sie die Informationen und Hinweise im Schülerbuch. Verwenden Sie die Linkliste und recherchieren Sie in Vergleichsportalen zu den Anbietern.

3 Qualifizierte Aussagen zur Reaktionszeit treffen

Beachten Sie die Informationen und Hinweise im Schülerbuch. Rufen Sie folgende Dateien im Downloadbereich dazu auf:

- JIKU Reaktionszeiten_Diverse_Regelungen
- JIKU Wartungsvertrag_Muster2
- JIKU Reaktionszeiten_Cloudservice

4 Störungsfälle analysieren

a) Zusätzliche Hinweise: Beachten Sie die Informationen und Hinweise im Schülerbuch. Rufen Sie folgende Dateien im DLB dazu auf: JIKU_Netzwerk-IT-Services.docx, JIKU_Reaktionszeiten_Diverse_Regelungen.docx, JIKU_Managed_Server_Services_Flyer

b) Beachten Sie die Informationen und Hinweise im Schülerbuch. Rufen Sie folgende Dateien im Downloadbereich dazu auf:

- JIKU Netzwerk-IT-Services
- JIKU Reaktionszeiten_Diverse_Regelungen
- JIKU Managed Server Services

c) Rufen Sie das Ereignisprotokoll in Windows auf und prüfen Sie auf Fehler- und Warnhinweise: Der Zugriff auf das Ereignisprotokoll erfolgt über die Ereignisanzeige: Tastenkombination *[Windows]*+ *[R]* drücken, um den *Ausführen-Dialog* mit dem Befehl *eventvwr* zu öffnen. Prüfen Sie auf Fehler- und Warnhinweise. Geben Sie einen Kurzvermerk an:

Windows-Ereignisanzeige: Fehler- und Warnhinweise

d) Suchen Sie nach Fehlercodes zum Betriebssystem (z. B. Windows) und präsentieren Sie diese mit Lösungsvorschlägen.

Fehlercode	**Lösungsvorschlag**
0xC1900200	Da „Setup.exe“ feststellt, dass der Computer die Mindestsystemanforderungen nicht erfüllt, diese herstellen.

5 Problemfälle analysieren

a) Beachten Sie die Informationen und Hinweise im Schülerbuch. Rufen Sie folgende Dateien im Downloadbereich dazu auf:

- JIKU Netzwerk-IT-Services
- JIKU Reaktionszeiten_Diverse_Regelungen
- JIKU Managed_Server_Services

b) Lassen Sie sich über Windows-Taste + X ein Systemmenü (Ereignisanzeige, System, Gerätemanager, etc.) anzeigen. Informieren Sie sich. Prüfen Sie z. B. Log-Dateien von Windows zu Updateproblemen: Windows-Taste + X (Auswahl Powershell/Windows-Terminal), Eingabe: get-windowsupdatelog <Enter> Gespeicherte Log-Datei WindowsUpdate.log aufrufen.

c) Rufen Sie in Windows die Fehlermeldungen in CBS.log über C:\Windows\Logs\CBS auf.

CBS.log: Fehler- und Warnhinweise (Auswahl)

d) Suchen Sie nach (weiteren) Fehlercodes und präsentieren Sie diese mit Lösungsvorschlägen, wenn Sie in parallelen Arbeitsgruppen vorgehen.

Fehlercode	**Lösungsvorschlag**
0xC1900101 -- 0x20004 Windows Upgrade Error	Treiber-Konflikt lösen, z. B. Antivirenprogramme deinstallieren, alle nicht verwendeten SATA-Geräte entfernen, alle nicht verwendeten Geräte und Treiber entfernen, Treiber und BIOS aktualisieren
0x8007007f Windows 11 Upgrade	

6 Change-Fälle analysieren

a) Entwerfen Sie einen Fragebogen, um nach Veränderungen (Change-Fällen, was muss geändert werden?) der Helpdesk-Systeme innerhalb der Klasse zu fragen. Werten Sie die Befragungen aus.

b) Verwenden Sie die Linkliste und recherchieren Sie in Vergleichsportalen zu den Anbietern und leiten Sie daraus Change-Fälle ab.

c) Beachten Sie die Informationen und Hinweise im Schülerbuch. Rufen Sie folgende Dateien im Downloadbereich dazu auf:
- JIKU Ticketformular_Schulung
- JIKU Helpdesk_Marketing

Lernsituation 5: Wir kommunizieren mit Prozessbeteiligten situationsgerecht

S **Es soll eine Veranstaltung organisiert werden, die auch digital stattfinden kann. Inhaltlich sollen die Auszubildenden der JIKU IT-Solutions das Kommunikationsverhalten und die Kommunikation am Helpdesk- oder Servicedesk reflektieren und verbessern.**

Holger Lübberstedt: Wir wollen für die Kommunikation mit Prozessbeteiligten, insbesondere Kunden, methodisch das sogenannte Barcamp einsetzen. Es ist eine offene Kreativmethode, die Ihnen viel Freude bereiten wird. Wir müssen uns über die Rahmenbedingungen verständigen und sollten zum Schluss reflektieren, wie Ihnen diese Methode zugesagt hat.

Laura Meier: Einige haben schon Erfahrungen mit einem Barcamp, andere nicht, wie gehen wir damit um?

Holger Lübberstedt: Ich würde vorschlagen, wir sprechen erst einmal grundsätzlich über die Barcamp-Methode und einigen uns auf Rahmenbedingungen. Ich habe dazu ein Informationsblatt vorbereitet.

Jannik Brunke: Hat JIKU IT-Solutions eigentlich einen Verhaltenskodex oder eine Firmen-Netiquette festgelegt?

Holger Lübberstedt: Bisher nicht, wir können aber gerne etwas entwerfen, wenn Sie wollen.

Julian Markus: Es gibt klassische Kommunikationsmodelle, die wir einbeziehen könnten, z. B. das Vier-Seiten-Modell oder in welchen Phasen man mit dem Kunden oder einem Prozessbeteiligten kommuniziert.

Laura Meier: Wir könnten auch eine Liste mit Erfolgsfaktoren im Gespräch, Zauberworten oder Antiworten erstellen.

Jürgen Pollina: In der Arbeit mit Prozessbeteiligten ist auch immer wichtig, dass man effizient und gut zusammenarbeitet und sich nicht nur anschmeichelt. Wie können wir Zusammenarbeit optimieren, wäre für mich eine wichtige Frage.

Laura Meier: Es kann schon passieren, dass man mit Kunden oder Prozessbeteiligten nicht harmoniert. Dann muss man professionell vorgehen. Wie gehe ich auf unterschiedliche Gesprächstypen ein oder was mache ich, wenn das Gespräch negativ eskaliert?

Holger Lübberstedt: Man sieht, es gibt viele Möglichkeiten, das Thema anzugehen. Wir sollten uns grundsätzlich über ein Barcamp verständigen, dies ganz frei angehen und zur Vorbereitung einige Aufgaben bearbeiten.

1.4 Situationsgerecht kommunizieren und dies reflektieren

Aufgabe 1: **Bereiten Sie eine Tagung oder ein Barcamp „Besser kommunizieren am Servicedesk" vor.**

Sie sollen die Veranstaltung möglichst effizient, gut organisiert und inhaltlich erfolgreich organisieren. Entscheiden Sie, ob ein Barcamp, eine Tagung, eine Vortragsreihe oder eine Konferenz besser geeignet ist.

1.4.1

Barcamp oder Unkonferenz

Ein Barcamp, auch Unkonferenz oder Ad-hoc-Nicht-Konferenz genannt, ist als Kreativveranstaltung eine im Tagesablauf und inhaltlich offene Tagung mit Workshops, deren Beiträge oder Themen (Sessions) und Ablauf am Anfang der Tagung von den Teilnehmern selbst initiiert und im weiteren Verlauf gestaltet werden. Barcamps dienen dem inhaltlichen Austausch und der Diskussion, einem kreativen Entwicklungs- und Findungsprozess, um Wissen zu teilen, Ideen zu diskutieren und gemeinsam Lösungen zu finden. Austausch, Interaktion und Präsentation erfolgen auf Augenhöhe.

Ursächlich hat den Barcamp-Ansatz die Feststellung gestützt, dass in fest organisierten Veranstaltungen besonders in den Pausen und spontanen Zusammenkünften etwas Neues und Innovatives entsteht. „Foobar" wird in der Programmierung als Ausdruck für einen Platzhalter verwendet. Übersetzt steht „bar" auch für „irgendwas". Der Begriff „Camp" soll auf eine Camp- oder Lageratmosphäre hinweisen, die zur Vernetzung und zum informellen Austausch auf Augenhöhe beiträgt.
Barcamps haben keine Tagesordnung, keine vorbereiteten Vorträge oder Vortragende, keine vorbereitete Zielsetzung, sondern eher erfahrene Moderatoren. Keine Session oder kein Inhalt ist geplant. Häufig gibt es einen Veranstalter, der die Rahmenbedingungen stellt, eventuell ist eine kurze „Key-Note", also eine kleine Präsentation zur Einstimmung hilfreich.

Fünf grundlegende Regeln

- Jeder ist willkommen, das Event ist für alle Interessierten offen.
- Alle Teilnehmer sind gleichberechtigte Individuen in einer offenen Gemeinschaft ohne Hierarchien.
- Führung ist nicht gegeben, sie kann von überall aus entstehen.
- Es gibt keine Zuschauer, jeder ist aktiver Teilnehmer.
- Jeder beachtet eine Session-Etikette, z. B. Pünktlichkeit, Handy in Sessions auf Flugmodus schalten, andere ausreden lassen, andere möglichst nicht stören, kommunikativ, freundlich und konstruktiv sein.

„Gesetz der zwei Füße"

Im Zusammenhang mit Barcamps wird das „Gesetz der zwei Füße" zitiert. Teilnehmer bleiben so lange in einer Session, wie das Thema interessant und wichtig erscheint bzw. sie etwas dazu beitragen können. Das Wechseln zwischen Sessions oder das Einlegen individueller Pausen ist ausdrücklich erlaubt. Daraus ergeben sich typische Teilnehmertypen entsprechend in der Natur wie Hummeln und Schmetterlinge. Hummeln fliegen umgangssprachlich von Blüte zu Blüte, um Pollen zu sammeln, somit „fliegen" Teilnehmer von Session zu Session, tragen dabei neue Erkenntnissen, Ideen und Anregungen weiter. Schmetterlinge lassen sich wie in der Natur entspannt irgendwo länger nieder und erfreuen Teilnehmer mit ihren Reizen.

Voraussetzungen für ein Barcamp

- Veranstalter, der zu einem Barcamp in einem definierten maximalem Umfang nach entsprechenden Regeln einlädt, die Rahmenbedingungen zur Verfügung stellt, dafür sorgt, dass die Techniken funktionieren, eventuell durch Sponsoren Kosten deckt
- Barcamp-Thema, zu dem eingeladen wird
- Vorher geklärter Tagungsort (stationär, online, hybrid) für eine kreative, entspannte Veranstaltung mit Plenumsraum und der entsprechenden Zahl kleinerer Räumen je nach Anzahl parallellaufender Sessions
- Einrichtungen, Moderatoren, Technologien, die die Selbstorganisation des Barcamps unterstützen
- Je Session werden i. d. R. in etwa 45 Minuten eingeplant
- Für kreative Diskussionen und Arbeit notwendige Hilfsmittel (offline, online), z. B. Präsentationsmöglichkeiten wie Tafeln, Pinnwände, Flip-Charts, Stifte, Beamer-Präsentation, Social-Media-Hashtags (Twitter, Instagram etc.), Collaboration-Tools, Videokonferenzsysteme etc.
- Entsprechend dem Aufenthalt und für kreative Arbeit notwendiges Catering
- Grundsätze werden bekannt gemacht und Rahmenbedingungen kommuniziert

Ablauf

- Typische Vorgehensweise unter Moderation einer oder mehrerer Personen (Team):
- Begrüßung mit Vorstellungsrunde und Kennenlernen (z. B. gemeinsames Frühstücken)
- Gemeinsame Planung der Workshops mit Moderation, wobei jeder Teilnehmer die Möglichkeit bekommt, eine Session (z. B. Vortrag, kleine Präsentation, Fragerunde, Diskussionsrunde, Workshop) anzubieten
- Präsentation der Angebote von Anbietenden mit jeweils einem Pitch (Kurzpräsentation)
- Anmeldung der Teilnehmenden zu den Sessions und Bekanntgabe, welche Sessions aufgrund ausreichender Teilnehmer stattfinden
- Dauer: Viele Barcamps dauern auch mehrere Zeitabschnitte bzw. Tage, um sich im nächsten Termin wieder abzustimmen und weitergehend Sessions zu planen

Beispiel eines Ablaufs:

Tagesveranstaltung

09:00–09:30:	Check-In und Begrüßungskaffee
09:30–11:00:	Vorstellungsrunde und Session-Planung
11:00–12:45:	Erste und zweite Session-Runde
13:00–14:00:	Gemeinsame Mittagspause
14:00–16:45:	Dritte, vierte und fünfte Session-Runde
16:50–18:30:	Feedbackrunde und Ausklang
18:30:	Ende der Veranstaltung

Folgende Kreativmethoden aus der Methodensammlung im Downloadbereich können berücksichtigt werden: Meinungslinie, Schreibgitter (Placemat), Thesentafel, Brainstorming, Brainwalking, 6-3-5-Methode, Umfragen, Interviews, Debatte, Mindmap, Kartenabfrage, Blitzlicht, Punktabfrage, Fischernetz und Teich, Pro-/Kontra-Diskussion, Offene-Fragen-Liste, Entscheidungsmatrix, Stärken-Schwächen-Analyse, Lern-Partner-Resümee, Lessons-Learned.
Hinweis: Digitale Unterstützung bietet Konferenzsoftware wie Zoom, SaySom, wonder.me u. Ä.

1 Nehmen Sie Stellung zur Barcamp-Methode.

Was gefällt Ihnen persönlich besonders (+)?

____
____
____
____
____
____

Was gefällt Ihnen persönlich eher nicht (–)?

____
____
____
____
____
____

2 Vergleichen Sie die verschiedenen Veranstaltungsarten und fügen Sie die in Klammern angegebenen Bewertungskriterien ein. Ergänzen Sie eventuell in Absprache weitere Kriterien.

Vergleichsübersicht verschiedener Veranstaltungsarten				
Kriterien	**Konferenz**	**Tagung**	**Vortragsreihe**	**Barcamp**
Tagesordnung/Agenda (ja/nein)				
Zielsetzung eng bis weit (ee-ww)				
Leitung (L) oder Moderation (M)				
Referenten (ja/nein)				
Kosten eher gering (g), hoch (h)				

3 Geben Sie an, welche Unterstützung die Anwendung folgender Methoden auf eine gute Veranstaltung haben kann.

Methode	Unterstützung der Veranstaltung bei
Einhaltung von Regeln und Netiquette	
Eisenhower-Methode	
Pareto-Methode	

4 Bereiten Sie eine den Zielen und Rahmenbedingungen angemessene Veranstaltung vor. Verwenden Sie dazu eventuell das IPERKA-Formular im Anhang.

Aufgabe 2: Klären Sie in drei Arbeitsgruppen mit Parallelgruppen, welche Unterstützung Kommunikationsmodelle für eine gute Kommunikation geben können.

1.4.2

Geben Sie stichwortartig an, wie die genannten Methoden gute Kommunikation am Servicedesk unterstützen können, vergleichen und diskutieren Sie die Ergebnisse. Entscheiden Sie, ob Sie diese Modelle in der Veranstaltung berücksichtigen.

Methode	Unterstützung der Kommunikation am Servicedesk
Vier-Seiten-Modell nach Schulz von Thun	
Sieben-Phasen-Modell nach Streich	
Drei-Phasen-Modell nach Lewin	

Aufgabe 3: Erstellen Sie in der Veranstaltung ein selbst gewähltes Handlungsprodukt (z. B. Präsentation, Handreichung für gute Kommunikation am Servicedesk etc.).

1.4.3

Erstellen Sie dies abgestimmt in der Veranstaltung, präsentieren Sie Ihr Produkt und führen Sie eine Selbstreflexion durch. Verwenden und erweitern Sie die folgenden Infoboxen.

Hinweise für ein Service-Management
• Grundeinstellung: Lächeln! Seien Sie erreichbar! • Beachten Sie bei Gesprächsbeginn: Machen Sie sich Notizen! Begrüßen Sie den Anrufer! Nennen Sie seinen Namen! Behandeln Sie Hinweise des Gesprächsteilnehmers positiv! Lassen Sie „Dampfablassen“ zu! Prüfen Sie die Kontaktdaten. • Im Gesprächsverlauf: bei der Sache bleiben, das Gesagte verifizieren, getroffene Vereinbarungen zum Schluss wiederholen und eventuell per E-Mail bestätigen. • Nach dem Gespräch: nachbereiten, Vereinbarungen einlösen, Vorsorgen durch Ausbau des Wissenskatalogs, Vorsorgemaßnahmen eventuell bei anderen Kunden.
Sonstiges: ____________________ ____________________ ____________________ ____________________ ____________________ ____________________

English-Hilfe am Servicedesk	
Fragen (Requests, enquiries) Could you please tell me whether ...? Could you give me some information about ... Sorry, could you repeat your question? Could you please check ...? **Antworten (Responding)** So what you're saying is ... I'll do everything I can. Just a minute. Could you just give me a moment? I'll just check that for you. Unfortunately I don't have an immediate solution for you. Can I get back to you tomorrow/in one hour with an answer? I'll take care of this problem immediately. Sorry, but can I ask one of my colleagues to ring you back, because I am not sure if I can solve your problem myself. I'll do it first thing tomorrow. **Verständnisüberprüfung (Checking)** Have I expressed myself clearly? Did you understand that? Can you please just check ...? Would you mind telling me that again? Do you agree with this? Sorry, I still don't see what you mean. Have I got everything? Is there anything more I can do for you? Have you understood that so far?	**Entschuldigung (Apologizing)** I'm really sorry. Sorry to have troubled you. **Einverständnis (Confirming)** Yes, that sounds fine. I've got that. Exactly. Yes, of course. My pleasure. You're welcome. **Problembeschreibung (Describing the problem)** So what you're saying is ... Is this the first time this has happened? There seems to be a problem with ... Do you know if you changed anything yesterday? I just wanted to check ... Let me just check that ... It looks as if it might be the ... which is causing the problem. We've tried to solve this issue ourselves by ... We need this problem solving ... immediately. Right, I think the first thing to do is to ... **Sich bedanken (Saying Thank you)** Thank you very much. That would be great. Brilliant. Thank you for your time and effort. Feel free to call me if you have any further problems. Thank you for your call.

Eigene Sammlung:

____

____

____

____

____

____

____

____

Aufgabe 4: **Erstellen Sie in der Veranstaltung Handlungsprodukte, um Konfliktsituationen am Servicedesk besser zu meistern.**

1.4.4

Verwenden Sie zur Organisation eventuell das IPERKA-Formular im Anhang. Beziehen Sie diese Aufgabe ggf. thematisch in das Barcamp ein.

Lernsituation 6: Wir unterstützen Maßnahmen zur präventiven Wartung und Störungsvermeidung

S **Die Auszubildenden der JIKU IT-Solutions sollen Verbesserungsmöglichkeiten im Bereich vorbeugender Wartung oder Maintenance ermitteln.**

Holger Lübberstedt: In nicht wenigen Fällen bearbeiten wir Störungs- oder Verbesserungsfälle, die wir hätten vermeiden können. Wie können wir vorsorgen?

Jannik Brunke: Kunden müssen eben eine Wartung bei uns buchen. Manche sparen sich das und melden sich erst, wenn es zum Störungsfall kommt. Das kann teuer werden.

Holger Lübberstedt: Also ein Wartungsvertrag, bei dem wir regelmäßig, z. B. einmal im Monat zum Kunden fahren und eine Wartung durchführen?

Julian Markus: Besser wäre, wir würden über Monitoring das IT-System des Kunden ständig im Auge haben und eventuell gleich *remote* eingreifen können.

Jürgen Pollina: Es gibt mittlerweile auch Systeme, die durch künstliche Intelligenz rechtzeitig Alarm schlagen, d. h. Probleme prognostizieren und automatisiert die meisten Systemschwankungen steuern können.

Holger Lübberstedt: Wir sollten uns die Zeit nehmen und arbeitsteilig nach Möglichkeiten recherchieren, vorbeugend und vorhersagbar Störungen und Probleme zu vermeiden. Wir sollten uns absprechen, wer welche Systeme genauer untersuchen möchte und welche Art der Präsentation und Besprechung wir wählen wollen.

1.5 Maßnahmen zur präventiven Instandhaltung, Wartung und zur Störungsvermeidung einleiten und durchführen

Aufgabe 1: **Erstellen Sie einen Vortrag zum Thema „Besser präventiv und prädiktiv als reaktiv".**

Verwenden Sie als Vorbereitung die Informationen im Schülerbuch. Klären und vereinbaren Sie die Punktevergabe im gemeinsamen Gespräch nach der Testbearbeitung.

1.5

Präventive Maßnahmen zur Störungsvermeidung unterscheiden

Abschlusstest: **Bearbeiten Sie die folgenden Aufgaben zu Lernfeld 6.**

1.1 1.2 1.3 1.4 1.5

1 Ordnen Sie den Aussagen die richtige Serviceart zu (10 × 1 Punkt, max. 10 Punkte).

(1) Cloud-Service
(2) DIY-Service
(3) Field-Service
(4) Fix-Support 1
(5) Help-Desk-Service
(6) IT-Sourcing
(7) Kulanz
(8) Live-Chat
(9) On-Side-Management
(10) Swap-Service

Aussagen	Nr.
a) Dienstleistungen nach Bedarf und Anforderung	
b) Dienstleistung vor Ort beim Kunden	
c) Übernahme von Dienstleistungen in den Räumen des Kunden	
d) Gestellung eines gleichartigen Ersatzgerätes	
e) Services der Online-Provider	

f) Möglichkeit online direkt mit den Kunden zu sprechen	
g) Erlaubnis, Service an den eigenen Geräte selbst durchzuführen	
h) Freiwilliger unentgeltlicher Service	
i) Hilfe- und Unterstützungs-Service	
j) Externe Übernahme von IT-Beschaffungsservices	

Erreichte Punktzahl	

2 Ordnen Sie den Tätigkeiten die Ziffern des Bereiches/IT-Lebenszyklus durch Angabe der Ziffern 1 bis 6 richtig zu (max. 2 · 6 Punkte).

(1) Beratung
(2) Beschaffung
(3) Bereitstellung
(4) Einweisung/Schulung
(5) Helpdesk/Servicedesk
(6) Kontrolle/Anpassung/Ersatz

Services/Tätigkeiten Lebenszyklus A			
Einweisung vor Ort		Istanalyse	
Roll-Out in der Schlussphase		Administration	
Vertrag erstellen/unterschreiben		Roll-On durchführen	

Services/Tätigkeiten Lebenszyklus B			
Schulung in Green-IT-Nutzung		Installation	
Angebotsauswahl		Refurbishing/Entsorgung	
Gewichtung von Green-IT festlegen		Monitoring und Wartung	

3 Ordnen Sie den Aussagen die passenden Fachbegriffe im Service-Management zu (max. 10 Punkte).

(1) Service-Verfügbarkeit
(2) KPI
(3) Ticket
(4) SaaS
(5) IMAC/R/D
(6) Service-Level-Management
(7) Incident-Management
(8) FitSM®

Aussagen	**Nr.**
a) Wichtiger Leistungsindikator	
b) Online-Dienste auf Abruf (on demand)	
c) Häufig mit 24/7 oder 12/5 beschrieben	
d) Abkürzung für Phasen des IT-Service-Lebenszyklus	
e) Dokumentation eines Serviceauftrags und der Bearbeitung	
f) Systematische Serviceorganisation in 3 Stufen	
g) Freier Service-Management-Standard	
h) Verwaltung von Störungen	

Erreichte Punktzahl	

4 Ordnen Sie den einzelnen Phasen des FitSM®-Prozesses die folgenden Anforderungen passend zu (max. 7 Punkte).

(1) Beschreibung In-/Outputs, Aktivitäten
(2) Geltungsbereich des Service-Management-Systems festlegen
(3) Person Verantwortung für Service-Management-System zuweisen
(4) Praktische Anwendungen sicherstellen
(5) Überwachung und Überprüfung der KPI
(6) Verbesserungen laufend durchführen
(7) Zeitplan der Implementierung planen

FitSM® Processes-Phasen	**Passende Anforderung**
GR 1: Top Management Commitment & Responsibility	
GR 2: Documentation	
GR 3: Defining The Scope of Service Management	
GR 4: Planning Service Management in time	
GR 5: Implementing Service Management on site	
GR 6: Monitoring and Reviewing Service Management	
GR 7: Continually Improving Service Management	

Erreichte Punktzahl	

5 Ermitteln Sie die Downtime bzw. Mean Time to Repair (Ist) und stellen Sie diese der Vorgabe (Soll in SLA) gegenüber. Ermitteln Sie dazu auch eine ggf. prozentuale Zeit über die MTTR-Vorgabe. Geben Sie eine Stellungnahme zum Soll-Ist-Vergleich der drei Vorgänge ab (max. 3 · 3 Punkte).

Vorgang	**SLA-Vorgabe**	**Protokollvermerk des Servicemitarbeiters**	**% über MTTR**
Störung Druck-Server	MTTR: 30 Min.	Diagnose: 10 Min., Reparatur/Implementierung: Festplattentausch 20 Min., Test: 5 Min.	
Störung Druck-Server	MTTR: 60 Min.	Detection Time: 30 Min., Response Time: 40 Min., Repair Time: 20 Min. Recovery Time 10 Min.	
Störung Website	MTTR: 10 Min.	Detection Time: 5 Min., Response Time: 10 Min., Repair Time: 20 Min., Recovery Time: 5 Min.	
Stellungnahme Störung A			
Stellungnahme Störung B			
Stellungnahme Störung Website			

Erreichte Punktzahl	

6 Geben Sie fünf fachliche Anforderungen an Mitarbeiter im Help-/Servicedesk an (max. 5 Punkte).

Fachliche Anforderungen an IT-Helpdesk- bzw. Servicedesk-Mitarbeiter	
1. Anforderung	
2. Anforderung	
3. Anforderung	
4. Anforderung	
5. Anforderung	

Erreichte Punktzahl	

7 Geben Sie fünf passende Maßnahmen bzw. Hilfsmittel im Help-/Servicedesk an (max. 5 Punkte).

Passende Maßnahmen/Hilfsmittel der IT-Helpdesk- bzw. Servicedesk-Mitarbeiter im Zyklus	
Define	
Measure	
Analyse	
Improve	
Control	

Erreichte Punktzahl	

8 Erläutern Sie folgende Begriffe (max. 15 · 1 Punkt).

Begriffe	**Erläuterung oder zwei Beispiele**
Swap-service	
ITSM	
Workaround	
KPI	
FitSM, ITIL	
Ticketsystem	
RACI	
MTTR	
SLA	
OLA	
AV-Vertrag	
Eskalation	
RFC	
Systemmonitoring	
Netiquette	

Erreichte Punktzahl	

Notenschlüssel (max. 73 Punkte)						
Note	sehr gut	gut	befriedigend	ausreichend	mangelhaft	ungenügend
Punkte	ab 67 P.	ab 59 P.	ab 49 P.	ab 37 P.	ab 22 P.	darunter
					Eigene Punktzahl	

Lernfeld 7: Softwareprojekte durchführen

S **Die Auszubildenden des zweiten Ausbildungsjahres der JIKU IT-Solutions GmbH werden heute mit ihren Aufgaben und dem Ausbildungszeitraum in der Softwareentwicklungsabteilung des Unternehmens bekannt gemacht. Clemens Fischer, der Leiter dieser Abteilung, begrüßt die Auszubildenden im neuen Ausbildungsjahr.**

Clemens Fischer: Ich begrüße Sie in Ihrem neuen Ausbildungsjahr wieder recht herzlich in der Abteilung Softwareentwicklung des Systemhauses und freue mich auf eine weitere gute Zusammenarbeit. Sie alle haben sehr erfolgreich das erste Ausbildungsjahr in unserem Systemhaus – und ich möchte hervorheben: auch besonders in der Softwareabteilung – absolviert. Dieses ist schon allein deswegen bemerkenswert, weil, bis auf Herrn Brunke, alle anderen Auszubildenen einen Beruf erlernen, bei dem die Programmierung von Software nicht den Hauptschwerpunkt darstellt. Machen Sie so weiter und nutzen Sie die Zeit im zweiten Ausbildungsjahr, um Ihre Kenntnisse in der Softwareentwicklung zu festigen und zu erweitern. Die allermeisten von Ihnen werden nur noch dieses Ausbildungsjahr hier in der Softwarenentwicklungsabteilung mitarbeiten. Im dritten Ausbildungsjahr werden Sie dann fast durchgängig nur noch in den Ihrem Ausbildungsberuf entsprechenden Abteilungen eingesetzt. Herr Brunke als zukünftiger Anwendungsentwickler wird dementsprechend in unserer Abteilung mitarbeiten.

Jannik Brunke: Was wird uns im zweiten Ausbildungsjahr in Bereich der Softwareentwicklung erwarten?

Clemens Fischer: Nachdem Sie im ersten Ausbildungsjahr die Grundlagen der Softwareentwicklung kennengelernt haben, werden wir dieses Wissen festigen und um neue Kenntnisse erweitern, z. B. im Bereich des Projektmanagements, der Datenbankentwicklung oder im Bereich von SQL. Dabei wird die Durchführung von Softwareprojekten den Ausbildungsschwerpunkt darstellen. Auch die von Ihnen zu lösenden Aufgaben werden komplexer und umfangreich werden.

Julian Markus: Werden wir wieder ein gemeinsames Projekt erstellen?

Clemens Fischer: Ja, natürlich. Die Arbeit in Softwareprojekten stellt eine wesentliche Grundlage in unserer Abteilung dar. Besonders die produktive Zusammenarbeit im Team ist notwendig, um Softwareprojekte erfolgreich abzuschließen. Deswegen werden wir es Ihnen auch ermöglichen, u. a. Ihre Fähigkeiten bezüglich Teamarbeit im Rahmen eines etwas komplexeren Softwareprojektes weiter auszubauen.

Laura Meier: Das Programmieren im ersten Ausbildungsjahr war dann doch leichter, als ich es erwartet hatte. Werden wir auch in diesem Bereich etwas Neues lernen?

Clemens Fischer: Selbstverständlich. Neben einer sorgfältigen Planung der Software muss diese aber auch implementiert werden. Dazu sind solide Kenntnisse in der Programmierung unerlässlich. Im Gegensatz zum ersten Ausbildungsjahr werden die zu erstellenden Programme umfangreicher werden. Weiterhin werden Sie neue Programmierparadigmen wie die objektorientierte Programmierung kennenlernen und je nach Einsatz und Projekt vielleicht auch eine neue Programmiersprache.

Julian Markus: Erhalten wir wieder alle die gleiche Ausbildung in dieser Abteilung?

Clemens Fischer: Jetzt im zweiten Ausbildungsjahr werden die Ausbildungsinhalte etwas mehr differenziert. Bei den technischen Berufsbildern wird der Ausbildungsschwerpunkt etwas anders gesetzt als bei den kaufmännischen. Trotzdem bleibt ein großer Teil der Ausbildungsinhalte gleich. Detaillierte Auskunft dazu kann Ihnen Ihr Ausbildungsleiter Herr Lübberstedt geben. Auch wenn Sie das meiste schon aus dem ersten Ausbildungsjahr kennen, machen wir nun einen kleinen Rundgang durch die Abteilung. Die Welt der IT ist sehr dynamisch. Das eine oder andere hat sich doch verändert, neue Mitarbeiter sind hinzugekommen und innovative Projekte stehen an. Lassen Sie uns beginnen!

Lernsituation 1: Wir bearbeiten Kundenaufträge im Rahmen von Softwareprojekten

S **Clemens Fischer hat die Auszubildenden des zweiten Ausbildungsjahres begrüßt und die wesentlichen Ausbildungsinhalte grob umrissen. Herr Lübberstedt bespricht nun mit den Auszubildenden detailliert die weitere Ausbildung in dieser Abteilung.**

Holger Lübberstedt: Nachdem Herr Fischer Ihnen grob die Ausbildung im zweiten Ausbildungsjahr in dieser Abteilung umrissen hat, wollen wir nun konkret besprechen, was Sie erwartet. Wie Herr Fischer es schon erwähnt hatte, ist das Rahmenthema für die Ausbildung der kaufmännischen Berufe das Bearbeiten von Softwareprojekten. Darin eingebettet werden alle erforderlichen Inhalte vermittelt. In diesem Zusammenhang wird in diesem Jahr von Ihnen ein Softwareprojekt durchzuführen sein, welches umfangreicher wird als jenes aus dem ersten Ausbildungsjahr.

Laura Meier: Und ansonsten ähnelt das Projekt dem Projekt im ersten Ausbildungsjahr?

Holger Lübberstedt: Ja und nein. Es bleiben viele Dinge gleich, z. B. die Arbeit im Team und die Dokumentation des Projektes. Auch diesmal werden Daten wieder im Mittelpunkt des Projektthemas stehen. Aufbauend auf dem ersten Ausbildungsjahr werden Sie die entsprechenden Inhalte wiederholen, festigen und um neues Wissen erweitern. Allerdings bestehen auch wesentliche Unterschiede. Während im ersten Ausbildungsjahr das Projekt nach dem klassischen Wasserfallmodell entwickelt wurde, werden Sie nun das Projekt nach der modernen agilen Vorgehensweise „Scrum" entwickeln.

Julian Markus: Ja, davon habe ich schon mal etwas gehört. Dabei werden auch sogenannte Sprints durchgeführt. Allerdings kann ich mir darunter nichts Genaues vorstellen.

Holger Lübberstedt: Keine Angst, wir werden Sie auch diesmal bei der Bearbeitung des Softwareprojektes begleiten und Ihnen mit Rat und Tat zur Seite stehen. Sie erhalten zunächst eine Einführung in Scrum und beginnen danach Ihr Projekt.

2.1 Kundenaufträge im Rahmen von Softwareprojekten bearbeiten

S **Die Auszubildenden der JIKU IT-Solutions sollen im Rahmen der Ausbildung im zweiten Ausbildungsjahr in der Softwareabteilung ein Softwareprojekt entwickeln. Es findet ein Meeting statt, in dem die Mitarbeiter des Projektes entsprechend den Rahmenbedingungen festgelegt werden.**

Holger Lübberstedt: Beginnen wollen wir damit, dass Sie zunächst einmal Ihr Wissen über die Arbeit in Projekten aus dem ersten Ausbildungsjahr wiederholen und überprüfen.

Julian Markus: Ist das denn unbedingt notwendig?

Laura Meier: Ich persönlich finde, das ist ein guter Einstieg ins neue Ausbildungsjahr. Auch wenn wir gute und sehr gute Leistungen in den einzelnen Lernfeldern erzielt haben, waren die vermittelten Inhalte doch schon sehr umfangreich und eine kleine Auffrischung kann nicht schaden.

Holger Lübberstedt: Das stimmt, zumal auf viele Inhalte jetzt aufgebaut wird. So werden die Inhalte von Lernfeld 5 auch jetzt in Lernfeld 7 eine große Rolle spielen. Also lassen Sie uns jetzt mit der Wiederholung beginnen und danach werden wir uns mit Projektorganisationsformen und agilen Vorgehensmodellen, speziell mit Scrum, auseinandersetzen.

Aufgabe 1: **Beschreiben Sie den Prozess der Anforderungsspezifikation.**

2.1.1

1 Ordnen Sie in die Übersicht die aufgeführten Prozessschritte richtig ein und notieren Sie stichpunktartig Aufgaben und Inhalte des jeweiligen Prozessschrittes. Nennen Sie außerdem Beschreibungsmittel, welche im ersten Prozessschritt genutzt werden können, und geben Sie an, welche Dokumente am Ende des letzten Prozessschrittes stehen.

> **Prozessschritte**
> Anforderungen sammeln, Anforderungskatalog erstellen, Istanalyse, Anforderungen überprüfen, Anforderungen definieren

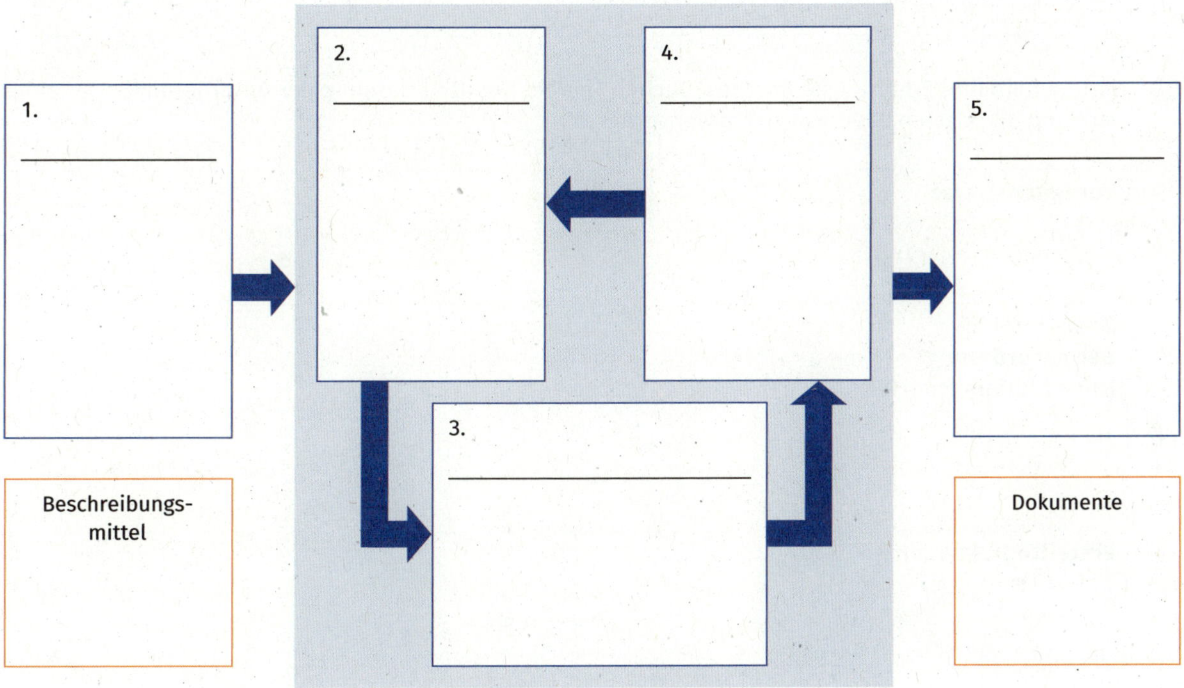

2 Beschreibung Sie kurz, was Sie unter dem Begriff „Nice to have" verstehen.

____

____

____

____

3 Übersetzen Sie sinngemäß den englischen Text und beantworten Sie die Frage. Werten Sie im Anschluss die Antwort aus und diskutieren Sie die Risiken der Anforderungsanalyse im Klassenverband.

> **Reduce risk in requirements gathering**
> Identifying requirements is a challenge for effective project management. Requirements gathering is critical to the success or failure of a software project. Unclear requirements, lack of customer participation or incorrect recording of requirements usually lead to projects failing. Following agile practices can effectively help reduce such risks on a large scale.

Welche Risiken bestehen bei der Erstellung der Anforderungsspezifikation und wie können diese minimiert werden?

____

____

4 Notieren Sie Ihre Erfahrungen im betrieblichen Umfeld bei der Erfassung der Anforderungen für eine Software und diskutieren Sie diese im Klassenverband.

Vorgehensweise	
Beschreibung der Anforderungen (Beschreibungsmittel)	
Erstellte Dokumente	

Aufgabe 2: **Vergleichen, bewerten und diskutieren Sie Erfassungsmethoden.**

2.1.1

1 Bewerten Sie in Partnerarbeit verschiedene Methoden der Informationserfassung bei der Anforderungsanalyse, indem Sie folgende Punkte bearbeiten:
- Wägen Sie die Vor- und Nachteilte gegeneinander ab und beschreiben Sie, in welchen Situationen Sie welche Methode einsetzen würden.
- Ordnen Sie folgende Aufgabenstellungen einer Methode der Informationserfassung zu und begründen Sie Ihre Entscheidungen:
  a) Verbesserung des Webauftritts von einem Unternehmen
  b) Erstellung eines Softwaremoduls für den Einkauf, die Lagerung und den Verkauf von Waren
  c) Entwicklung einer Softwaresimulation für ein konkretes Ampelkreuzungssystem
- Finden Sie weitere Bespiele für die einzelnen Methoden.
- Diskutieren Sie Ihre Ergebnisse im Klassenverband.

Methode	Einsatz bei	Beispiele
Interview		
Fragebogen		
Beobachtung		

2 Übersetzen Sie sinngemäß den englischen Text und beantworten Sie die Frage. Werten Sie im Anschluss die Antwort aus und diskutieren Sie die Verwendung von Brainstorming bei der Anforderungsanalyse im Klassenverband.

> **Brainstorming**
> Brainstorming is used to find solutions for complex problems. In addition, brainstorming can help to discuss and prioritize the collected requirements related to the software.

Wozu kann Brainstorming im Process der Anforderungsspezifikation eingesetzt werden?

____

____

____

____

____

Aufgabe 3: **Führen Sie im Rahmen einer Istanalyse ein erstes Interview durch.**

2.1.1

1 Orientieren Sie sich dazu an folgenden Schritten:
- Bilden Sie eine Gruppe aus drei oder vier Schülerinnen und Schülern und überlegen Sie sich einen Prozess, welchen Sie beschreiben möchten. Dieser kann ein Ihnen bekannter Prozess aus Ihrem betrieblichen Umfeld, der Berufsschule oder ein Geschäftsprozess aus Ihrem privaten Umfeld sein.
- Gehen Sie gemeinsam die in der Tabelle aufgeführten Fragen durch und ergänzen Sie notfalls noch weitere Fragen.
- Bilden Sie ein Team aus zwei Personen, welches das Interview führt, und ein Team (ein oder zwei Personen), welches interviewt wird. Von dem Interview-Team führt einer der beiden Interviewer das Gespräch und der andere protokolliert und achtet darauf, dass das Gespräch nicht abschweift. Er greift nur ein, wenn das Gespräch sich in Details zu verlieren droht oder wenn er Informationen nicht verstanden hat.
- Führen Sie das Interview durch und erfassen Sie die entsprechenden Antworten.

1 Prozesseinordnung	
1.1 Handelt es sich um einen Kern-, Management- oder Supportprozess?	☐
1.2 Ist es ein Unterprozess und wenn ja, von welchem Prozess?	☐
Weitere Fragen:	☐
2 Tätigkeiten	
2.1 Welche Tätigkeiten werden in dem Prozess ausgeführt und in welcher Reihenfolge? Warum sind die einzelnen Tätigkeiten notwendig?	☐
2.2 Welche Prozessschnittstellen gibt es und warum sind diese notwendig?	☐
2.3 Wie sind Kunden an dem Prozess beteiligt und welche Erwartungen haben diese?	☐
2.4 Welche Qualitätskriterien muss der Prozess erfüllen?	☐
2.5 Wie häufig wird der Prozess angestoßen?	☐
2.6 Wird der Ablauf als effektiv empfunden und wenn nein, warum nicht?	☐
2.7 Welche Fehler tauchen in dem Prozess auf?	☐
Weitere Fragen:	☐

3 Organisation	
3.1 Wer ist für die einzelnen Tätigkeiten verantwortlich?	☐
3.2 Sind die Aufgaben effektiv verteilt, wenn nein, welche Verbesserungsmöglichkeiten gibt es?	☐
3.3 Wie ist der Übergang zwischen den Organisationseinheiten, wenn mehrere Personen an dem Prozess beteiligt sind?	☐
Weitere Fragen:	☐
4 Informationsfluss	
4.1 Welche Informationen (Daten) werden für den Prozess, von wem, wann benötigt?	☐
4.2 Wie werden diese Informationen (Daten) dem Prozess zur Verfügung gestellt?	☐
4.3 Wie werden die Informationen (Daten) im Prozess weitergegeben, gesichert und dokumentiert?	☐
4.4 Müssen die Informationen (Daten) an ein anderes System übertragen werden?	☐
Weitere Fragen:	☐
5 Sicherheit	
5.1 Wer hat Kenntnis und Zugang zu dem Prozess und seinen Informationen?	☐
5.2 Wer darf im Prozess welche Entscheidungen fällen?	☐
5.3 Welche Aspekte der Informationssicherheit sind für den Prozess wichtig und wie werden diese sichergestellt?	☐
Weitere Fragen:	☐

Aufgabe 4: **Beurteilen Sie die Wirtschaftlichkeit von Softwareprojekten.**

2.1.2

1. Nennen Sie drei Kostenfaktoren, welche bei Softwareprojekten auftreten können.

2. An einem Softwareprojekt sind sechs Mitarbeiter beteiligt. Zwei Mitarbeiter arbeiten im Durchschnitt ca. eine Stunde pro Tag an dem Projekt. Ein Mitarbeiter steht nur eine Stunde für genau eine Woche (fünf Arbeitstage), hauptsächlich für die Umsetzung der Funktionalität, zur Verfügung. Der Rest der Beschäftigten arbeitet die komplette Zeit (acht Stunden am Tag) für das Projekt. Der durchschnittliche Stundenlohn aller Projektbeteiligten beträgt ca. 50,00 €. Zur Durchführung des Projekts werden 30 Arbeitstage veranschlagt. Mit welchen Personalkosten ist bei diesem Projekt zu rechnen?

3 Das in der Aufgabe 2 erstellte Softwareprodukt soll verkauft werden. Durch Verkaufserlöse (Lizenzen, Direktverkauf usw.) sollen im Durchschnitt jeden Monat Einnahmen von 1 500 € generiert werden. Wie viele Monate dauert es, bis sich die Projektkosten amortisiert haben?

Aufgabe 5: Überprüfen und festigen Sie Ihr Wissen über die Mitarbeit in Softwareprojekten. Lösen Sie folgende Aufgaben.

2.1.3

1 Beschreiben Sie kurz, was Sie unter einem Projekt verstehen, und nennen Sie zwei Merkmale.

2 Ordnen Sie folgende Begriffe an die richtige Stelle im Schaubild ein. Schreiben Sie dazu die entsprechende Nummer in die dafür vorgesehenen Stellen.

(1) Projektkontrolle
(2) Projektdokumentation
(3) Projektabschluss
(4) Projektauftrag
(5) Projektdurchführung
(6) Abschlussprotokoll
(7) Netzplan
(8) Projektmanagement
(9) Projektstart
(10) Projektplanung

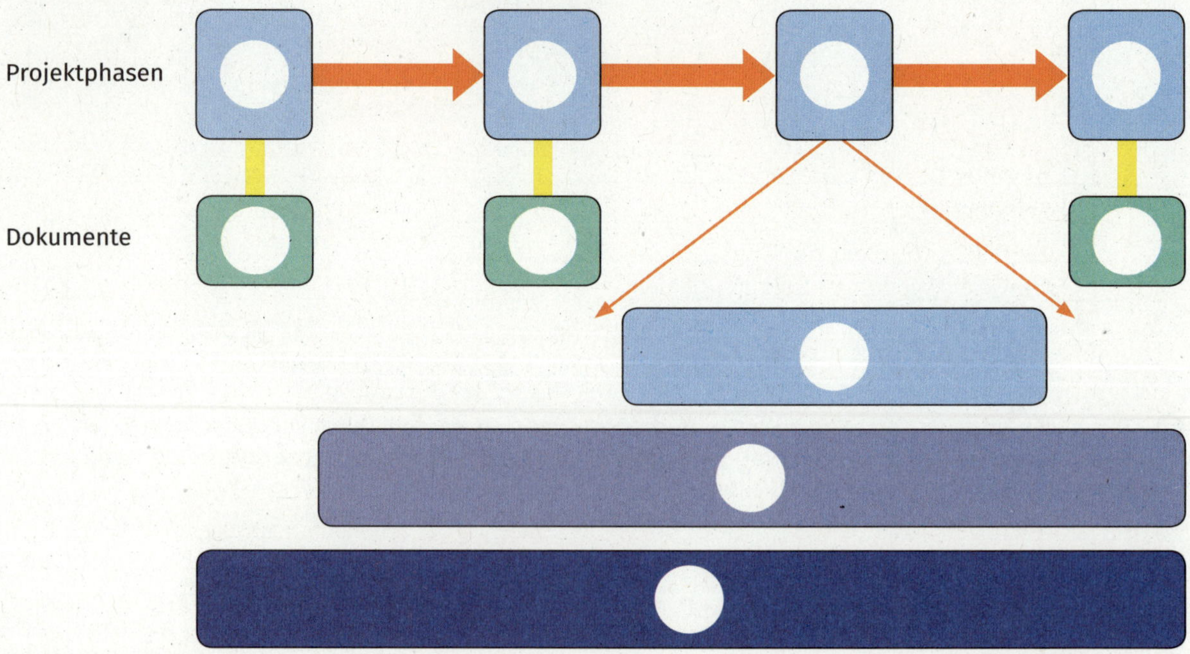

3 Erläutern Sie kurz, was Sie unter dem Begriff „Projektmanagement" verstehen, und nennen Sie fünf Aufgaben des Projektmanagements.

4 Nennen Sie zwei weitverbreitete Projektmanagementstandards.

5 Kreuzen Sie an, was zutrifft.

1. Welche Instanzen gehören zu einem Projekt?
   - [ ] Lenkungsausschuss
   - [ ] Unternehmensvorstand
   - [ ] Projektteam
   - [ ] Projektleitung
   - [ ] Projektbegleitung

2. Welches sind Projektorganisationsformen?
   - [ ] Reine Projektorganisation
   - [ ] Wasserfallprojektorganisation
   - [ ] Spiralprojektorganisation
   - [ ] Matrixprojektorganisation
   - [ ] Konvexe Projektorganisation

3. Welche Vorteile bietet die Stabs-Projektorganisation?
   - [ ] sehr flexibel
   - [ ] bestehende Betriebsorganisationsstruktur wird nicht beeinflusst
   - [ ] große Projekte können damit sehr gut bearbeitet werden
   - [ ] die Projektleitung hat volle Weisungs- und Entscheidungsbefugnis

4. Für ein sehr großes Auslandsprojekt wird eine geeignete Projektorganisationsform gesucht. Welche ist am besten geeignet?
   - [ ] Stabsprojektorganisation
   - [ ] Spiralprojektorganisation
   - [ ] Reine Projektorganisation
   - [ ] Wasserfallprojektorganisation

6 Beschreiben Sie kurz die Aufgaben von folgenden Projektbeteiligten.

Lenkungsausschuss:

____

____

____

____

____

Stakeholder:

____

____

____

____

____

7 Nennen Sie drei Aufgaben eines Projektleiters:

____

____

____

____

____

____

8 Nennen Sie jeweils einen Vor- und einen Nachteil für die reine Projektorganisation und die Stabsprojektorganisation.

Projektorganisationsform	Vorteil	Nachteil
Reine Projektorganisation		
Stabsprojektorganisation		

9 Ordnen Sie folgende Begriffe dem Schaubild richtig zu. Tragen Sie dazu die entsprechenden Nummern in das Bild ein.

(1) Projektleiter von Projekt „KI“
(2) Mitarbeiter im Projekt „KI“ aus Abteilung „Softwareentwicklung“
(3) Leiter der Abteilung „Netzwerktechnik“
(4) Lenkungsausschuss
(5) Projektleiter von Projekt „Business-App“
(6) Mitarbeiter im Projekt „KI“ aus der Abteilung „Qualitätssicherung“
(7) Mitarbeiter im Projekt „Business-App“ aus Abteilung „Qualitätssicherung“
(8) Leiter der Abteilung „Softwareentwicklung“
(9) Leiter der Abteilung „Qualitätssicherung“
(10) Mitarbeiter im Projekt „KI“ aus der Abteilung „Netzwerktechnik“
(11) Mitarbeiter im Projekt „Business-App“ aus der Abteilung „Softwareentwicklung“

Matrixorganisation

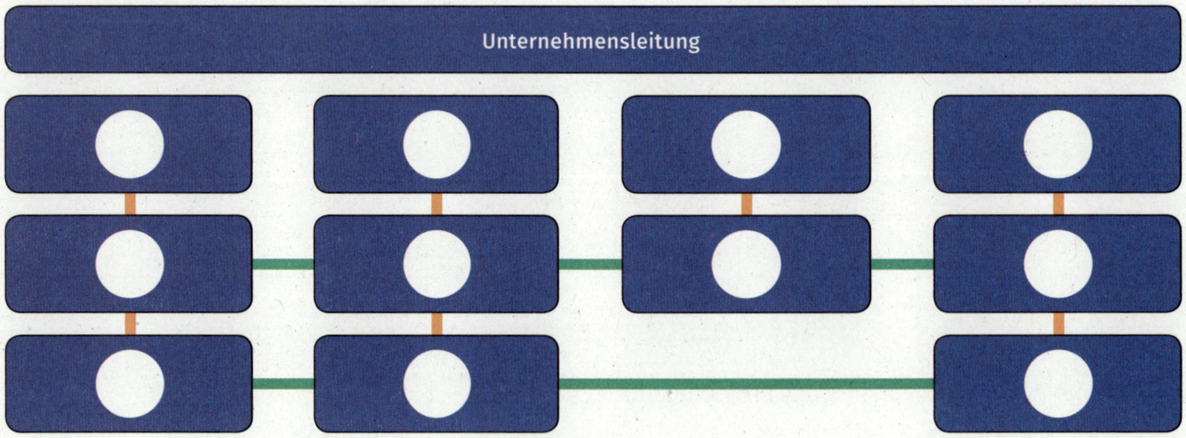

Aufgabe 6: Werten Sie einen englischen Text über Projektmanagement aus. Übersetzen Sie den folgenden englischen Text sinngemäß ins Deutsche.

2.1.3

A project has a defined beginning and a defined temporal end. A project is always unique because it is not a routine process. A project team is often made up of people who don't normally work together. Sometimes they even come from different companies and from different regions of the country or the world. All projects must be managed so that the results can be delivered on time and on budget. This is ensured through project management. Some of the most important points of project management are cost, time, quality and risk management.

Aufgabe 7: Bearbeiten Sie einen Netzplan.

2.1.3

Als Mitglied eines Projektteams bekommen Sie die Aufgabe, einen Netzplan zu vervollständigen. In der ersten Besprechung wurden folgende Teilaufgaben festgelegt und in der nachfolgenden Tabelle zusammengefasst. Wiederholen Sie dazu Ihr Wissen über Netzpläne aus dem ersten Ausbildungsjahr (siehe auch Jahrgangsband 1, Lernfeld 2).

Vorgang	Dauer in Tagen	Vorausgehender Vorgang
A	3	–
B	4	A
C	3	A
D	3	C
E	5	B, D

Vervollständigen Sie anhand der vorstehenden Tabelle den vorliegenden Netzplan und geben Sie den kritischen Pfad an.

Notation:

<table>
<tr><td>FAZ</td><td></td><td>FEZ</td></tr>
<tr><td colspan="3">Vorgang</td></tr>
<tr><td>Dauer</td><td>GP</td><td>FP</td></tr>
<tr><td>SAZ</td><td></td><td>SEZ</td></tr>
</table>

Vorgang	Vorgangs-ID (A, B, C ...)
Dauer	Dauer in Arbeitstagen
FAZ	Frühester Anfangszeitpunkt
FEZ	Frühester Endzeitpunkt
SAZ	Spätester Anfangszeitpunkt
SEZ	Spätester Endzeitpunkt
GP	Gesamtpuffer, GP = SAZ – FAZ oder GP = SEZ – FEZ
FP	Freier Puffer, FP = FAZ des Nachfolgers – FEZ des Vorgangs

Netzplan:

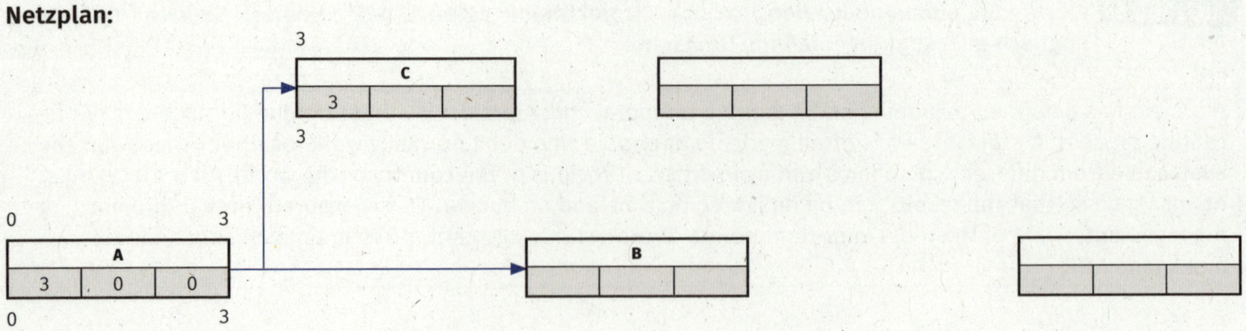

Kritischer Pfad:

____

Nachdem Sie sich mit den Grundlagen von Projekten und Projektmanagement beschäftigt haben, starten Sie nun Ihr eigenes Projekt.

Aufgabe 8: Bilden Sie ein Projektteam und beschreiben Sie Ihre Projektaufgabe.

2.1.1
2.1.2
2.1.3

Beschreiben Sie für ein gegebenes oder selbstgewähltes Projektthema aus dem Bereich der Softwareentwicklung grob die Ausgangslage, die Rahmenbedingungen (z. B. vorhandene Hard- und Software, Zeitrahmen usw.) und die Projektziele und bilden Sie ein Projektteam.

Projektthema	
Ausgangslage und Rahmenbedienungen	
Projektziele	
Projektteam	

Im Zuge der Projektplanung soll für das Projekt ein geeignetes Vorgehensmodell gefunden werden. Dazu werden von Ihnen zunächst die Vor- und Nachteile von klassischen und agilen Vorgehensmodellen beleuchtet und im Anschluss agile Vorgehensmodelle untereinander verglichen.

Aufgabe 9: Überprüfen Sie Ihr Wissen in Bezug auf Vorgehensmodelle in der Softwareentwicklung und vergleichen und bewerten Sie diese.

2.1.4

1 Lösen Sie folgendes Kreuzworträtsel.

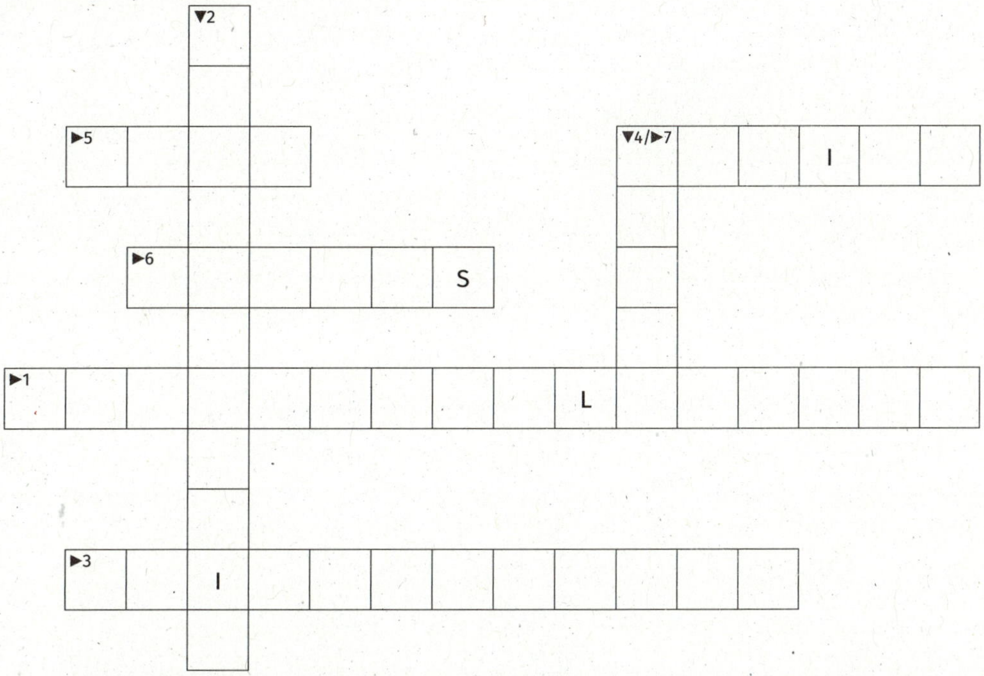

(1) Klassisches Vorgehensmodell, bei dem die Phasen nacheinander nur einmal durchlaufen werden.
(2) Punkt, welcher bei klassischen Vorgehensmodellen zu erreichen ist. Er stellt eine Art Zwischenergebnis dar.
(3) Klassisches Vorgehensmodell, bei dem die Projektphasen mehrfach durchlaufen werden.
(4) Das am meisten genutzte agile Vorgehensmodell.
(5) Bezeichnung für Vorgehensmodelle, welche sehr flexibel in Bezug auf Veränderungen sind und bei denen Kundenkontakt einen hohen Stellenwert besitzt.
(6) In diesem Vorgehensmodell wird die Entwicklung der Software mit dem Betrieb der Software miteinander verknüpft.
(7) Arbeitszyklus in Scrum, in dem die einzelnen Aufgaben bearbeitet werden.

2 Stellen Sie die Vor- und Nachteile von klassischen und agilen Vorgehensmodellen gegenüber. Bilden Sie dafür Teams und tragen Sie innerhalb des Teams die notwendigen Fakten zusammen. Tauschen Sie sich im Anschluss mit anderen Teams aus und vervollständigen Sie gegebenenfalls Ihre Aufzeichnungen.

	Klassische Vorgehensmodelle	Agile Vorgehensmodelle
Vorteile		
Nachteile		

2.1.4

Aufgabe 10: Präsentieren Sie das Spiralmodell.

Erstellen Sie eine Präsentation über das Spiralmodell. Gehen Sie dabei auf den Ablauf, die Ziele und die Vor- und Nachteile dieses Vorgehensmodells ein. Erarbeiten Sie sich zunächst die Inhalte zu den einzelnen Punkten und erstellen Sie auf dieser Basis Ihre Präsentation. Präsentieren Sie im Anschluss Ihre Ergebnisse und diskutieren Sie diese im Klassenverband.

Notizen zum Spiralmodell	
Ablauf	
Ziele	
Vorteile	
Nachteile	

Sie haben sich im Projektteam für Scrum als Vorgehensmodell entschieden und erarbeiten sich nun die notwendigen Grundlagen.

2.1.4

Aufgabe 11: Erarbeiten Sie sich grundlegendes Wissen über Scrum.

Erarbeiten Sie sich in Gruppenarbeit das agile Vorgehensmodell „Scrum". Dabei bearbeitet jede Gruppe jeweils einen Block und präsentiert im Anschluss ihre Ergebnisse. Die Aufzeichnungen werden den anderen Gruppen zur Verfügung gestellt.

Block 1	Rollen bei Scrum: Product Owner, Scrum Master, Entwicklerteam
Block 2	Grundsätze bei Scrum: Transparenz, Überprüfung, Anpassung
Block 3	Gesamtprozess von Scrum: Projektbeginn, Erstellung des Product Backlogs, Wiederholung von Sprints, Projektende
Block 4	Sprintprozess bei Scrum: Planung, Sprint Backlog, Durchführung, Review, Retrospective Meetings
Block 5	Artefakte in Scrum: Product Backlog, Sprint Backlog, Product Increment, Definition of Done
Block 6	Scrum Taskboard: Aufbau und Inhalte

2.1.4

Aufgabe 12: Organisieren Sie Ihr Projektteam, entwickeln Sie ein Product Backlog und erstellen Sie ein Taskboard.

Setzen Sie sich mit Ihren Projektmitgliedern zusammen und besprechen Sie die nächsten Schritte innerhalb Ihres Projektes. Bearbeiten Sie dazu die nachfolgenden Aufgaben und setzen Sie sie im Anschluss um. Dokumentieren Sie von Anfang an alle Schritte und legen Sie geeignete Dokumentationsformen fest.

1. Bestimmen Sie die Rollen in Ihrem Projektteam:

Rolle	Personelle Zuordnung
Product Owner	
Scrum Master	
Entwicklerteam	

2. Entwickeln Sie ein Product Backlog.

3. Erstellen Sie ein Taskboard.

Planungsskizze:

NOTIZEN

Aufgabe 13: Werten Sie einen englischen Text über Risikomanagement aus.

2.1.5

Im Rahmen Ihres Projektes beschäftigen Sie sich auch mit dem Risikomanagement. Dabei sind Sie auf einen englischen Text über Risikomanagement gestoßen. Lesen Sie sich den Text durch und beantworten Sie im Anschluss die Fragen.

> Every software project contains elements of uncertainty, for example, technology or the personnel. These uncertainties represent the project risk. The success of a software development project depends on the risk level of the project activities. As a project manager, it is not enough to only be aware of the risks. In order to complete a project successfully the project manager must identify, assess, prioritize and manage all risks. A risk is a potential problem that can result in financial losses and missed project goals. Assuptions and crisis management are never effective. The identification and assessment of risks is the only way to prevent unplanned or unacceptable events in a software project. These events include, for example, cancellations, interruptions, schedule delays, cost underestimation or exceeding of project resources. Risk management includes the following tasks: Identify all risks and their triggers. Classify and prioritize all risks. Create a plan that links each risk to risk mitigation. Monitor risk triggers during the project. Plan actions when a risk occurs. Communicate risk status throughout the project.

1. Warum ist ein Risikomanagement für Softwareprojekte wichtig?

2. Beschreiben Sie, was Sie unter einem Risiko für Softwareprojekte verstehen.

3. Nennen Sie drei Risiken, welche bei Softwareprojekten auftreten können.

4. Nennen Sie die Aufgaben, welche im Rahmen eines Risikomanagements durchgeführt werden sollten.

Aufgabe 14: Führen Sie eine Risikoanalyse durch.

2.1.5

Nehmen Sie für Ihr Projekt eine Risikoanalyse vor. Bearbeiten Sie dazu folgende Punkte:
- Ermitteln Sie die verschiedenen Risiken, welche im Rahmen Ihres Projektes auftreten können, und bewerten Sie diese.
- Erstellen Sie einen Plan, um das Auftreten dieser Risiken und deren Auswirkungen zu minimieren.

Lernsituation 2: Wir analysieren Datenbestände, Prozesse und Schnittstellen

S **Nachdem das Vorgehensmodell des Projektes und die Rollen im Projektteam bestimmt sind und eine Risikoanalyse durchgeführt wurde, bespricht Herr Lübberstedt mit den Auszubildenden die nächsten Schritte.**

Holger Lübberstedt: In Ihrem Projekt sollen Sie u.a. Daten aus verschiedenen Quellen zusammenführen. Dazu ist es auch notwendig festzustellen, welche Art von Daten in diesen Quellen vorliegen und vor allem von welcher Qualität diese Daten sind.

Julian Markus: Wie Informationen mithilfe von Daten abgebildet werden, haben wir ja schon im ersten Ausbildungsjahr kennengelernt und auch einen Überblick darüber bekommen, welche Art von Daten es gibt. Dass man Daten aber auch hinsichtlich ihrer Qualität bewerten kann, war mir noch nicht bekannt.

Laura Meier: Wahrscheinlich nur nicht unter diesem Begriff. Gestern hattest du in einem Gespräch über Linux bemerkt, dass du eine schöne Internetseite mit zahlreichen Informationen zu Linux kennst. Leider sind die Informationen dort nicht immer aktuell, was du ein wenig schade fandest. Die Aktualität ist meines Erachtens ein Qualitätskriterium für Daten.

Holger Lübberstedt: Genau, und noch einige mehr. Nach der Bewertung und Auswahl geeigneter Datenquellen sollen die Daten nun an einer Stelle zusammengefasst werden. Natürlich so, dass eine hohe Datenqualität erreicht wird. Dazu müssen Sie sich im Projektteam u.a. damit beschäftigen, wie man auf die Daten zugreifen kann, welche Dateiformate sich für die Datenübertragung eignen, welche Übertragungsprotolle es gibt und welche Sie sinnvollerweise verwenden werden.

2.2 Datenbestände, Prozesse und deren Schnittstellen analysieren

S **Herr Lübberstedt gibt einen Überblick über die ersten Schritte.**

Holger Lübberstedt: Zunächst sollte aber auch an dieser Stelle das Wissen aus dem ersten Ausbildungsjahr aufgefrischt und gefestigt werden. Ich denke dabei u.a. an Themen wie Dateiformate oder Arten von Daten. Aber auch Datenübertragung, Übertragungsprotokolle und Informationssicherheit spielen mit rein und sollten deshalb noch einmal wiederholt werden.

Julian Markus: Mit der Datenübertragung in Netzwerken und Übertragungsprotokollen bin ich vertraut. In diesem Punkt kann ich viel zur Lösung des Projektes beitragen.

Laura Meier: Und ich bringe mein Wissen als Informationssicherheitsexpertin mit ein.

Holger Lübberstedt: Super, dann legen Sie mal los und viel Erfolg. In diesem Ausbildungsjahr ist bereits ein wenig mehr Selbstständigkeit gefragt. Aber Sie können sich natürlich jederzeit an mich wenden, wenn Sie Fragen haben.

Aufgabe 1: **Überprüfen Sie Ihr Wissen über Daten und Informationen aus dem ersten Ausbildungsjahr (siehe auch Jahrgangsband 1, Lernfeld 5). Beantworten Sie dazu folgende Fragen.**

2.2.1

1. Erläutern Sie kurz den Unterschied zwischen Daten und Informationen.

____

____

____

2 Erläutern Sie anhand eines Beispiels, welche Schwierigkeiten bei der Interpretation von Daten auftreten können.

3 Nennen Sie drei Eigenschaften von Informationen.

4 Nennen Sie jeweils zwei Beispiele für die folgenden Formen von Daten.

Daten	Beispiele
Strukturierte Daten	
Semistrukturierte Daten	
Unstrukturierte Daten	

2.2.1

Aufgabe 2: Bestimmen Sie die Art der Daten.

Ordnen Sie zu, ob es sich um quantitative oder qualitative Daten handelt.

(A) Qualitative Daten
(B) Quantitative Daten

- Personenanzahl
- Monatsumsatz
- Filmtitel
- Tischbreite
- Ausfallwahrscheinlichkeit
- Segelfläche
- Zeitungsartikel
- Uhrzeit
- Oberflächenzustand
- Stimmung (Emotion)
- Allgemeinbefinden

2.2.2

Aufgabe 3: Überprüfen Sie Ihr Wissen über die Qualität von Daten.

1. Lösen Sie folgendes Kreuzworträtsel.

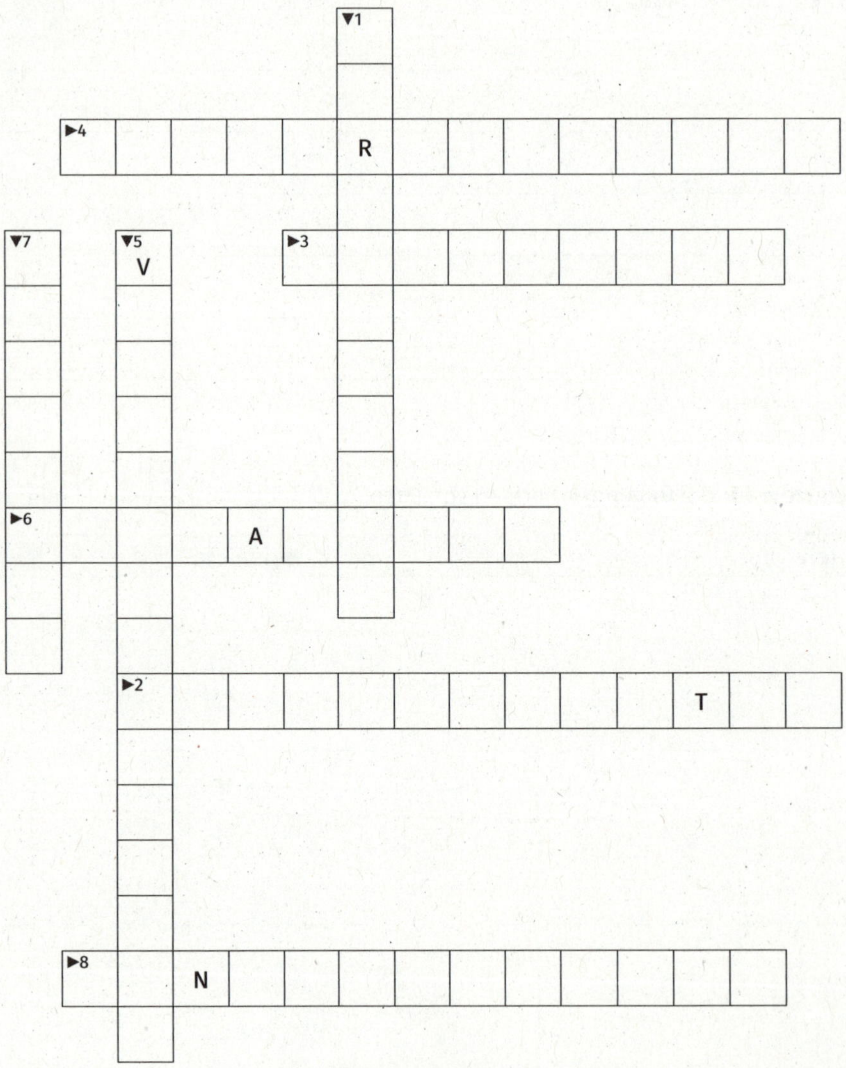

(1) Fachbegriff, wenn Daten mit der Realität übereinstimmen müssen
(2) Maß für die Eignung von Daten zur Befriedigung von Bedürfnissen nach konkreten Informationen
(3) Englischer Fachbegriff für die Erfüllung des Informationsbedarfs durch den Informationsinhalt der Daten
(4) Mehrfaches Vorhandensein von denselben Informationen innerhalb des Datenbestandes
(5) Maß für die Anzahl der Attribute, welche gültige Werte enthalten
(6) Messgröße für die Übereinstimmung der Daten mit der momentanen Realität
(7) Englischer Fachbegriff für die Exaktheit der Daten
(8) Fachbegriff dafür, dass jeder Datensatz unzweideutig interpretiert werden kann

2 Erläutern Sie folgende Begriffe und geben Sie jeweils ein konkretes negatives Beispiel an, bei dem diese Eigenschaft nicht gegeben ist.

Konsistenz	
Einheitlichkeit	
Zuverlässigkeit	

Aufgabe 4: Bestimmen Sie die Qualität von Daten.

2.2.2

1 Bei den Datensätzen müssen folgende Angaben unbedingt vorhanden sein, damit diese vollständig sind: ID, Vorname, Nachname, vollständige Adresse. Beim Überprüfen der Datensätze stellen Sie fest, dass es sich um 1 034 Datensätze handelt und dass bei 231 Datensätzen die Adresse nicht vollständig ist. Bei 31 Datensätzen fehlt der Vorname. Dazu kommen 12 Datensätze, bei denen sowohl die Adresse als auch der Vorname fehlen. Bei weiteren zwei Datensätzen sind alle Daten bis auf den Nachnamen vollständig vorhanden. Berechnen Sie die Qualität der Daten bezüglich der Vollständigkeit.

2 Es werden Temperaturdaten erfasst. Für eine spätere genaue Auswertung ist es notwendig, dass alle Daten eine Genauigkeit von mindestens zwei Nachkommastellen aufweisen. Es liegen im Augenblick folgende Datensätze vor:

Messungen									
Nr.	**Temperatur**	**Nr.**	**Temperatur**	**Nr.**	**Temperatur**	**Nr.**	**Temperatur**	**Nr.**	**Temperatur**
1	12	2	13,445	3	22,01	4	17,53	5	14,29
6	15,00	7	14,2	8	17,888	9	13,8	10	14,28
11	14,78	12	15,62	13	22,67	14	14,34	15	7,35
16	7,35	17	7,38	18	11,57	19	17	20	19,002
21	16,00	22	16,01	23	16,1	24	16,001	25	28,3345
26	14,90	27	14,87	28	12,66	29	13	30	13,22
31	11,09	32	9,99	33	10,00	34	14,87	35	12,003

Geben Sie die Qualität der Daten bezüglich der Genauigkeit an und begründen Sie ihre Aussage. Markieren Sie dazu alle Datensätze, die nicht der geforderten Norm entsprechen.

3 Sie sind dabei, einen Datenbestand zu aktualisieren. Eine Recherche im Vorfeld ergab, dass es sich um einen Datenbestand von 800 Datensätzen handelt und die Qualität der Daten bezüglich der Aktualität rund 85 % beträgt. Geben Sie an, wie viele Datensätze wahrscheinlich aktualisiert werden müssen.

4 Es liegen folgende Datensätze vor:

Schachspiel						
ID	**Spieler (weiß)**	**Spieler (schwarz)**	**Datum**	**Ergebnis**	**Punkte (weiß : schwarz)**	**Anzahl Züge**
1	Maier, Frank	Schulz, Hanna	2020-11-25	Weiß gewinnt	2:0	45
2	Wald Torsten	Maier, Frank		Schwarz gewinnt	2:0	17,8
3	Horn	Maier, Frank	2021-02-29	Remis	1:1	35
4	Wald, Torsten	Torsten Wald	17.04.2021	Remis	0:2	zwanzig
5	Schulz Hanna	Horn, Ines	2021-Mai-06	Weiß gewinnt	2 – 0	
6		Horn, Willi	2021-05-19		0:2	–23

Überprüfen Sie in Partnerarbeit die Daten hinsichtlich ihrer Qualität. Folgende Qualitätskriterien sollen berücksichtigt werden:

a) Vollständigkeit
b) Eindeutigkeit
c) Konsistenz
d) Redundanzfreiheit
e) Einheitlichkeit

- Markieren Sie die Stellen, an denen ein entsprechendes Qualitätskriterium nicht erfüllt ist.
- Benennen Sie das Qualitätskriterium und begründen Sie Ihre Aussage.
- Stellen Sie den anderen Gruppen Ihre Ergebnisse vor und diskutieren Sie diese.

NOTIZEN

Aufgabe 5: **Überprüfen Sie Ihr Wissen über das Abrufen von Daten aus Datenquellen.**

2.2.3

1. Beschreiben Sie kurz, was Sie unter einer Datenquelle verstehen.

2. Unterscheiden Sie primäre und sekundäre Daten und geben Sie jeweils zwei Beispiele an.

❸ Stellen Sie Daten, welche in der Tabelle „Artikel" gegeben sind, im CSV-, XML- und JSON-Format dar und legen Sie einen entsprechenden Dateinamen fest.

Tabelle „Artikel"

ArtikelNr.	Bezeichnung	Preis	Hersteller
1	Expression Home XP-4100	95,00	Epson
2	Color LaserJet Pro M283fdw	430,99	Hewlett Packard
3	PIXMA TS5150	131,59	Canon

CSV-Format (Dateiname: ______________________)

XML-Format (Dateiname: ______________________)

JSON-Format (Dateiname: ______________________)

Aufgabe 6: Wählen Sie für Ihr Projekt entsprechende Datenquellen und bestimmen Sie die Qualität der Daten.

2.2.1
2.2.2
2.2.3

Bearbeiten Sie im Rahmen Ihres Projektes im Projektteam folgende Aufgaben und ergänzen Sie dahingehend auch Ihr Product Backlog.

❶ Wählen Sie für Ihr Projekt verschieden Datenquellen aus und notieren Sie diese hier.

NOTIZEN

❷ Bestimmen Sie die Art und die Qualität dieser Daten. Legen Sie dazu im Vorfeld fünf für das Projekt wichtige Qualitätskriterien fest.

Qualitätskriterium:

1. ______
2. ______
3. ______
4. ______
5. ______

Datenquelle	**Art der Daten**	**Qualität der Daten in Bezug auf ausgewählte Qualitätskriterien**

❸ Recherchieren und diskutieren Sie die Möglichkeiten, wie auf die Daten zugegriffen werden kann.

Aufgabe 7: **Überprüfen Sie Ihr Wissen über Prozesse und präsentieren Sie Beschreibungsmittel, um diese grafisch darzustellen.**

2.2.4

1. Beschreiben Sie kurz, was Sie unter folgenden Begriffen verstehen.

Anforderungsspezifikation (Anforderungsanalyse):

Geschäftsprozess:

Prozessschnittstelle:

Informationsfluss:

2 Nennen Sie je ein typisches Beispiel für einen Management-, einen Kern- und einen Supportprozess.

3 Informieren sie sich über verschiedene Beschreibungsmittel, mit deren Hilfe Prozesse grafisch abgebildet werden können. Erstellen Sie im Anschluss eine Präsentation über ein Beschreibungsmittel. Die Präsentation sollte u. a. folgende Inhalte enthalten:

- Eckdaten zum Beschreibungsmittel, wie z. B. Bezeichnung, aktuelle Version
- grundlegende Notationselemente und deren Bedeutung
- ein einfaches Beispiel

Beschreibungsmittel, um Prozesse grafisch abzubilden

Lernsituation 3: Wir planen objektorientierte Programme mithilfe von UML

S Die Projektgruppe hat sich wieder zusammengefunden, um die nächsten Schritte im Projekt zu planen. Herr Lübberstedt gibt der Projektgruppe einige Anregungen und beantwortet erste Fragen.

Holger Lübberstedt: Nachdem Sie die zu verarbeitenden Daten und den Zugriff darauf ermittelt und analysiert haben, werden Sie nun die Umsetzung des Programmes planen. Als Beschreibungssprache soll UML zum Einsatz kommen.

Laura Meier: Von UML habe ich schon mal was gehört. Besonders die sogenannten Klassendiagramme sind mir an der einen oder anderen Stelle schon mal in der Fachliteratur begegnet. Aber soviel ich weiß, gibt es noch etliche andere Diagrammarten. Werden wir alle behandeln?

Holger Lübberstedt: Nein, nur die wichtigsten. Im zweiten Ausbildungsjahr werden Sie das Anwendungsfalldiagramm, das schon von Ihnen erwähnte Klassendiagramm einsetzen.

Julian Markus: Herr Lübberstedt, ich interessiere mich auch stark für die sicherheitsrelevanten Aspekte bei der Planung der Software. Können Sie zu diesem Thema auch noch kurz etwas ausführen?

Holger Lübberstedt: Nun, die Sicherstellung der Informationssicherheit beginnt schon mit der Einführung und Einhaltung von generellen Maßnahmen, welche die Informationssicherheit im gesamten Softwareentwicklungsprozess sicherstellen. Diesem Punkt wird teilweise in der Praxis noch sehr wenig Beachtung geschenkt. Speziell werden wir uns dabei auf die Sicherstellung der Informationssicherheit im Scrum-Prozess beziehen. Auf der anderen Seite gibt es natürlich auch Sicherheitsprinzipien, welche bei der Entwicklung von Software beachtet werden sollten. Diese müssen natürlich von Ihnen auch schon bei der Planung der Software berücksichtigt werden.

2.3 Objektorientierte Softwarelösungen mithilfe von UML planen

S Im weiteren Verlauf hat sich das Projektteam dafür entscheiden, dass das Augenmerk auf Softwarequalitätskriterien wie Änderbarkeit oder Zuverlässigkeit der Software gelegt werden soll. Aus diesen und anderen Gründen wurde entschieden, das Programm objektorientiert zu entwickeln und auch eine rein objektorientierte Sprache einzusetzen. In Gesprächen mit anderen Mitarbeitern haben die Auszubildenden erfahren, dass es sich bei der objektorientierten Programmierung um ein Programmierparadigma handelt. In Vorbereitung auf die Arbeit im Projekt wollen sich die Auszubildenden grundlegendes Wissen über Programmparadigmen im Allgemeinen und über die objektorientierte Programmierung im Speziellen aneignen.

Laura Meier: Julian, du bist doch in der Programmierung auch sehr bewandert und hast doch bestimmt schon einmal vom objektorientierten Programmierparadigma gehört. Was hat es damit auf sich und was ist überhaupt ein Programmierparadigma?

Julian Markus: Na ja, soviel ich weiß, beschreibt ein Programmierparadigma ein Konzept, nach dem ein Programm zu entwickeln ist. Da gibt es wohl einige. Der objektorientierte Ansatz ist heutzutage ein sehr verbreiteter Standard, bei dem z. B. Programmteile in Klassen gekapselt werden, um u. a. die Wartbarkeit der Programme zu erhöhen. Deswegen kommt bei der Planung auch UML zum Einsatz, weil sich objektorientierte Programme besonders gut damit beschreiben lassen. Natürlich weist der OO-Programmierstandard noch weitere Merkmale auf. Da fehlt mir aber auch noch der fachliche Hintergrund.

Laura Meier: Müssen wir, um objektorientiert zu programmieren, eine neue Programmiersprache lernen?

Julian Markus: Nicht unbedingt. Wie die meisten Programmiersprachen unterstützt Python auch den OO-Ansatz. Aber nicht ganz so umfänglich wie rein objektorientierte Sprachen, z. B. Java. Wenn es erforderlich ist, dann müssen wir für unser Projekt vielleicht Java verwenden. Die Basics zu erlernen sollte auch schnell gehen, und Java ist auch eine sehr interessante Sprache, welche in vielen Projekten Verwendung findet.

Aufgabe 1: **Überprüfen Sie Ihr Wissen über Programmierparadigmen.**

2.3.1

1. Beschreiben Sie kurz, was Sie unter einem Programmierparadigma verstehen.

____

____

____

____

____

____

____

____

____

2. Kreuzen Sie an, was zutrifft. ✓

Programmierparadigmen	
1. Welche Aussage über Programmierparadigmen trifft zu?	
a) Das Programmierparadigma spielt bei der Programmentwicklung keine entscheidende Rolle.	☐
b) Mit einer Programmiersprache kann immer nur ein Programmierparadigma umgesetzt werden.	☐
c) Generell eignet sich ein Programmierparadigma manchmal besser und manchmal schlechter zur Lösung eines spezifischen Problems.	☐
2. Welche Aussagen über imperative Programmierparadigmen sind richtig?	
a) Im Programm wird beschrieben, wie ein Problem zu lösen ist.	☐
b) Im Programm wird beschrieben, was das Problem ist.	☐
c) Das prozedurale Programmierparadigma zählt zu den imperativen Programmierparadigmen.	☐
d) Das objektorientierte Programmierparadigma gehört nicht in die Kategorie der imperativen Programmierparadigmen.	☐
3. Welche Aussagen über deklarative Programmierparadigmen sind richtig?	
a) Im Programm wird beschrieben, wie ein Problem zu lösen ist.	☐
b) Im Programm wird beschrieben, was das Problem ist.	☐
c) Das funktionale Programmierparadigma zählt zu den deklarativen Programmierparadigmen.	☐
d) Deklarative Programmierparadigmen werden u. a. im Bereich der künstlichen Intelligenz und im Compilerbau eingesetzt.	☐
4. Welche Aussagen über das objektorientierte Programmierparadigma sind falsch?	
a) Es handelt sich um ein deklaratives Programmierparadigma.	☐
b) Es handelt sich um eine Mischform aus deklarativem und imperativem Programmierparadigma.	☐
c) Es baut auf den Vorgehensweisen der strukturierten und der prozeduralen Programmierung auf.	☐
d) Die Grundidee ist es, den Aufbau des Programms an den Strukturen der Wirklichkeit auszurichten.	☐

3 Ordnen Sie den Programmiersprachen folgende Programmierparadigmen zu. Recherchieren Sie bei Bedarf im Internet.

(A) Prozedurales Programmierparadigma
(B) Objektorientiertes Programmierparadigma
(C) Prozedurales und objektorientiertes Programmierparadigma
(D) Funktionales Programmierparadigma
(E) Logisches Programmierparadigma
(F) Funktionales und objektorientiertes Programmierparadigma

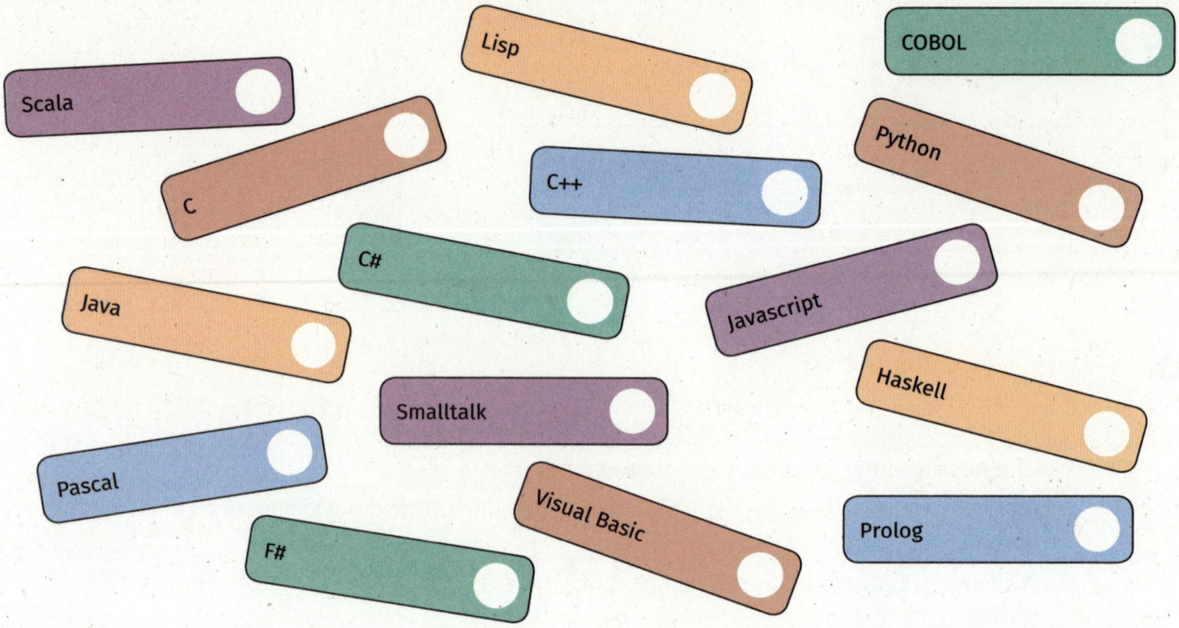

Aufgabe 2: **Überprüfen Sie Ihr Wissen über objektorientierte Programmierkonzepte.**

2.3.2

1 Erläutern Sie anhand eines Beispiels die Begriffe „Klasse“ und „Objekt“.

Klasse:

____

Objekt:

____

2 Erläutern Sie den Unterschied zwischen public und private.

3 Erläutern Sie anhand eines Beispiels (mit Skizze) den Unterschied zwischen Einfach- und Mehrfachvererbung.

4 Erläutern Sie anhand des abgebildeten Beispiels das Überladen und Überschreiben von Methoden und erweitern Sie das Klassendiagramm so weit, dass Sie mindestens noch eine Methode überladen und eine überschreiben.

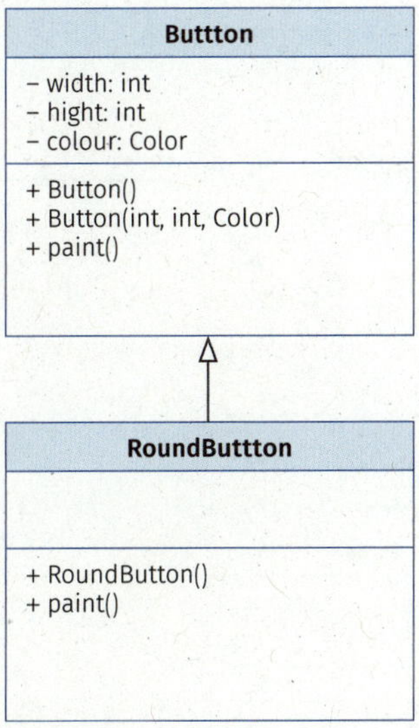

2.3.2

Aufgabe 3: **Wenden Sie Ihr Wissen über das objektorientierte Programmparadigma an.**

1. Ordnen Sie folgende Begriffe mit entsprechenden Zugriffsmodifiern und Datentypen den untenstehenden Klassen zu.

name	aufsteigen	absteigen
reiten	geburtsdatum	Film
berechneUmfang	anhalten	berechneFlächeninhalt
b	länge	erscheinungsjahr
titel	Rechteck	
zurückspulen	gewicht	

Reiter		
		– a: double
	+ starten(): void	

2. Wählen Sie selbstständig zwei Klassen und ordnen Sie diesen jeweils drei sinnvolle Eigenschaften und Methoden zu. Tragen Sie Ihr Ergebnis mit entsprechenden Zugriffsmodifiern und Datentypen in das Klassendiagramm ein.

3 Recherchieren Sie im Internet zu den Problemen, welche bei der Mehrfachvererbung auftreten können. Diskutieren Sie in der Klasse Ihre Ergebnisse.

4 Finden Sie in Partnerarbeit mindestens eine sinnvolle Eigenschaft und Methode pro Klasse, welche nur für die entsprechende Klasse und die daraus abgeleiteten Klassen gelten. Tragen Sie Ihr Ergebnis mit entsprechenden Zugriffsmodifiern und Datentypen in das Klassendiagramm ein.
Hinweis: Nutzen Sie das Internet, um sich über die Uhrentypen und deren Unterschiede zu informieren.

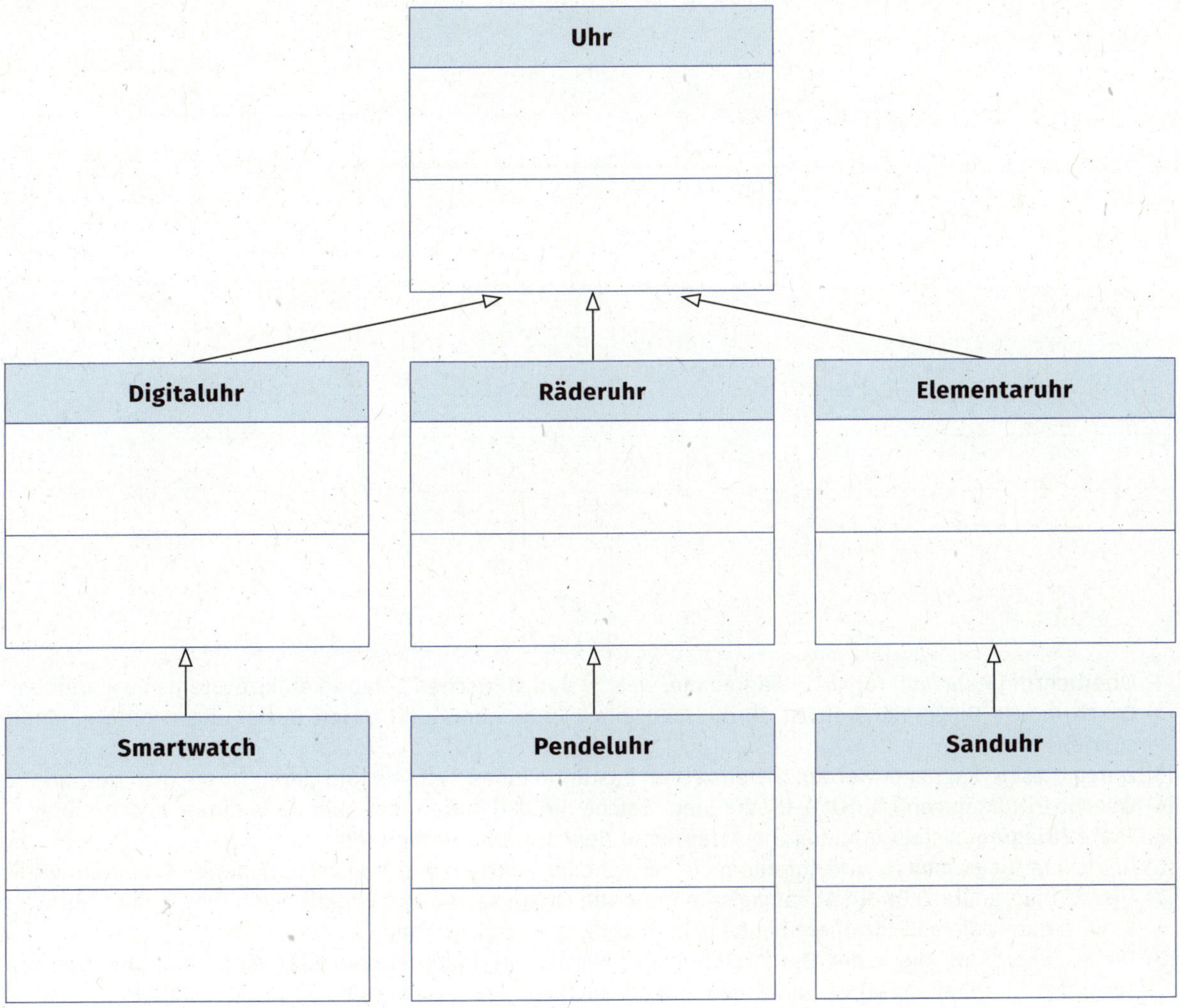

2.3.3

Aufgabe 4: Überprüfen Sie Ihr Wissen über UML-Diagramme.

Lösen Sie folgendes Kreuzworträtsel.

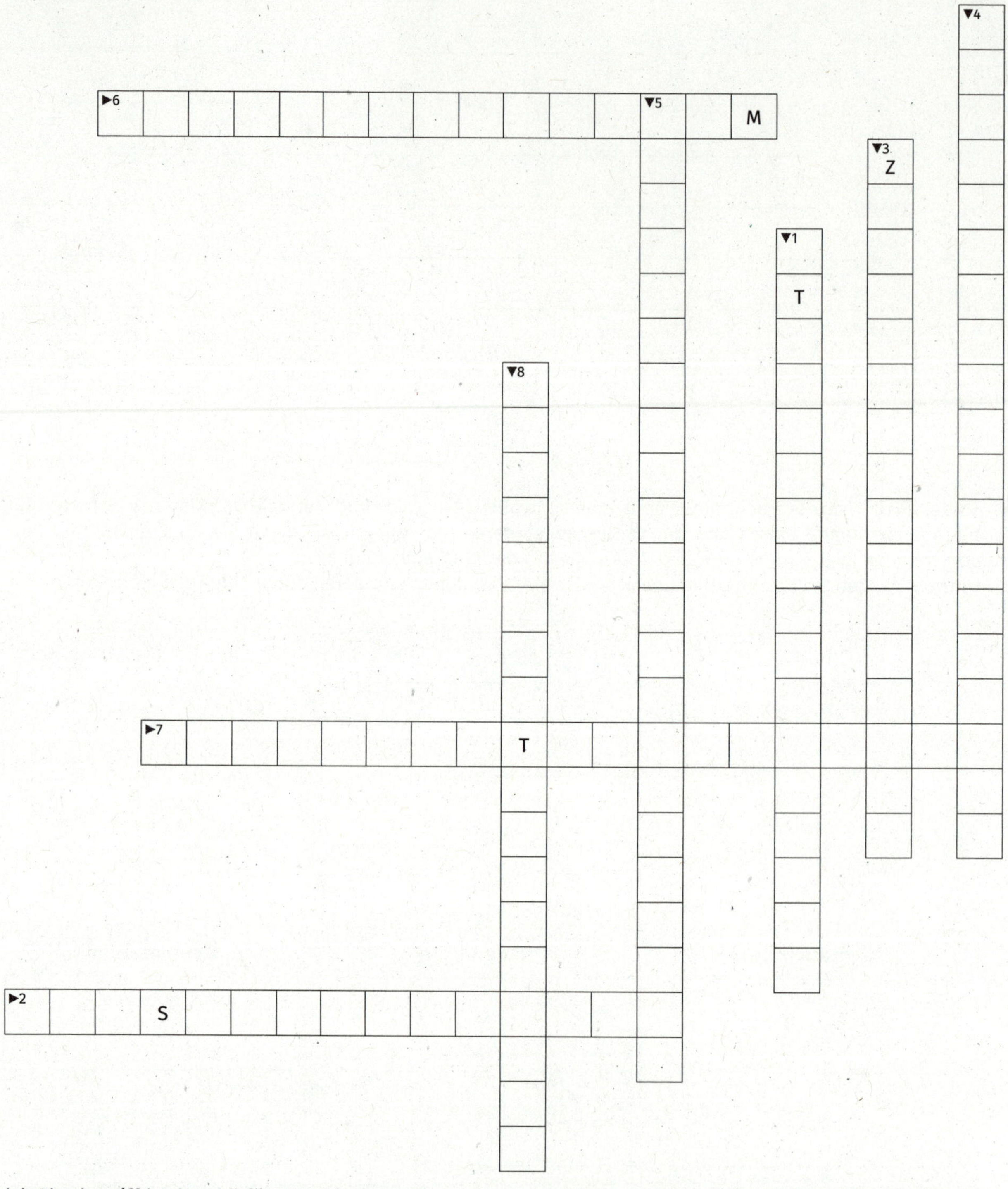

(1) Oberbegriff (Mehrzahl) für UML-Diagramme, welche den statischen Zustand eines Systems beschreiben
(2) Durch dieses Diagramm werden die Klassen eines Programms und deren Beziehungen untereinander beschrieben.
(3) Durch dieses Diagramm werden die einzelnen Zustände eines Systems und deren Übergänge beschrieben.
(4) Oberbegriff (Mehrzahl) für UML-Diagramme, welche die Aktivitäten und Abläufe in einem beschreiben.
(5) Dieses Diagramm stellt u. a. dar, wie Akteure mit dem System interagieren.
(6) In diesem Diagrammtyp wird vor allem die zeitliche Interaktion zwischen verschiedenen Objekten betrachtet.
(7) Dieses Diagramm stellt die Abhängigkeiten und die Organisation von Funktionseinheiten einer Software dar. Es wird damit die nächsthöhere Ebene nach den Klassen beschrieben.
(8) Dieses Diagramm dient der Beschreibung des Verhaltens einer Klasse oder einer Komponente. Es kann sowohl zur Darstellung von Algorithmen und als auch von Prozessabläufen verwendet werden.

Aufgabe 5: **Entwickeln und erweitern Sie Anwendungsfalldiagramme.**

2.3.4

1. JIKU IT-Solutions soll ein Programm für einen Geldautomaten entwickeln, welcher sowohl das Abheben als auch das Einzahlen von Geld ermöglicht. Dazu liegt bereits ein Entwurf für ein UML-Aktivitätsdiagramm vor. Ordnen Sie die folgenden Begriffe in das UML-Aktivitätsdiagramm ein.

A Kunde
B Karte sperren
C Geld auf eigenem Konto einzahlen
D Kunde bei der Bank
E dreimal falsche PIN eingegeben
F Geld abheben
G Geldautomat
H authentifizieren

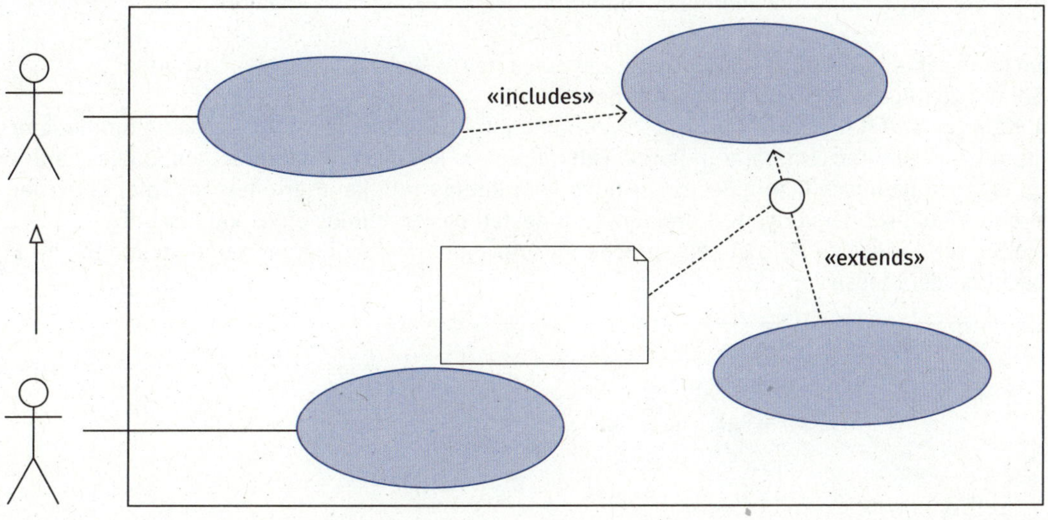

2. Es wurde im Rahmen eines Kundenauftrags von JIKU IT-Solutions das folgende Anwendungsfalldiagramm erstellt.

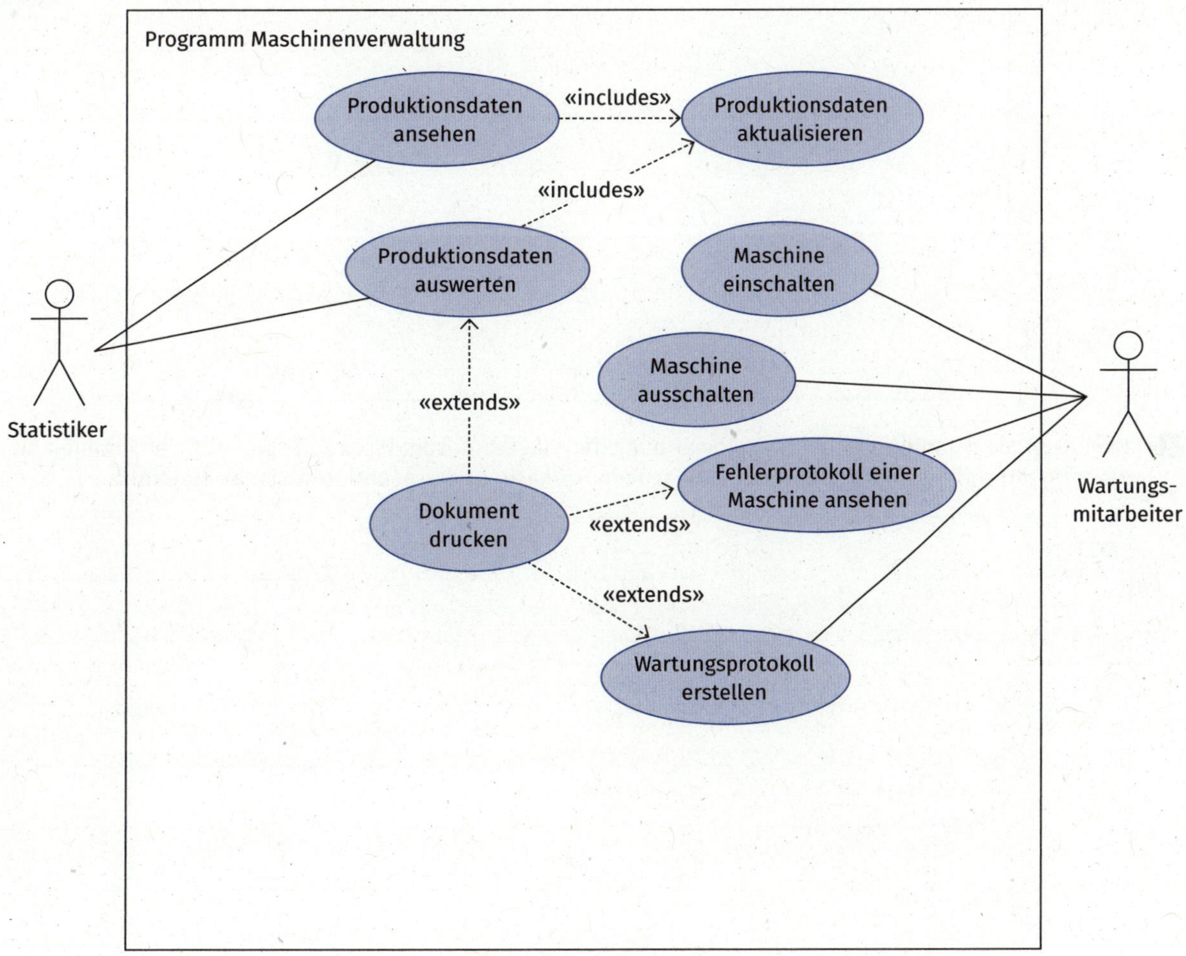

Dieser erste Entwurf soll nun durch Anwendungsfälle, welche in weiteren Kundengesprächen gewonnen wurden, erweitert werden.

Anwendungsfälle:
- Die Wartungsmitarbeiter sollen die Sensordaten von Maschinen einsehen können.
- Die Programmierer der Firma sollen für die Maschinen ein neues Programm entwickeln können. Die Funktionsweise des Programms kann vorher simuliert werden. Wenn das Programm fertiggestellt wurde, kann es an die Maschine übertragen werden. Die Bedingung dafür ist aber, dass es vorher mindestens einmal simuliert wurde.
- Das Programm kann auch wieder ausgedruckt werden.

Ergänzen Sie das vorliegende Anwendungsfalldiagramm um die genannten Angaben.

3 Ihre Entwicklungsabteilung soll an der Entwicklung eines neuen Weltraumspiels mitarbeiten.
Für das Spiel wird folgendes Szenario beschrieben:
Es sollen Planeten und Raumschiffe für das Programm erstellt werden. Jeder Spieler kann dann die erstellten Planeten besuchen. Dazu muss er in jedem Fall mit einem Raumschiff dahin fliegen. Dieses kann er nur mit einem eigenen Raumschiff tun. Besitzt er noch kein Raumschiff, kann er eines im Spiel erwerben. Das Erwerben eines Raumschiffes erweitert den Anwendungsfall des Erstellens eines Raumschiffes.
Entwickeln Sie für dieses Szenario ein entsprechendes Anwendungsfalldiagramm und stellen Sie Ihr Ergebnis im Anschluss der Klasse vor.

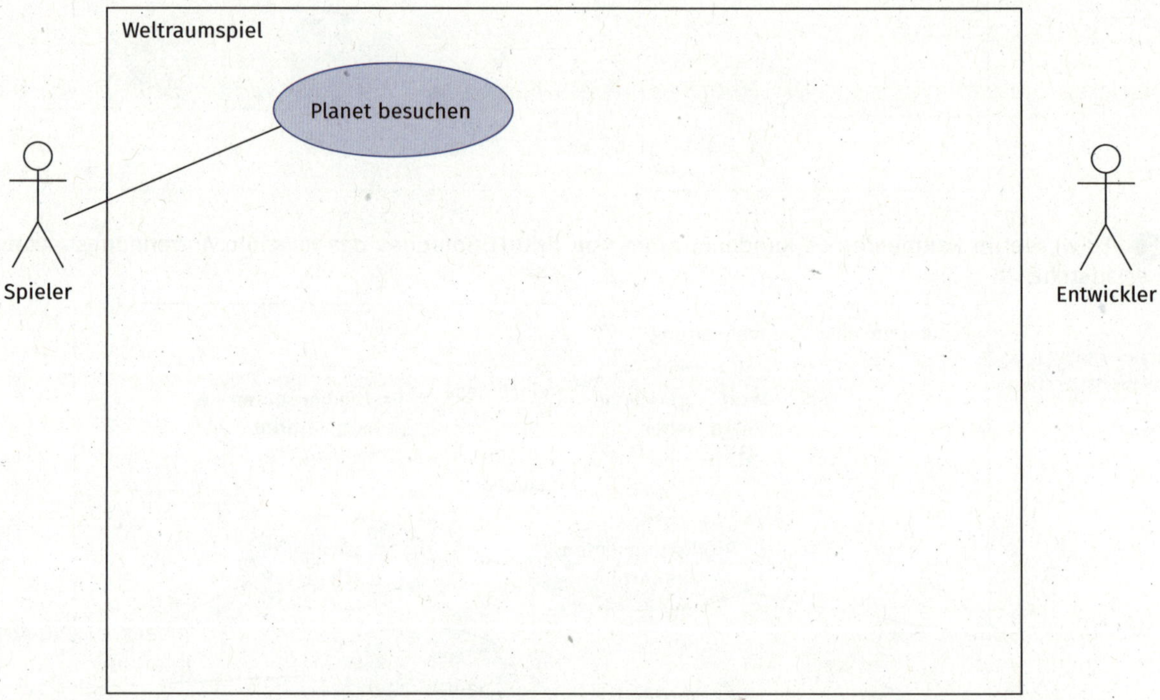

4 Erweitern Sie in Gruppenarbeit das Anwendungsfalldiagramm zum Weltraumspiel aus der Teilaufgabe 3 um weitere Anwendungsfälle. Schreiben Sie dazu ein Szenario und präsentieren Sie Ihr Ergebnis.

NOTIZEN

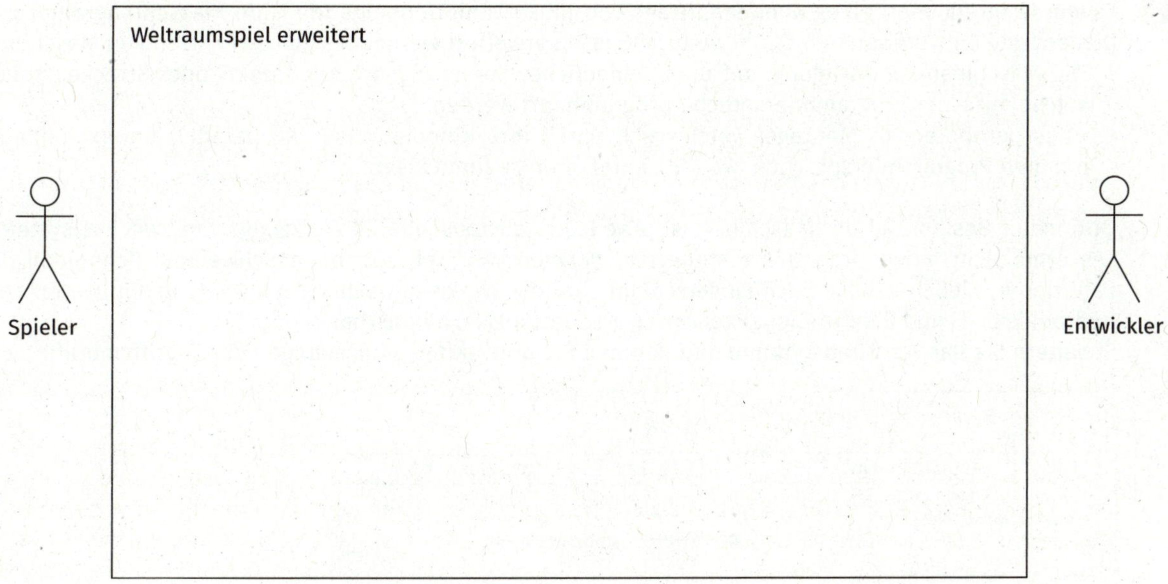

Aufgabe 6: **Entwickeln Sie Anwendungsdiagramme für Ihr Projekt.**

2.3.4

Entwickeln Sie und Ihr Scrum-Team im Rahmen Ihres Projektes ein oder mehrere Anwendungsfalldiagramme. Nutzen Sie dazu Ihre bisherigen Aufzeichnungen aus dem Product Backlog und der User Story.

Diskutieren Sie:

- welche Akteure Ihr Programm benutzen sollen und welche Rollen diese besitzen;
- was die Akteure mithilfe Ihres Programms erledigen sollen und welche Dinge das Programm dazu automatisch erledigen soll.

Aufgabe 7: **Entwickeln und erweitern Sie Klassendiagramme.**

2.3.5

1 Es sollen verschiedene Klassen für Oberflächenelemente entwickelt werden. Vervollständigen Sie dazu das gegebene Klassendiagramm. Fügen Sie die gegebenen Begriffe und Beziehungen richtig ein.

Button
mulitLine: Boolean
+ paint():void
# hasButtonIcon: Boolean
+ paint():void
# top: int
+ paint():void

Element
enabled: Boolean
Textfiled
backcolor: Color
left: int
——▷
——▷

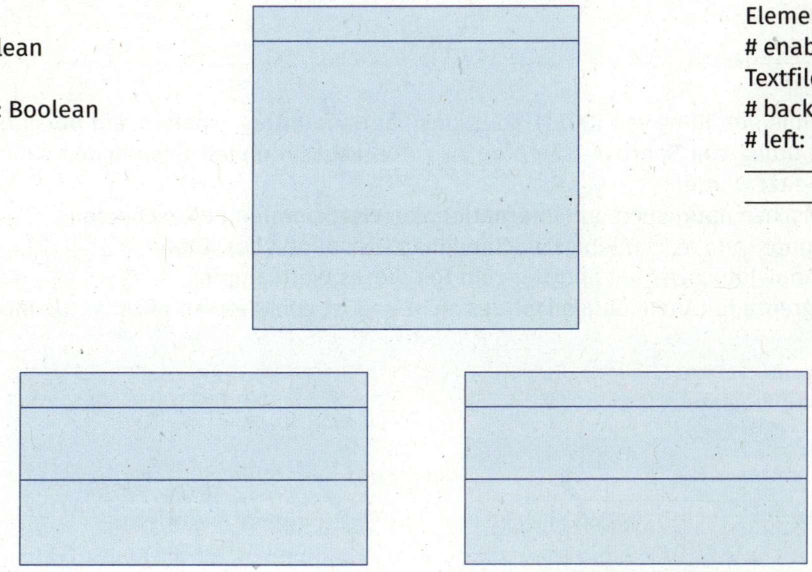

2 Es wurde im Rahmen eines Kundenauftrags von JIKU IT-Solutions das folgende Klassendiagramm erstellt. Dieser erste Entwurf soll nun durch weitere Klassen erweitert werden. Es gibt zwei Arten von Maschinen:

- CNC-Maschinen zur Fertigung, mit unterschiedlicher Steuerungsart, z. B. Punkt- oder Streckensteuerung, welche mit einer Programmiersprache programmiert werden.
- Industrieroboter zur Montage, welche sich durch ihre Kinematik (seriell, parallel) unterscheiden. Hier kommen Programmiersprachen wie KRL, Karel oder V+ zum Einsatz.

Optionaler Bestandteil der Maschinen ist jeweils ein austauschbares Werkzeugschnellwechselsystem. Dieses ermöglicht einen programmgesteuerten Werkzeugwechsel, z. B. beim Schweißen, Schneiden, Fügen, Palettieren, Kleben usw. Je nach Einsatzgebiet sind die Werkzeugwechsler mit Medienkupplungen (Wasser, Hydraulik, Luft) und Elektro-Signalsteckern (LWL, Daten-Bus) ausrüstbar.
Erweitern Sie das Klassendiagramm und nehmen Sie notwendige Anpassungen der Zugriffsmodifier vor.

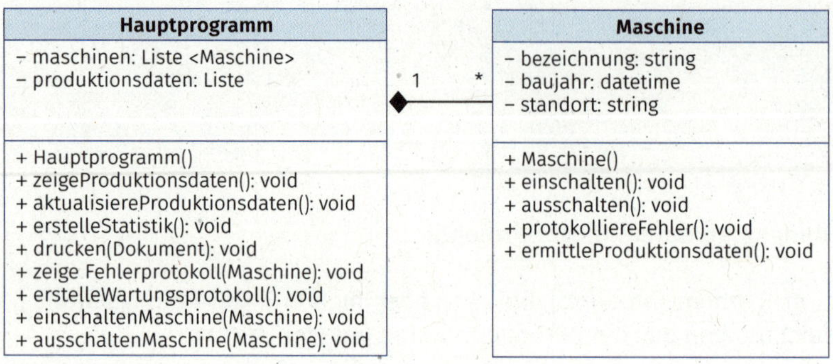

3 Die Programmierabteilung von JIKU IT-Solutions hat den Auftrag erhalten, ein objektorientiertes Programm für die Verwaltung von Sportwettkämpfen zu entwickeln. In ersten Gesprächen sind u. a. folgende Punkte herausgearbeitet worden:

- Es wird zwischen nationalen und internationalen Wettkämpfen unterschieden.
- Ein Wettkampf kann aus beliebig verschiedenen Disziplinen bestehen.
- Mit einer Anmeldung werden Sportler zum Teil dieses Wettkampfes.
- Eine Obergrenze für Anmeldungen gibt es nicht und ist von Wettkampf zu Wettkampf verschieden.

Entwickeln Sie ein UML-Klassendiagramm, welche die genannten Fakten abbildet. Auf die Angabe von Eigenschaften und Methoden wird erst einmal verzichtet.

4 Entwickeln Sie für die Teilaufgabe 3 der Aufgabe 5 (S. 94) in Gruppenarbeit ein Klassendiagramm, z. B. für Planeten und Raumschiffe. Ordnen Sie den Klassen sinnvolle Eigenschaften und Methoden und entsprechende Zugriffsmodifier und Datentypen zu. Setzen Sie die einzelnen Klassen in Beziehung zueinander und bestimmen Sie die Multiplizität. Stellen Sie im Anschluss Ihr Ergebnis der Klasse vor.

Aufgabe 8: Beschreiben Sie die Klassen in Ihrem Projekt mithilfe des UML-Klassendiagramms.

Entwickeln Sie und Ihr Scrum-Team im Rahmen Ihres Projektes ein oder mehrere Klassendiagramme. Nutzen Sie dazu Ihre bisherigen Aufzeichnungen aus dem Product Backlog und der User Story.

3.3.5

Diskutieren Sie:

- welche Klassen Sie entwickeln und welche Eigenschaften und Methoden diese besitzen sollen;
- wie Sie die Klassen optimal in Beziehung setzen (z. B. Aggregation oder Komposition) und welche Multiplizität diese gegebenenfalls haben.

Lernsituation 4: Wir planen Benutzerschnittstellen unter softwareergonomischen Gesichtspunkten

S **Nachdem die Auszubildenden sich grundlegendes Wissen zu UML angeeignet und auf ihr Projekt angewendet haben, ist nun als nächster Schritt die Planung der Benutzerschnittstelle vorgesehen.**

Holger Lübberstedt: Ein weiterer Aspekt bei der Planung der Software ist die Planung der Benutzerschnittstelle oder auch User Interface. Im ersten Ausbildungsjahr haben Sie vor allem Konsolenprogramme entwickelt. Solche Schnittstellen stellen für die Nutzer der Software aber in der Regel keine akzeptablen Lösungen dar. Dementsprechend muss ein modernes User Interface geplant und entwickelt werden. Auch wenn Ihnen die Aufgabe im ersten Augenblick nicht allzu schwer erscheint, gilt es doch einige wichtige Punkte zu beachten.

Laura Meier: Da stimme ich Ihnen voll zu. Es ist manchmal schon erstaunlich, wie eigentlich gute Programme den Benutzer abschrecken, weil sie sehr umständlich zu bedienen sind. Es gibt zum Beispiel Webseiten mit so einem schlimmen Design, dass man sie am liebsten gleich wieder verlassen würde.

Julian Markus: Auf Spiele trifft das manchmal auch zu. Schöne Grafik, super Spielinhalte aber einfach nicht innovativ zu bedienen. Da wird dann an der falschen Stelle gespart und nicht an die Spieler gedacht.

Holger Lübberstedt: Dabei gibt es sogar ein Verfahren, um die Benutzererfahrungen in das Design einer Benutzerschnitte einfließen zu lassen. Dieses nennt sich User Experience Design, oder kurz UX Design. Es sollten aber auch Aspekte der Barrierefreiheit oder gegebenenfalls der Corporate Identity berücksichtigt werden.

2.4 Benutzerschnittstellen unter softwareergonomischen Gesichtspunkten planen

S **Herr Lübberstedt gibt die nächsten Schritte für die Planung der Benutzerschnittstelle vor.**

Holger Lübberstedt: Beginnen wollen wir damit, dass Sie sich theoretischen Hintergrund für die Gestaltung von Benutzerschnittstellen unter ergonomischen Gesichtspunkten erarbeiten, bevor Sie im Rahmen Ihres Projektes eine Oberfläche mithilfe von Wireframes und Mockups planen. Dazu gehört vor allem, dass Sie Kenntnisse über die wichtigsten Kriterien zur Bewertung von Benutzerschnittstellen und grundlegende Designkriterien besitzen.

Aufgabe 1: Beurteilen Sie Software hinsichtlich des UX Designs.

2.4.1

Erarbeiten Sie sich in Gruppenarbeit die Grundlagen des UX Design und finden Sie jeweils ein Beispiel für eine Software, wo diese gut bzw. schlecht umgesetzt wurde. Begründen Sie Ihre Aussagen, indem Sie die jeweils positiven bzw. negativen Aspekte benennen. Präsentieren und diskutieren Sie Ihre Ergebnisse im Klassenverband.

Software	Begründung
Positives Beispiel Name: Beispiellink:	

Software	Begründung
Negatives Beispiel Name: Beispiellink:	

Aufgabe 2: **Überprüfen Sie Ihr Wissen zum UX- und UI-Design.**

2.4.1

Ordnen Sie folgende Begriffe jeweils dem UX- oder dem UI-Design zu, indem Sie den Buchstaben in ein entsprechendes Feld eintragen.

A Farbgestaltung
B Informationsarchitekt
C Navigation
D Schriftart
E Grafikdesigner
F Barrierefreiheit
G Layout
H Interaktion
I Bilder
J Usability

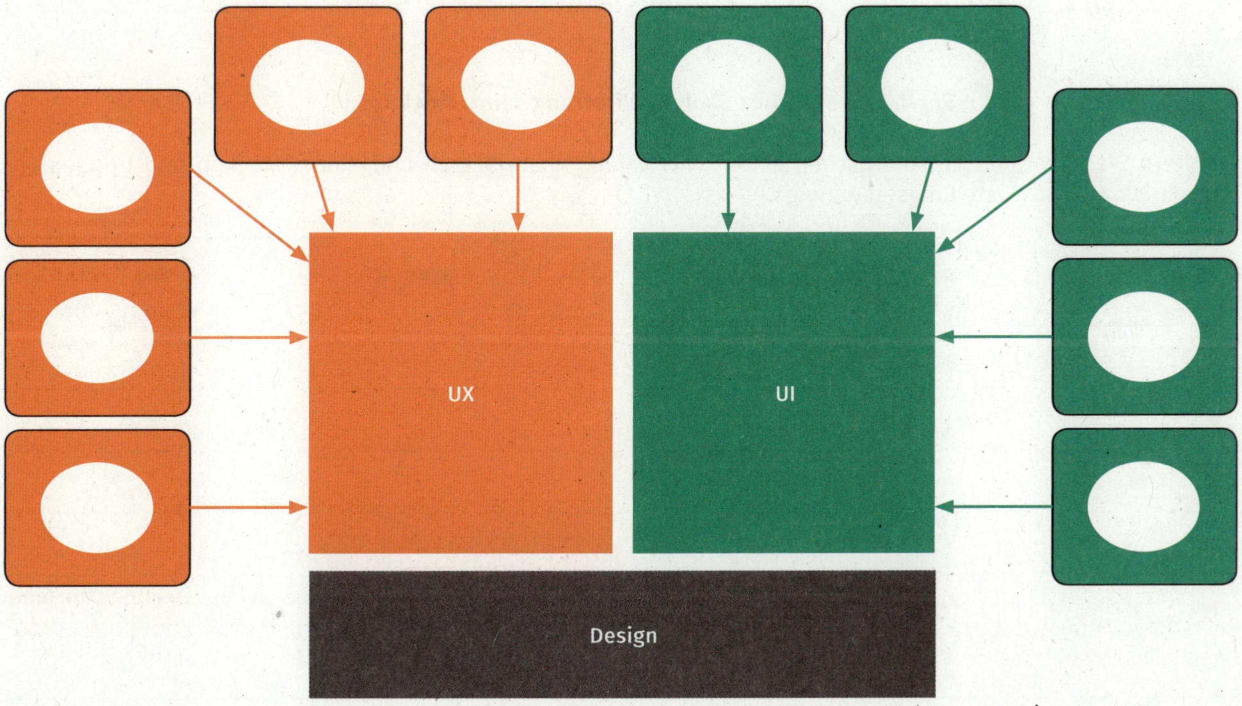

Aufgabe 3: **Tauschen Sie Ihre Erfahrungen mit Corporate Design mit anderen Auszubildenden aus und bewerten Sie Software hinsichtlich ihrer Barrierefreiheit.**

2.4.1

1. Erkundigen Sie sich in Ihrem Unternehmen, ob und inwieweit ein Corporate Design umgesetzt wird. Sammeln Sie Beispiele in Form von realen Gegenständen, Fotos, Internetseiten usw. und präsentieren Sie Ihre Ergebnisse. Diskutieren Sie danach, inwieweit die Umsetzung vom Corporate Design gelungen ist.

2 Finden Sie in Partnerarbeit Beispiele für die Umsetzung der Barrierefreiheit in Softwareanwendungen. Wählen Sie dazu selbstständig eine Software aus und beschreiben Sie diese.

Software:
Wie wurde die Barrierefreiheit umgesetzt?
Wie bewerten Sie die Umsetzung?

Aufgabe 4: **Überprüfen Sie Ihr Wissen über Sketch, Wireframes und Mockups.**

2.4.2

Erläutern Sie den Unterschied zwischen einem Wireframe, einem Sketch und einem Mockup und bringen Sie diese in die richtige Erstellungsreihenfolge.

Aufgabe 5: Überprüfen Sie Ihr Wissen über die ergonomische Gestaltung von Softwareschnittstellen.

2.4.2

Kreuzen Sie an, was zutrifft. ✓

Ergonomische Gestaltung von Softwareschnittstellen	
1. Softwareergonomie befasst sich mit:	
a) der Anpassung einer Software an die Bedürfnisse der Benutzer	☐
b) der Entwicklung von benutzergerechten Datenmodellen	☐
c) mit der Entwicklung von Benutzerschnittstellen	☐
d) mit dem Design von effizienten Programmiersprachen	☐
e) mit der optimalen Anpassung der Hardware an die Software	☐
2. Konkrete Anforderungen an die Softwareergonomie sind zu finden in der:	
a) ISO 7201	☐
b) ISO 9141	☐
c) ISO 7241	☐
d) ISO 9241	☐
e) ISO 0335	☐
f) ISO 9421	☐
3. Bestandteile des UX Design sind:	
a) Erwartungskonformität	☐
b) Erlernbarkeit	☐
c) Usability	☐
d) Visuelles Design	☐
e) Zugänglichkeit	☐
4. Welche Maßnahmen gehören nicht zum Corporate Design von Software?	
a) Gestaltung des Logos	☐
b) Auswahl geeigneter Farben	☐
c) Einheitliche Kommentierung des Quellcodes	☐
d) Clean Code	☐
e) Auswahl geeigneter Bilder	☐
5. Bringen Sie die folgenden Entwürfe in die zeitlich richtige Reihenfolge. Nummerieren Sie dazu die Phasen durch.	
a) Sketch	☐
b) Prototyp	☐
c) Mockup	☐
d) Wireframe	☐

2.4.1
2.4.2

Aufgabe 6: Planen Sie für Ihr Projekt eine ergonomische Benutzerschnittstelle.

Bearbeiten Sie innerhalb Ihrer Projektgruppe folgende Aufgaben.

1. Planen Sie für Ihr Programm auf Grundlage Ihrer Anwendungsfalldiagramme eine Oberfläche. Entwickeln Sie dafür zunächst ein Sketch und ein Wireframe für Oberflächenbestandteile. Beachten Sie dabei die Grundprinzipien des UX-Designs.

2. Entwickeln Sie für Ihr Programm ein Corporate Design.

Logo	
Schriftart	
Farben	
Bilder (Verweise)	
Sonstiges	

3. Erstellen Sie für Ihre Oberfläche ein Mockup. Berücksichtigen Sie dabei die Entscheidungen, welche Sie zum Corporate Design getroffen haben. Fertigen Sie hier nur einen ersten Handentwurf an und setzten Sie diesen dann am PC mithilfe von Grafikprogrammen um.

4. Sammeln Sie Ideen, wie Sie Barrierefreiheit in Ihrem Programm umsetzen können.

Lernsituation 5: Wir implementieren objektorientierte Programme in Java oder in Python

S Das Projekteam beginnt mit der Implementierung der Software. Herr Lübberstedt gibt einige Hinweise.

Holger Lübberstedt: Nachdem Sie sich intensiv mit der Planung beschäftigt haben, werden wir nun mit der Implementierung von Programmen beginnen. Dazu können Sie die Programmiersprache „Java“ oder „Python“ verwenden. Python kennen Sie ja schon aus dem ersten Ausbildungsjahr. Hier werden Sie Ihr Wissen um die objektorientieren Sprachelemente und die Programmierung von Oberflächen erweitern. Wenn Ihnen Java nicht schon bekannt ist, dann müssen Sie sich zunächst noch die Grundlagen der Java-Programmierung aneignen. Das sollte aber schnell gehen und keine weitere Hürde darstellen, da Sie ja Programmiererfahrung besitzen.

Laura Meier: Besteht auch die Möglichkeit, dass wir andere Programmiersprachen verwenden?

Holger Lübberstedt: Im Prinzip schon. Nur müssen diese auch angemessen das objektorientierte Programmierparadigma unterstützen. Auch sollte es ohne Probleme möglich sein, eine Oberfläche zu programmieren. Weiterhin sollten von Hause aus schon Programmbibliotheken mitgeliefert werden, mit deren Hilfe sich die Informationssicherheit leicht umsetzen lässt. Alle diese Aspekte erfüllen sowohl Java als auch Python.

2.5 Anwendungen in Java implementieren

S Das Projektteam möchte seine Software in Java implementieren.

Holger Lübberstedt: Zunächst beschäftigen Sie sich ein wenig mit den Grundlagen von Java, wählen eine geeignete IDE aus und installieren im Anschluss sowohl Java als auch die Entwicklungsumgebung auf Ihrem Computer. Nun können Sie nach und nach die Sprache Java kennenlernen, indem Sie zunächst Algorithmen in Form von Konsolenprogrammen umsetzen und danach die Umsetzung der Prinzipien der OOP kennenlernen. Im Anschluss daran werden Sie lernen, grafische Benutzerschnittstellen in Java zu entwickeln. Alle diese Kenntnisse nutzen Sie, um Ihr Projekt in Java umzusetzen.

Aufgabe 1: Werten Sie einen englischen Text zu Java aus.

2.5.1

Lesen Sie sich den englischen Text durch und beantworten Sie die nachfolgenden Fragen.

Java
Java was developed by Sun Microsystems. Work began in 1991 and Java was released in 1995. The difference between the way Java worked and other programming languages was revolutionary. Other languages are translated by a compiler into instructions for a specific type of computer. Instead, the Java compiler converts the code into a bytecode, which is then interpreted by software known as the Java Runtime Environment (JRE) or the Java Virtual Machine. For this reason, Java programs can run on many platforms. By the late 1990s, Java had brought multimedia to the Internet and began to spread beyond. Because of this popularity, Sun developed different types of Java for various purposes, including Java SE for home computers, Java ME for embedded devices, and Java EE for Internet servers and supercomputers. In 2010, Oracle Corporation took over the management of Java by acquiring Sun Microsystems.

1. Von welcher Firma und wann wurde Java entwickelt?

2. Worin besteht der Unterschied zwischen Java und anderen Programmiersprachen?

3. Wenn Java-Programme auf einer Plattform laufen sollen, welche Software muss installiert sein?

4. Nennen Sie drei Java-Varianten.

5. In welchem Jahr übernahm Oracle das Management über Java?

Aufgabe 2: Wählen und installieren Sie eine geeignete IDE für Ihr Java-Projekt.

2.5.1

Vergleichen Sie geeignete IDE für die Entwicklung von Java-Programmen und wählen Sie eine für Ihr Projekt aus. Bearbeiten Sie und Ihr Team folgende Aufgaben im Rahmen Ihres Projektes.

1. Ermitteln Sie im Team drei bis vier verschiedene IDE, mit deren Hilfe Java-Programme entwickelt werden können.

2. Teilen Sie sich im Team auf und recherchieren die Kenndaten und die Vor- und Nachteile der entsprechenden IDE.

3. Entscheiden Sie sich im Team für eine IDE und begründen Sie Ihre Entscheidung.

IDE	Kenndaten	Vor- und Nachteile

Nachdem Sie sich für eine Entwicklungsumgebung entschieden und diese installiert haben, beginnen Sie, sich mit Java zu beschäftigen und erste Programme zu implementieren und auszuführen.

Aufgabe 3: Erstellen Sie Ihr erstes Java-Programm und führen Sie es aus.

2.5.2

Geben Sie einen gegebenen Java-Quellcode ein und führen Sie das Programm aus. Legen Sie in Ihrer gewählten IDE ein neues Java-Projekt an, geben Sie folgenden Quelltext ein und führen Sie das Programm aus. Beschreiben Sie danach kurz, was das Programm ausgibt.

```
public class Beispiel {
 public static void main(String[] args) {
 int anzahl = 5;
 for (int i = 0; i < anzahl; i++) {
 for (int j = 0; j < anzahl; j++) {
 if (i == 0 || i == anzahl-1) System.out.print(“* “);
 else {
 if (j == 0 || j == anzahl-1) System.out.print(“* “);
 else System.out.print(“  “);
 }
 }
 System.out.print(“\n“);
 }
 }
}
```

NOTIZEN

Aufgabe 4: Überprüfen Sie Ihr Wissen über syntaktische Regeln in Java.

2.5.2

1. Finden Sie in dem nachfolgenden Quelltext alle Syntaxfehler und markieren Sie diese. Zur Kontrolle geben Sie bitte den Quelltext ein, korrigieren Sie die Fehler und starten Sie zur Kontrolle das Programm.

```
public class Beispiel
 public static void Main(String[] args) {
 integer anzahl = 20
 for (int i = 1, i <= anzahl; i+++) { {
 if (i % 2 = 0) {
 system..out.print(i + „.Hallo/n);
 }
 }
 }
}
```

2 Bestimmen Sie, ob die Bezeichner in Java korrekt sind.

Bezeichner	Korrekt	Nicht korrekt, weil ...
§drei	☐	☐ ______
name_	☐	☐ ______
_name	☐	☐ ______
12_monate	☐	☐ ______
berechne Wert	☐	☐ ______
a__b__c	☐	☐ ______
Betrag_in_%	☐	☐ ______
ausgabe	☐	☐ ______
schreibe_alten_text	☐	☐ ______
_	☐	☐ ______

3 Kennzeichnen Sie in dem nachfolgenden Quellcode alle Schüsselwörter.

```
import java.util.*;
public class BeispielExceptionHandling {
 public static void main(String[] args) {
 try {
 Scanner input = new Scanner(System.in);
 System.out.println("Geben Sie bitte eine ganze Zahl ein");
 int zahl = input.nextInt();
 System.out.println("Sie haben eine " + zahl + "eingegeben");
 } catch (Exception ex) {
 System.out.println("Es ist ein Fehler aufgetreten" + ex);
 } finally{
 System.out.println("Das Programm wird beendet");
 }
 }
}
```

4 Ermitteln Sie das Ergebnis von Rechenanweisungen. Lösen Sie die nachfolgenden Aufgaben erst schriftlich und überprüfen Sie dann die Ergebnisse mithilfe eines Konsolenprogramms. Gegeben ist immer a = 11.

Anweisung	Ergebnis	Anweisung	Ergebnis für a
ergebnis = 120 % 10		a = a % 10	
ergebnis = 14 % 3		a = a % a	
ergebnis = 61 % 17		a = a * a	
ergebnis = 243 % 13		a -= a / a	
ergebnis = 4 % 5		a += a + a	
ergebnis = 5 % 4		a += a * a + a	
ergebnis = −5 % 4		a = a + a *3 + a	
ergebnis = −5 % −4		a = (a − 1) / 2 + 7	
ergebnis = 5 % −4		a -= a − a *4 / 2 + a * a	

Sie beginnen die Programmierung in Java mit Programmen, welche nur aus Anweisungsfolgen bestehen. Dieses Thema beinhaltet die Ein- und Ausgabe und die Verarbeitung von Daten. Außerdem beschäftigen Sie sich mit dem Abfangen von fehlerhaften Benutzereingaben mittels Exceptions.

Aufgabe 5: Lesen, erweitern und schreiben Sie Java-Programme (Anweisungsfolgen).

2.5.2

1 Beschreiben Sie, was folgendes Java-Programm ausgibt. Diskutieren Sie Ihre Aussagen mit Ihren Mitschülerinnen und Mitschülern.

</>

```
import java.util.*;
public class Beispiel {
 public static void main(String[] args) {
 Scanner input = new Scanner(System.in);
 double x = 0;
 x += input.nextDouble();
 x += input.nextDouble();
 x += input.nextDouble();
 x += input.nextDouble();
 x += input.nextDouble();
 System.out.println("Ergebnis: " + x/5);
 input.close();
 }
}
```

NOTIZEN

2 Erweitern Sie folgendes Java-Programm so, dass neben dem elektrischen Widerstand auch die elektrische Leistung und die elektrische Arbeit berechnet werden. Nehmen Sie auch entsprechend die Ein- und Ausgaben vor. Erweitern Sie außerdem das Programm so, dass fehlerhafte Eingaben des Benutzers abgefangen werden. Überprüfen Sie im Anschluss Ihre Lösung am Computer.
Hinweis: Falls notwendig, recherchieren Sie die Formeln im Internet.

```
import java.util.*;
public class Beispiel {
 public static void main(String[] args) {
 Scanner input = new Scanner(System.in);


 System.out.println("Geben Sie bitte die Spannung in Volt ein: \n");
 double u = input.nextDouble();
 System.out.println("Geben Sie bitte die Stromstärke in Ampere ein: \n");
 double i = input.nextDouble();
 double r = u / i;


 System.out.println("Der elektrische Widerstand beträgt: " + r + " Ohm");






 input.close();

 }
}
```

3 Schreiben Sie ein Programm, welches nach Eingabe der Datenmenge (in MByte) und der Datenübertragungsrate (in Kbit/s) die Zeit berechnet, welche für die Übertragung der Datenmenge benötigt wird (Ausgabe der Zeit in Minuten). Entwickeln Sie zunächst für den Algorithmus ein Struktogramm und machen Sie sich einige Notizen zu notwendigen Daten, Formeln usw. Implementieren Sie danach den Algorithmus als Java-Programm am Computer.

NOTIZEN

Struktogramm:

</>

4 Im Rahmen eines Kundenauftrages soll zur Auswertung von Produktionsdaten eine Methode entwickelt werden, in die die Anzahl aller produzierten und die Anzahl der fehlerhaften Teile von einem Monat eingegeben werden können. Die Funktion soll nun den prozentualen Anteil der fehlerhaften Teile an der Gesamtproduktion ermitteln und ausgeben. Dabei sind fehlerhafte Eingabewerte abzufangen und es ist eine entsprechende Meldung auszugeben. Machen Sie sich im Vorfeld darüber Gedanken, welche Eingabefehler auftreten können, entwickeln Sie für die Methode ein Struktogramm und implementieren Sie die Methode anschließend in Java.

NOTIZEN

Struktogramm, PAP oder Aktivitätsdiagramm:

</>

Nach den Anweisungsfolgen sollen Sie nun Algorithmen implementieren, in denen Verzweigungen vorkommen. Informieren Sie sich dazu im Vorfeld u.a. im Schülerbuch über die Arten der Verzweigungen und deren Umsetzung in Java.

Aufgabe 6: **Lesen, erweitern und schreiben Sie Java-Programme (Verzweigungen).**

2.5.2

1. Beschreiben Sie, wie folgendes Java-Programm aufgebaut ist und was es ausgibt. Diskutieren Sie Ihre Aussagen mit Ihren Mitschülerinnen und Mitschülern.

```
import java.util.*;
public class Beispiel {
 public static void main(String[] args) {
 try {
 M1();
 }
 catch(Exception e) {
 System.out.println("Es ist ein Fehler aufgetreten: " + e);
 }
 }

private static void M1() {
 Scanner input = new Scanner(System.in);
 double a = input.nextDouble();
 double b = input.nextDouble();
 double c = input.nextDouble();
 double d = a;
 if (d < b) d = b;
 if (d < c) d = c;
 System.out.println(d);
 input.close();
 }
}
```

NOTIZEN

2. Im Rahmen eines Projektes der JIKU IT-Solutions für ein Programm in der Hausautomatisierung wurde eine Methode zur Überwachung der Raumtemperatur entwickelt. Dabei wurde bisher nur ein Temperatursensor eingesetzt. Wenn die Werte des Sensors über einer (maxTemp) oder unter einer (minTemp) Temperatur gelegen haben, dann hat die Methode zurückgegeben, dass die Raumtemperatur nicht mehr „Ok" ist. Zukünftig sollen die Daten von drei Temperatursensoren ausgewertet werden. Die Werte sollen alle der Methode „ist RaumTemperaturOK(...)" übergeben werden.

   Der Algorithmus soll danach wie folgt ablaufen:
   - Wenn ein Sensor Daten liefert, welche unter der minimalen oder über der maximalen Temperatur liegen, dann ist die Raumtemperatur nicht mehr „Ok".
   - Das Gleiche soll auch der Fall sein, wenn der Durchschnittswert aller drei Sensoren einen Wert unterschreitet, welcher zwei Prozent über der minimalen Temperatur liegt oder einen Wert überschreitet, welcher drei Prozent unter der maximalen Temperatur liegt.

Erweitern Sie dahingehend die vorliegende Java-Methode.

```
private static boolean istRaumTemperaturOk (double tempSensor1,
                                            double minTemp, double maxTemp
                                            ) {
  boolean tempOK = true;
  if (tempSensor1 < minTemp || tempSensor1 > maxTemp) tempOK = false;









  return tempOk;
}
```

3 Schreiben Sie in Java ein Programm „Bankautomat“, welches folgende Bildschirmausgabe und Funktionalität hat.

Bildschirmausgabe	**Funktionalität**
Wählen Sie bitte einen Betrag aus dem Menü aus und geben Sie die entsprechende Zahl ein.	Bei der Eingabe einer 1, 2 oder 3 soll folgende Meldung ausgeben werden (z. B. bei Eingabe einer „1“):
Auswahlmenü 1. Auszahlung 100,00 € 2. Auszahlung 200,00 € 3. Auszahlung 500,00 € 4. Anderer Betrag	Sie bekommen 100,00 € ausgezahlt. Wir wünschen Ihnen noch einen schönen Tag.
Geben Sie einen Betrag von 10,00 bis 1 000,00 € ein!	Bei der Eingabe einer „4“ erhält der Anwender eine Eingabeaufforderung, einen Betrag von 10,00 € bis 1 000,00 € einzugeben. Danach folgt wieder der Hinweis, dass der entsprechende Betrag ausgezahlt wird. Bei falschen Eingabewerten soll eine Fehlermeldung ausgegeben werden.
Betrag: ______________________	Hinweis: Der kleinste Geldschein, welcher ausgegeben werden kann, ist der Zehn-Euro-Schein.

Entwickeln Sie für die Aufgabe verschiedene Methoden und fangen Sie Exceptions im Programm an einer zentralen Stelle ab.

4 Auf die Aufgabe 5-4 (S. 109) bezogen soll die Methode nun so erweitert werden, dass ein Eintrag in eine Log-Datei erfolgen soll, wenn die Anzahl der fehlerhaft produzierten Teile drei Prozent überschreitet. Eingetragen werden soll die Anzahl der produzierten Teile, die Anzahl der fehlerhaften Teile und deren prozentualer Anteil.

NOTIZEN

Struktogramm, PAP oder Aktivitätsdiagramm:

</>

Nach den Verzweigungen sollen Sie nun Algorithmen implementieren, in denen zusätzlich noch Schleifen und Felder vorkommen. Informieren Sie sich nochmals über die Arten von Schleifen und deren Implementierung in Java.

2.5.2

Aufgabe 7: Lesen, erweitern und schreiben Sie Java-Programme (Schleifen).

1. Beschreiben Sie, was folgendes Java-Programm ausgibt. Diskutieren Sie Ihre Aussagen mit Ihren Mitschülerinnen und Mitschülern.

```java
public class Beispiel {
 public static void main(String[] args) {
    int n = 30;
    boolean x = true;
    for (int i = 2; i <= n; i++) {
       x = true;
       for (int j = 2; j < i; j++) {
          if ((i % j) == 0) {
             x = false;
             break;
          }
       }
       if (x == true) System.out.println(i);
    }
 }
}
```

NOTIZEN

2 Im Rahmen eines Projektes der JIKU IT-Solutions soll eine Methode ein Array mit zehn positiven ganzen Zufallszahlen im Bereich von 0 bis 25 füllen. Dabei soll keine Zahl doppelt auftreten. Bis jetzt liegt folgender Quellcode vor. Erweitern Sie den Quelltext so, dass die Aufgabenstellung erfüllt wird.

```
import java.util.*;
public class Beispiel {
 public static void main(String[] args) {

 Random generator = new Random();
 int max = 25;
 int zufallszahl = -1;
 int[] a = new int[10];
 for (int i = 0; i < a.length; i++) {


 zufallszahl = generator.nextInt(max);






 a[i] = zufallszahl;

 }

 for(int i = 0; i < a.length; i++) {
        System.out.print(a[i] + " ");
       }





 }
}
```

3 Schreiben Sie ein Programm, das nach Eingabe eines Anlagebetrags und eines Zinssatzes ausgibt, wie lange (in Jahren) Sie das Geld anlegen müssen, um über eine Million Vermögen zu haben.

Hinweis: Die erwirtschafteten Zinsen werden wieder angelegt und im nächsten Jahr mitverzinst.

Beispiel: Anlagebetrag in Euro: 700 000,00 €
Zinssatz in %: 10
Mindestanzahl Jahre: 4

4 Auf die Aufgabe 6-4 (S. 112) bezogen soll die Methode nun so erweitert werden, dass für alle zwölf Monate eines Jahres die Daten eingegeben und in einem zweidimensionalen Array gespeichert werden. Die Daten sollen im Anschluss ausgewertet werden. Dazu sind folgende Daten zu ermitteln:

- durchschnittliche Jahresproduktion,
- durchschnittliche Jahresproduktion an fehlerhaften Teilen,
- die höchste und die niedrigste Anzahl an Teilen, welche in einem Monat produziert wurden.

Die entsprechenden Werte sind auf dem Bildschirm auszugeben.

</>

Aufgabe 8: **Implementieren Sie in Java ein Programm zum Schreiben und Lesen von Dateien.**

2.5.2

Nachfolgend sind zwei Funktionen aufgeführt, welche das Schreiben bzw. das Lesen von Dateien ermöglichen. Schreiben Sie mit deren Hilfe ein Konsolenprogramm, bei dem der Benutzer folgendes Menü angezeigt bekommt:

```
1. Datei schreiben
2. Datei lesen
3. Beenden
Auswahl: ____
```

Weitere Anforderungen:

- Das Programm soll solange laufen, bis der Benutzer die Zahl 3 eingibt.
- Bei der Eingabe der Zahl 1 soll der Benutzer einen Dateinamen (kompletter Pfad) von einer Textdatei und einem zu schreibenden Text eingeben können. Danach soll der Text in die Datei geschrieben und eine entsprechende Meldung ausgegeben werden.
- Bei der Eingabe der Zahl 2 soll der Benutzer einen Dateinamen (kompletter Pfad) von einer Textdatei eingeben können. Diese wird danach vom Programm gelesen und der Inhalt auf dem Bildschirm angezeigt.
- Es sollen alle Exceptions abgefangen und bei Bedarf eine entsprechende Fehlermeldung ausgegeben werden.

</> **Notwendige Importe**

```
import java.io.IOException;
import java.nio.file.Files;
import java.nio.file.Path;
```

</> **Funktion zum Schreiben in eine Textdatei**

```
private static void writeData(String name, String data) {
 try {
    Files.writeString(Path.of(name), data);
    System.out.println("Hat geklappt");
 } catch (IOException e) {
    e.printStackTrace();
 }
}
```

Funktion zum Lesen einer Textdatei

```
private static void readData(String name) {
 try {
    String data = Files.readString(Path.of(name));
    System.out.println(data);
 } catch (IOException e) {
    e.printStackTrace();
 }
}
```

Aufgabe 9: Planen und implementieren Sie im Rahmen eines Kundenauftrages Klassen in Java und probieren Sie diese in einem Konsolenprogramm aus.

2.5.3

Für einen Zoo soll von der JIKU IT-Solutions eine Software erstellt werden. Diese Software soll als interaktives Programm dem Besucher die einzelnen Tierarten näherbringen und entsprechende Informationen bereitstellen. Im Rahmen dieses Auftrages sollen Sie nun die nachfolgenden Aufgaben bearbeiten.

Löwe

- gattung: string
- gewicht: double

+ gehen(): void
+ brüllen(): void
+ fressen(): void
+ jagen(): void

Elefant

- gattung: string
- gewicht: double
- stoßzahnlänge: double
- rüssellänge: double

+ gehen(): void
+ fressen(): void

1. Implementieren Sie in diesem Rahmen nach dem abgebildeten UML-Klassendiagramm die Klasse „Löwe" und die Klasse „Elefant". Führen Sie für jedes Attribut jeweils eine Get- und eine Set-Methode ein und schreiben Sie für jede Klassen einen Konstruktor, in dem die Attribute initialisiert werden.

2. Führen Sie für jede Klassen noch zwei weitere Attribute ein und implementieren Sie diese.

3. Erweitern Sie Ihre Lösung aus Teilaufgabe 1 dahingehend, dass Sie eine abstrakte Klasse „Tier" implementieren, von welcher die Klasse „Löwe" und die Klasse „Elefant" erben. Dazu werden alle Eigenschaften und Methoden, welche beim Löwen und beim Elefanten gleich sind, in diese Klasse verschoben. Methoden, welche den gleichen Namen besitzen, aber von beiden Tieren auf unterschiedliche Art und Weise ausgeführt werden, werden in der Klasse „Tier" als abstrakte Methoden definiert und in den abgeleiteten Klassen dann dem Tier entsprechend implementiert. Überladen Sie außerdem die Konstruktoren so, dass ein zweiter Konstruktor alle Werte des entsprechenden Tieres als Übergabeparameter erhält. Vervollständigen Sie dazu vor der Implementierung zunächst das nachfolgend abgebildete Klassendiagramm.

Angepasstes Klassendiagramm

Löwe

Elefant

4. Schreiben Sie eine Konsolenanwendung als Hauptprogramm, wo Sie jeweils einen Löwen und einen Elefanten anlegen, die Eigenschaften von diesen setzen und anzeigen. Außerdem wird zum Testen jede Methode einmal aufgerufen.

5. Erweitern Sie das Programm dahingehend, dass der Benutzer die Anzahl der Löwen und Elefanten festlegen und deren Eigenschaften eingeben kann. Diese werden in einer Liste von Tieren gespeichert, deren Eigenschaften bei Bedarf alle aufgelistet werden. Erstellen Sie zur besseren Programmsteuerung ein kleines Auswahlmenü.

Aufgabe 10: **Implementieren Sie in Java eine grafische Benutzerschnittstelle.**

2.5.4

Entwerfen und implementieren Sie für die Aufgabe 9 eine grafische Benutzerschnittstelle, welche die Konsolenanwendung ersetzt. Der Rest des Programms wird übernommen. Machen Sie sich zunächst im Teamarbeit Gedanken über die Oberfläche und die Anordnung der Elemente. Beachten Sie dabei auch das UX Design.

Sketch oder Mockup:

Aufgabe 11: **Implementieren Sie Ihre Projektaufgabe in Java.**

2.5.4

Implementieren Sie und Ihr Projektteam in mehreren Sprints Ihr Programm. Arbeiten Sie dazu in jedem Sprint folgende Schritte ab:

1. Planen Sie den nächsten Sprint im Rahmen eines Sprint-Meetings. Dabei stellt der Product Owner dem Entwicklungsteam die unerledigten Anforderungen aus dem Product Backlog vor und es wird ein Sprintziel definiert. Dazu legen Sie fest, welche Anforderungen (Backlog-Items) in dem Sprint umgesetzt werden sollen.

2. Besprechen Sie nun, wie die einzelnen Backlog-Items aus dem Product Backlog in Einzel- oder Teilaufgaben zerlegt werden können. Die einzelnen Aufgaben werden dann im sogenannten Sprint Backlog festgehalten und an Ihrem Task-Board visualisiert. Außerdem legen Sie jede Aufgabe fest, wann diese als abgearbeitet gilt (Definition of Done).
Hinweis: Planen Sie auch immer gleich entsprechende Blackbox-Tests und die dafür erforderlichen Testdaten (siehe auch Schülerbuch Band 2, Lernfeld 8).

3. Auf Basis des Sprint Backlogs implementieren Sie das Programm, wobei jedes Teammitglied seine Aufgaben selbstständig auswählt und bearbeitet.

4. Führen Sie einmal pro Tag ein 15-minütiges Meeting (Daily Scrum) durch. Dabei werden u. a. die Veränderungen der letzten 24 Stunden besprochen und der Arbeitsfortschritt selbst im Sprint-Burndown-Chart festgehalten. Der Scrum Master Ihres Teams ist dafür verantwortlich, dass das Daily Scrum durchgeführt wird. Außerdem dokumentiert und kümmert er sich um auftretende Schwierigkeiten.

5. Führen Sie kurz vor dem Ende des Sprints ein Sprint-Review-Meeting durch.

6. Nach dem Sprint reflektieren Sie Ihre Arbeit in einem Retrospective-Meeting.

2.6 Anwendungen in Python implementieren

S Das Projektteam möchte seine Software in Python implementieren.

Holger Lübberstedt: Mit den Grundlagen von Python haben Sie sich schon im ersten Ausbildungsjahr auseinandergesetzt. Festigen Sie Ihr Wissen, indem Sie sich die wesentlichen Inhalte noch einmal ansehen und Ihr Wissen über Python überprüfen. Außerdem kontrollieren Sie die Versionen Ihrer verwendeten IDE und von Python und aktualisieren Sie diese gegebenenfalls. Danach werden Sie die Umsetzung der OOP-Prinzipien in Python kennenlernen. Auch die Implementierung von grafischen Benutzerschnittstellen steht nun auf dem Programm. Alle diese Kenntnisse nutzen Sie dann, um Ihr Projekt in Python umzusetzen.

Aufgabe 12: **Wiederholen und überprüfen Sie Ihr Wissen zu Python.** ✓

2.6.1

Python	
1. Welche Schlüsselwörter werden in Python für Verzweigungen verwendet?	
a) if	☐
b) wenn	☐
c) when	☐
d) else	☐
e) elseif	☐
f) elif	☐
2. Welche Aussage über die Einrückung von Blöcken in Python ist richtig?	
a) Blöcke müssen nicht eingerückt werden.	☐
b) Blöcke müssen mit genau vier Leerzeichen eingerückt werden.	☐
c) Blöcke müssen eingerückt werden.	☐
d) Blöcke müssen mit zwei Leerzeichen eingerückt werden.	☐
3. Welche Schüsselwörter werden im Zusammenhang mit Funktionen verwendet?	
a) def	☐
b) print	☐
c) while	☐
d) return	☐
e) if	☐
4. Welches sind reguläre Vergleichsoperatoren in Python?	
a) >>	☐
b) ===	☐
c) !=	☐
d) =	☐
e) < >	☐
f) <	☐
g) >=	☐

Python	
5. Welche Schlüsselwörter werden in Python in Schleifenanweisungen verwendet?	
a) do	☐
b) while	☐
c) in	☐
d) until	☐
e) for	☐
f) to	☐
g) range	☐
6. Welche Aussage über kopfgesteuerte Schleifen ist richtig?	
a) Kopfgesteuerte Schleifen werden nicht in Python verwendet.	☐
b) Kopfgesteuerte Schleifen werden mindestens einmal durchlaufen.	☐
c) Kopfgesteuerte Schleifen werden nicht durchlaufen, wenn die Schleifenbedingung schon vorher erfüllt ist.	☐
d) Kopfgesteuerte Schleifen haben keine Abbruchbedingung.	☐
e) Kopfgesteuerte Schleifen werden nicht durchlaufen, wenn die Schleifenbedingung schon vorher nicht erfüllt ist.	☐
7. Welche Aussagen über Listen in Python sind korrekt?	
a) Werte einer Liste müssen nicht vom gleichen Datentyp sein.	☐
b) Werte einer Liste müssen vom gleichen Datentyp sein.	☐
c) Listen beginnen mit dem Index 0.	☐
d) Der letzte Index der Liste ist gleich der Anzahl der Listenelemente.	☐
e) Mit dem Schlüsselwort „del“ kann ein Element aus der Liste dauerhaft gelöscht werden.	☐
8. Welche Aussagen über Zufallszahlen in Python sind korrekt?	
a) Mit set() wird der Zufallsgenerator initialisiert.	☐
b) Um mit Zufallszahlen zu arbeiten, muss das Modul „random“ importiert werden.	☐
c) Es gibt nur eine Funktion für die Erzeugung von Zufallszahlen.	☐
d) Mit der Funktion random(10, 30) lassen sich Zufallszahlen in Python erzeugen.	☐
e) Mit der Funktion randint(10, 30) lassen sich Zufallszahlen in Python erzeugen.	☐

Aufgabe 13: Planen und implementieren Sie im Rahmen eines Kundenauftrags Klassen in Python und probieren Sie diese in einem Konsolenprogramm aus.

2.6.1

Die JIKU IT-Solutions soll für einen Sparkassenverbund ein Programm entwickeln. Auf der Grundlage des Pflichtenheftes wurden in der Planung schon zwei Klassen (siehe Klassendiagramm) entworfen.

1. Implementieren Sie nach dem nebenstehenden UML-Klassendiagramm die Klasse „Sparkonto“ und die Klasse „Girokonto“. Führen Sie für jedes Attribut jeweils eine Get- und eine Set-Methode ein und schreiben Sie für jede Klasse einen Konstruktor, in dem die Attribute initialisiert werden.
Hinweis: Der Kontostand vom Sparkonto kann, im Gegensatz zum Girokonto, beim Auszahlen nicht negativ werden. Die Zinsen werden vom aktuellen Kontostand berechnet.

Sparkonto
– kontoNr: string – inhaber: string – kontostand: double – zinssatzHaben: double
+ Sparkonto() + einzahlen(double): void + auszahlen(): double + berechneZinsen(): double

Girokonto
– kontoNr: string – inhaber: string – kontostand: double – zinssatzHaben: double – zinssatzSoll: double
+ Girokonto() + einzahlen(double): void + auszahlen(): double + berechneZinsen(): double

2. Erweitern Sie Ihre Lösung aus Teilaufgabe 1 dahingehend, dass Sie eine abstrakte Klasse „Konto" implementieren, von welcher die Klasse „Sparkonto" und die Klasse „Girokonto" erben. Dazu werden alle Eigenschaften und Methoden, welche beim Spar- und beim Girokonto gleich sind, in diese Klasse verschoben. Methoden, welche den gleichen Namen besitzen, aber von beiden Konten auf unterschiedliche Art und Weise ausgeführt werden, werden in der Klasse „Konto" als abstrakte Methoden definiert und in den abgeleiteten Klassen dann entsprechend implementiert. Vervollständigen Sie dazu vor der Implementierung zunächst das nachfolgend abgebildete Klassendiagramm.

Angepasstes Klassendiagramm

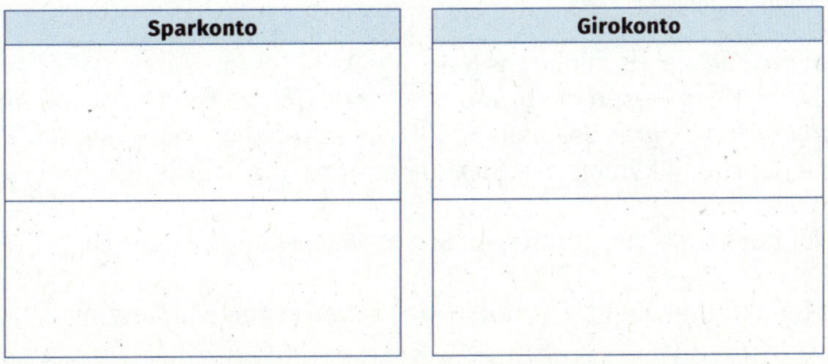

3. Schreiben Sie eine Konsolenanwendung als Hauptprogramm, wo Sie jeweils ein Spar- und ein Girokonto anlegen, die Eigenschaften von diesen setzen und danach anzeigen. Außerdem wird zum Testen jede Methode einmal aufgerufen.

4. Erweitern Sie das Programm dahingehend, dass der Benutzer die Anzahl der Spar- und Girokonten festlegen und deren Eigenschaften eingeben kann. Diese werden in einer Liste von Konten gespeichert, deren Eigenschaften bei Bedarf alle aufgelistet werden. Erstellen Sie zur besseren Programmsteuerung ein kleines Auswahlmenü.

Aufgabe 14: Implementieren Sie in Python eine grafische Benutzerschnittstelle.

2.6.2

Entwerfen und Implementieren Sie für die Aufgabe 13 eine grafische Benutzerschnittstelle, welche die Konsolenanwendung ersetzt. Der Rest des Programms wird übernommen. Machen Sie sich zunächst in Teamarbeit Gedanken über die Oberfläche und die Anordnung der Elemente. Beachten Sie dabei auch das UX Design.

Sketch oder Mockup:

Aufgabe 15: Implementieren Sie Ihre Projektaufgabe in Python.

2.6.2

Implementieren Sie und Ihr Projektteam in mehreren Sprints Ihr Programm. Arbeiten Sie dazu in jedem Sprint folgende Schritte ab:

1. Planen Sie den nächsten Sprint im Rahmen eines Sprint-Meetings. Dabei stellt der Product Owner dem Entwicklungsteam die unerledigten Anforderungen aus dem Product Backlog vor und es wird ein Sprintziel definiert. Dazu legen Sie fest, welche Anforderungen (Backlog-Items) in dem Sprint umgesetzt werden sollen.

2. Besprechen Sie nun, wie die einzelnen Backlog-Items aus dem Product Backlog in Einzel- oder Teilaufgaben zerlegt werden können. Die einzelnen Aufgaben werden dann im sogenannten Sprint Backlog festgehalten und an Ihrem Task-Board visualisiert. Außerdem legen Sie für jede Aufgabe fest, wann diese als abgearbeitet gilt (Definition of Done).
   Hinweis: Planen Sie auch immer gleich entsprechende Blackbox-Tests und die dafür erforderlichen Testdaten (siehe auch Schülerbuch Band 2, Lernfeld 8).

3. Auf Basis des Sprint Backlogs implementieren Sie das Programm, wobei jedes Teammitglied seine Aufgaben selbstständig auswählt und bearbeitet.

4. Führen Sie einmal pro Tag ein 15-minütiges Meeting (Daily Scrum) durch. Dabei werden u. a. die Veränderungen der letzten 24 Stunden besprochen und der Arbeitsfortschritt selbst im Sprint-Burndown-Chart festgehalten. Der Scrum Master Ihres Teams ist dafür verantwortlich, dass das Daily Scrum durchgeführt wird. Außerdem dokumentiert und kümmert er sich um auftretende Schwierigkeiten.

5. Führen Sie kurz vor dem Ende des Sprints ein Sprint-Review-Meeting durch.

6. Nach dem Sprint reflektieren Sie Ihre Arbeit in einem Retrospective-Meeting.

Lernsituation 6: Wir entwickeln und implementieren bedarfsgerechte Datenbanklösungen

S Herr Lübberstedt bespricht mit dem Projektteam die Umsetzung einer bedarfsgerechten Datenbanklösung für das Projekt.

Holger Lübberstedt: Um größere Datenmengen zu verwalten, kommt man an Datenbanken nicht vorbei. Die Grundlagen zu Datenbanken wurden im ersten Ausbildungsjahr gelegt. Darauf aufbauend sollen Sie nun Ihr Wissen erweitern und eine bedarfsgerechte Lösung für Ihr Projekt entwickeln.

Laura Meier: Darauf freue ich mich schon. Das Planen und Entwerfen von relationalen Datenbanken mithilfe des ER-Modells hat mir schon immer besonders gut gefallen.

Holger Lübberstedt: Diese Inhalte spielen auch jetzt wieder eine große Rolle. Die Datenbanklösungen werden allerdings komplexer werden und wir sehen uns auch den Prozess der Normalisierung von relationalen Datenbanken genauer an. Auch werden Sie Ihr Wissen bezüglich der Datenbankabfragesprache SQL erweitern und umfangreichere SQL-Anweisungen formulieren.

Julian Markus: Es soll als Alternative zu relationalen Datenbanken auch moderne, sogenannte NoSQL-Datenbanken geben. Diese wurden neulich in einem Fachartikel erwähnt. Brauchen wir denn dann überhaupt noch SQL?

Holger Lübberstedt: Zunächst einmal werden die relationalen Datenbanken ja nicht von heute auf morgen verschwinden. Die meisten existierenden Datenbanklösungen basieren darauf und schon alleine dafür ist ein solides Wissen im Bereich SQL notwendig. Auf der anderen Seite steht NoSQL für „Not only SQL", was den Einsatz von SQL nicht ausschließt, obwohl viele der NoSQL-Datenbanken ihre eigenen API zu Datenverwaltung mitbringen. Auf jeden Fall werden wir uns auch die Grundlagen betreffs von NoSQL-Datenbanken erarbeiten.

Laura Meier: Werden wir wieder SQLite verwenden?

Holger Lübberstedt: Mit SQLite haben Sie Ihre ersten Erfahrungen im Umgang mit Datenbanken gesammelt. Natürlich können Sie auch weiterhin damit arbeiten. Im Rahmen der Ausbildung ist aber vorgesehen, dass Sie auch andere Datenbankmanagementsysteme kennenlernen. Dazu zählt das in der Praxis sehr häufig eingesetzte MySQL, wovon Sie bestimmt schon mal gehört haben. Als NoSQL soll MongoDB zum Ausbildungsinhalt gehören. Welche Datenbanklösung Sie für Ihr Projekt verwenden, hängt ganz von Ihnen und den zu verarbeitenden Daten ab.

2.7 Datenbanklösungen bedarfsgerecht entwickeln

S Herr Lübberstedt gibt einen kurzen Überblick über die jetzt anstehenden Ausbildungsinhalte.

Holger Lübberstedt: Zunächst werden wir wieder das vorhandene Wissen wiederholen und festigen. Danach werden Sie sich in Teamarbeit neues Wissen zu relationalen Datenbanken, SQL, Big Data und NoSQL-Datenbanken erarbeiten und anschließend in verschiedenen Aufgaben und in Ihrem Softwareprojekt anwenden.

Julian Markus: Werden die Aufgaben hier auch wieder einen unterschiedlichen Schwierigkeitsgrad aufweisen?

Holger Lübberstedt: Ja, selbstverständlich. Aber zum Schluss sollen natürlich alle Auszubildenden in der Lage sein, bedarfsgerechte Datenbanklösungen zu entwickeln.

2.7.1

Aufgabe 1: **Überprüfen Sie Ihr Wissen über Datenbanken.**

1. Erläutern Sie folgende Begriffe:

Datenbanksystem: ____________________

____

____

____

____

Datenbankmanagementsystem: ____________________

____

____

____

____

Datenredundanz: ____________________

____

____

____

____

Dateninkonsistenz: ____________________

____

____

____

____

2. Beschreiben Sie „Die fünf Big Data Vs“.

Volume	
Variety	

Velocity	
Veracity	
Value	

3 Beschreiben Sie die Unterschiede zwischen relationalen und NoSQL-Datenbanken, indem Sie die Angaben in den leeren Feldern ergänzen.

	Relationale Datenbanken	NoSQL-Datenbanken
Skalierung	Vertikale Skalierung:	Horizontale Skalierung:
Umsetzung der ACID-Regeln		Die ACID-Regeln werden meistens nicht unterstützt.
Leistung	Um die Leistung Systemen zu erhöhen, müssen Abfragen, Indizes und Struktur optimiert werden.	
Einsatzgebiete		

4 Ordnen Sie den Datenbankmanagementsystemen eine der folgenden beiden Kategorien zu.
(A) Relationale Datenbank
(B) NoSQL-Datenbank

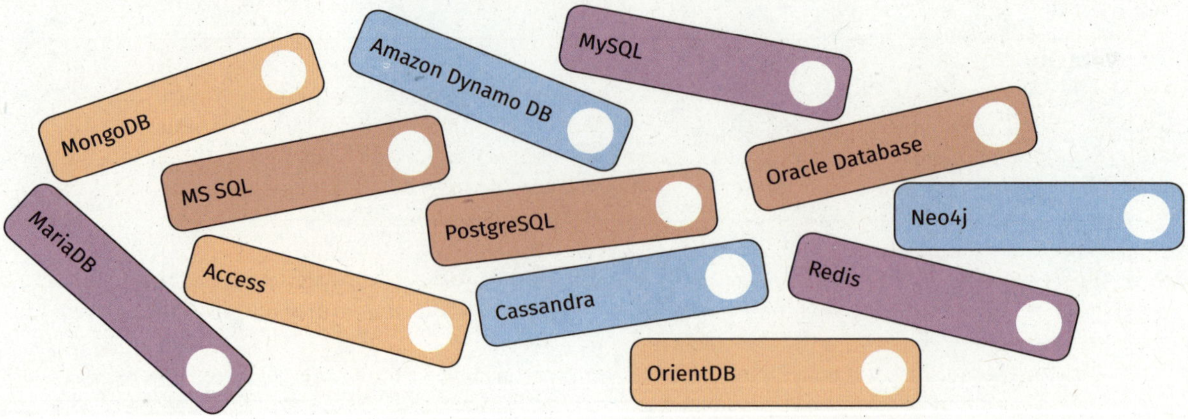

5 Beschreiben Sie kurz die Bestandteile des ACID-Modells.

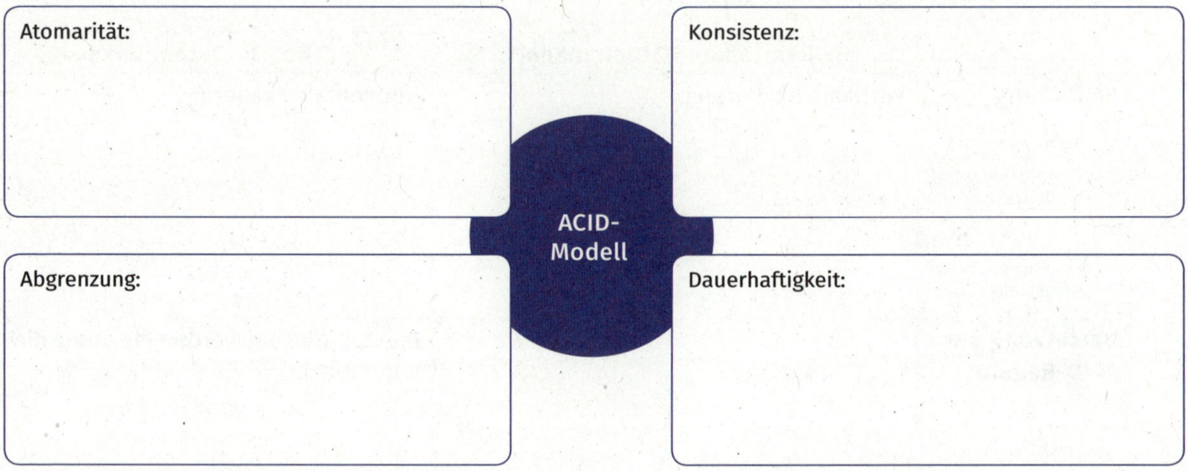

6 Erläutern Sie die Unterschiede zwischen dem ACID-Modell und dem BASE-Modell-Ansatz von NoSQL-Datenbanken.

Im Rahmen verschiedener Projekte der JIKU IT-Solutions sollen Daten aus unterschiedlichen Datenquellen in einem Data-Warehouse zusammengeführt werden.

Aufgabe 2: Führen Sie aus verschiedenen Datenquellen Daten in einem relationalen Datenmodell zusammen.

2.7.2

Wiederholen und vertiefen Sie zunächst Ihr Wissen über das ER-Modell und dessen Überführung in ein relationales Datenmodell, indem Sie die Teilaufgaben 1 und 2 lösen. Führen Sie danach bei den Teilaufgaben 3 und 4 die Daten aus verschiedenen Datenquellen in einem relationalen Datenmodell zusammen. Erstellen Sie für diese Teilaufgaben jeweils ein ER-Modell und entwickeln Sie dann daraus ein relationales Datenmodell. In der letzten Teilaufgabe entwickeln Sie für Ihr Projekt ein entsprechendes relationales Datenmodell.

1 Erweitern Sie das nachfolgende ER-Modell. Dazu stehen Ihnen folgende Angaben zur Verfügung:

- Jedes Haus besitzt aktuell genau einen Hausverwalter, welcher auch für mehrere Häuser zuständig sein kann.
- Der Hausverwalter kann wechseln. Die Informationen, welcher Hausverwalter für welches Haus zuständig war, soll auch in der Datenbank erfasst werden.
- Jedes Haus hat auch einen Hausmeister. Dieser kann auch noch andere Häuser betreuen. Hier reicht es aus, die Information zu erfassen, welcher Hausmeister aktuell für welches Haus zuständig ist.
- Jede Wohnung hat genau einen eingetragenen Mieter, welcher auch wechseln kann. Auch hier soll erfasst werden, welcher Mieter welche Wohnung gemietet hat und hatte.

ER-Modell:

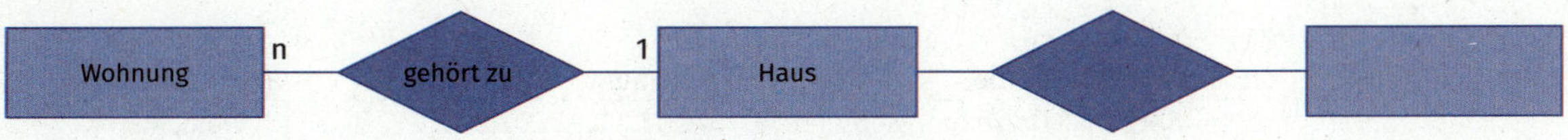

2 Gegeben ist folgendes ER-Modell. Überführen Sie das ER-Modell in ein relationales Datenmodell, indem Sie das schon bestehende relationale Datenmodell um alle notwendigen Angaben wie Attribute, Tabellennamen und Kardinalitäten ergänzen. Kennzeichnen Sie im relationalen Datenmodell alle Primär- und Fremdschlüssel.

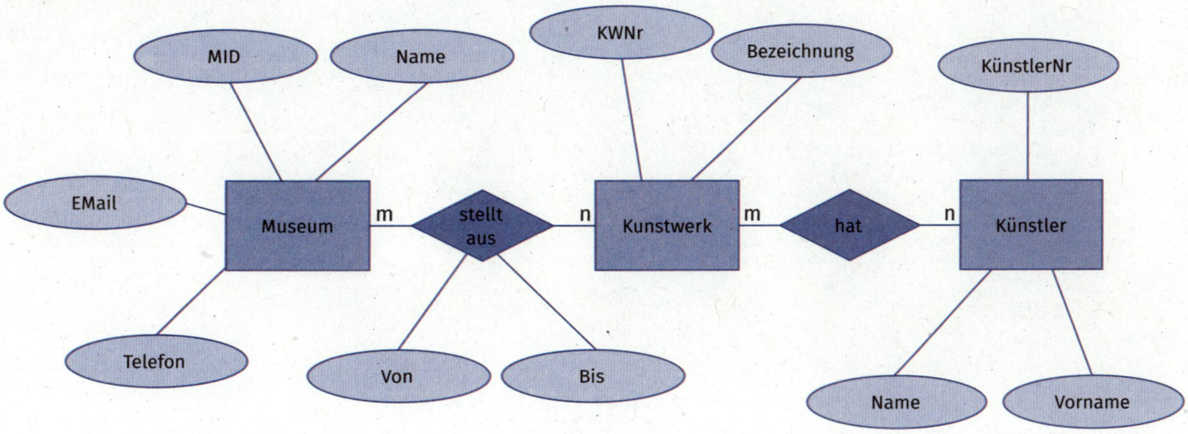

Relationales Datenmodell:

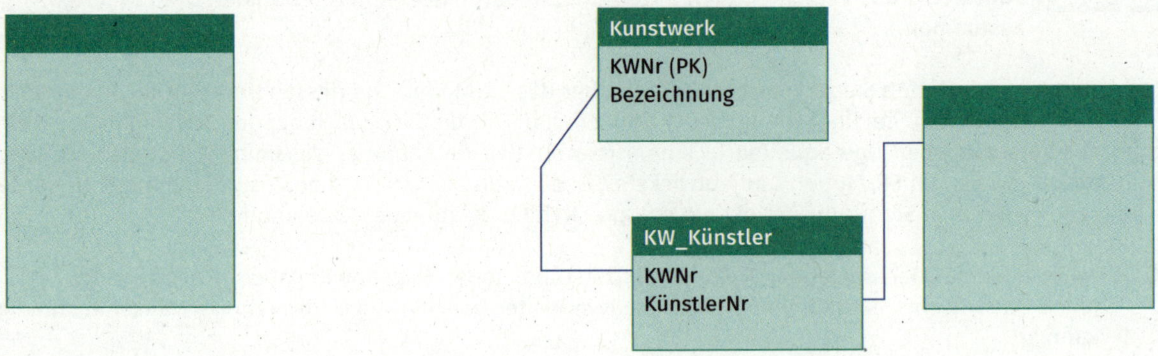

3 Es sollen die Daten für Bergtouren aus zwei Datenquellen zusammengeführt werden.
Erste Datenquelle: Exceltabelle

	A	B	C	D	E
1	**Bergtouren**				
2	**TourNr**	**Route**	**Guide**	**Zeitraum**	**Teilnehmerliste**
3	1	Silberberg	Holzbauer, Sepp	20.07.20..–21.07.20..	1. Wald, Maria
4					2. Wald, Nobert
5					3. Hirsch, Ines
6					4. Bach, Frank
7					5. Wiese, Clara
8	2	Glottertal	Waldessaum, Gretl	21.07.20..–22.07.20..	1. Ulman, Bernd
9					2. Dase, Wanda
10					3. Dae, Ernst
11	3	...	...	...	...

Zweite Datenquelle: Tour-Guide-Datenbank

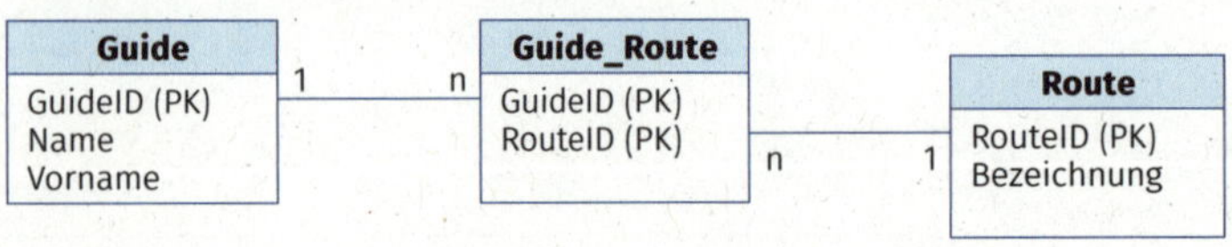

ER-Modell:

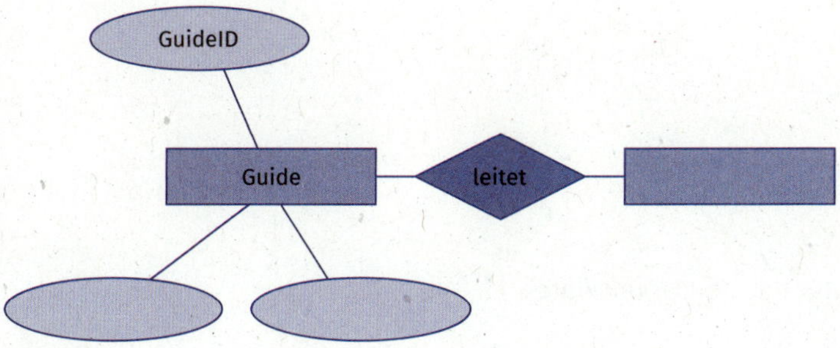

Relationales Datenmodell:

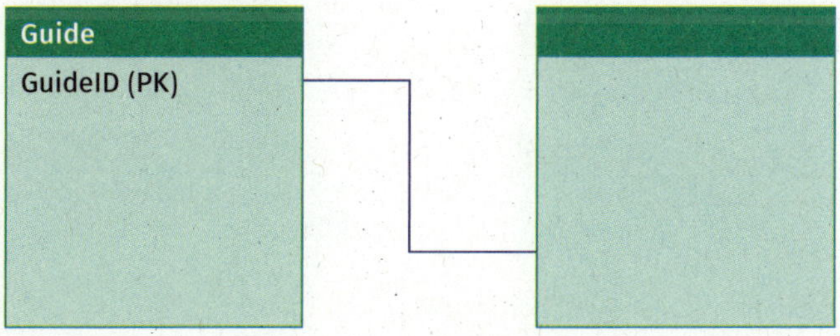

4 Es sollen Daten für die Arbeiten einer Gartenbaufirma aus drei Datenquellen zusammengeführt werden.
Erste Datenquelle: Mitarbeiterdatenbank

Mitarbeiter
MitarbeiterNr (PK) Name Vorname

Zweite Datenquelle: Auszug aus CSV-Datei mit den Objektdaten

*Objektdaten.csv - Editor

Datei Bearbeiten Format Ansicht Hilfe

```
ObjektNr, Bezeichnung, Adresse, Objektart, Kontakt
1, Rosengarten, Wiesenstr 41, Park, Tienne Susanne 0177-234567
2, Grundschule „Klein“, Am Markt 3, Außenanlagen, Erdmann Svea 0172-765432
...
```

Dritte Datenquelle: Arbeitsvorgänge in Form einer Exceltabelle

	A	B	C	D	E	F
1	**Arbeitsvorgänge**					
2	**Nr**	**Objekt**	**Mitarbeiter**	**Datum**	**Von - Bis**	**Tätigkeit (Beschreibung)**
3	1	Rosengarten	Gross, Hans	20.08.20..	8:00 - 12:00	Rasenmähen
4 5 6	2	Rosengarten	Klein, Torben	20.08.20..	8:00 - 10:00	Rosenpflege 1 (Kontrolle, notwendiger Beschnitt)
7	3	Grundschule „Klein“	Gross, Hans	20.08.20..	14:00 - 16:00	Rasenmähen
8 9 10 11	4	Rosengarten	Gross, Hans	15.11.20..	8:00 - 16:00	Rosenpflege 2 (alle Arbeiten, um die Rosen auf den Winter vorzubereiten)
12	5	... ...	...	...	...	...

ER-Modell:

Relationales Datenmodell:

5 Erstellen Sie für Ihr Projekt für die zu verwaltenden Daten ein ERM und entwickeln Sie im Anschluss daraus ein relationales Datenmodell. Nutzen Sie dazu als Grundlagen die von Ihnen analysierten Datenquellen.

Aufgabe 3: Normalisieren Sie relationale Datenmodelle.

2.7.3

Im Rahmen verschiedener Projekte liegen relationale Datenmodelle vor. Diese sind dahingehend zu überprüfen, ob sie der dritten Normalform genügen und sind ggf. in diese zu überführen.

1 Gegeben ist folgende Tabelle „Kursnoten“:

StudentenID	Name	KursNr	Kurs	Note
1234	Tanja Kluge	2	Datenbanken 1	1.0
1234	Tanja Kluge	7	KI-Systeme	1.2
3333	Andrew Schlau	2	Datenbanken 1	1.6
3333	Andrew Schlau	3	Betriebssysteme 2	1.0
3333	Andrew Schlau	7	KI-Systeme	2.0
6712	Anne Berg	2	Datenbanken 1	3.0

Kursnoten
StudentenID Name KursNr Kurs Note

a) Normalisieren Sie diese Tabelle.
b) Notieren Sie jeden Normalisierungsschritt (1, 2 und 3 Normalform) und ordnen Sie die gegebenen Daten in die neuen Tabellen richtig ein.
c) Geben Sie für jeden Normalisierungsschritt auch die Tabellen ohne Daten an.
d) Kennzeichnen Sie in jedem Normalisierungsschritt alle Primär- und Fremdschlüssel und zeichnen Sie die Beziehungen zwischen den Tabellen mit den entsprechenden Kardinalitäten ein.

Erste Normalform:

StudentenID					
1234					

Kursnoten
StudentenID

Zweite Normalform:

StudentenID		
1234		

StudentenID		
1234		

StudentenID

Kursnoten
StudentenID

Dritte Normalform:
Begründen Sie, warum das Datenmodell bereits der dritten Normalform genügt.

____

____

____

____

____

____

2 Gegeben ist folgendes Datenmodell. Analysieren und normalisieren Sie dieses. Stellen Sie im Anschluss Ihr Ergebnis im Klassenverband vor und diskutieren Sie darüber.

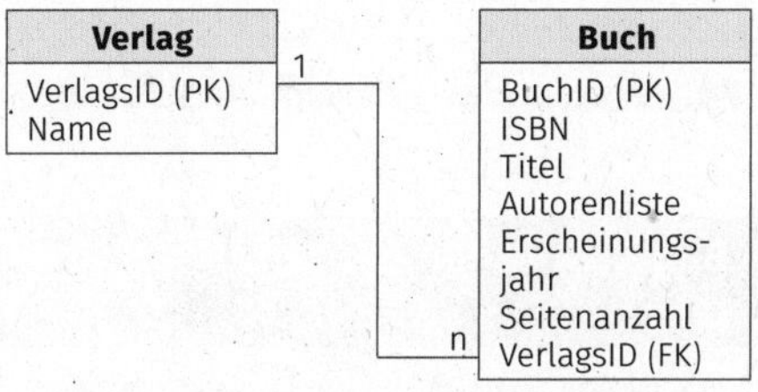

a) Ermitteln Sie, ob die Tabellen der dritten Normalform genügen. Wenn dieses nicht der Fall ist, dann notieren Sie sich das Problem und begründen Sie Ihre Aussage.

____

____

____

____

____

____

b) Normalisieren Sie das Datenmodell so, dass es der dritten Normalform genügt.

Datenmodell in der dritten Normalform:

3 Normalisieren Sie in Gruppenarbeit die Tabelle „Musikalbum". Führen Sie dazu die im Anschluss an die Tabelle aufgeführten Schritte durch.

AlbumNr	Album	Label	Genre	Band (Gründungsjahr)	Titel
7188	Unplugged (1992), 5. "Solo-Live-Album" (SLA)	1. 34- Duck (1982), 2. 35- Reprise (1960)	7. Blues	23. „Eric Clapton" (1945)	1. Signe (3:14), 2. Layla (4:46), 3. Tears in Heaven (4:36)
1234	Metallica (1991), 5. "Studioalbum" (StA)	1. 22- Elektra Records (1950), 2. 23- Vertigo Records (1969)	4. Heavy Metal	2. „Metallica" (1981)	1. Nothing Else Matters (6:28)
8034	ABBA Gold (1992), 1. "Kompilationsalbum" (KA)	1. 85- Polygram (1971)	2. Pop	12. „ABBA" (1972)	1. SOS (3:23), 2. Dancing Queen (3:51)

a) Übertragen Sie zunächst die Tabelle mit den entsprechenden Daten in eine Exceltabelle.
b) Überführen Sie die Tabelle in die erste, zweite und dritte Normalform. Geben Sie Ihr jeweiliges Ergebnis in Excel ein und fügen Sie die gegebenen Daten in die Tabellen.
Hinweis: Nutzen Sie Farben, um Ihre Ergebnisse besser sichtbar zu machen.
c) Kennzeichnen Sie in allen Tabellen die Primär- und Fremdschlüssel.
d) Präsentieren und diskutieren Sie im Anschluss Ihr Ergebnis im Klassenverband. Korrigieren Sie notfalls Ihre Lösung.
e) Notieren Sie sich das Ergebnis in der dritten Normalform hier im Arbeitsbuch. Nutzen Sie dazu die Darstellung des Datenmodells ohne Daten. Tragen Sie allerdings alle Primär- und Fremdschlüssel und alle Beziehungen zwischen den Tabellen mit den entsprechenden Kardinalitäten in das Datenmodell ein.

4 Überprüfen Sie das relationale Datenmodell aus Ihrem Projekt dahingehend, ob es der dritten Normalform genügt. Wenn nicht, dann normalisieren Sie dieses entsprechend.

Aufgabe 4: Überprüfen Sie Ihr Wissen über SQL.

1 Überprüfen Sie Ihr Wissen über SQL. Wiederholen Sie dazu auch die Inhalte aus dem Jahrgangsband 1, Lernfeld 5. ✓

2.7.4

SQL	
1. In welche Kategorien werden die Sprachelemente von SQL eingeteilt?	
a) DDL	☐
b) DML	☐
c) DLL	☐
d) TCM	☐
e) TCL	☐
f) DCL	☐
2. Mit welchem Schlüsselwort beginnt eine SQL-Abfrage?	
a) READ	☐
b) GIVE	☐
c) SELECT	☐
d) GET	☐
e) MAKE	☐
3. Welche Schlüsselwörter sind Aggregatfunktionen?	
a) MIN	☐
b) TOR	☐
c) MAX	☐
d) AVG	☐
e) AVZ	☐
f) NUM	☐
g) COUNT	☐

SQL	
4. Welches sind reguläre Vergleichsoperatoren in SQL?	
a) >>	☐
b) ===	☐
c) !=	☐
d) =	☐
e) < >	☐
f) <	☐
g) >=	☐
5. Welche SQL-Anweisungen werden **nicht** zur Manipulation von Tabellen verwendet?	
a) SELECT Table	☐
b) CREATE Table	☐
c) CREATE Database	☐
d) ALTER Table	☐
e) MODIFY Table	☐
f) DELETE Table	☐
6. Welches sind gültige Datentypen in ANSI-SQL?	
a) DOUBLE	☐
b) VAR	☐
c) SMALL	☐
d) INTEGER	☐
e) DATE	☐
f) TRUE	☐
7. Welche Schlüsselwörter gehören **nicht** zu den logischen Operatoren in SQL?	
a) OR	☐
b) ||	☐
c) UND	☐
d) &	☐
e) NOT	☐
f) NOR	☐
g) NAND	☐
8. Wie wird ein nicht definierter Wert in SQL festgelegt?	
a) Einen solchen Wert gibt es in SQL nicht.	☐
b) 0	☐
c) Leerzeichen	☐
d) NULL	☐
e) Leerstring ""	☐

2 Formulieren Sie für die unterschiedlichen Aufgaben die entsprechenden SQL-Anweisungen und überprüfen Sie Ihre Ergebnisse. Gehen Sie dabei wie folgt vor:

- Formulieren Sie die SQL-Anweisungen zunächst schriftlich.
- Überprüfen Sie dann Ihre SQL-Anweisungen mithilfe einer selbstgewählten relationalen Datenbank. Legen Sie dazu alle notwendigen Tabellen an und füllen Sie diese mit entsprechenden Testdaten.

Gegeben ist folgendes Datenmodell:

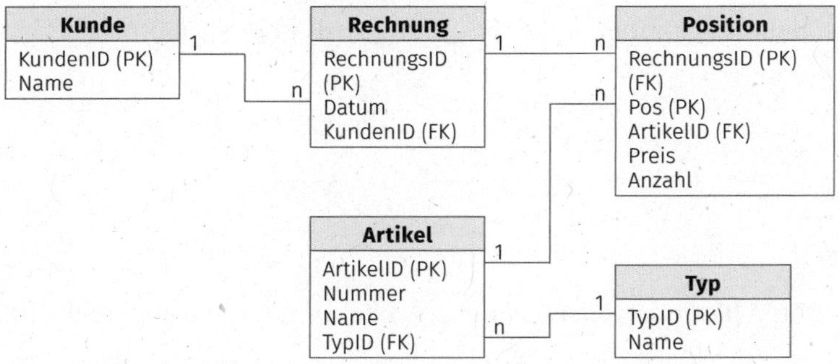

1. Legen Sie die Tabellen „Artikel“ und „Position“ mit allen Attributen und Referenzen an. Wählen Sie sinnvolle Datentypen. Verwenden Sie zwei SQL-Anweisungen.
   Hinweis: Das Attribut „Nummer“ enthält alphanummerische Werte, z. B. A32_K7.

2. Fügen Sie der Tabelle „Kunde“ das Attribut „Ort“ hinzu. Der Datentyp soll erst einmal Text mit einer Länge von 10 sein.

3. Ändern Sie der Datentyp von dem Attribut „Ort“ auf einen Text mit der Länge von 50.

4. Löschen Sie das Attribut „Ort“ aus der Tabelle „Kunde“.

5. Löschen Sie die Tabelle „Kunde“. Hinweis: Zum Testen legen Sie sich bitte eine Dummy-Tabelle an, welche Sie dann löschen.

6. Fügen Sie in die Tabelle „Typ“ einen neuen Typ mit dem Namen „Mainboard“ und der TypID „123“ ein.

7. Fügen Sie einen Datensatz mit den Daten (Rechnung: 3, Position: 2, ArtikelID: 1, Anzahl: 10, Preis: 213,20 €) in die Tabelle „Position“ ein.

8. Verändern Sie die Anzahl für die Rechnung 3 Position 2 auf 20.

9. Verringern Sie alle Preise für die Rechnung 3 um 10 Prozent.

10. Löschen Sie die Anzahl von Rechnung 3 Position 2.

11. Löschen Sie den Datensatz von Rechnung 3 Position 2.

12. Listen Sie alle Kunden auf, welche ein „s“ im Namen haben. Hinweis: Am Namensanfang wird das „S“ groß geschrieben.

13. Ermitteln Sie, wann der Kunde „Lehmann KG“ Rechnungen bekommen hat.

14. Listen Sie alle Prozessoren (Name, Nummer) auf und sortieren Sie die Ergebnisse nach dem Artikelnamen aufsteigend.

15. Ermitteln Sie die Artikelnummer der Grafikkarte „gtx 1070 ti“.

16. Listen Sie Name, Nummer, Typ von allen Grafikkarten und Prozessoren auf.

17. Listen Sie alle Positionen (Artikelname, Anzahl) der Rechnung vom 03.11.2022 des Kunden „Lehmann KG“ auf.

18. Listen Sie alle Rechnungen (Datum, RechnungsID, Kundenname) von 2022 auf.

19. Ermitteln Sie die Anzahl der Rechnungen, welche im Mai 2022 gestellt wurden.

20. Ermitteln Sie den Rechnungsbetrag für Rechnung 4.

21. Ermitteln Sie, wie viele Rechnungen jeder Kunde 2022 bekommen hat.
Beispielergebnis:

Kunde	**Anzahl**
Lehmann KG	7
Holz GmbH	0
CompuService GmbH	23

22. Ermitteln Sie die Gesamtanzahl aller Festplatten, welche verkauft wurden.

23. Ermitteln Sie den durchschnittlichen Rechnungsbetrag aller Rechnungen im Oktober 2022.

24. Listen Sie alle Kunden (Name) auf, welche den Prozessor „i7-10700k“ gekauft haben.

25. Ermitteln Sie, für wie viel Geld insgesamt die „Lehmann KG“ Grafikkarten gekauft hat.

26. Ermitteln Sie alle Tage (Datum), an denen sowohl die „Lehmann KG“ als auch die „CompuService GmbH“ eine Rechnung bekommen haben.

27. Legen Sie einen Nutzer „Winkler“ mit dem Passwort „w3?A4“ an.

28. Vergeben Sie Lese- und Änderungsrechte an der Tabelle „Rechnung“ an den Nutzer „Winkler“.

29. Entziehen Sie dem Nutzer „Winkler“ die Änderungsrechte an der Tabelle „Rechnung“.

30. Löschen Sie den Nutzer „Winkler“.

Aufgabe 5: **Implementieren Sie eine relationale Datenbanklösung für Ihre Projektarbeit.**

2.7.5

Implementieren Sie und Ihr Projektteam in mehreren Sprints eine relationale Datenbanklösung. Arbeiten Sie dazu in jedem Sprint folgende Schritte ab:

1. Planen Sie den nächsten Sprint im Rahmen eines Sprint-Meetings. Dabei stellt der Product Owner dem Entwicklungsteam die unerledigten Anforderungen aus dem Product Backlog vor und es wird ein Sprintziel definiert. Dazu legen Sie fest, welche Anforderungen (Backlog-Items) in dem Sprint umgesetzt werden sollen.

2. Besprechen Sie nun, wie die einzelnen Backlog-Items aus dem Product Backlog in Einzel- oder Teilaufgaben zerlegt werden können. Die einzelnen Aufgaben werden dann im sogenannten Sprint Backlog festgehalten und an Ihrem Task-Board visualisiert. Außerdem legen Sie für jede Aufgabe fest, wann diese als abgearbeitet gilt (Definition of Done).
   Hinweis: Planen Sie auch immer gleich entsprechende Blackbox-Tests und die dafür erforderlichen Testdaten (siehe auch Schülerbuch Band 2, Lernfeld 8).

3. Auf Basis des Sprint Backlogs implementieren Sie das Programm, wobei jedes Teammitglied seine Aufgaben selbstständig auswählt und bearbeitet.

4. Führen Sie einmal pro Tag ein 15-minütiges Meeting (Daily Scrum) durch. Dabei werden u.a. die Veränderungen der letzten 24 Stunden besprochen und der Arbeitsfortschritt selbst im Sprint-Burndown-Chart festgehalten. Der Scrum Master Ihres Teams ist dafür verantwortlich, dass das Daily Scrum durchgeführt wird. Außerdem dokumentiert und kümmert er sich um auftretende Schwierigkeiten.

5. Führen Sie kurz vor dem Ende des Sprints ein Sprint-Review-Meeting durch.

6. Nach dem Sprint reflektieren Sie Ihre Arbeit in einem Retrospective-Meeting.

Aufgabe 6: **Überprüfen Sie Ihr Wissen über NoSQL-Datenbanken.**

2.7.6

1. Beschreiben Sie kurz, wie die Daten in den folgenden NoSQL-Datenbanken abgelegt werden, und nennen Sie jeweils einen Vorteil und ein Beispiel für ein Datenbankmanagementsystem.

Art	Kurzbeschreibung	Vorteil	Beispiel
Dokumenten-orientierte Datenbanken			
Graphdaten-banken			
Key-Value-Datenbanken			
Spaltenorien-tierte Daten-banken			

2. Stellen Sie dar, wie die folgenden Gebäudedaten einer relationalen Tabelle in einer dokumentenbasierten Datenbank (JSON-Dokument), in einer Key-Value-Datenbank und in einer spaltenorientierten Datenbank gespeichert werden.
Hinweis: Für die dokumentenorientierte Datenbank und die Key-Value-Datenbank braucht nur der erste Datensatz notiert werden.

ID	Bezeichnung	Länge	Breite	Höhe	Baujahr
1	Lagerhaus 1	50	10	5	1980
2	Wohnhaus 2	30	15	10	1963
3	Lagerhaus 2	75	20	10	2005

Datenbank	Darstellung
Dokumentenorientiert	
Key-Value	
Spaltenorientiert	

Aufgabe 7: **Implementieren Sie eine NoSQL-Datenbanklösung für Ihre Projektarbeit.**

2.7.7

Implementieren Sie und Ihr Projektteam in mehreren Sprints eine NoSQL-Datenbanklösung. Arbeiten Sie dazu in jedem Sprint folgende Schritte ab:

1. Planen Sie den nächsten Sprint im Rahmen eines Sprint-Meetings. Dabei stellt der Product Owner dem Entwicklungsteam die unerledigten Anforderungen aus dem Product Backlog vor und es wird ein Sprintziel definiert. Dazu legen Sie fest, welche Anforderungen (Backlog-Items) in dem Sprint umgesetzt werden sollen.
2. Besprechen Sie nun, wie die einzelnen Backlog-Items aus dem Product Backlog in Einzel- oder Teilaufgaben zerlegt werden können. Die einzelnen Aufgaben werden dann im sogenannten Sprint Backlog festgehalten und an Ihrem Task-Board visualisiert. Außerdem legen Sie für jede Aufgabe fest, wann diese als abgearbeitet gilt (Definition of Done).
   Hinweis: Planen Sie auch immer gleich entsprechende Blackbox-Tests und die dafür erforderlichen Testdaten (siehe auch Schülerbuch Band 2, Lernfeld 8).
3. Auf Basis des Sprint Backlogs implementieren Sie das Programm, wobei jedes Teammitglied seine Aufgaben selbstständig auswählt und bearbeitet.
4. Führen Sie einmal pro Tag ein 15-minütiges Meeting (Daily Scrum) durch. Dabei werden u.a. die Veränderungen der letzten 24 Stunden besprochen und der Arbeitsfortschritt selbst im Sprint-Burndown-Chart festgehalten. Der Scrum Master Ihres Teams ist dafür verantwortlich, dass das Daily Scrum durchgeführt wird. Außerdem dokumentiert und kümmert er sich um auftretende Schwierigkeiten.
5. Führen Sie kurz vor dem Ende des Sprints ein Sprint-Review-Meeting durch.
6. Nach dem Sprint reflektieren Sie Ihre Arbeit in einem Retrospective-Meeting.

Lernsituation 7: Wir testen unsere Softwarelösung und führen eine Projektabnahme durch

S **Das Projektteam hat die Softwarelösung fertiggestellt und möchte nun abschließende Tests und eine Projektabnahme durchführen. Herr Lübberstedt bespricht mit den Auszubildenden die nächsten Punkte.**

Holger Lübberstedt: Wie Ihnen schon aus dem ersten Ausbildungsjahr bekannt ist, stellen das Testen und die Dokumentation von Software wichtige Prozessschritte im Prozess der Softwareentwicklung dar. Heutzutage spielen Unittests eine große Rolle bei der Erstellung von Software. Besonders bei Vorgehensmodellen wie Scrum erleichtern Unittests das Erweitern und das Anpassen der Software an neue Anforderungen enorm. Mit ihrer Hilfe können beispielsweise unbeabsichtigte Auswirkungen von Änderungen im Programm sehr schnell gefunden werden.

Laura Meier: Aber dazu benötigen wir auch entsprechende Daten zum Testen.

Holger Lübberstedt: Dazu gibt es verschiedene Vorgehensweisen, wie Testdaten gewonnen werden können. Diese werden wir uns auch ansatzweise ansehen. Natürlich müssen wir dabei zwischen Testdaten für Unittests und Testdaten für Datenbanken unterscheiden.

2.8 Software testen und dokumentieren

S **Herr Lübberstedt erläutert die weitere Vorgehensweise.**

Holger Lübberstedt: Nachdem Sie sich die Grundlagen zu Unittests und die Bereitstellung von entsprechenden Testdaten erarbeitet haben, werden Sie Ihr Wissen anwenden. Dazu werden Sie Testdaten zum Testen Ihrer Software bestimmen und die Tests dann durchführen. Zum Schluss erfolgt ein Abnahmetest für Ihr Projekt und die Ergebnisse vom diesem werden im Annahmeprotokoll festgehalten. Die Testergebnisse und das Abnahmeprotokoll werden dann am Projektende den restlichen Projektdokumenten hinzugefügt. Zum Abschluss Ihres Scrum-Projekts werden Sie ein Project Review durchführen und den Entwicklungsprozess evaluieren.

Aufgabe 1: **Überprüfen Sie Ihr Wissen über das Testen von Software.**

2.8.1

Lösen Sie folgendes Kreuzworträtsel.

(1) Statisches Testverfahren, welches in der Regel ohne den Softwareentwickler stattfindet und nicht vorher streng geplant wurde
(2) Qualitätsmerkmal von Software, welches am meisten getestet wird
(3) Teststufe, in der das fehlerfreie Zusammenwirken voneinander abhängigen Systemkomponenten überprüft wird. Der Testschwerpunkt sind die Schnittstellen zwischen den einzelnen Komponenten
(4) Verfahren für die Gewinnung von Testdaten für Blackbox-Tests
(5) Teststufe, bei der ein Teil der Software der Zielgruppe zum Testen überlassen wird
(6) Dynamisches Testverfahren, bei dem der Quellcode und dessen Struktur nicht bekannt sind
(7) Dokument, in dem alle Ergebnisse des entsprechenden Tests festgehalten werden
(8) Erster Prozessschritt im Testprozess
(9) Statisches Testverfahren nach Prüfkatalog, bei dem der Softwareentwickler mit dabei ist

Aufgabe 2: **Bestimmen Sie Testwerte.**

2.8.1

Es liegt ein Programm vor, welches u. a. nach der Eingabe der Gesamtpunktzahl für ein Lebensmittel den Buchstaben und die entsprechende Farbe des Nutri-Scores ermittelt und ausgibt. Die Werte dafür wurden in der Anforderungsanalyse wie folgt festgelegt:

Gesamtpunktzahl des Lebensmittels	Buchstabe	Farbe
–15 bis –1	A	
0 bis 2	B	
3 bis 10	C	
11 bis 18	D	
19 und mehr	E	

1 Bilden Sie gültige und ungültige Äquivalenzklassen von Testwerten. Bestimmen Sie für jede Äquivalenzklasse mindestens zwei Testwerte und die erwarteten Ergebnisse.

Nummer der Äquivalenzklasse	Kurzbeschreibung	Testwerte	Erwartete Ergebnisse (Buchstabe + Farbe)
1.			
2.			
3.			
4.			
5.			
6.			
7.			
8.			
9.			
10.			

2 Bestimmen Sie nun, inwieweit eine Grenzwertanalyse Ihre Testdaten verändern würde und geben Sie für die Bereiche A und B gültige Testdaten an, welche einer Grenzwertanalyse genügen.

Bereich	Gültige Testdaten
A	
B	

Aufgabe 3: **Schreiben Sie ein Programm und testen Sie dieses mithilfe eines Blackbox-Tests.**

Entwickeln Sie im Team für nachfolgende Aufgabenstellung ein Java- oder ein Python-Programm. Bestimmen Sie Testdaten für einen Blackbox-Test und testen Sie Ihre Lösung.

2.8.1

Anforderungen:
- Das Programm soll nach Eingabe der Geschwindigkeitsüberschreitung (nur innerorts) das Bußgeld laut dem aktuellen Bußgeldkatalog ermitteln und anzeigen.
- Hinweis: Die Punkte und die Länge des Fahrverbots werden für die Aufgabe vernachlässigt.
- Das Programm kann als Konsolenprogramm oder mit einer grafischen Oberfläche umgesetzt werden.

1 Ermitteln Sie im Internet alle notwendigen Werte aus dem aktuellen Bußgeldkatalog.

NOTIZEN

2 Schreiben Sie ein entsprechendes Programm in Java oder in Python. Lagern Sie dabei die Funktionalität der Bußgeldermittlung in eine eigene Funktion aus, welche später getestet wird.

3 Bilden Sie zum Testen der Funktion Äquivalenzklassen und leiten Sie daraus entsprechende Testdaten ab. Hinweis: Zur Vereinfachung der Aufgabe wird davon ausgegangen, dass der Funktion nur Zahlenwerte übergeben werden.

Nr.	Kurzbeschreibung	Testwerte	Erwartetes Ergebnis

Nr.	Kurzbeschreibung	Testwerte	Erwartetes Ergebnis

4. Testen Sie das Programm und erstellen Sie ein Testprotokoll.

Aufgabe 4: Testen Sie im Rahmen des Projektes Ihre Softwarelösung.

2.8.1

Bestimmen Sie und Ihr Projektteam im Rahmen der einzelnen Sprints die Testdaten für Ihr Projekt und testen Sie Ihre Anwendung. Arbeiten Sie folgende Schritte ab:

1. Bestimmen Sie die Funktionalität, welche Sie testen wollen.
2. Bestimmen Sie entsprechende Testdaten.
3. Führen Sie die Blackbox-Tests durch und bewerten Sie das Ergebnis.
4. Bei jeder Änderung an dem bisherigen Quellcode führen Sie die Blackbox-Tests wieder aus.
   Hinweis: Passen Sie die Testdaten eventuell an neuen Anforderungen an.

Aufgabe 5: Überprüfen Sie Ihr Wissen über die Dokumentation von Software im Allgemeinen und über Abnahmeprotokolle im Speziellen.

Frischen Sie Ihre Kenntnisse über die Dokumentation von Software aus dem ersten Ausbildungsjahr auf und bearbeiten Sie folgende Aufgaben.

2.8.2

1 Nennen Sie fünf Kriterien einer guten Dokumentation.

2 Beschreiben Sie kurz die Inhalte der in der Tabelle aufgeführten Dokumentationsunterlagen und welche Personengruppen diese hauptsächlich verwenden.

Dokumentation	Beschreibung (Inhalte, Personengruppen)
Projekt-dokumentation	
Test-dokumentation	
Installations-anleitung	
Marketing-unterlagen	

3 Zur Dokumentation der Projektabnahme wird in der Regel ein Abnahmeprotokoll erstellt. Nennen Sie mindestens fünf Inhalte, welche im Abnahmeprotokoll erfasst werden sollten.

Aufgabe 6: Führen Sie eine Projektabnahme durch und reflektieren Sie im Anschluss Ihre Arbeit in dem Projekt.

2.8.2

Ihr Projekt ist nun fertiggestellt und soll dem Kunden übergeben werden. Im Anschluss daran möchte Ihr Projektteam noch zusammenkommen und die Arbeit in diesem Projekt reflektieren. Bearbeiten Sie und Ihr Projektteam dazu nachfolgende Punkte.

1 Kontrollieren Sie, ob alle notwendigen Dokumentationen für den Kunden erstellt wurden. Notfalls stellen Sie diese bis zum Abnahmetest fertig.

2 Planen Sie den Abnahmetest (Zeit, Tests, Abnahmeteam usw.) und bereiten Sie ein Abnahmeprotokoll vor.

NOTIZEN

3 Führen Sie den Abnahmetest durch und erstellen Sie das Abnahmeprotokoll.

4 Wenn Mängel aufgetreten sind, beseitigen Sie diese.

5 Übergeben Sie die Software mit allen notwendigen Dokumenten dem Kunden.

6 Vervollständigen Sie Ihre Dokumentationsunterlagen, z. B. die Projekt- oder die Testdokumentation.

7 Evaluieren im Anschluss das Projekt und dessen Verlauf im Rahmen eines Project Review des Scrum-Prozesses. Sprechen Sie dort alle Aspekte an, welche die Zusammenarbeit und den Entwicklungsprozess vorangebracht oder behindert haben.

Sachverhalte, welche im Project Review unbedingt geklärt werden sollten

Lernfeld 8: Beschaffungsprozesse durchführen

S **Die Auszubildenden der JIKU IT-Solutions GmbH sollen Beschaffungsprozesse durchführen und überwachen sowie die zugrundeliegenden Geschäftsprozesse und Belege analysieren können. Verschiedene Vertragsarten, AGB und sonstige rechtliche Regelungen sollen sie kennen und beachten.**
Sie stellen Beschaffungsanfragen, führen Angebotsvergleiche durch und bearbeiten Bestellvorgänge. Sie überwachen den Wareneingang und nehmen Dienstleistungen ab. Bei auftretenden Mängeln und ausbleibenden Lieferungen müssen sie diese bearbeiten und Handlungsspielräume prüfen. Sie sollen sich auch im Rechnungswesen auskennen und ihre Kompetenzen der Belegbearbeitung auf Buchungen für den Beschaffungsbereich erweitern. Auswirkungen der Beschaffungsvorgänge auf das Unternehmensvermögen, die Gewinn- und Verlustrechnung sollen sie beschreiben können.
Bei den Beschaffungsvorgängen sollen die Auszubildenden soweit wie zeitlich möglich Unternehmenssoftware bzw. Beschaffungsapplikationen und -plattformen einsetzen können.

Holger Lübberstedt: Im ersten Ausbildungsjahr haben Sie schon einen Einblick in die kaufmännischen Geschäftsprozesse vom Einkauf über das Lager bis zum Verkauf erhalten. Entsprechend der Ausbildungsordnung sollen Sie nun diese Kompetenzen vertiefen. Sie sollen dabei Erfahrungen und Erkenntnisse, die Sie bereits bei uns im ersten Jahr im Beschaffungsbereich gemacht haben, einbringen. Sie waren ja schon für drei Monate im Lager und drei Monate im Einkauf eingesetzt.

Laura Meier: Für mich war die Arbeit zu Anfang im Lager und in der Werkstatt ein guter Einstieg. So konnte ich die verschiedenen IT-Komponenten kennenlernen, die von unseren Kunden nachgefragt werden. Im Einkauf habe ich dann feststellen müssen, wie viel Beschaffungsmärkte und Liefermöglichkeiten es gibt. Wenn etwas schiefgeht, ist es wichtig, die rechtlichen Handlungsspielräume zu kennen.

Julian Markus: Ich habe auch feststellen müssen, dass bei der Beschaffung die Wahl der richtigen Technologie die eine Seite ist. Es geht aber auch um Konditionen, Qualität und pünktliche Lieferung.

Holger Lübberstedt: In der Regel klären die Mitarbeiter im Vertrieb mit den Kunden, was benötigt wird. In der Beschaffung soll dann in enger Abstimmung mit dem Betrieb und den Kunden gehandelt werden. Neben Hardware sind auch immer mehr Software, Cloud-Dienste und sonstige IT-Dienstleistungen zur Unterstützung zu beschaffen.

Julian Markus: Es ist ganz gut, wenn wir jetzt nach dem ersten Einblick in den Einkauf noch einmal unser Wissen über Beschaffung vertiefen. Ich habe ja schon Programme gesehen, die Beschaffungsvorgänge managen. Die können ganz schön komplex sein. Auch kommen jetzt immer neue Beschaffungstechnologien auf den Markt. Wie sieht es mit der Ausbildung in Software für den Einkauf aus?

Laura Meier: Wir setzen bei JIKU IT-Solutions ein ERP-Programm mit einem umfangreichen Beschaffungsmodul ein, das wir noch genauer kennenlernen müssen. Ich wäre dafür, darüber hinaus mehr über die neueste Software für Einkauf und Beschaffung oder Beschaffungsplattformen zu erfahren.

Holger Lübberstedt: Ganz richtig. Wir haben schon ein gutes Beschaffungssystem, das Sie möglichst eingehend kennenlernen sollten. Sie sollten sich aber auch mit neuesten Technologien und Systemen der Beschaffung auseinandersetzen. Es könnte ja sein, dass Kunden solche Systeme einsetzen wollen und Sie die Kunden als Fachleute unterstützen und beraten sollen.

Julian Markus: Was sollen Rechnungswesenkenntnisse? Wir sind doch keine Buchhalter.

Holger Lübberstedt: Für die kaufmännische Ausbildung ist es wichtig, dass Sie wissen, wie sich Vorgänge auf Vermögen und Finanzierung des Unternehmens auswirken. Natürlich nicht so weitgehend wie für Buchhalter. Aber die Grundlagen sollten Sie schon kennen. Wir sollten erst einmal aufarbeiten, was wir bereits im ersten Jahr an Kompetenzen im Bereich Beschaffung gewonnen haben.

Einstieg und Wiederholung

S **Die Auszubildenden der JIKU IT-Solutions GmbH sollen ihr bereits erworbenes Wissen im Bereich Beschaffung prüfen und reflektieren.**

Holger Lübberstedt: Der Rahmenlehrplan und die Ausbildungsordnung sehen eine spiralförmige Ausbildung vor. Was ist damit gemeint?

Laura Meier: Wir erlernen das Fachwissen oder die Themen nicht jeweils nur einmal zu einer bestimmten Zeit, sondern im ersten Jahr als Einstieg und stärker bezogen auf IT-Arbeitsplätze. Im zweiten Jahr vertiefen wir die Kenntnisse und Kompetenzen und im dritten Jahr geht es noch tiefer zur Sache.

Holger Lübberstedt: Genau, wir erweitern unsere Kompetenzen spiralförmig, indem wir uns mit den Themengebieten öfters auseinandersetzen, jedoch dann vertieft oder mit einem anderen Blickwinkel. Was hat das für Konsequenzen jetzt für das zweite Jahr?

Julian Markus: Wenn wir aus dem ersten Jahr etwas nicht verstanden haben oder nicht gemacht haben, haben wir jetzt eine zweite Chance. Allerdings geht es vertiefter in die Aufgabenstellungen.

Holger Lübberstedt: Genau. Es ist also sinnvoll, uns erst einmal im Klaren darüber zu werden, was wir bereits aus dem ersten Jahr an Wissen und Kompetenzen schon für das Lernfeld 8 im Bereich Beschaffung mitbringen. Sie haben ja auch schon im Betrieb mit dem Einkauf zu tun gehabt. Wir können unterschiedlich vorgehen. Entweder wiederholen wir vorher noch einmal wichtige Grundlagen, die mit dem Beschaffungsbereich zu tun haben, oder wir beziehen das Grundlagenwissen dann ein, wenn wir es in der Bearbeitung des Lernfeldes 8 benötigen.

Laura Meier: Ich fände eine Wiederholungsrunde vorab gar nicht schlecht, da wir uns ja für die AP1-Prüfung sowieso vorbereiten müssen.

Holger Lübberstedt: Da ist was dran. Aufgaben der AP1 werden auch im Zusammenhang mit Beschaffungsaufgaben gestellt. Ich habe eine Zusammenstellung erstellt, wie man vorgehen kann.

Ausbildungsordnung und Rahmenlehrplan berücksichtigen Vorgaben wie selbstständiges Erarbeiten von Kompetenzen in Teams, die Stärkung der eigenen Handlungskompetenz (siehe Schülerbuch Band 1, Kapitel 1.1, Abschnitt (5)). Der Unterricht in den drei Ausbildungsjahren ist so vorgegeben, dass wie in einer Spirale Lerngebiete von einfach bis immer komplexer aus verschiedenen Sichten durchlaufen werden.

Aufgabe: **Bearbeiten Sie die folgenden Teilaufgaben.**

1.1 (Band 1)

1. Reflektieren Sie über die vorgegebenen Grundsätze des Unterrichts und darüber, welche Erfahrungen Sie diesbezüglich bisher gemacht haben.

Grundsätzliche Fragen zum Lernen nach der neuen Ausbildungsordnung	
Warum ist nicht mehr so viel Frontalunterricht gefordert, sondern mehr das selbstständige Erarbeiten und Entwickeln von Kompetenzen im Lernteam, sind somit diese Buchreihe und die Lehrkräfte überwiegend Lernbegleiter und Lernunterstützer? (vgl. auch Schülerbuch Band 1, Kapitel 1.1, S. 17 ff.)	Kurzstellungnahme in Stichworten:

Grundsätzliche Fragen zum Lernen nach der neuen Ausbildungsordnung

Ähnliches Wissen wird auf neue Anwendungs- und Wissensbereiche angewendet und damit vertieft/vernetzt

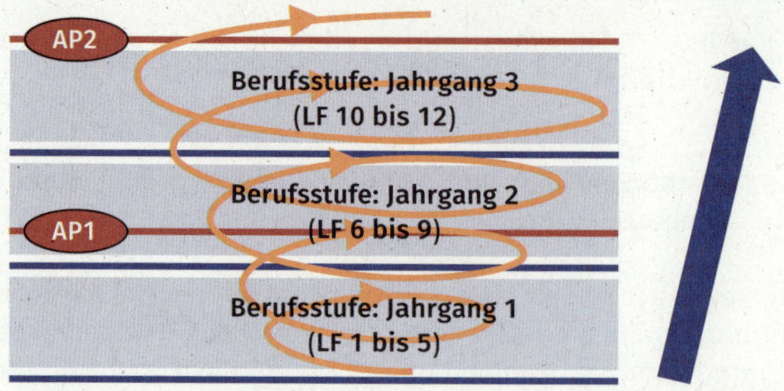

Mehrfacher Durchlauf der Themen, Praxis- und Arbeitsbereiche mit steigender Komplexität vom Einfacheren zum Schweren

Fundament: Handlungs- und Kompetenzorientierung = möglichst selbstständiges Erarbeiten, auch in Teams

Warum fordern die Herausgeber der Ausbildungsordnung eine sogenannte spiralcurriculare Vorgehensweise im Erarbeitungs- und Lernprozess?	Kurzstellungnahme in Stichworten:

2 Um das bisher erarbeitete Wissen und die erreichten Kompetenzen in das Lernfeld 8 einzubringen, gibt es grundsätzlich folgende Vorgehensweisen:

	Einschätzung: (1) schon gut und besser (2) eingearbeitet/Vertiefung sinnvoll (3) gerade mal ausreichend/Vertiefung notwendig (4) zu geringe Kompetenzen/keine Unterstützung des Teams zu erwarten

Vorgehensweise Aufarbeitung vorhandenen Wissens und Kompetenzen zu Beschaffung/Einkauf

Tabelle I	Tabellen II, III, IV	
Selbsteinschätzung zu bisher erreichten Kompetenzen in Beschaffung: Listen unten mit Kapiteln im Schülerbuch und Aufgaben im Arbeitsbuch aus der Grundstufe zur Beschaffung durchgehen und in einer Selbsteinschätzung prüfen, wie der Stand der Kompetenzen ist, bei Defiziten nacharbeiten.	**Zusätzlich:** Listen unten mit kaufmännischen Kapiteln im Schülerbuch und Aufgaben im Arbeitsbuch aus der Grundstufe durchgehen und unter der Sichtweise der Beschaffung bzw. des Einkaufs wiederholen. **Zusätzlich:** auch andere Lernfelder, z. B. zu IT-Komponenten und -Systemen, IT-Sicherheit und Software, unter dem Aspekt der Beschaffung wiederholen, sich gleichzeitig für die AP1 vorbereiten.	**Ohne Vorbereitung gleich zur 1. Lernsituation:** Diesen Teil überschlagen und gleich in der Lernsituation 1 des Lernfeldes 8 beginnen. Jeder muss selbst prüfen, was er nicht kann, und entsprechend nacharbeiten. Wenn das Grundlagenwissen in Lernfeld 8 benötigt wird, sollte jeder dieses selbst zusätzlich wiederholt haben.

Diskutieren und entscheiden Sie zur weiteren Vorgehensweise. Verwenden Sie die Freiflächen in den Tabellen, um stichwortartig Ihre Vermerke einzutragen. Bei nicht ausreichendem Platz oder der Entscheidung, arbeitsteilig vorzugehen und Ergebnisse zu präsentieren, können auch Vermerke zu Präsentanten oder Dateien mit Präsentationen etc. hier vorgenommen werden. Verwenden Sie bei Bedarf auch das IPERKA-Formular im Anhang.

Tabelle I		
Lernsituation 4 (Grundstufe, Lernfeld 2): Wir führen Beschaffungsvorgänge durch		
Checkliste zur Selbsteinschätzung der Beschaffungskompetenzen Lernfeld 2 (Ziffern sind Kapitelverweise)	**Bisher als Einstieg über das Arbeitsbuch der Grundstufe bezogen auf Beschaffung von Arbeitsplatzsystemen bereits erarbeitet**	**Selbsteinschätzung: Habe ich die Kapitel im Schülerbuch und die zugehörenden Aufgaben im Arbeitsbuch hinreichend bearbeitet? Hinweis zu Kapiteln mit Vertiefung**
2.9 Angebotsvergleiche bei Beschaffungsmaßnahmen durchführen 2.9.1 Beschaffungsprozess und Beschaffungsplanung unterstützen	Aufgabe 1: Beschaffungsmaßnahmen zu Arbeitsplatzsystemen planen	Vertiefung:
2.9.2 Quantitative Angebotsvergleiche vornehmen	Aufgabe 2: Angebotsvergleiche durchführen	Vertiefung:
2.9.3 Nutzwertanalysen durchführen	Aufgabe 3: Angebotsvergleiche auch mit qualitativen Kriterien	Vertiefung:
2.9.4 Vertragsarten und AGB unterscheiden	Aufgabe 4: Rechtliche Entscheidungen vornehmen	Vertiefung:
2.10 Lieferung, Installation und Übergabe vornehmen 2.10.1 Vorbereitung der Abnahme von Produkten und Leistungen	Aufgabe 1: Abnahme der Produkte und Leistungen vornehmen, Mängelanzeige bearbeiten	Vertiefung:
2.10.3 IT-Sicherheit – Risikoanalyse	Aufgabe 3: Risikoanalyse zur IT-Sicherheit unterstützen	Vertiefung:
2.10.4 Abfall- und Recyclinggesetze beachten	Aufgabe 4: Abfall- und Recyclingmaßnahmen unterstützen	Vertiefung:
2.10.5 Systemlieferung, -installation und -übergabe als Prozess präsentieren	Aufgabe 5: Eine Präsentation von der Lieferung bis zur Übergabe erstellen, lt. Vorschlagzettel	Vertiefung:

Tabelle II		
Kapitel mit übergreifenden, kaufmännischen Inhalten und Aufgaben in der Grundstufe		
Checkliste zur Selbsteinschätzung übergreifender, wirtschaftlicher Grundlagen im Schülerbuch (nach Kapitelverweisen in Band 1)	**Bisher als Einstieg über das Arbeitsbuch der Grundstufe bereits erarbeitet, dazu Fragen bezogen auf Beschaffung**	**Selbsteinschätzung: Was hat das erarbeitete Wissen mit Beschaffung zu tun? Kann ich das erlernte Wissen für das Lernfeld Beschaffung verwenden?**
2.5 Kundenanforderungen im Leistungsprozess berücksichtigen und Projektmanagement vorbereiten 2.5.1 Anforderungen zur Kundenzufriedenheit in den Leistungsprozess einbeziehen	Aufgaben 1 bis 3: Ist es für Einkäufer sowie in Beschaffung einbezogene Mitarbeiter wichtig, den Prozess von der Kundenanfrage bis zur Lieferung zu kennen, Kundenanforderungen nach Kundengruppen zu kennen, Beratungsgespräche mit Kunden vorzubereiten?	
2.5.2 Marketing- und Verkaufsförderungsmaßnahmen unterstützen	Aufgabe 4: Wie können Mitarbeiter im Marketing die Beschaffung unterstützen und umgekehrt?	
2.5.3 Auftragsbearbeitung mit Projektmanagement unterstützen	Aufgaben 5 und 6: Welches Wissen zum Projektmanagement liegt vor und kann auch für Beschaffung eingesetzt werden?	
2.6 Bedarfs- und Anforderungsanalysen durchführen 2.7 Pflichtenhefte erstellen (2.7.1 bis 2.7.3)	Aufgaben 7 bis 12: Können Sie erreichte Kompetenzen in der Lasten- und Pflichtenhefterstellung von Arbeitsplatzsystemen auch für komplexe IT-Beschaffungen nutzen?	
2.7.4 Desktop as a Service, Miete, Finanzierung und Leasing als Dienstleistungen berücksichtigen	Aufgabe 13: Müssen in der Beschaffung auch Fragen der Finanzierung und des Leasing behandelt werden?	
2.8 Angebote und Stundensätze kalkulieren 2.8.1 Umsätze, Kosten, Gewinn und Buchführungsarten unterscheiden	Aufgabe 14: Muss man in der Beschaffung Kostenarten kennen und wissen, was ein Handlungskostenaufschlag ist?	
2.8.2 Handelskalkulationen durchführen	Aufgabe 15: Sollten Einkäufer eine Handelskalkulation vom Einkaufspreis bis zum Verkaufspreis erstellen können?	
2.8.3 Stundensatzkalkulationen bei Dienstleistungen durchführen	Aufgabe 16: Sollten Sie wissen, wie ein Stundensatz berechnet werden kann, und begründen können, wieso der Stundensatz so hoch ist?	

Tabelle III		
Kapitel mit eher technischen Inhalten und Aufgaben in der Grundstufe		
Checkliste zur Selbsteinschätzung technischer Grundlagen nach Kapiteln im Schülerbuch (nach Kapitelverweisen in Band 1)	**Bisher als Einstieg über das Arbeitsbuch der Grundstufe bereits erarbeitet, dazu Fragen bezogen auf Beschaffung**	**Selbsteinschätzung: Was hat das erarbeitete Wissen mit Beschaffung zu tun? Kann ich das erlernte Wissen für das Lernfeld Beschaffung verwenden?**
2.2 Das Leistungsportfolio im Ausbildungsbetrieb beschreiben 2.2.1 Arbeitsplätze und Arbeitsumgebungen für IT-Systeme beschreiben 2.2.2 Marktgängige IT-Systeme vorstellen	Aufgaben 4 bis 6: Welche marktgängigen Systeme müssen für Kunden beschafft werden? Welche Komponenten, Systeme, Verbrauchsmaterialien beschaffen wir in der IT-Abteilung?	
2.3 Auswahlkriterien zu IT-Produkten allgemein unterscheiden 2.3.1 Qualität und Leistungsfähigkeit von IT-Systemen und Produkten allgemein unterscheiden 2.3.2 Umweltschutz und Green-IT herausstellen 2.3.3 Wirtschaftlichkeit und IT-Sicherheit erläutern	Aufgaben 1 und 2: Wie können Sie Kundenreklamationen und Green-IT in Beschaffungsmaßnahmen berücksichtigen? Gibt es bei uns technische Beschaffungskriterien und Richtlinien?	
2.4. Komponenten eines Arbeitsplatzcomputers unterscheiden 2.4.1 Zentraleinheit, Mainboard und Betriebssystem unterscheiden 2.4.2 Hauptplatine, Mainboard und die Komponenten beschreiben 2.4.3 Prozessoren genauer beschreiben 2.4.4 Arbeitsspeicher – RAM-Speicher erläutern und unterscheiden 2.4.5 Schnittstellen und Anschlüsse am Mainboard erläutern 2.4.6 Netzteile beschreiben und unterscheiden 2.4.7 Festplattenarten unterscheiden und erläutern 2.4.8 Tastaturen unterscheiden und präsentieren 2.4.9 Monitore vergleichen und präsentieren 2.4.10 Leistungsmerkmale für Drucker und Zusatzanforderungen erläutern 2.4.11 Scanner beschreiben und für den Arbeitsplatz auswählen 2.4.12 IT-Zubehör für die Barrierefreiheit und im After Sales unterscheiden 2.4.13 Unternehmenssoftware anbieten und vergleichen 2.4.14 Marktgängige IT-Systeme und Lösungen anbieten	Aufgaben 3 bis 22 und Zusatzfragen: Inwieweit müssen Mitarbeiter im Einkauf und mit Beschaffung beauftragte Mitarbeiter Leistungskriterien von Komponenten, Systemen, Zubehör kennen? Wieso sollten sie technische Checklisten oder Anforderungsbeschreibungen erstellen? Sind die Festlegung und Überprüfung von technischen Anforderungen nicht Aufgaben des Verkaufs und der Kunden? Lassen sich Beschaffungskompetenzen, die im ersten Jahr bezogen auf IT-Arbeitsplätze erworben wurden, auch auf größere Systeme, Server und Netzwerkkomponenten übertragen?	

Tabelle IV		
Sonstige Lernfelder der Grundstufe für das Lerngebiet 8 Beschaffung einbeziehen		
Lernfelder und Auswahl Kapitel (zu Anfang mit Kapitelverweisen in Band 1)	**Aufgaben im Arbeitsbuch der Grundstufe zu den Kapiteln**	**Selbsteinschätzung: Was hat das erarbeitete Wissen mit Beschaffung zu tun? Kann ich das erlernte Wissen für das Lernfeld Beschaffung verwenden?**
Lernfeld 3 3.2 Hauptbestandteile von Computernetzen unterscheiden 3.4 Netzwerkstrukturen, -komponenten, -standards und -modelle unterscheiden 3.7 Netzwerkkomponenten auswählen und konfigurieren 3.8 Grundlagen der Daten- und Netzwerksicherheit 3.9 Geräte mit Strom versorgen	insbesondere Aufgaben 2, 5 bis 10 Aufgaben 9 bis 15 Aufgaben 1 bis 5 Aufgaben 2, 3 und 8 Aufgaben 1 bis 3	
Lernfeld 4 4.2 Tom und Beiträge zum Sicherheitskonzept erstellen 4.3 Schutzbedarfsfeststellungen vorbereiten 4.4 Schutzbedarfsfeststellungen durchführen	insbesondere Aufgaben 1 bis 3 Aufgabe 1 Aufgaben 1, 3 bis 5	
Lernfeld 5 5.1 Das Umfeld der Softwareentwicklung analysieren 5.2 Den Prozess der Softwareentwicklung analysieren 5.4. Den Prozess der Anforderungsspezifikation und des Softwareentwurfs beschreiben 5.7 Die Verwaltung von Daten mithilfe von Datenbanken planen und umsetzen 5.8 Software testen und dokumentieren	insbesondere Aufgaben 2 und 4 Aufgaben 2, 17 und 18 Aufgaben 9 bis 12 Aufgaben 1 bis 3 Aufgaben 5 und 6	

3.1

3 Legen Sie sich eine Linksammlung mit Internetlinks zu besonderen Verbänden, Organisationen, Plattformen und Infoportalen zum Beschaffungswesen an. Ein Beispiel für eine solche Linksammlung zeigt folgende Tabelle.

Linksammlung zum Beschaffungswesen		
Link	**Quelle**	**Hinweis**
http://www.beschaffungsstrategie.de	Institut für Beschaffungsstrategie	
https://www.bme.de/start/ https://bmeopensourcing.com	Bundesverband Materialwirtschaft, Einkauf und Logistik	Verzeichnis Anbieter nach Kategorien
https://beschaffung-aktuell.industrie.de/		
https://logistikknowhow.com	Wissens- und Informationsplattform	
https://allaboutsourcing.de	Portal	

Lernsituation 1: Wir unterscheiden Ziele, Aufgaben und Leistungskennzahlen der Beschaffung

S Die Auszubildenden der JIKU IT-Solutions GmbH nehmen an der Vorbereitung einer Strategiesitzung des Beschaffungsbereichs teil.

Holger Lübberstedt: Wir wollen heute die Strategiesitzung der Einkaufsabteilung vorbesprechen. Sie sollen ja daran teilnehmen. Es kann sein, dass Sie dort Aufgaben übernehmen müssen.

Laura Meier: Strategie bedeutet langfristige Beschaffungsplanung, also wie sich die Abteilung langfristig ausrichten wird, oder?

Holger Lübberstedt: Genau. Hier wird besprochen, ob die Abteilung gut aufgestellt ist, ihre Vorgaben erreicht hat. Es wird über Schwächen von JIKU IT-Solutions in der Beschaffung gesprochen und überlegt, was man zukünftig besser machen kann. Dazu werden langfristige Ziele formuliert.

Julian Markus: Wie können wir uns darauf vorbereiten?

Holger Lübberstedt: Erst einmal müssen Sie erkennen, dass der Beschaffungsbereich für den Erfolg des Unternehmens sehr wichtig ist. „Im Einkauf steckt der Gewinn", heißt es auch gerne. Wenn die Abteilung schlecht arbeitet, ist die Gewinnchance somit schlecht. Es gab schon Unternehmen, bei denen die Probleme und Fehler im Einkauf so heftig waren, dass sie in Existenznot kamen.
Bearbeiten Sie folgende Aufgaben zur Vorbereitung auf die Sitzung.

3.1 Ziele, Aufgaben und Leistungskennzahlen der Beschaffung unterscheiden

Aufgabe 1: Bearbeiten Sie folgende Teilaufgaben.

3.1.1

1. Recherchieren Sie und stellen Sie fest, wie hoch das Marktvolumen an ITK-Produkten allgemein in Deutschland ist, welche ITK-Erzeugnisse am meisten nachgefragt werden und welche IT-Produkte höhere Wachstumsraten haben.

____
____
____
____
____
____

2. Geben Sie an, was im Ausbildungsbetrieb typische Beschaffungsobjekte (Komponenten, Systeme, Dienstleistungen, Clouddienste, Zubehör etc.) sind und an welchen Beschaffungsmaßnahmen Sie schon beteiligt waren.

____
____
____
____
____

Aufgabe 2: Bearbeiten Sie folgende Teilaufgaben zur besseren Zielerreichung in der Beschaffung.

3.1.2

1 Unternehmen können in große Schwierigkeiten kommen, wenn es zu Problemen in der Beschaffung kommt. Formulieren Sie zu den genannten Problemen stichwortartig Ziele, die das Unternehmen zukünftig zur Vermeidung anstreben sollte. Vergleichen und diskutieren Sie die Vorschläge.

Probleme in der Beschaffung	Zukünftig anzustrebende Ziele
An Kunden gelieferte Systeme fehlten zugesagte Teile, die nachgeliefert werden.	
Komponenten konnten nicht fristgerecht wie vereinbart geliefert werden.	
Die Anzahl mangelhafter Lieferungen hat sich verdoppelt.	
Systeme, die an Kunden ausgeliefert werden können, liegen unnötig lange im Lager.	
Kunden beklagen sich, dass Lieferungen nicht angekündigt wurden und dadurch unnötig Stress beim Kunden entsteht.	
Es müssen durch allgemein größere Nachfrage viel höhere Preise an die Lieferanten gezahlt werden als bei den Kundenangeboten kalkuliert.	
Ein Lieferant weigert sich, bestimmte Bauteile zu liefern. Dadurch kommt die Produktion zum Stillstand und es muss Kurzarbeit beantragt werden.	
Kunden beklagen, dass bei der Lieferung keine ordentliche Übergabe und Einweisung erfolgten.	
Von einigen Artikeln sind viel zu viele am Lager und liegen dort schon lange, andere werden einfach in zu geringen Mengen bestellt.	

2 Nennen Sie passend zu den vier Aufgaben der Beschaffungsplanung Gründe, die die Aufgabenerledigung beeinflussen können.

Beschaffungsaufgaben	Gründe, die die Beschaffungsaufgabe beeinflussen
Was soll beschafft werden?	
Wie viel soll beschafft werden?	
Wann soll beschafft werden?	
Wo soll beschafft werden?	

3 Ordnen Sie die Fachbegriffe der Beschaffungsplanung von (1) bis (10) den Aussagen in der Tabelle richtig zu.

(1) Dezentraler Einkauf
(2) Gattungsware
(3) Lead-Buyer
(4) Maverick Buying
(5) Serienkauf
(6) Spot-Buy
(7) Strategie
(8) Supply-Chain-Management
(9) Taktik
(10) Zentraleinkauf

Aussagen	Fachbegriff (Nr.)
Langfristige Ausrichtung der Vorgehensweise, des Managements	
Kurzfristige Entscheidungen und Vorgehensweisen begründen	
Ein ungeplanter, spontaner Kauf soll möglichst unterbleiben.	
Jeder Mitarbeiter bestellt selbst, was er braucht.	
Es geht nicht um speziell erstellte Produkte, sondern um Massenware.	
Produkte, die immer wieder (regelmäßig) bestellt werden	
Konzept, bei dem ein Experte führende Einkaufskraft ist	
Das Beschaffungsmanagement betreut die gesamte Lieferkette.	
Der Einkauf erfolgt gebündelt von einer Stelle oder Abteilung.	
Jede Abteilung regelt selbst ihren Einkauf.	

4 Auf den Beschaffungsbereich wirken nach M. E. Porter fünf Wettbewerbskräfte. Diskutieren Sie darüber und geben Sie in der Tabelle in Stichworten an, inwieweit die Wettbewerbskräfte die Entscheidungen der Einkäufer oder Beschaffungsabteilungen beeinflussen können.

Wettbewerbskräfte	Einfluss auf Beschaffung? (Beschaffungsabteilung)
Starke Lieferanten	
Starke Kunden	
Neue Anbieter	
Substitute, Ersatz	
Konkurrenz/ Marktaktivitäten	

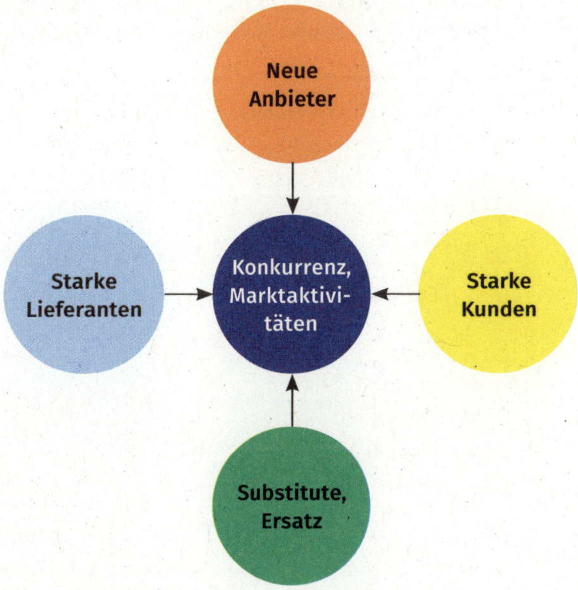

5 Ordnen Sie die folgenden Schlüsselkennzahlen (KPI = Key Performance Indicator) von (1) bis (6) den Aussagen in der Tabelle richtig zu.

(1) Beanstandungsquote
(2) Beschaffungszeit
(3) Bezugskosten
(4) Einkaufsvolumen
(5) Liefertermintreue
(6) ROI

Aussagen	Kennzahl (Nr.)
Vereinbart wurde eine bestimmte Abnahmemenge.	
Die Zeit zwischen Bedarfsmeldung und Lieferung um 30 % kürzen.	
Der Anteil der Mängelmeldungen bezogen auf Lieferungen ist zu hoch.	
Der Gewinn aus der beschafften Menge ist zu gering.	
Nach der Lieferantenbewertung wird pünktlich geliefert.	
Die Kosten für die Lieferung sollen halbiert werden.	

6 Ordnen Sie die Analysearten von (1) bis (11) den Beispielen in der Tabelle richtig zu (jede Zuordnung nur einmal).

(1) Abweichungsanalyse
(2) Benchmark
(3) KPI
(4) Machbarkeit
(5) Nutzwert
(6) Periodenvergleich
(7) Präferenzmatrix
(8) Risikomatrix
(9) Soll-Ist
(10) Stakeholder
(11) SWOT

Geben Sie bei den Tabellenkalkulationen, soweit der Einsatz möglich ist, Zellen mit Formeln an.

Aussagen und Beispiele	Art (Nr.)
Die Beschaffungsabteilung wird beauftragt, für die Gesellschafterversammlung mit Kennzahlen nachzuweisen, dass sie die vorgegebenen Maßnahmenziele erreicht hat.	

	A	B	C	D
1	**Beschaffungsanalysen bei JIKU**	JIKU Vorjahr	Branche	Bester Mitbewerber
2	Beschaffungskosten/Beschaffungsvolumen %	3	2,8	2
3	Durchschnittliche Lieferzeit in Tagen	9	8	3
4	Retouren in %	8	9	5

Art (Nr.):

	A	B	C	D	E	F
14	Entscheidungskriterien	Gewichtung in %	Punkte	Gewichtete Punkte	Punkte	Gewichtete Punkte
15	Preis	40	3	120	2	80
16	Produktqualität	30	2	60	3	90
17	Kompetenz	15	2	30	3	45
18	Bisherige Zusammenarbeit	15	2	30	3	45
19	Summe	100		**240**		**260**

Art (Nr.):

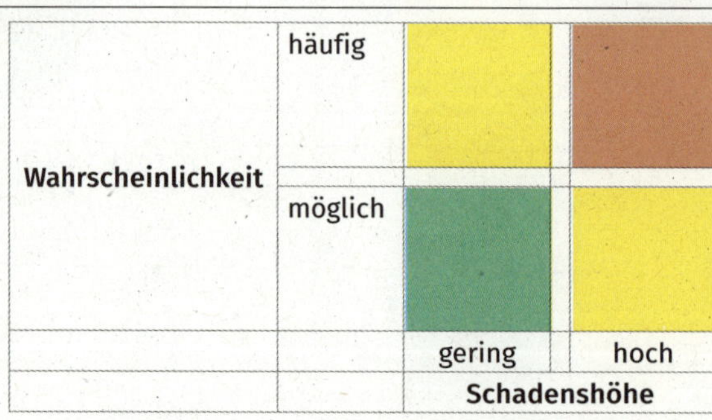

Art (Nr.):

Aussagen und Beispiele	Art (Nr.)

	A	B	C
1	**Beschaffung Analysen JIKU**	JIKU Soll	JIKU Ist
2	Beschaffungskosten/Beschaffungsvolumen %	3	3,3
3	Durchschnittliche Lieferzeit in Tagen	5	7
4	Retouren in %	5	7

	A	B	C
1	**Analysen Abteilung Beschaffung JIKU**	Letztes Jahr	Abweichung
2	Lagerbestand 1. Halbjahr Tsd €	400	−20,0 %
3	Lagerbestand 2. Halbjahr Tsd €	600	20,0 %
4	Durchschnitt/Mittelwert	500	

Gewichtung	Rangfolge	Anzahl Nennungen (2)		Anforderungen, Kriterien
66,7 %	1	2	a	Geringere Beschaffungskosten erreichen
33,3 %	2	1	b	Eigenschaften der Produkte nach Kundenwunsch
0,0 %	3	0	c	Geringere Lieferzeit der Produkte ermöglichen
100 %		3		

(Paarvergleich: a/b → a; a/c → a; b/c → b)

Die Geschäftsleitung möchte wissen, mit welchen Wahrscheinlichkeiten die Beschaffungsabteilung die gesetzten Ziele erreichen kann.

Die Beschaffungsabteilung soll für eine Strategiesitzung systematisch interne Stärken und Schwächen sowie Chancen und Risiken im Markt aufzeigen.

Sie sollen aus den Daten des Beschaffungsmoduls Kennzahlen für den Beschaffungsbereich zusammenstellen.

	A	B	C	D
1	**Beschaffung Analysen JIKU**	JIKU Jahr	JIKU Vorjahr	Veränder. %
2	Beschaffungskosten/Beschaffungsvolumen	3	3,3	−9,1 %
3	Durchschnittliche Lieferzeit in Tagen	10	5	100,0 %
4	Retouren in %	8	6	33,3 %

Aufgabe 3: **Diskutieren Sie, welche Kompetenzen für den Beschaffungsbereich besonders gefragt sind (zu Fachkompetenzen siehe auch Schülerbuch Band 2, Kapitel 3.1.3 und zu Sozialkompetenzen und Selbstkompetenzen siehe auch Schülerbuch Band 1, Kapitel 1.1, S. 18.)**

3.1.3

Verwenden Sie die Tabellen aus der Aufgabe zur Selbstreflexion (siehe S. 155) als Checkliste zur Überprüfung Ihrer bisher vorhandenen fachlichen Kompetenzen, wenn nicht zu Anfang des Lernfeldes schon erfolgt.

Haben Sie passende Aufgaben im Arbeitsbuch der Grundstufe schon bearbeitet bzw. noch in Erinnerung?	Kapitel: Aufgabe:	🙂 😐 🙁 ☹

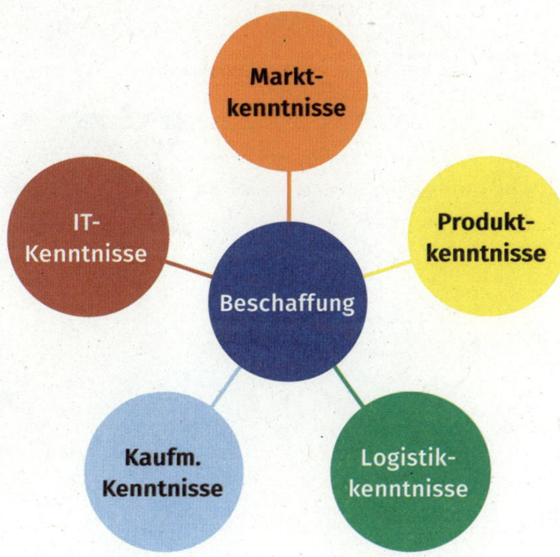

Lernsituation 2: Wir stellen Beschaffungsprozesse dar

S **Die Auszubildenden der JIKU IT-Solutions GmbH sollen Beschaffungsprozesse erläutern und darstellen.**

Holger Lübberstedt: Ziel von Maßnahmen im Unternehmen ist es häufig, die Prozesse zu verbessern.

Laura Meier: Ideal wäre bestimmt, alles so einzurichten, dass alle Prozesse digital unterstützt werden.

Holger Lübberstedt: Am besten auch mit allen Geschäftspartnern. Für die Ausbildung bedeutet dies, dass wir Geschäftsprozesse erst einmal erkunden und darstellen müssen und dann Schwachstellen oder Potenziale für eine Verbesserung aufzeigen.

Julian Markus: Viele Prozesse tangieren auch andere Abteilungen. Gehen wir da hin?

Holger Lübberstedt: In gemeinsamen Arbeitskreisen versucht man zusammenzuarbeiten. Es muss gelingen, Abteilungs- oder Silodenken in ein ganzheitliches Denken zu ändern. Bearbeiten Sie folgende Aufgaben zur Vorbereitung auf die Sitzung.

3.2 Beschaffungsprozesse aufzeigen

3.2

Aufgabe: **Bearbeiten Sie folgende Teilaufgaben.**

1. Erläutern Sie den Beschaffungsprozess mit eigenen Worten. Bringen Sie Ihre bisher erworbenen Kenntnisse und Erfahrungen ein.

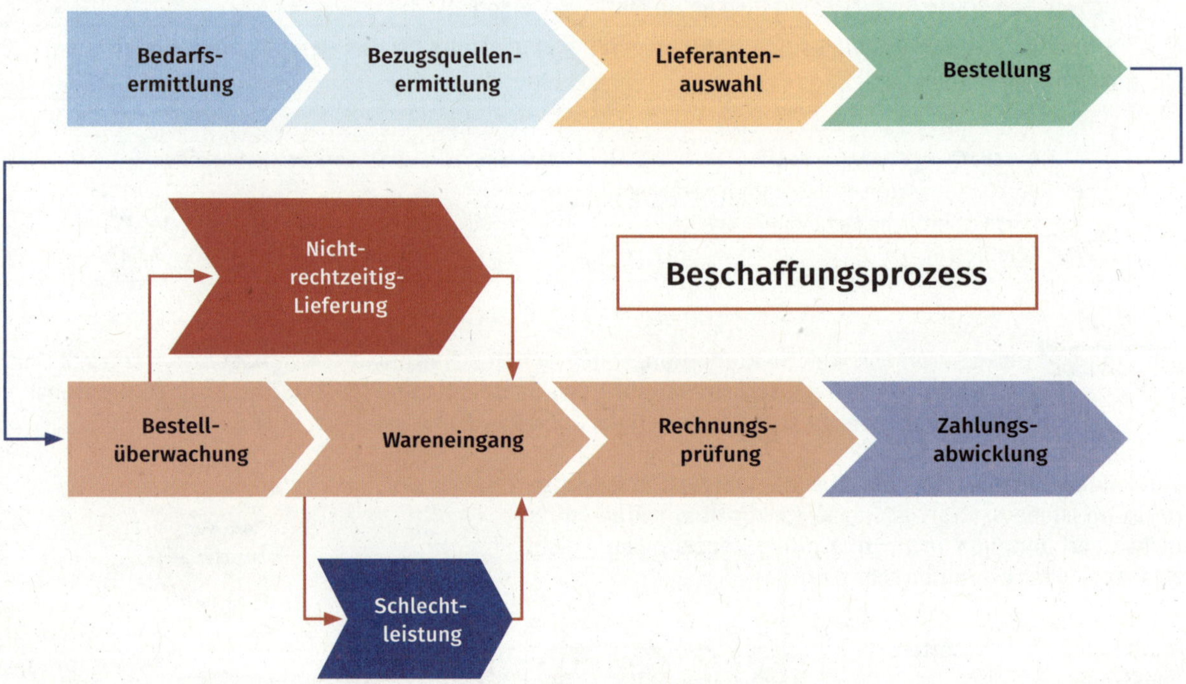

2 Erläutern Sie den folgenden Prozessablauf.

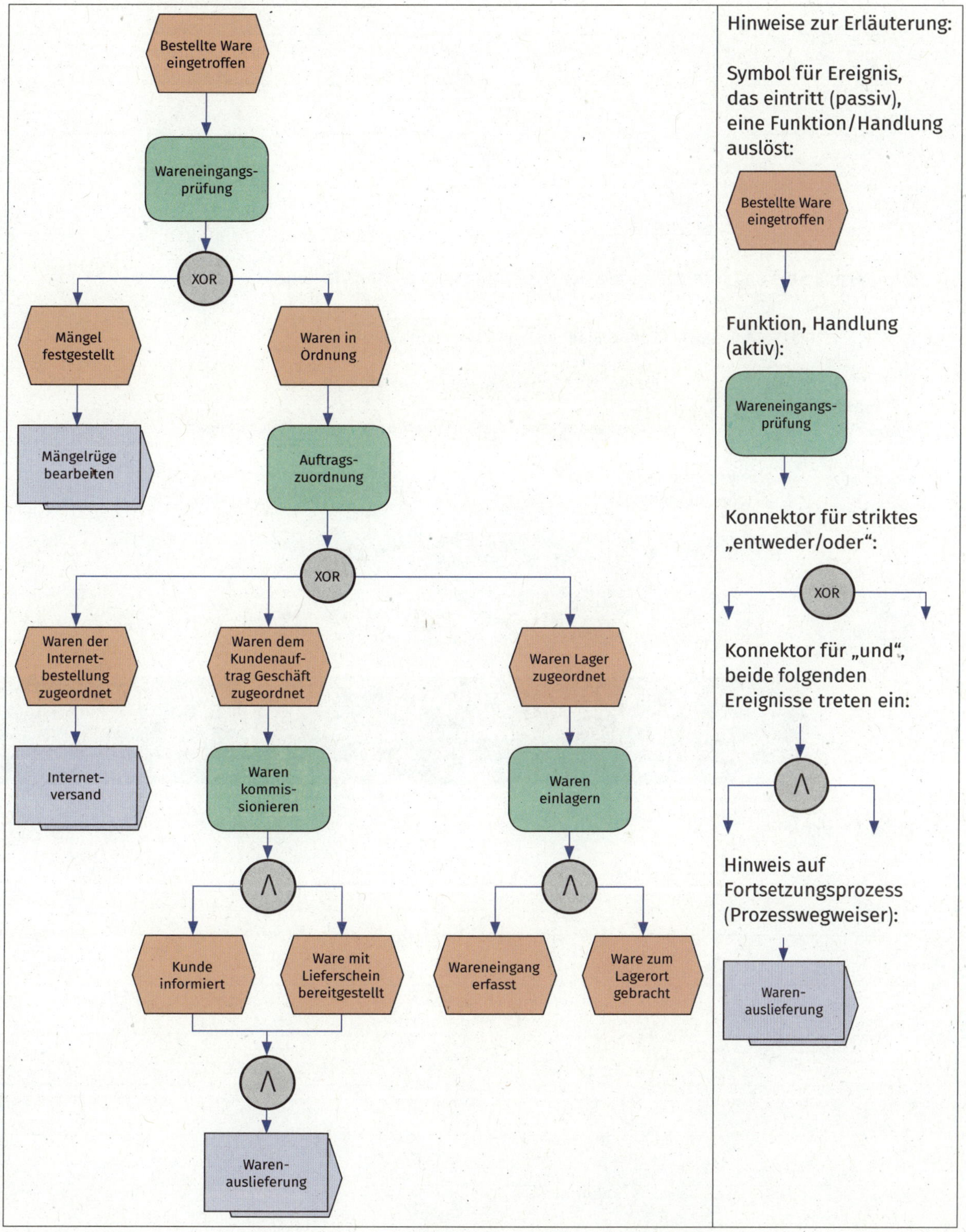

a) Geben Sie mit Beispielen an, in welchem Prozessschritt Sie mit Kunden in Kommunikation treten können.

b) Geben Sie in Stichworten an, wann der Kunde (und auf welche Arten) informiert werden sollte.

3 Erläutern Sie die englischen Begriffe der Abbildung mit eigenen Worten.

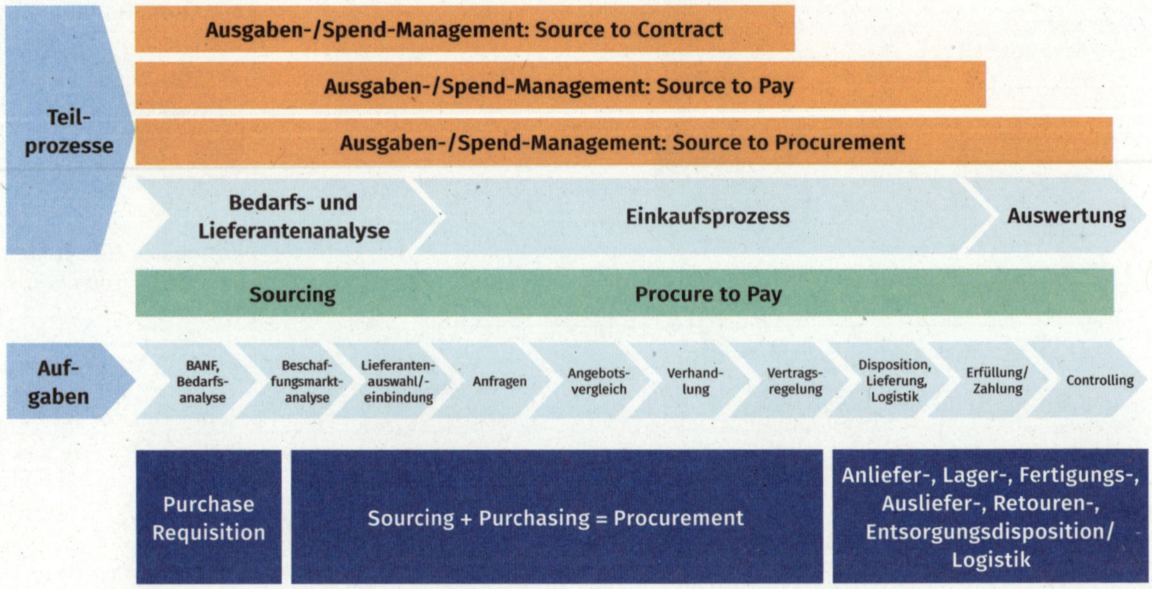

Erläuterungen:

4 In der Strategiesitzung werden auch Disponenten anwesend sein. Erläutern Sie stichwortartig, welche Aufgaben Disponenten haben und wie Disponenten mit anderen Abteilungen, Disponenten, Kunden oder Lieferanten zusammenarbeiten sollten.

Einsatzbereiche der Disponenten	Vorschläge für Zusammenarbeit bei der Disposition
I. Beschaffungsdisposition und Einkaufsdisposition, Logistikdisposition und Transportdisposition	
II. Eingangslagerdisposition, Fremdlagerdisposition, Zwischenlagerdisposition	
III. Produktions-/ Werkstattdisposition	
IV. Absatzdisposition	

Aufgaben von Disponenten und Problem des Silodenkens	
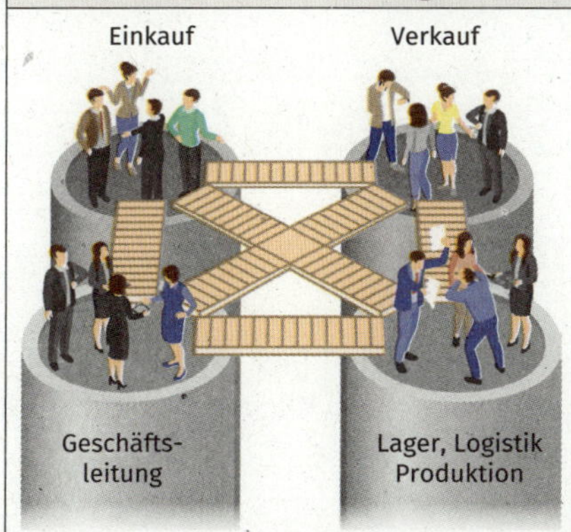	

Haben Sie passende Aufgaben im Arbeitsbuch der Grundstufe schon bearbeitet bzw. noch in Erinnerung?	Kapitel: Aufgabe:	🙂 😐 🙁 ☹️

5 Lösen Sie die folgenden Aufgaben zur Planung der Erstellung eines Internetshops:
a) Ergänzen Sie im Netzplan die fehlenden Angaben lt. Legende und die Pfeile für die Pfade.
b) Markieren Sie den kritischen Pfad.
c) Geben Sie am Beispiel an, was GP bedeutet.

Vorgangsliste Webshoperstellung			
VNr.	**Vorgangsbezeichnung**	**Dauer**	**Vorgänger**
1	Projekteröffnung	1	
2	Konzepterstellung	8	1
3	Shopsoftwareauswahl	4	2
4	Shopartikel festlegen	14	2
5	Shop entwickeln	10	3, 4
6	Provider auswählen	3	3
7	Shop testen, Controlling	20	5, 6

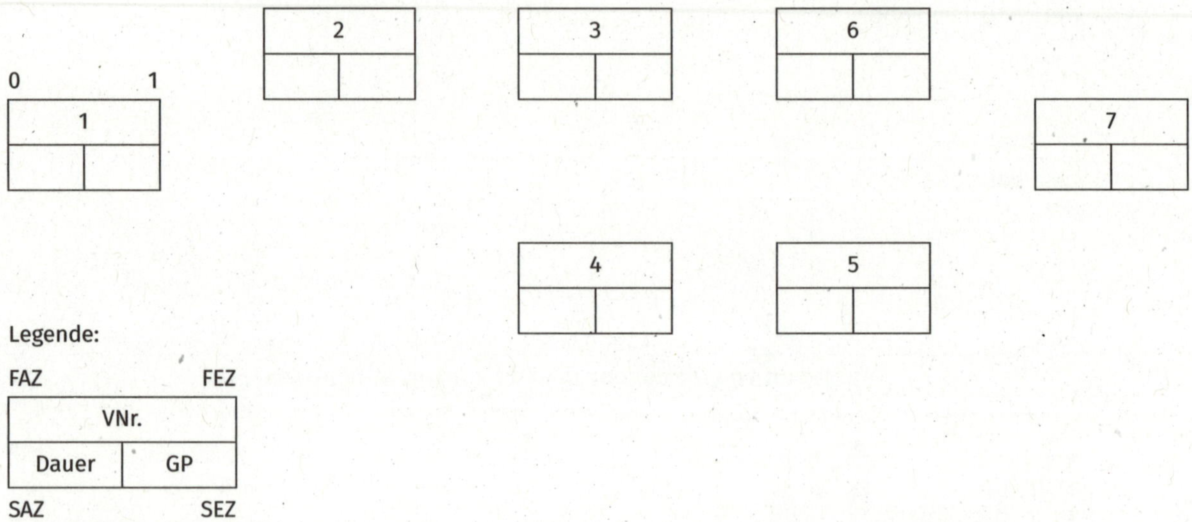

FAZ beginnt mit Ø
(abends)

6 Ein größeres Projekt, „Installation eines Sicherheitssystems in zwei unterschiedlich großen Werkhallen“, steht an. Sie sind mit der Erstellung eines Netzplans beauftragt und sollen Vorschläge zur zeitlichen Optimierung vortragen.

Vorgangsliste			
Vorgang	**Bezeichnung**	**Dauer**	**Vorgänger**
A	Pflichtenheft festlegen	2	---
B	Angebote einholen und auswerten, bestellen	4	A
C	Material liefern und Leitungssystem in Halle A installieren	5	B
D	Material liefern und Leitungssystem in Halle B installieren	8	B
E	Test und Teilabnahme beider Räume	1	C, D
F	Komponenten liefern und Sicherheitssystem in Halle A installieren	4	E
G	Komponenten liefern und Sicherheitssystem in Halle B installieren	6	E
H	Software installieren und testen	2	G
I	System übergeben, Mitarbeiter schulen	1	H

a) Erstellen Sie auf einem Sonderblatt oder mit Excel (Vorlage siehe Zusatzmaterial im Downloadbereich des Sachbuchs) einen Netzplan, wobei die Knoten nach folgendem Muster erstellt werden und der erste FAZ = 0 ist:

<table>
<tr><td>FAZ</td><td colspan="2"></td><td>FEZ</td></tr>
<tr><td rowspan="2"></td><td colspan="2">Vorgang</td><td rowspan="2"></td></tr>
<tr><td>Dauer</td><td>GP</td></tr>
<tr><td>SAZ</td><td colspan="2"></td><td>SEZ</td></tr>
</table>

b) Geben Sie an, über welche Knoten der kritische Pfad läuft.

---

c) Erläutern Sie kurz den kritischen Pfad.

---

d) Folgender Kalender liegt vor. Geben Sie an, an welchem Tag nach dem Netzplan die Übergabe erfolgt, wenn das Projekt Anfang Mai beginnen soll (an Feiertagen und Wochenenden, dunkler unterlegt, wird nicht gearbeitet).

Mai							
KW	Mo	Di	Mi	Do	Fr	Sa	So
18				1	2	3	4
19	5	6	7	8	9	10	11
20	12	13	14	15	16	17	18
21	19	20	21	22	23	24	25
22	26	27	28	29	30	31	

Juni							
KW	Mo	Di	Mi	Do	Fr	Sa	So
22							1
23	2	3	4	5	6	7	8
24	9	10	11	12	13	14	15
25	16	17	18	19	20	21	22
26	23	24	25	26	27	28	29
27	30						

---

e) Der Kunde möchte gerne, dass die Übergabe Ende Mai erfolgt. Wie können Sie die Projektdauer verkürzen?

Lernsituation 3: Wir unterscheiden Warengruppen und Kategorien zur Beschaffung von IT

S **In der Strategiesitzung soll über Veränderungen im Leistungsportfolio an Waren, Komponenten und Leistungen sowie die digitale Erfassung der Produkte und Leistungen von JIKU IT- Solutions gesprochen werden. Die Auszubildenden sollen sich dazu vorbereiten.**

Holger Lübberstedt: Marketing, Verkauf und Einkauf müssen festlegen, welche Leistungen, also Systeme, Software und Dienste wir anbieten sollen. Was muss bei der Zusammenstellung des Portfolios beachtet werden?

Laura Meier: Wir müssen wissen, was unsere Kunden gerade für Anforderungen stellen und welche Produkte dafür optimal am Markt angeboten werden. Es gibt immer wieder neue Produkte.

Holger Lübberstedt: Hat sich denn am Beschaffungsmarkt in den letzten Jahren viel verändert?

Julian Markus: Ja. Durch die digitalen Beschaffungsmärkte ist das Angebot riesig. Und man kann schnell digital bestellen und direkt an den Kunden liefern.

Holger Lübberstedt: Wir wollen einmal unterschiedliche Vorgehensweisen herausstellen, die bei der Zusammenstellung des Portfolios oder des Sortiments beachtet werden. Veränderungen durch Digitalisierung sollten wir auch einbeziehen.

3.3 Warengruppen, Produktportfolio und Leistungskategorien für die Beschaffung unterscheiden

3.3

Aufgabe 1: **Bearbeiten Sie die folgenden Teilaufgaben.**

1. Geben Sie je ein Beispiel und eine Erklärung für die folgenden Güterarten an (vgl. auch Band 1, Kap. 1.3.6).

Güterart	Beispiel	Erklärung
Rohstoff		
Hilfsstoff		
A-Artikel		
C-Artikel		

2. Erläutern Sie die unterschiedliche Vorgehensweise bei der Beschaffung von A-Artikeln und C-Artikeln.

A-Artikel:

C-Artikel:

3 Stellen Sie fest, nach welchen Aspekten Unternehmen ihren Leistungskatalog festlegen, und ordnen Sie unter Angabe der Nummer (1) bis (5) verschiedene Ausrichtungen des Katalogmanagements den Unternehmensbeschreibungen zu.

(1) ABC-bezogen: nach ABC-Artikeln und Leistungen differenziert
(2) Geschäftsmodellbezogen: spezialisiert auf Kunden/gewählte Marktsegmente
(3) Klassisch: traditionell mit laufend geführtem Sortiment und gelegentlichen Zusatzartikeln und Leistungen
(4) Personalisiertes Leistungssortiment: digital nach Kundenkarte oder Shopsystem genau auf Kundenwünsche angepasst
(5) Portfoliomatrix: Unterscheidung nach „?", Stars, Dogs, Cows oder Hebelgütern, strategischen Gütern, Engpassgütern und Standardgütern

Unternehmensbeschreibungen des Sortiments	Ausrichtung des Katalogmanagements (Nr.)
Es wird der Markt untersucht und genau das Leistungsportfolio zusammengestellt, was die Kunden eines Marktsektors benötigen.	
Handelssortiment nach elektronischer Kundenkarte flexibel auf die Kunden des Marktes mit Data-Analytics ausgewertet	
Artikelsortiment in drei Stufen wichtig mit hohem Beschaffungswert, weniger wichtig und wenig wichtig, da nur geringer Beschaffungswert	
Bewährt kleineres Kernsortiment, Randsortiment für gelegentliche Aktionen nach Großeinkauf, für Kunden auch Individualbestellung	
Portfolio so, dass immer auch Nachfolgeprodukte dazukamen, die weniger nachgefragte Produkte ersetzen können	

4 Geben Sie für die Warengruppe Personalcomputer (PC) Erläuterungen und ggf. Beispiele zur Sortimentsgestaltung an.

Sortimentsgestaltung	Erläuterungen evtl. mit Beispielen zur Warengruppe PC
Kernsortiment	
Randsortiment	
Breites Sortiment	
Tiefes Sortiment	
Serviceangebot	
Produktvariation	
Produktbündelung	
Cross-Selling	
Up-Selling	
After-Sales	

5 Ein Unternehmen will Produkte in die Portfoliomatrix einordnen:

a) Bezeichnen Sie die vier Quadranten der Portfoliomatrix nach Produktgruppen (z. B. Star-Produkte).

b) Ordnen Sie folgende vier Produkte korrekt dem Produktportfolio zu, indem Sie die Produktkennungen (1) bis (4) in das Schaubild einzeichnen.

(1) Produkt, das als Neuheit sehr stark nachgefragt wird

(2) schon älteres, gut gelaufenes Produkt, das zwar noch von 60 % der Anwender verwendet wird, jedoch kaum neue Kunden gewinnt

(3) unser Marktführerprodukt, das immer noch stark an Kunden gewinnt

(4) neues Produkt, das wir leider vom Produkt zu wenig auf die Wünsche der Kunden abgestimmt haben und das weder gut verkauft wird noch viele Kunden gewonnen hat

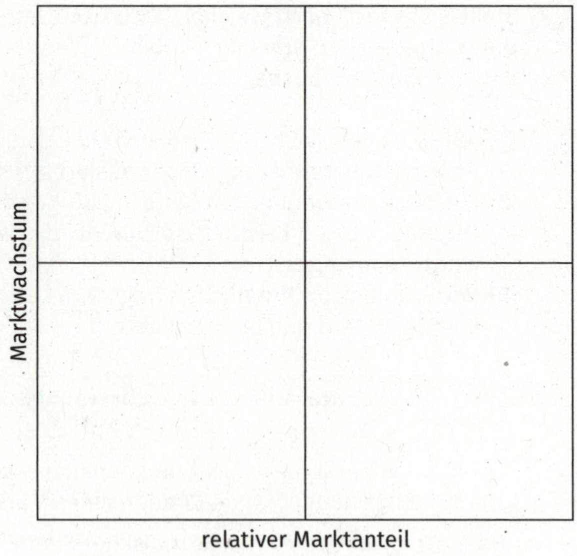

6 Erläutern Sie, warum es heutzutage neben einem Absatzmarketing auch ein Beschaffungsmarketing geben sollte.

3.3

Aufgabe 2: **Bearbeiten Sie folgende Aufgaben, evtl. auch arbeitsteilig durch Vorbereitung, Präsentation und Besprechung in vier Arbeitsgruppen oder ggf. in acht Arbeitsgruppen mit je zwei Parallelarbeitsgruppen.**

1 a) Für eine ABC-Analyse haben Sie die Artikel bereits in eine sortierte Reihenfolge gebracht. Geben Sie nun an, zu welcher Artikel-Klasse (A, B, C) jeder Artikel gehört, und tragen Sie den passenden Buchstaben in die Spalte „Klasse“ ein.

Artikel-Nr.	Menge	EK-Preis	Verbrauchswert in €	Verbrauchswert kumuliert in €	in %	Klasse	Menge kumuliert	in %
				–	0,0		0	0,0
104	1100	180	198000,00	198000,00	34,2		1100	10,6
110	980	200	196000,00	394000,00	68,0		2080	20,1
107	200	230	46000,00	440000,00	76,0		2280	22,0
102	380	99,9	37962,00	477962,00	82,5		2660	25,7
105	2500	14,7	36750,00	514712,00	88,9		5160	49,8
108	600	26,9	16140,00	530852,00	91,7		5760	55,6
101	1000	15,3	15300,00	546152,00	94,3		6760	65,3
109	1700	7,5	12750,00	558902,00	96,5		8460	81,7
106	100	110	11000,00	569902,00	98,4		8560	82,6
103	1800	5,1	9180,00	579082,00	100,0		10360	100,0

b) Zeichnen Sie entsprechend der Tabelle ein ABC-Diagramm.

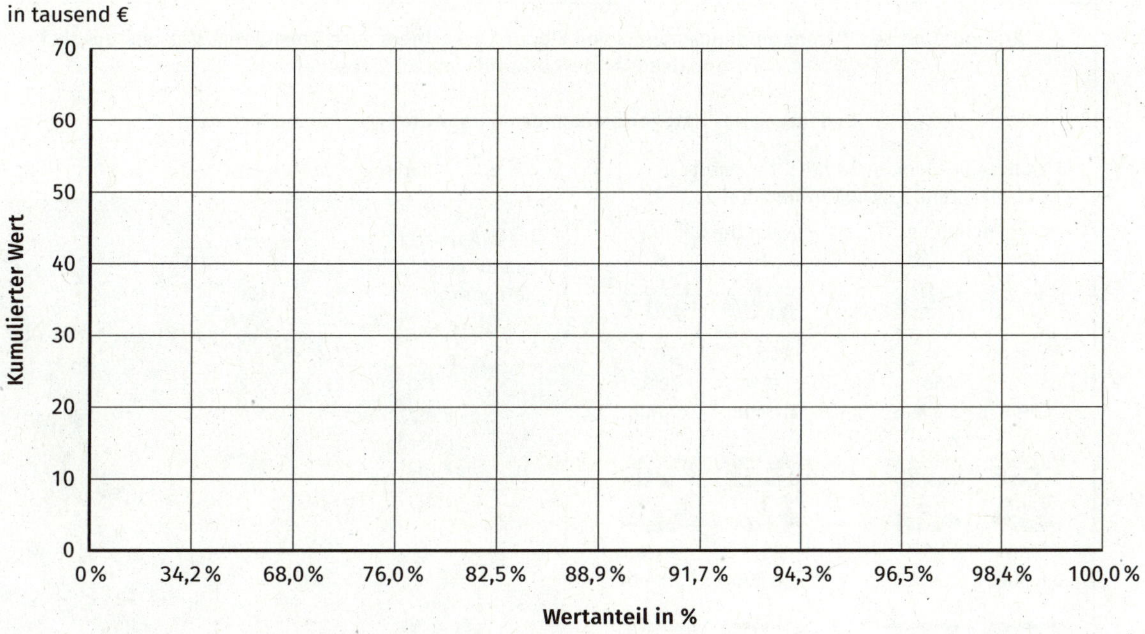

c) Erläutern Sie das Ergebnis der ABC-Analyse.

____

____

____

____

____

2 Sie haben einem Kunden ein Lagerhaltungsprogramm eingerichtet, das die ABC-Analyse ermöglicht. Anhand des Schaubildes wollen Sie dem Kunden den Vorteil der ABC-Analyse erläutern.

a) Was versteht man unter A-, B- und C-Artikeln?

____

____

b) Welche Artikel sollten aus Kostengründen eher zentral und welche dezentral gelagert werden?

____

____

c) Welche weiteren Maßnahmen (max. drei nennen) sind betriebswirtschaftlich bei A-Artikeln besonders sinnvoll?

____

____

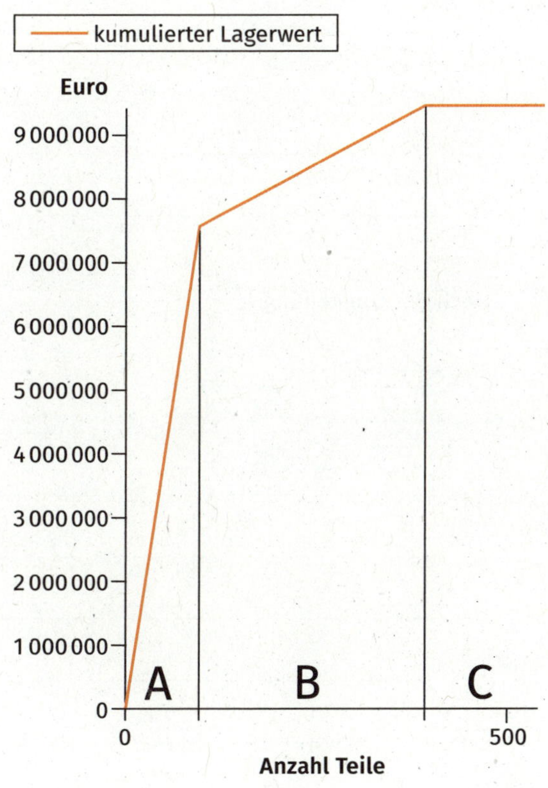

3 Erläutern Sie das folgende Schaubild und den Vorschlag zur Umstellung des Ladenplatzanteils.

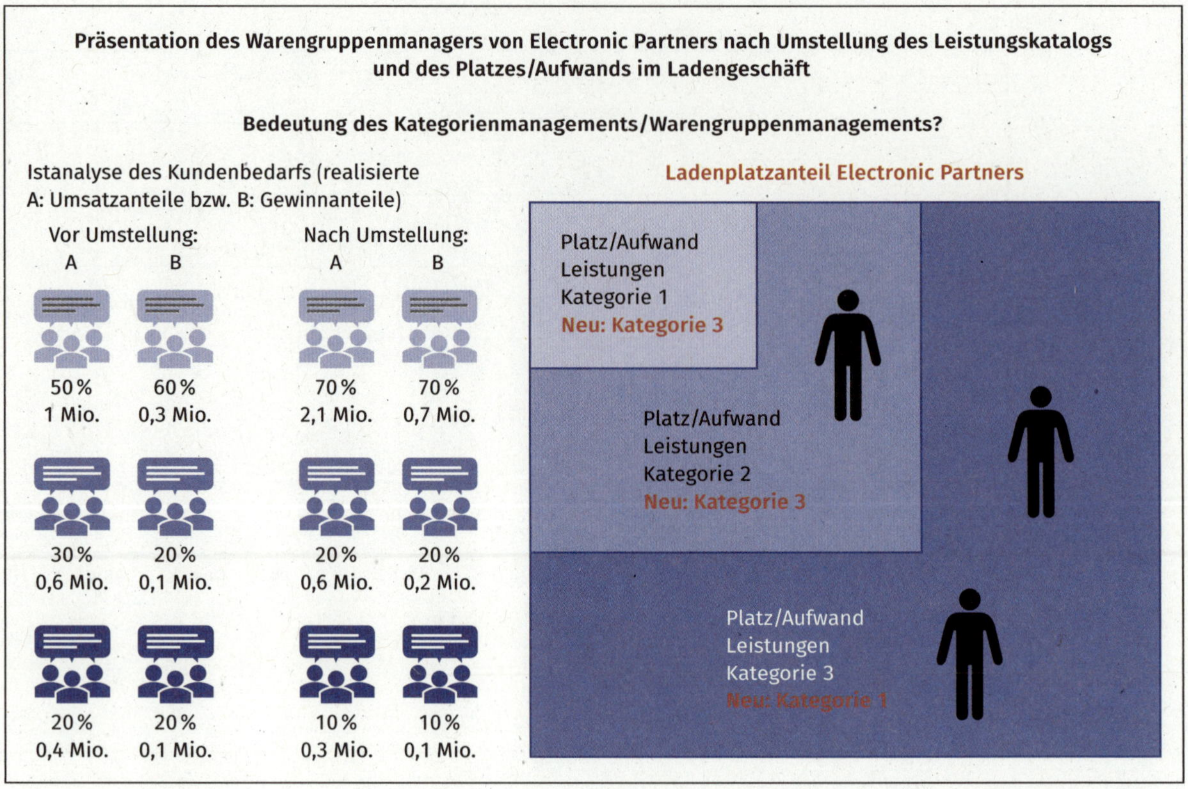

Vor der Umstellung:

Nach der Umstellung:

4 Erläutern Sie die Analyse des folgenden Leistungsportfolios und geben Sie eine stichwortartige Stellungnahme dazu ab.

	A	B	C	D	E	F	G	H	I	J
1	**Umsatz- und Gewinnanalysen bei JIKU**									
2	Nr.	Leistungen	Umsatz netto	Anteil	Kosten geschätzt	Gewinn/ Verlust	in %	Aufwand Std.	Anteil	Risiken
3	1	Verkauf Standard-PC und Peripheriegeräte	300 000,00 €	37 %	280 000,00 €	20 000,00 €	6,7 %	1 000	18,2 %	gering
4	2	Beratung KMU-Kunden	80 000,00 €	10 %	40 000,00 €	40 000,00 €	50,0 %	700	12,7 %	höher
5	3	Beratung Kleinkunden	20 000,00 €	2 %	24 000,00 €	–4 000,00 €	–20,0 %	500	9,1 %	höher
6	4	Basisverträge Systemmanagement	140 000,00 €	17 %	60 000,00 €	80 000,00 €	57,1 %	1 000	18,2 %	gering
7	5	Projekt IT Bereitstellung Bare Metal KMU	40 000,00 €	5 %	25 000,00 €	15 000,00 €	37,5 %	500	9,1 %	mittel
8	6	Projekt IT Bereitstellung Cloud Systeme	130 000,00 €	16 %	40 000,00 €	90 000,00 €	69,2 %	1 000	18,2 %	mittel
9	7	Projekt IT Systemmanagement	100 000,00 €	12 %	50 000,00 €	50 000,00 €	50,0 %	800	14,5 %	mittel
10		gesamt	810 000,00 €		519 000,00 €	291 000,00 €		5 500		
11		Hinweise: 5–6 können Einstieg in 1–4 sein			benötigte Mitarbeiter Vollzeit:			3,125		
12		Mitarbeiter Jahresstunden = 220 Werktage abzgl. Urlaub, Feiertage, Fortbildung etc. = St. 1 760								
13		Risiken: Geschäftsrisiken (insbesondere finanziell)								

Stellungnahme:

5 Damit Artikeldaten weltweit in Katalogen digital schnell erfasst und über digitale Netze übermittelt werden können, müssen Standards beachtet werden. Geben Sie stichwortartige Kurzerläuterungen zu folgenden Abkürzungen an.

Standard	Erläuterungen
CPV	
GDSN	
PIM	
MDM	
DAM	

Haben Sie passende Aufgaben im Arbeitsbuch der Grundstufe schon bearbeitet bzw. noch in Erinnerung?	Kapitel: Aufgabe:	

Lernsituation 4: Wir vergleichen Bezugsquellen, bewerten Lieferanten, erstellen Anfragen und Ausschreibungen

S **Nun geht es für die Auszubildenden darum, Bezugsquellen für die Beschaffung von IT-Leistungen zu beschreiben und Anfragen zu erstellen.**

Holger Lübberstedt: In der vierten Ausbildungssitzung zum Vertiefungsbereich Beschaffung und Einkauf wollen wir uns den Lieferanten zuwenden und unterschiedliche Bezugsquellen bewerten.

Laura Meier: Manche Unternehmen reduzieren ihren Beschaffungsbereich und bestellen nur bei ganz wenigen Lieferanten.

Holger Lübberstedt: Das ist ein interessanter Ansatz, den wir prüfen sollten.

Julian Markus: Dann muss man aber genau prüfen, auf wen man sich einlässt.

Laura Meier: Ja, man bewertet die Lieferanten genau und pflegt gute Geschäftsverbindungen.

Julian Markus: Trotzdem muss man ständig mindestens die A-Lieferanten genau prüfen.

Holger Lübberstedt: Wir haben insgesamt sechs mal 1,5 Ausbildungsstunden dafür vorgesehen. Sie können das gerne über einen IPERKA-Plan selbst organisieren.

3.4 Bezugsquellen vergleichen, Lieferanten bewerten, Anfragen und Ausschreibungen erstellen

S **Sie sollen Ihre Kompetenzen zu Sourcing, Beschaffungsanfragen und Ausschreibungen für Beschaffungsmaßnahmen verbessern.**
Für diesen Aufgabenkomplex lassen sich verschiedenen Unterthemen nennen, die mit folgenden Aufgaben erschlossen werden sollen.
Die Themenbereiche können in fünf Teilaufgabenbereichen behandelt werden, jedoch auch mit einem IPERKA-Plan selbst organisiert werden.

Sourcing, Anfragen, Ausschreibungen

- Bezugsquellen intern, extern, sonstige erkunden
- Sourcing-Strategie prüfen
- Lieferanten bewerten
- Anfragen vorbereiten und Rahmenverträge beachten
- Öffentliche Ausschreibungen nutzen

Bezugsquellen vergleichen

S **Die Auszubildenden der JIKU IT-Solutions GmbH sollen sich über Bezugsquellen zur Beschaffung von IT austauschen.**

Holger Lübberstedt: Unternehmen bauen partnerschaftliche Beziehungen zu ihren Stammlieferanten auf. Jedes Unternehmen muss jedoch auch die Beschaffungsmärkte beobachten und neue Bezugsquellen erschließen.

Laura Meier: Viele fliegen nach Asien und knüpfen neue Kontakte zu sehr günstigen Lieferanten.

Julian Markus: Andere kehren enttäuscht zurück und suchen hier Lieferanten, die ihren Lieferketten und Ansprüchen gerecht werden.

Holger Lübberstedt: Man muss sich auf Veränderungen einstellen.

Laura Meier: Baut man schlechte Qualität ein, verliert man Kunden.

Holger Lübberstedt: Wir sollten uns erst einmal in die verschiedenen Beschaffungsmöglichkeiten einarbeiten.

Aufgabe 1: **Bearbeiten Sie folgende Teilaufgabe.**

3.4.1

Beschreiben Sie aus der Einkaufsabteilung. Nennen Sie allgemeine Beispiele.

a) Welche Arten von Lieferanten passen zum Ausbildungsbetrieb bzw. zu JIKU IT- Solutions?

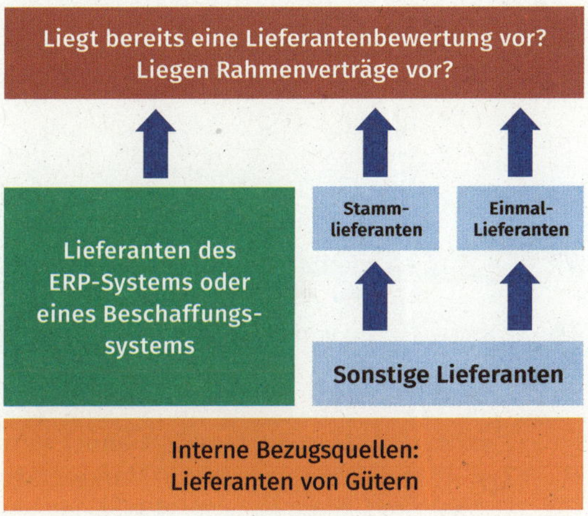

b) Nennen Sie mindestens je einen Vor- und Nachteil zu jedem der genannten Beschaffungskanäle.

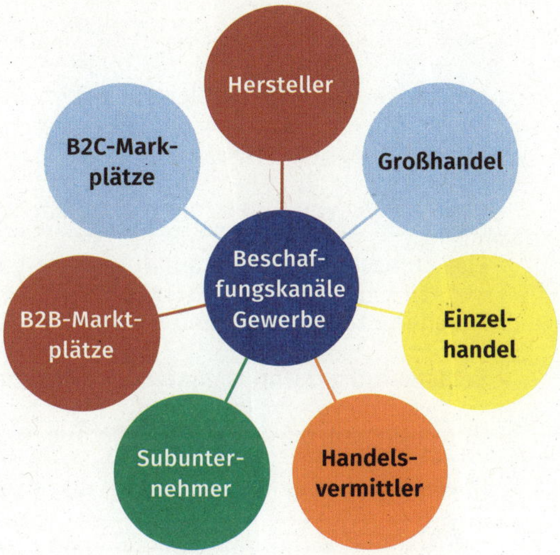

c) Welche Lieferanten sollte man als wichtige Lieferanten oder A-Lieferanten einstufen?

____

____

____

____

3.4.2

Aufgabe 2: Bearbeiten Sie folgende Teilaufgaben.

1. Ordnen Sie die von (1) bis (10) nummerierten Begriffe den folgenden Aussagen richtig zu.

(1) Adressverlage
(2) B2B
(3) B2C
(4) B2A
(5) E-Prourement
(6) E-Shop1
(7) Handelsvermittler/Handelsvertreter
(8) Marketplace
(9) Preisspiegel
(10) Subunternehmen

Aussagen	Begriff (Nr.)
Artikel können in einen elektronischen Warenkorb gelegt werden.	
Übersichten, die Preise vergleichen	
Beschaffung von Gütern auf elektronischem Wege	
Elektronische Plattform, auf der Hersteller und Kunden handeln	
Geschäfte tätigen zwischen Unternehmen, i. d. R. gewerblich	
Selbstständiger Unternehmer, der Unternehmen Produkte von Herstellern anbietet	
Unternehmen, die Adressen in Datenbanken haben und damit handeln	
Geschäfte tätigen von Unternehmen an Verbrauchern	
Selbstständige Unternehmen, die Aufträge im Rahmen anderer Aufträge erledigen	
Unternehmen tätigen Geschäfte mit Behörden und Organisationen	

2. Erstellen Sie eine Liste der Online-Marktplätze für B2C und B2B/B2A für IT-Produkte und Leistungen bzw. global für alle Produkte und Leistungen zusammen. Recherchieren Sie und zeigen Sie Besonderheiten auf. Formulieren Sie hier Beiträge in Stichworten oder alternativ als Folien in einer Präsentation.

Online-Marktplätze B2C und B2B/B2A	
Beschreibung	
Besonderheiten	

3 Erstellen Sie eine Liste der Informationsdienste für IT-Produkte und Leistungen bzw. global für alle Produkte und Leistungen zusammen. Recherchieren Sie und zeigen Sie Besonderheiten auf. Formulieren Sie hier Ihren Beitrag in Stichworten oder alternativ als Folien in einer Präsentation (zu Verbänden im Einkauf siehe auch die Linksammlung S. 158).

Informationsdienste für IT-Produkte und IT-Leistungen	
Beschreibung	
Besonderheiten	

Sourcing-Strategien und -Aufgaben aufzeigen

S **Herr Lübberstedt schlägt vor, dass die Auszubildenden an einer Einkaufsbesprechung teilnehmen und dadurch verschiedene Sourcing-Strategien unterscheiden lernen.**

Holger Lübberstedt: Sie haben Glück, dass Sie in diesem Jahr an einer Strategiesitzung des Einkaufs teilnehmen können. Wir haben uns dafür entscheiden, da Sie so gute Noten in der ersten Prüfung AP1 erhalten haben.
Eigentlich sind Strategiesitzungen etwas für Profis, aber es ist sicher nicht schlecht, auch einmal in Fortgeschrittenen-Sitzungen dabei zu sein.

Laura Meier: Danke für das Lob. Aber wir müssen doch auch wissen, welche Ziele sich Unternehmen langfristig setzen. Wir werden doch nicht nur für das operative Geschäft ausgebildet, oder?

Holger Lübberstedt: Schon richtig. Aber die Besprechungspunkte sind nicht einfach zu verstehen, die Materie ist sehr komplex und man benötigt Fachwissen und Erfahrungen.

Julian Markus: Wir können uns ja darauf vorbereiten.

Holger Lübberstedt: Ok, ich habe hierzu einmal mehrere Aufgaben zusammengestellt. Wir können sie auch arbeitsteilig bearbeiten.

Aufgabe 3: Geben Sie zu den Sourcing-Strategien Beispiele bzw. Kurzbeschreibungen sowie Vor- und Nachteile an.

3.4.2

Art der Sourcing-Strategie	Kurzbeschreibung/Beispiel	Vorteil und Nachteil
Preferential Sourcing		
Single-Sourcing		
Dual Sourcing		
Multisourcing		

Art der Sourcing-Strategie	Kurzbeschreibung/Beispiel	Vorteil und Nachteil
Global Sourcing		
Local Sourcing		
Modular Sourcing		
Sole Sourcing		
Forward Sourcing		
Outsourcing		
Insourcing		
Co-Sourcing		
Back-Sourcing		

3.4.2

Aufgabe 4: Bearbeiten Sie die Teilaufgaben 1 bis 4 in Arbeitsgruppen. Klären Sie, ob Sie diese gemeinsam oder in sechs Arbeitsgruppen oder z. B. in zwölf Arbeitsgruppen mit zwei Parallelarbeitsgruppen oder auch frei geplant mit dem IPERKA-Formular im Anhang bearbeiten möchten.

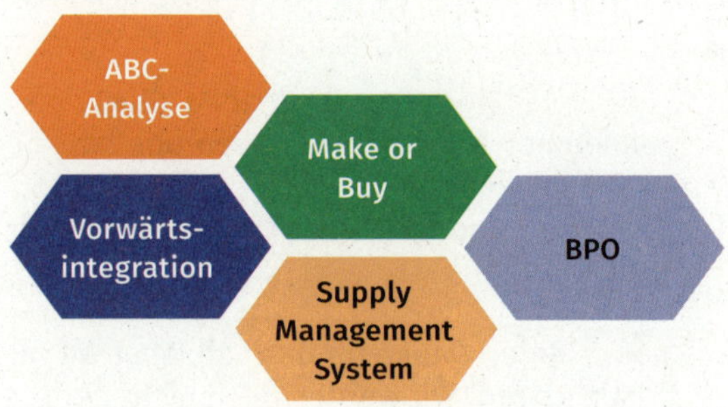

1. Erläutern Sie zur Vorbereitung auf die Strategiesitzung folgende Grundsatzentscheidungen und den Strategieansatz nach Heß.

Vorbereitung auf Grundsatzfragen in der Strategiesitzung Einkauf	
ABC-Analyse: Nennen Sie Gründe, warum das Sortiment/Leistungsportfolio langfristig konsequent nach einer ABC-Strategie ausgerichtet werden sollte.	
Make or Buy: Nennen Sie Beispiele, wo langfristig überlegt werden sollte, die Entscheidung „Make or Buy" zu überprüfen.	
BPO-Dienstleister: Nennen Sie Gründe, in welchen Fällen und warum professionell ausgebildete BPO-Dienstleister eingesetzt werden sollten.	
Vorwärtsintegration: Nennen Sie in der Produktion, z. B. der Herstellung von IT-Systemen bei JIKU IT-Solutions, Beispiele für Vorwärtsintegration.	
Supply-Management(SM)-System: Geben Sie Gründe an, warum die Einrichtung eines SM-Systems sinnvoll ist.	

Information: Supply-Management nach Gerhard Heß – Institut für Beschaffungsstrategie

Mit dem Baukasten zur Entwicklung eines Supply-Management-Systems hat der Ökonom Gerhard Heß ein in sich konsistentes Modell zur Optimierung des Beschaffungssystems geschaffen.
In diesem Modell versteht sich der Einkauf als „Akteur" oder „Macher" in seinen Beschaffungsmärkten, der im Wettbewerb seine Position optimieren muss. Das marktorientierte Denken im Einkauf wird im Modellbaukasten mit vier Strategiebausteinen (Rahmen-, Markt und Lieferantenstrategie sowie Controlling) und 15 Modulen bzw. Aufgabenfeldern beschrieben (vgl. Heß, Gerhard: Strategischer Einkauf und Supply-Strategie, 4. Auflage, Heidelberg, 2017).

Nach Heß werden vier Strategien unterschieden (vgl. www.beschaffungsstrategie.de):

- **Rahmenstrategie:** Hierzu gehört es, Basisstrategien zu entwickeln, Supply-Ziele zu formulieren, eine Strategie-Map zu entwickeln, die eigenen Supply-Märkte zu definieren und zu priorisieren, Einzelstrategien zu koordinieren und an der Entwicklung eines Managementsystems zu arbeiten.
- **Marktstrategie:** Dafür sollen der Supply-Markt analysiert und segmentiert werden, die Supply-Marktziele formuliert, die Gestaltungsfelder analysiert und abschließend langfristig betrachtet eine Supply-Marktstrategie formuliert werden.
- **Lieferantenstrategie:** Hier geht es insbesondere darum, Lieferanten zu bewerten und zu klassifizieren, neue Lieferanten zu identifizieren und freizugeben sowie langfristig betrachtet eine Lieferantenstrategie zu formulieren.
- **Controllingstrategie:** Als wichtig wird das Controlling über die Anwendung der sogenannten Methode „Balanced Scorecard" (BSC) als Kartenbewertungssystem gesehen, da hier nicht nur einseitig die Kosten und Preise beachtet werden, sondern auch andere, weiche (nicht in Zahlen zu kontrollierende) Faktoren geprüft werden. Sie werden auf „Karten" als Verbesserungspotenziale notiert.

2 a) Erläutern Sie zu folgendem Schaubild die englischen Begriffe in Stichworten.

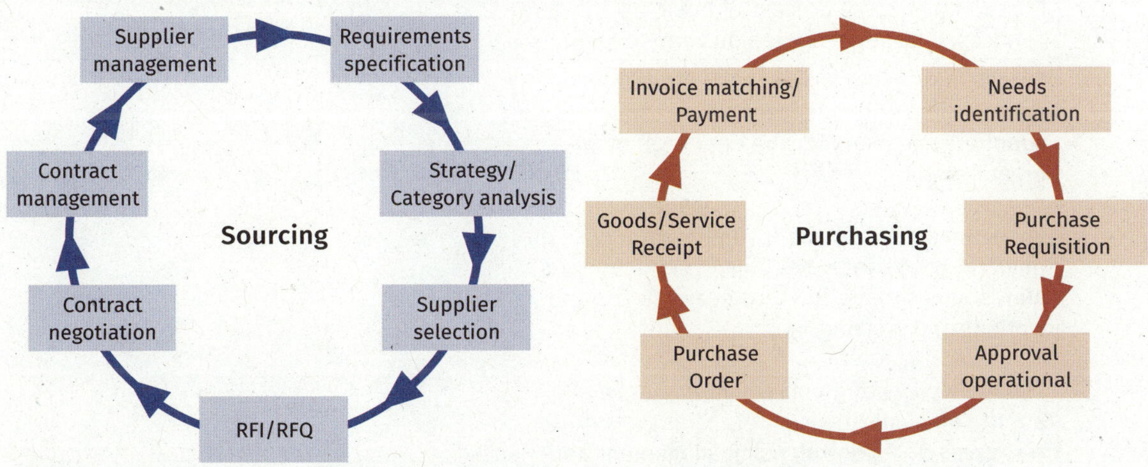

Englischer Begriff	Erläuterung
Requirements specification	
Category analysis	
Supplier selection	
RFI/RFQ	

Englischer Begriff	Erläuterung
Contract negotiation	
Contract Management	
Supplier management	
Sourcing	
Needs identification	
Purchase Requisition	
Approval operational	
Purchase order	
Goods/Service Receipts	
Invoice matching to pay	
Purchasing	
Procurement	

b) Übersetzen Sie die folgenden englischen Texte sinngemäß ins Deutsche.

Englischtext zur Beschaffung	Sinngemäße Übersetzung (Stichworte)
Procurement is the process of buying goods and services. It usually refers to business expenses.	
Supply management means the identification, procurement and management of resources and suppliers necessary for the operation of an organization. In particular, it is about buying the purchase of physical goods, information and services, thus all resources that allow a company to continue working and growing. The main goals of procurement management are the efficient provision of the necessary resources, cost control, risk management and the collection of information for business decisions in purchasing and procurement.	
Supply management is more than just purchasing products and contracting for services. It is a systematic business process that goes beyond procurement and includes the coordination of the logistics of all preliminary products. Inventory management as well as budgeting, important information of all employees are important tasks to ensure smooth business operations.	

3 Erläutern Sie folgende tabellarische Darstellung der Beschaffungsaufgaben in der Fachabteilung durch einen mündlichen Kurzvortrag.

Aufgaben der Beschaffung in der Fachabteilung		**Aufgaben für die Beschaffung in der IT-Unterstützung**
Beschaffungs-Management strategisch/langfristig	**Einkaufs-Management operativ/kurzfristig**	**IT-Management strategisch und operativ**
• Wahl der Beschaffungsstrategien (Rahmen, Supply-Marktstrategie, Lieferanten, Controlling) • Make-or-Buy-Entscheidung • In-/Outsourcing • Budgetierung • Beschaffungs-Projektierung • Beschaffungsmarketing • Beschaffungsgruppen und Beschaffungskatalog • Lieferantenmanagement • Rahmenverträge, AGB • Beteiligung an Wertschöpfungsnetzwerken, • Investitions-/Innovationsentscheidungen	• Bedarfsanalysen • BANF/(Bedarfsanfrage)-Bearbeitung • Einkaufsdisposition • Terminplanung, Beschaffungslogistik • Anfragen, Angebotseinholung, Ausschreibung • E-Procurement, Spot-Buy • Dokumentenmanagement im Einkauf • Angebotsvergleich, Auktionen • SLA, Vertragsgestaltung/-regelung • Bestellung, Lieferverfolgung, Abnahme, Prüfung, • Störungsbearbeitung, Reklamationsbearbeitung • Sachliche Rechnungsprüfung, Bezahlung/Bezahlfreigabe • Controlling, KPI-Analysen	**strategisch:** Planung/Entscheidung Umfang E-Procurement, Wertschöpfungsnetzwerk, Softwareintegration, Integration Clouddienste, Sicherheitsstrategie, Make-or-Buy-Entscheidung, Schnittstellenvorgabe, Frameworkvorgabe **operativ:** Schnittstellen herstellen und verbinden, Benutzersystem einrichten, Sicherheitssystem einrichten, Apps, Microsystems u. Ä. entwickeln, Anpassung/Customizing, Einweisung, Schulung, Beratung, Helpdesk

4 Erläutern Sie folgende tabellarische Darstellung der Verlagerung von Beschaffungsaufgaben in der Fachabteilung durch einen mündlichen Kurzvortrag.

Verlagerung der Aufgaben und Anforderungen		
Früher: Einkauf als „Bestellwesen“		Heute: Einkauf als „Wertschöpfungspartner“
	Verschiebung der Prioritäten	**Schwerpunkt:** Einkauf von Leistungen zur Schöpfung von Kosten-, Qualitäts-, Innovationspotenzial Schwerpunkt: • Administrative Prozesse • Organisation • Disposition • Durchführung/Abwicklung von Bestellungen Anforderungen: • Lieferantenmanagement • Schnittstellen- und Prozessmanagement • Wertschöpfung und Selbstmarketing • Kompetenter Verhandlungs- und Ansprechpartner für interne sowie externe Partner
Schwerpunkt: • Administrative Prozesse • Organisation • Disposition • Durchführung/Abwicklung von Bestellungen		• Professionelle Prozessabwicklung • Beherrschung effizienter Systeme
Quelle: Bundesministerium für Wirtschaft und Energie (BMWi): Impulse für mehr Innovation im öffentlichen Beschaffungswesen. Seite 31. Mai 2014. https://www.bmwk.de/Redaktion/DE/Downloads/I/impulse-mehr-innovation.pdf?__blob=publicationFile&v=1 [05.01.2023] (verändert).		

Lieferanten bewerten

S **In einer Ausbildungssitzung soll über die Bewertung der Lieferanten gesprochen werden.**

Holger Lübberstedt: Heute wollen wir uns die Frage stellen, ob wir uns von allen möglichen Lieferanten etwas liefern lassen oder eine Auswahl treffen sollten. Welche Auswahlkriterien sollen wir anlegen?

Laura Meier: Wir sollten uns Richtlinien stellen und nur mit Lieferanten zusammenarbeiten, die diese erfüllen.

Julian Markus: Dann müssen wir die Lieferanten ja vorher überprüfen. Oder danach entscheiden, ob sie weiterhin zu den Stammlieferanten gehören.

Laura Meier: Wir müssen prüfen, ob wir vertrauensvoll mit den Lieferanten zusammenarbeiten können.

Holger Lübberstedt: Sicherlich richtig und nicht einfach zu beantworten. Wir sollten uns folgende Fragestellungen vornehmen und darüber diskutieren.

Aufgabe 5: **Bearbeiten Sie folgende Teilaufgaben, evtl. in Arbeitsgruppen.**

3.4.3

1. Was sollte bei Lieferantenbewertungen beachtet werden? Klären Sie, welche Kriterien für die Beschaffung von IT-Komponenten für das Unternehmen wichtiger sind als andere. Bilden Sie eine Rangfolge mit der Nennung einer Gewichtung in Prozent.

Kriterien und %-Anteil	Wichtige Fragen an den Lieferanten, Feststellungen etc.
Qualität und Fortschritt	
Service und Logistik	
Persönlicher Eindruck	
Qualität und Preise	
Sonstiges	

2. Beschreiben Sie ein Lieferantenbewertungssystem in der Praxis nach Recherchen oder aus dem Ausbildungsbetrieb (hier Stichworte, Präsentation als Anlage digital).

3 Bearbeiten Sie die folgenden Aufgaben zu der gezeigten Abbildung.

	A	B	C	D	E	F
1	**Lieferantenbewertung**					
2			**Lieferant 1**		**Lieferant 2**	
3	**Entscheidungskriterien**	**Gewichtung in %**	**Punkte**	**Gewichtete Punkte**	**Punkte**	**Gewichtete Punkte**
4	**Preis**	40	3	120	2	80
5	**Produktqualität**	30	2	60	3	90
6	**Menge**	15	2	30	3	45
7	**Liefertreue**	15	2	30	3	45
8	**Summe**	100	9	240	11	260
9	Bewertung: 4 Punkte sehr gut, 3 Punkte gut, 2 Punkte befriedigend, 1 Punkt nicht ausreichend, 0 Punkte schlecht					

a) Welcher Lieferant ist nach dieser Auswertung besser?

b) Stellen Sie fest, welche Werte in den Zellen nicht sinnvoll sind.

c) Geben Sie die Formeln für die Berechnung der Spalte D an.

d) Diskutieren Sie die Bewertungsskala und geben Sie eine Stellungnahme ab.

4 Welche Bedeutung sollen soziale Aspekte in der Lieferantenbewertung haben? Stellungnahme in Stichworten (oder als Präsentation):

5 Beantworten Sie folgende Aufgaben zum Lieferkettengesetz.

a) Wozu dient das Lieferkettengesetz (in Stichworten)?

b) Wer muss das Gesetz beachten? (Mehrfachantwort möglich)

- ☐ Alle Unternehmen
- ☐ Alle deutschen Unternehmen
- ☐ Alle betroffenen Unternehmen
- ☐ Unternehmen bestimmter Größen

c) Welche Maßnahmen müssen betroffene Unternehmen umsetzen? (Mehrfachantwort möglich)

- ☐ Grundsatzerklärung abgeben
- ☐ Risikoanalyse durchführen
- ☐ transparent berichten
- ☐ Risiko-/Beschwerdemanagement einrichten

Anfragen vorbereiten und Rahmenverträge beachten

S **Die Auszubildenden sollen sich über die Notwendigkeit und Arten von Anfragen austauschen sowie klären, was bei der Erstellung zu beachten ist.**

Holger Lübberstedt: Einige von Ihnen haben ja schon Anfragen zu Beschaffungsmaßnahmen erstellt. Heute wollen wir die Arten und die Bedeutung von Anfragen genauer untersuchen.

Laura Meier: In vielen Fällen fragen wir nicht an, sondern bestellen einfach.

Holger Lübberstedt: Wir sollten also klären, wann Anfragen sinnvoll und notwendig sind.

Julian Markus: Ich finde, Unternehmen sollten sich Richtlinien erstellen, was und wie sie kaufen, z. B. energiebewusst, und Lieferanten dies auch mitteilen.

Holger Lübberstedt: Dafür gibt es Einkaufsrichtlinien. Auch darüber sollten wir sprechen.

Laura Meier: Ich hatte den Fall, dass es einen Rahmenvertrag mit dem Lieferanten gab und ich den erst prüfen musste.

Holger Lübberstedt: Genau, auch darüber sollten wir informiert sein. Ich habe dazu einige Aufgaben, die wir zusammen oder in Gruppen bearbeiten können.

Aufgabe 5: Bearbeiten Sie die folgenden Teilaufgaben.

1. Ergänzen Sie in folgendem Schaubild die leeren Felder mit Varianten, wie man Anfragen kommunizieren kann.

3.4.4

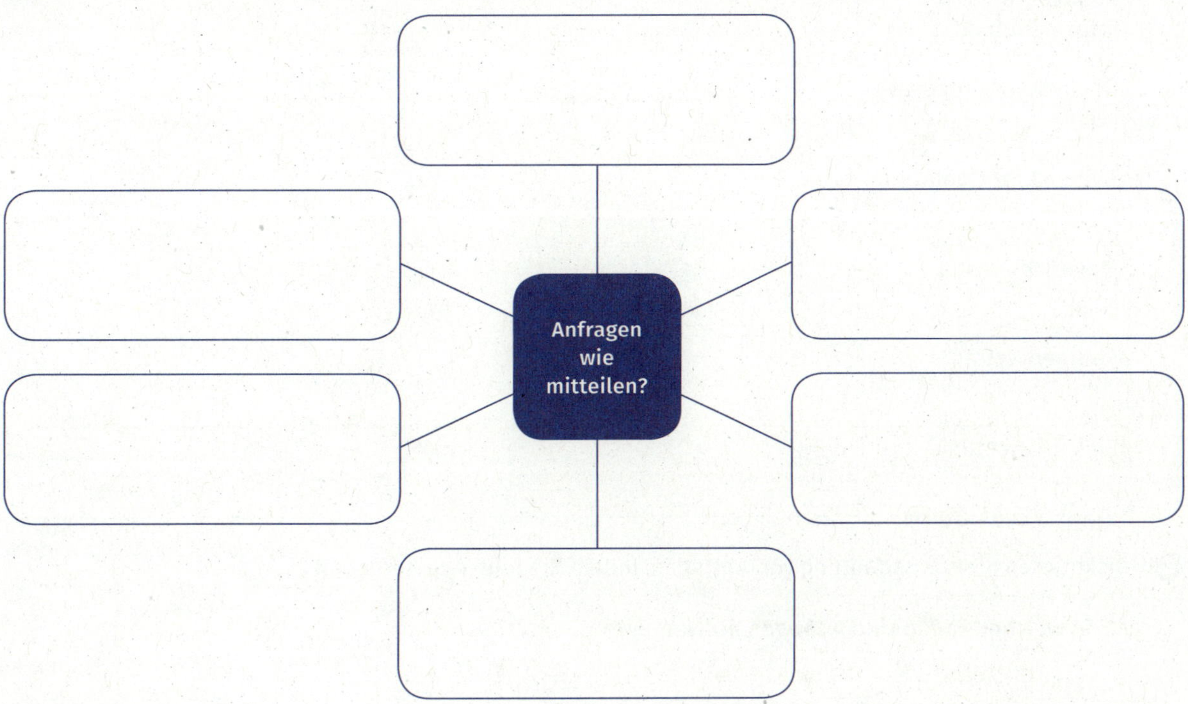

2 Ergänzen Sie in folgendem Schaubild die leeren Felder mit möglichen Aspekten, die man in Anfragen in Erfahrung bringen sollte. Geben Sie bei Bedarf in ein Feld mehrere Anfragepunkte an.

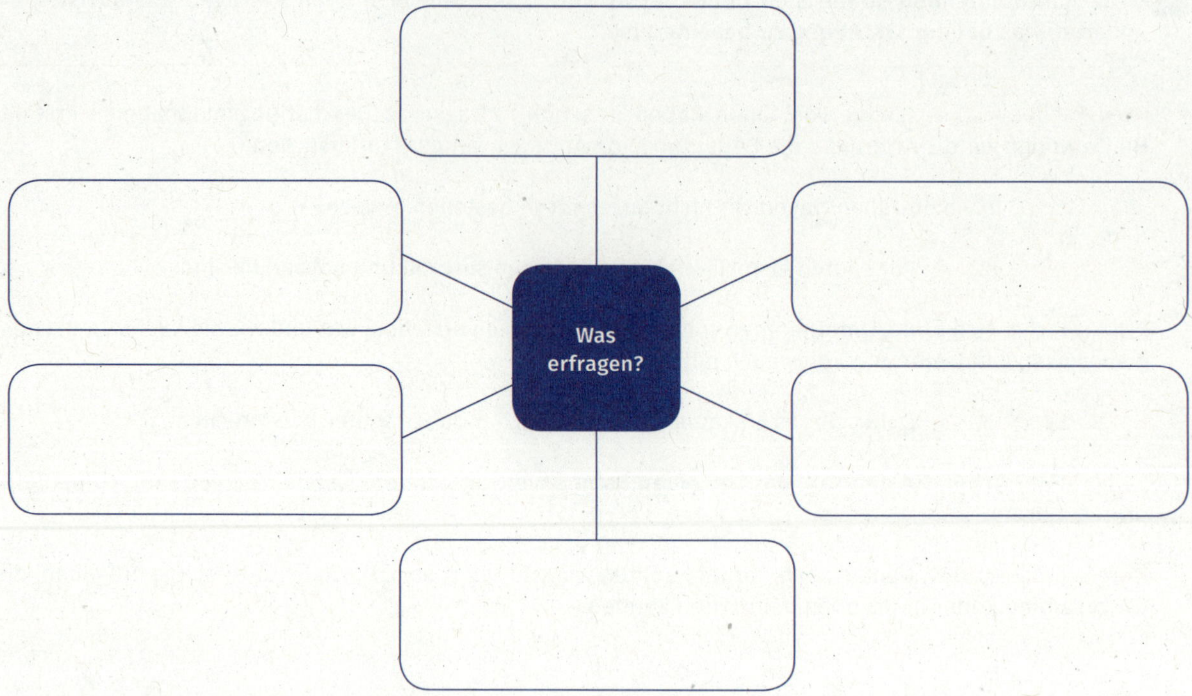

3 Geben Sie in Kurzform Erläuterungen zu folgenden Begriffen an.

Begriff	Kurzerläuterung
Request for Information (RFI)	
Request for Proposal (RFP)	
Request for Quotation (RFQ)	
Maverick-Buying	
Rahmenvertrag	
Einkaufsrichtlinie	

4 Diskutieren Sie die Bedeutung von Anfragen, indem Sie folgende Aufgaben lösen.

a) In welchen Fällen sind Anfragen notwendig?

b) In welchen Fällen können Beschaffungsportale helfen?

c) Was sind Vor- und Nachteile, wenn auf Anfragen verzichtet wird und stattdessen sofort eine Bestellung ausgeführt wird?

5 Präsentieren Sie über ein Tabellenkalkulationsblatt die Vorteilhaftigkeit einer Einkaufsrichtlinie nach folgenden Angaben:
Über die Einkaufsrichtlinie wurden folgende wirtschaftliche Verbesserungen erzielt: Bei einem Netto-Einkaufsvolumen von 1,4 Mio. € wurden anstelle von durchschnittlich 5 % Rabatt nun 8 % Rabatt erzielt. Die Skonto-Quote (Skonto wird auf den Betrag ininklusive 19 % Umsatzsteuer berechnet) wurde von 30 % auf 60 % erhöht. Es konnten durch gebündelte Bestellungen Fracht- und Verpackungskosten von insgesamt 12 700 € eingespart werden.
Berechnen Sie den gesamten wirtschaftlichen Vorteil des Einsatzes der Einkaufsrichtlinie. Ergänzen Sie dazu noch mindestens sechs Vorteile der Einkaufsrichtlinie im nicht-wirtschaftlichen Bereich.

6 Arbeiten Sie in drei Arbeitsgruppen und gewünschten Parallelgruppen zu folgenden Themen, erstellen Sie Präsentationsfolien und präsentieren Sie.

- Bedeutung von Rahmenverträgen in der IT-Beschaffung
  a) Recherchieren Sie im Internet nach Rahmenverträgen und präsentieren Sie neue Erkenntnisse.
  b) Besprechen Sie folgende Fragen zu Rahmenverträgen:
    1. Was sind Voraussetzungen zur Vereinbarung von Rahmenverträgen?
    2. Was sind Ihrer Meinung nach die größten Vorteile von Rahmenverträgen für die Kunden?
    3. Was sind Ihrer Meinung nach die größten Vorteile von Rahmenverträgen für die Lieferanten?
    4. Welche Nachteile könnten sich durch Rahmenverträge ergeben?
  c) Diskutieren Sie, bei welchen Lieferanten und Dienstleistern ausgewählter Betriebe sich aufgrund von größeren Bestellungen Rahmenverträge lohnen würden, z. B. zur Beschaffung von EDV-Geräten und Zubehör, Büromaterial, Getränkeservice, Taxiservice oder Waschanlagenservice.

- Fairtrade in der IT-Beschaffung
  Recherchieren Sie mit den Suchbegriffen „Fairtrade“, „Fairtrade Town“, „Corporate Social Responsibility“ und „Compliance“ z. B. unter www.nachhaltig-einkaufen.de oder www.bme.de oder mittels Suchmaschinen. Präsentieren Sie die Ergebnisse.

- Einkaufsrichtlinie in der IT-Beschaffung
  a) Recherchieren Sie mit den Suchbegriffen „Einkaufsrichtlinien+PDF“ und werten Sie verschiedene Einkaufsrichtlinien aus. Welche Unterschiede sind festzustellen?
  b) Entwerfen Sie für einen Ausbildungsbetrieb eine eigene Einkaufsrichtlinie.

Öffentliche Ausschreibungsdienste nutzen

S **Herr Lübberstedt bittet die Auszubildenden zu prüfen, ob öffentliche Ausschreibungen auch für IT-Beschaffungen sinnvoll sind.**

Holger Lübberstedt: Öffentliche Betriebe, Behörden und auch große Unternehmen schreiben ihren Beschaffungsbedarf über Plattformen öffentlich aus. Wir sollten uns auch einmal darüber unterhalten, ob dies grundsätzlich sinnvoll ist.

Julian Markus: Ich habe gehört, dass große Firmen eigene Beschaffungsplattformen haben, über die sie ihren Bedarf ausschreiben. Lieferanten können sich dann darauf bewerben.

Laura Meier: Kleine Unternehmen schließen sich Einkaufsverbünden mit eigenen Plattformen an oder gehen auf Online-Marktplätze.

Holger Lübberstedt: Sie haben sich ja schon Gedanken gemacht.

Julian Markus: Es wäre ja mal interessant, ob wir auf solchen Plattformen auch Ausschreibungen für IT finden.

Holger Lübberstedt: Für Auszubildende oder Privatpersonen ist es häufig wegen der notwendigen Registrierung nicht einfach, sich das mal anzuschauen. Aber wir sollten es einmal versuchen.

3.4.5

Aufgabe 6: **Erarbeiten Sie in Arbeitsgruppen (parallel) eine Präsentation zu IT-Ausschreibungen auf Ausschreibungsplattformen, präsentieren und vergleichen Sie die Ergebnisse.**

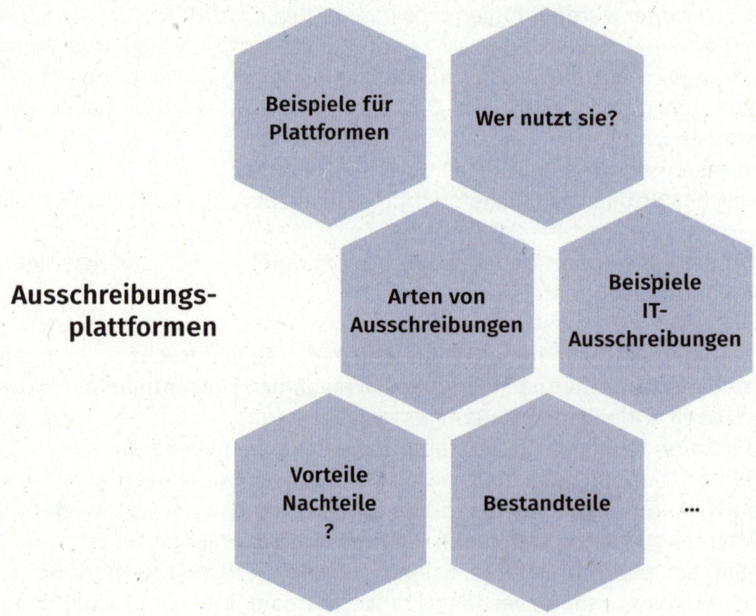

Lernsituation 5: Wir stellen den Beschaffungsbedarf fest und berücksichtigen die Liquidität

S **In einer Ausbildungssitzung soll über die Festlegung der Bestellmenge gesprochen werden.**

Holger Lübberstedt: Heute wollen wir darüber sprechen, welche Bestellmengen zu wählen sind.

Laura Meier: Der Gewinn liegt im Einkauf, also viel günstig kaufen.

Julian Markus: Dann muss man ein großes Lager vorhalten und das kostet.

Laura Meier: Autofirmen kaufen just in time, die haben nur ein Notlager.

Holger Lübberstedt: Also hängt die Bestellmenge auch vom Bedarf ab.

Julian Markus: Mit IT lässt sich der Bedarf genau feststellen. Abteilungen senden an den Einkauf eine BANF.

Laura Meier: Was ist denn eine BANF?

Holger Lübberstedt: Wir sollten einmal die verschiedenen Möglichkeiten der Bedarfsfeststellung anhand von Aufgaben erschließen. Es gibt viele Möglichkeiten, hier wird die IT immer mehr unterstützen.

3.5 Bestellmengenbedarf feststellen und die Liquidität berücksichtigen

Aufgabe 1: **Bearbeiten Sie folgende Teilaufgaben zum Bestellverfahren.**

3.5

1 Ordnen Sie die Aussagen von (1) bis (18) den Fachbegriffen in der Tabelle richtig zu.

(1) Bestellmeldung/-vorgabe einer Fachabteilung an das System oder den Einkauf
(2) Bestellpunkt wird durch festgelegten Lagerbestand bestimmt
(3) Bestellung in bestimmten Zeitabständen entsprechend Vorgabe
(4) Bestellung zu einem bestimmten Meldebestand entsprechend Vorgabe
(5) Ein optimales Ergebnis mit dem geringsten Einsatz erzielen
(6) Fertigungssynchrone Anlieferung an die Bedarfsstelle
(7) Festlegung der Bestellmenge entsprechend den günstigsten Bestell- und Lagerkosten
(8) Feststellung der Istbestände mittels Karten oder Sensoren und Nachbestellungen
(9) Geregelte Bestellverfahren zeitlich in Abständen oder nach Lagerständen
(10) Grundlegende Festlegung, bei einer Bestellung die benötigte Bestellmenge abzurufen
(11) Grundlegende Festlegung, bei einer Bestellung eine bestimmte Bestellmenge auszulösen
(12) Kontrollierte Sofortkäufe ohne größeren Aufwand aus beliebigen Quellen
(13) Mit gegebenen Mitteln ein optimales Ergebnis erzielen
(14) Plan- oder verbrauchsgesteuerte Bestellverfahren, nicht auftragsgesteuert
(15) Programmgemäße, statistische oder per KI gesteuerte Bestellungen
(16) Sammlung mehrerer Bestellanforderungen zu einer kostengünstigen Bestellmenge
(17) Sicherheitsbestand oder auch eiserner Bestand
(18) Zusammengefasste Bedarfs-/Bestellmenge einer Bestellung

Begriff	Nr.	Begriff	Nr.
Meldebestand		Bestellpunktverfahren	
Mindestbestand		Bestellrhythmusverfahren	
Maximumprinzip		Optimale Bestellmenge	
Minimumprinzip		Bedarfsbündelung	
Losgröße		Push-Prinzip	
Auftragsgesteuert: BANF		Pull-Prinzip	
Dispositionsverfahren		Kanban-Steuerung	
Plangesteuerte Verfahren		Spot-Buy	
Verbrauchsgesteuerte Verfahren		Just-in-time-Beschaffung	

2 Bearbeiten Sie die Aufgaben in der Tabelle.

Aufgabe	Antwort in Stichworten/Kurzform
a) Nennen Sie wichtige Ziele in der Beschaffungslogistik.	
b) Nennen Sie Bestellarten nach der Verursachung.	
c) Nennen Sie Bestellarten nach der Verwendung.	
d) Nennen Sie Vorteile der Just-in-time-Beschaffung im Vergleich zur Lieferung auf Lager.	
e) Nennen Sie Nachteile der Just-in-time-Beschaffung im Vergleich zur Lieferung auf Lager.	
f) Inwiefern kann ein E-Kanban-System das Bestellwesen optimieren?	
g) Wann funktioniert das Kanban-Prinzip in der Bestellsteuerung nicht gut?	
h) Wie kann KI-Steuerung in der Bestelldisposition unterstützen?	
i) Wie können Lieferkettenprobleme durch IT und gutes Management reduziert bzw. vermieden werden?	

3 Erläutern Sie anhand eigener Beispiele die folgenden Bestellverfahren.

Bestellverfahren	Beispiel
Bestellpunkt-verfahren	
Bestellrhythmus-verfahren	
Just-in-time-Verfahren	
Kanban-Steuerung	

Aufgabe 2: Bearbeiten Sie folgende Teilaufgaben zur Bedarfsermittlung.

3.5

1 Zeichnen Sie für drei Lagerartikel jeweils in die folgenden drei Vorlagen die Lagerbestandskurven und die Linien der Höchst- und Meldebestände sowie eisernen Bestände ein (Hinweise: Es sind keine Kalendertage, sondern die Werktage in den Vorlagen angegeben).

a) Lagerartikel 1: Zu Beginn des ersten Werktages ist der Höchstbestand von 240 Stück vorhanden. Der werktägliche Verbrauch beträgt 30 Stück. Die Lieferzeit beträgt drei Werktage. Ein Sicherheitsbestand wird nicht gehalten.
Wie oft musste in den 24 Werktagen nachbestellt werden? Wie hoch ist der Meldebestand?

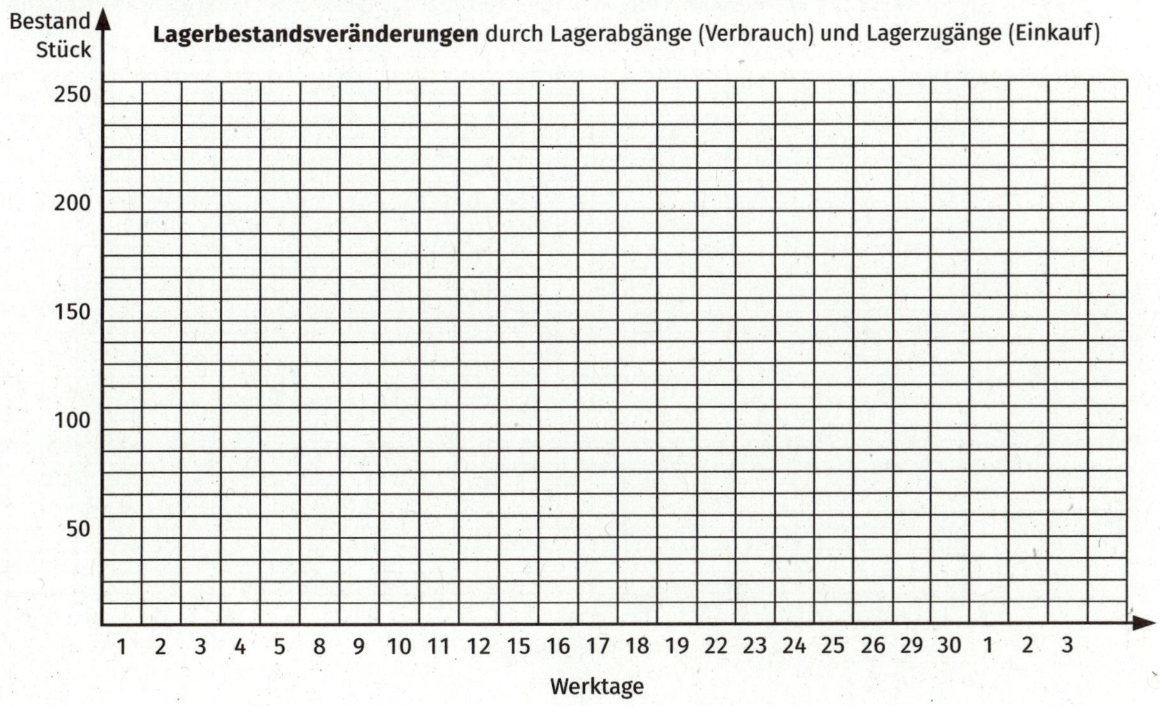

b) Lagerartikel 2: Zu Beginn des ersten Werktages ist der Höchstbestand von 250 Stück vorhanden. Der werktägliche Verbrauch beträgt 25 Stück. Die Lieferzeit beträgt vier Werktage. Ein Sicherheitsbestand von 50 Stück soll gehalten werden.
Wie oft musste in den 24 Werktagen nachbestellt werden? Wie hoch ist der Meldebestand?

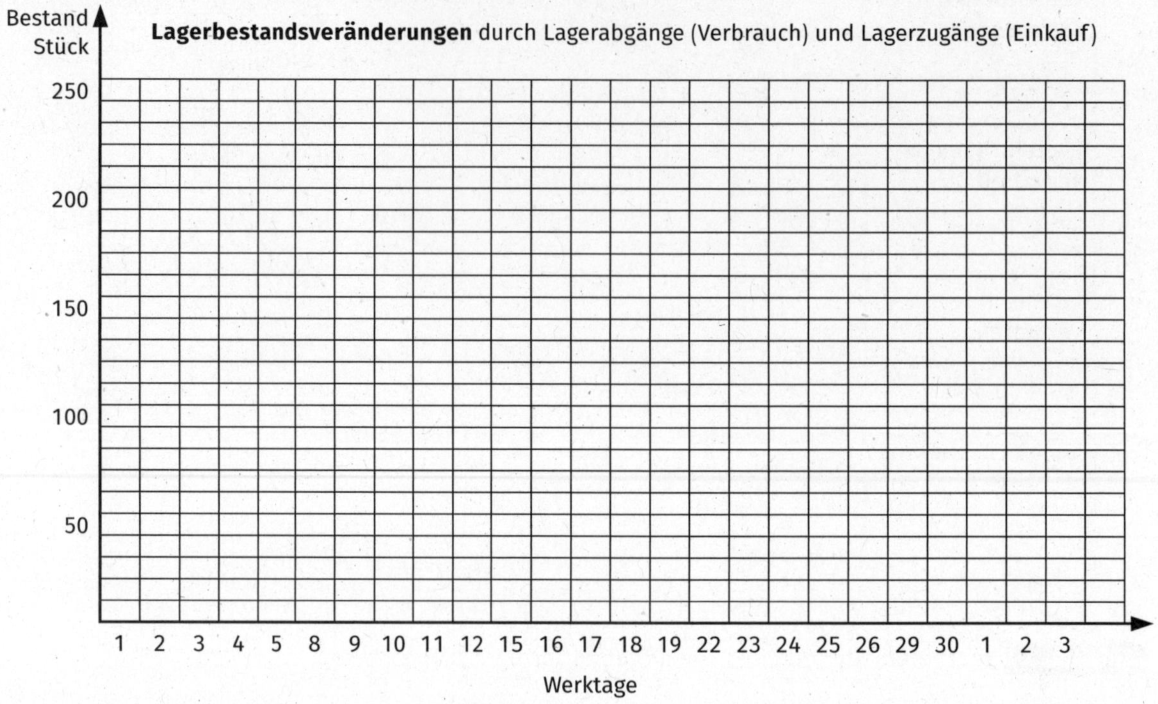

c) Lagerartikel 3: Zu Beginn des ersten Werktages ist der Höchstbestand von 210 Stück vorhanden. Der werktägliche Verbrauch beträgt 30 Stück. Die Lieferzeit beträgt zwei Werktage. Ein Sicherheitsbestand von 30 Stück soll gehalten werden.
Wie oft musste in den 30 Werktagen nachbestellt werden? Wie hoch ist der Meldebestand? Ergänzen Sie mit einer anderen Farbe folgende Variante: Der Höchstbestand wird um den Sicherheitsbestand erhöht. Zeichnen Sie die Lagerbestände entsprechend ein. Was ändert sich dadurch?

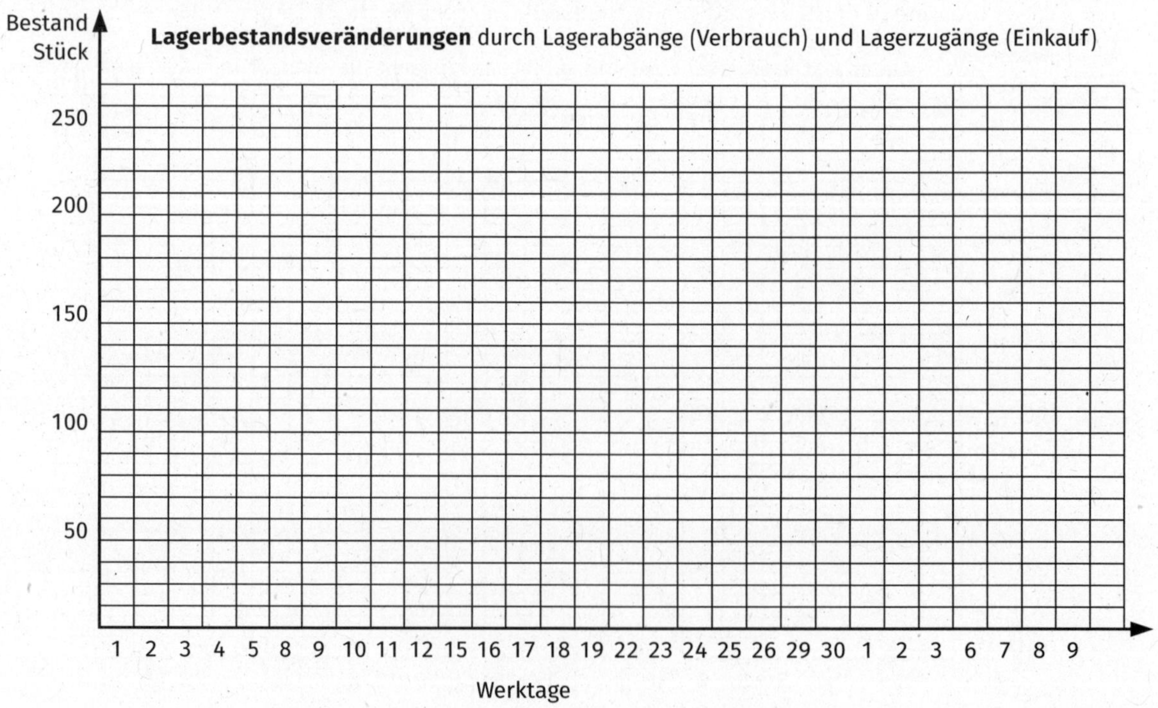

2 Bearbeiten Sie folgende Teilaufgaben zur optimalen Bestellmenge.

a) Vervollständigen Sie die Zeilen 8 bis 13 der Tabelle „Optimale Bestellmenge“ nach den Vorgaben.

	A	B	C	D	E	F	G
1	**Optimale Bestellmenge nach Bestell- und Lagerkosten pro Jahr**						
2	Art.-Nr.	202	Artikelbezeichnung:		CAT X-Anschlussdosen		
3	Einstandspreis:	10,00 €	Jahresbedarf Stück:		2400		
4	Bestellkosten:	60,00 €	Lagerhaltungskostensatz:		0,1		
5							
6	**Bestellmenge in Stück**	**Bestellhäufigkeit Bestellvorgänge**	**Durchschnittlicher Lagerbestand Stück**	**Durchschnittlicher Lagerwert**	**Bestellkosten insgesamt EUR**	**Lagerkosten insgesamt**	**Kosten Bestellung/ Lager**
7	**Stück**	**Jahr**	**Stück (50%)**	**EUR**	**Jahr EUR**	**Jahr EUR**	**insgesamt EUR**
8	2400	1	1200				
9	1200	2		6000,00			
10	800	3			180,00		
11	600	4				300,00	
12	300	8					630,00
13	200	12					

b) Geben Sie die optimale Bestellmenge aus der Tabellenauswertung an.

c) Prüfen Sie das Ergebnis mit der Andler-Formel. Welcher genaue Wert ergibt sich? Warum ist ein Unterschied festzustellen?

$$\text{Optimale Bestellmenge (Andler-Formel)} = \sqrt{\frac{2 \cdot \text{Kosten je Bestellung} \cdot \text{Jahresbedarf}}{\text{Einstandspreis pro Stück} \cdot \text{Lagerhaltungskostensatz}}}$$

d) Erläutern Sie die angegebenen Formeln der Tabelle aus a) und geben Sie für die genannten Zellen die Formeln der Tabellenkalkulation an.

Zellen	Formel ohne Dollarzeichen $ ohne Kopiermöglichkeit	Zellen	Formel evtl. mit Dollarzeichen $ für Kopiermöglichkeit
C8	=A8/2	C8	=A8/2
D9	=B3*C9	D9	=B$3*C9
E10		E10	
F11		F11	
G12		G12	

Hinweise zu absoluten und relativen Zellenbezügen beim Kopieren:
Kopieren von Zellen durch **markierte Zelle** und **gedrückte linke Maustaste** an der unteren Ecke sowie Ziehen nach unten.
Formel = B$4*C9 (absolut Zeile 4 und relativ für Zelle C9): 4 wird festgesetzt, 9 wird zu 10

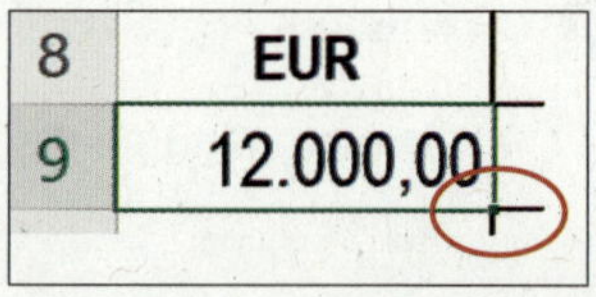

e) Erstellen Sie das komplette Tabellenblatt aus a) mit allen Formeln mit einem Tabellenkalkulationsprogramm und präsentieren Sie die Ergebnisse.
(Hinweis: Eine Zeilenschaltung erreichen Sie in der Zelle durch „<alt> + Enter“.)

Aufgabe 3: Bearbeiten Sie mündlich folgende Teilaufgaben zur Liquidität:

3.5

1. Beschreiben Sie das Zustandekommen von Liquidität im Unternehmen anhand folgender Aussagen:
   - Liquidität kann durch Geschäftstätigkeit verändert werden.
   - Liquidität wird von Unternehmern/Gesellschaftern/Inhabern bereitgestellt.
   - Liquidität kann intern durch Managemententscheidungen erhöht werden.
   - Liquidität kann durch externe Ereignisse belastet werden.

2. Geben Sie eine Stellungnahme dazu ab, was man im Management tun könnte, um die Liquidität für dringend notwendige Beschaffungsmaßnahmen zu erhöhen.

3. Diskutieren Sie anhand des Schaubildes folgende Aussagen der Interessengruppen und die damit verbundenen Interessenkonflikte. Machen Sie über eine Folienpräsentation Vorschläge zur Lösung der Konflikte.

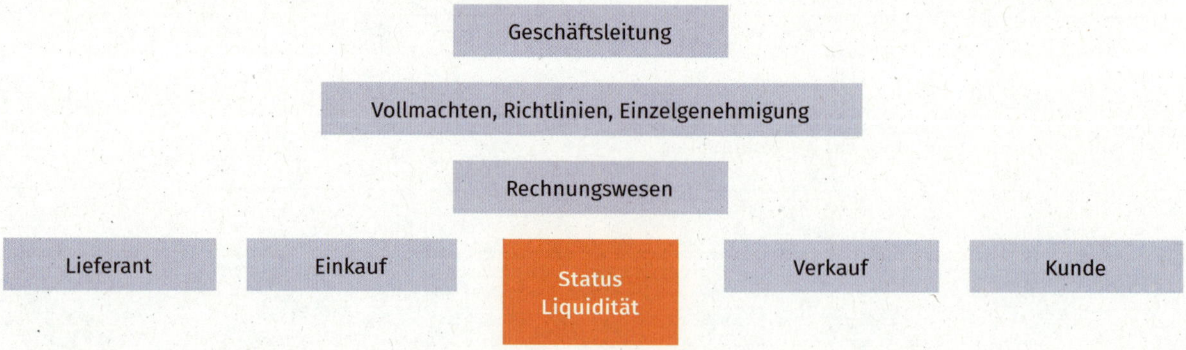

Aussagen:
- Die Geschäftsleitung möchte nicht zu viele Barmittel im Unternehmen vorhalten müssen.
- Der Verkauf möchte, dass der Kunde die Komponenten mit möglichst langem Zahlungsziel und guten Zahlungsbedingungen erhält.
- Der Einkauf möchte möglichst die optimale Bestellmenge ordern und frei über Finanzmittel verfügen.
- Das Rechnungswesen prüft den Liquiditätsstatus und die Geldbewegungen und meldet einen zu geringen Status an die Geschäftsleitung.
- Die Geschäftsleitung muss bei zu geringer Liquidität handeln, da Illiquidität zu Problemen bis hin zur Insolvenz führen kann.

Lernsituation 6: Wir vergleichen Angebote, verhandeln Vertragsbedingungen und schließen Verträge

S **Die Auszubildenden der JIKU IT-Solutions GmbH erhalten Angebote, sollen diese prüfen und vergleichen.**

Holger Lübberstedt: Nehmen wir an, es ist genügend Liquidität vorhanden, Angebote liegen vor und wir können bestellen. Was ist zu tun?

Laura Meier: Wenn nur ein Angebot vorliegt und alles passt, sollten wir bestellen. Bei mehreren Angeboten müssen wir erst einmal feststellen, welches das beste Angebot ist.

Julian Markus: Wir müssen nicht nur die Preise, sondern auch die sonstigen Bedingungen prüfen. Eventuell müssen wir sogar nachverhandeln.

Holger Lübberstedt: Wir hatten uns ja in der Grundstufe schon einmal kurz mit der Vertragsgestaltung auseinandergesetzt. Jetzt wollen wir dies vertiefen. Ich habe dazu Angebote und fordere Sie auf, folgende Aufgaben zu bearbeiten und die Ergebnisse zu präsentieren.

3.6 Angebote vergleichen, Vertragsbedingungen verhandeln und Verträge schließen

S **Es sollen Angebote verglichen und Verträge geschlossen werden. Es ergeben sich folgende Dialoge und Aufgaben.**

Allgemeine Geschäftsbedingungen (AGB) berücksichtigen

S **Die Angebote sollen zunächst hinsichtlich ihrer Vertragsbedingungen bewertet werden.**

Holger Lübberstedt: Wenn Sie Angebote erhalten und es sind genau die gewünschten Artikel zum richtigen Preis aufgeführt, können wir gleich bestätigen oder müssen wir noch weitergehend prüfen?

Laura Meier: Nicht selten steckt das Problem im Kleingedruckten.

Holger Lübberstedt: Was meint Frau Meier mit dem Kleingedruckten?

Julian Markus: Man muss sich die sonstigen Vertragsbedingungen wie Rabatt oder Skonto anschauen. Häufig wird auch auf die AGB hingewiesen.

Holger Lübberstedt: Ich habe mal ein paar Schulungsangebote mitgebracht. Sie sollen anhand der folgenden Aufgaben prüfen, ob Handlungsbedarf besteht.

Aufgabe 1: **Bearbeiten Sie folgende Angebote.**

3.6.1
3.6.2

❶ Ihre Anfrage zur Lieferung von Raspberry PIs wurde mit einem Angebot beantwortet. Bearbeiten Sie dazu folgende Teilaufgaben.

Betreff: Angebot IT-Conrad GmbH

Sehr geehrte Frau Athari,

wir danken für Ihre Anfrage und bieten Ihnen wie gewünscht folgende Displays für den Raspberry Pi wie gewünscht und alternativ an:

Pos 1	20 Raspberry Pi® RB-LCD-7 Display-Modul 17.8 cm (7 Zoll) 800 × 480 Pixel, 10 Finger Capacitive Touch, DSI-Stecker und Flachbandkabel, geeignet für Raspberry Pi® A, A+, 3 A+, B, B+, 2 B, 3 B, 3 B+, 4 B, Adapterboard, DSI-Kabel, 4 Jumperkabel	1 560,00
Pos 2	20 Joy-it LCD10 V2 Touchscreen-Modul 25.7 cm (10.1 Zoll) 1280 × 800 Pixel, Ansteuerung über HDMI, Auflösung: 1280 × 800 Pixel, inkl. Aufstellrahmen für Stand-Alone-Betrieb, ideal zur Integration in Maschinen und Möbel, kompatibel mit Raspberry Pi®, Windows, Linux, geeignet für Raspberry Pi® B, B+, 2 B, 3 B, 3 B+, 4 B, A, 3 A+, 2 x USB-Kabel, NetzTeil 5 V/2,5 A, inkl. Gehäuse	2 380,00

Preise inkl. 19 % USt. bei Abnahme von 20 Stück. Lieferung frei Haus. Zahlung 30 Tage netto oder 3 % Skonto auf den Warenwert bei Zahlung innerhalb von 10 Tagen nach Rechnungsdatum. Es gelten unsere allgemeinen Geschäftsbedingungen.

Über einen Auftrag würden wir uns sehr freuen und sagen Ihnen eine Lieferung innerhalb von 3 Tagen nach Eingang der Bestellung zu. Rückfragen beantworten wir Ihnen gerne auch kurzfristig.

Mit freundlichen Grüßen

IT-Conrad GmbH

i. A. C. Moysich
Catryn Moysich

Anlagen: Datenblätter

a) Listen Sie die Bestandteile auf, die dieses Angebot bzw. ein Angebot generell haben sollte.

b) Geben Sie kurz eine erste Stellungnahme zum Angebot ab.

____

____

____

____

____

____

____

2 Folgende drei Angebote sind auf eine Anfrage nach CATY-Anschlussdosen eingegangen. Bearbeiten Sie dazu folgende Teilaufgaben.

Angebot 1:

Angebot Schmeichelt zu: CATY-Anschlussdosen

Ihre Anfrage vom 15.03.20.. (Zeichen: Meier)

Angebot Nr. 20.. - 3346

Pos.	Artikel-Nr.	Bezeichnung	Menge	Einzelpreis (EUR)	Gesamtpreis (EUR)
1	810715	CATY-Anschlussdosen Hersteller Baum-Fischer	2400	8,00	19200,00
				Rabatt (6 %)	– 1152,00
				Nettopreis	18048,00
				MwSt. (19 %)	3429,21
				Gesamtbetrag	21477,21

Wie gewünscht können Sie die Bestellmenge in 4 Tranchen à 600 Stück abrufen und nach Lieferung begleichen. Zahlungsziel nach Teilrechnung 7 Tage netto, sofort abzgl. 2 % Skonto. Grundlage sind unsere aktuellen AGB der Website.

Je Lieferung berechnen wir für Verpackung und Fracht 50,00 €.

Wir würden uns freuen, wenn unser Angebot Ihre Zustimmung findet. Sie haben Fragen oder wünschen weitere Informationen: Rufen Sie uns an – wir sind für Sie da.

Mit freundlichen Grüßen
Schmeichelt GmbH
i. A. Anders

Angebot 2:

Angebot Tippitoppi zu: CATY-Anschlussdosen

Anfrage vom 15.03.20..

Sehr geehrte Frau Meier

gerne unterbreiten wir Ihnen folgendes Angebot, würden uns über eine Zusammenarbeit freuen.

Angebot Nr. 453333

Pos.	Artikel-Nr.	Bezeichnung	Menge	Einzelpreis (EUR)	Gesamtpreis (EUR)
1	810715	CATY-Anschlussdosen Tippi 123-40	2400	7,00	16800,00
				Rabatt (0%)	0,00
				Nettopreis	16800,00
				MwSt. (19%)	3192,00
				Rechnungsbetrag	19992,00

Wir liefern die Gesamtmenge frei Lager bis Ende März 20.., Zahlungsziel sofort nach Lieferung netto. Leider können wir die Artikel der Marke Baum-Fischer nicht liefern, bieten ein alternatives Produkt an. Gerichtsstand ist Duisburg.

Wir hoffen, dass das Angebot Ihren Anforderungen entspricht, und würden uns über eine zukünftige Zusammenarbeit sehr freuen. Für Rückfragen und weitere Informationen stehen wir gerne jederzeit zur Verfügung. Auf der Rückseite siehe unsere AGB.

Mit freundlichen Grüßen
Tippitoppi GmbH
i. A. J. Wang

Angebot 3:

Angebot Sommer zu: CATY-Anschlussdosen

Anfrage vom 15.03.20..

Sehr geehrte Frau Meier,

vielen Dank für Ihre Anfrage. Gerne unterbreiten wir Ihnen folgendes Angebot. Als Stammkunde bieten wir Folgendes:

Angebot Nr. 127-211-24

Pos.	Artikel-Nr.	Bezeichnung	Menge	Einzelpreis (EUR)	Gesamtpreis (EUR)
1	810715	CATY-Anschlussdosen Baum-Fischer	2400	8,50	20400,00
				Rabatt (10%)	– 2040,00
				Nettopreis	18360,00
				MwSt. (19%)	3488,40
				Angebotsbetrag	21848,40

Sie können die Gesamtmenge in beliebigen Teilmengen (zu Hundert) zwischen 300 bis 600 Stück abrufen und nach Lieferung begleichen, Zahlungsziel 14 Tage netto, sofort nach Teilrechnung abzgl. 3% Skonto.

Für Lieferung und Verpackung und Fracht berechnen wir insgesamt 100,00 €. Zu unseren AGB siehe unsere Website.

Gerne können Sie uns die Annahme des Angebots über E-Mail bestätigen. Für Rückfragen zum Angebot stehen wir gerne jederzeit zur Verfügung.

Mit freundlichen Grüßen
Elektrogroßhandel Sommer GmbH

i. A. Scholz-Rossi

a) Wie würden Sie in einer Kurzbewertung urteilen, wenn Sie die drei Angebote mit einer Bewertung als A-, B- oder C-Lieferant bewerten sollten (A = Stammlieferant, guter Lieferant, B = Potenziallieferant, C = ungeeigneter Lieferant)?

b) Welche speziellen Lieferbedingungen wurden abgegeben?

c) Was sind AGB und wurden diese einbezogen?

Aufgabe 2: **Bearbeiten Sie folgende Teilaufgaben.**

3.6.1
3.6.2

❶ Erläutern Sie folgende Grundsätze und Vertragsbedingungen.

Grundsätze/ Vertragsbedingungen	Kurzerläuterung
Warenschuld = Holschuld	
Geldschulden = Schickschulden	
Lieferung frachtfrei	
Lieferung unfrei, ab Versandstation	
Lieferung ab Lager	
Beachten Sie unsere SLA.	
Unsere Preise in Angeboten können sich entsprechend der AGB kurzfristig ändern.	

2 Geben Sie Kurzstellungnahmen ab.

Aussage	Kurzstellungnahme, evtl. mit Rechtshinweis
AGB müssen Unternehmen Kunden gegenüber nur angezeigt und zur Kenntnis gegeben werden, die Verantwortung über die Kenntnisnahme trägt der Kunde selbst.	
Wenn der Lieferant AGB anbietet, können individuell keine anderen Vereinbarungen getroffen werden.	
Werden vom Lieferanten keine Angaben zur Qualität des Produkts gemacht, kann er den schlechtesten Qualitätsstandard liefern.	
Alle in den AGB geforderten Bedingungen gelten bei Vertragszustimmung.	

Nutzwertanalyse (qualitativer Angebotsvergleich) durchführen

S **Die Auszubildenden der JIKU IT-Solutions GmbH sollen Angebotsvergleiche durchführen.**

Holger Lübberstedt: Zu unseren Anfragen erreichen uns Angebote mehrerer Lieferanten. Was ist zu tun?

Julian Markus: Wir nehmen den billigsten Anbieter?

Laura Meier: Falsch, wir nehmen den wirtschaftlichsten Anbieter.

Julian Markus: Was ist der Unterschied?

Laura Meier: Man vergleicht auch andere Kriterien als den Preis und bezieht auch Folgekosten mit ein.

Julian Markus: Ein guter Ansatz.

Holger Lübberstedt: Es gibt zwar in ERP-Systemen auch Angebotsvergleichsmodule, wir wollen uns in der Ausbildung aber mit der Tabellenkalkulation behelfen. So können Sie auch Ihre Kentnisse über dieses Programm vertiefen. Folgende Aufgaben bitte ich zu bearbeiten.

Aufgabe 3: **Erstellen Sie aus den Angeboten zum Artikel CATY (siehe Aufgabe 1 (2), S. 199 ff.) und folgenden Zusatzangaben einen Angebotsvergleich. Geben Sie eine Stellungnahme ab und vergleichen Sie die Ergebnisse.**

3.6.3
3.6.4

	A	B	C	D	E	F	G
1	Angebotsvergleich CATY-Anschlussdosen, Anfrage vom 15.03.20.., Frau Meyer						
2		Schmeichelt GmbH		Tippitoppi GmbH		Sommer GmbH	
3	**Kalkulation**	Bedingungen	Ausgabe	Bedingungen	Ausgabe	Bedingungen	Ausgabe
4	Listeneinkaufspreis						
5	− Liefererrabatt						
6	= Zieleinkaufspreis						
7	− Liefererskonto						
8	= Barkeinkaufspreis						
9	+ Bezugskosten						
10	= Bezugspreis (Einstandspreis)						
11	Rangfolge quantitativer Vergleich						

	A	B	C	D	E	F	G	H
1	**Bewertung: Quantitativer/qualitativer Vergleich (Nutzwertanalyse)**							
2			**Schmeichelt GmbH**		**Tippitoppi GmbH**		**Sommer GmbH**	
3	**Entscheidungskriterien**	Gewichtung in %	Punkte	Gewichtete Punkte	Punkte	Gewichtete Punkte	Punkte	Gewichtete Punkte
4	Preis							
5	Produktqualität							
6	Reklamationen							
7	Kompetenz des Anbieters							
8	Lieferbedingungen							
9	Service u. Support							
10	Summe							
11	Bewertung: Punktbewertung von 0 (schlechteste Bewertung) bis 5 Punkte (beste Bewertung)							

Aus dem Lieferbewertungssystem wurden folgende Daten entnommen:

Auszug aus Lieferer-Bewertung			
Lieferant	**Schmeichelt GmbH**	**Tippitoppi GmbH**	**Sommer GmbH**
Stammkunde	nein	nein	ja
Neukunde	nein	ja	nein
Reklamationen	4	2	5
Kompetenz	4	2	5
Service und Support	3	2	4
Derzeitiger Status	B	C	A
Sperr-/Prüfvermerk	15.06.20.., lg	Neuer Anbieter	01.11.20.., lg
Bewertungssystem: 0 = schlecht, 1 = eher schlecht, 2 = unbekannt/ausreichend, 3 = befriedigend, 4 = gut, 5 = sehr gut Status: A (Stammlieferant, Guter Lieferant), B (Potenziallieferant), C (ungeeigneter Lieferant) Sperrvermerke: Sperrung (geprüft, nicht mehr berücksichtigen), Neulieferant, neuer Anbieter, Prüfdatum, Prüfer			

Stellungnahme zum Angebotsvergleich:

Aufgabe 4: **Bearbeiten Sie folgende Angebotsvergleiche.**

3.6.3
3.6.4

❶ JIKU IT-Solutions will 250 Kaffeetassen vierfarbig mit Werbedruck beschaffen. Bearbeiten Sie möglichst in Parallelarbeitsgruppen folgende Vorlage und präsentieren sowie diskutieren Sie die Ergebnisse.

Quantitativer und qualitativer Angebotsvergleich						
	werbetassen.com		mega-print.de		tassen-plus.de	
Kalkulation	**Eingabe %/€**	**Ausgabe**	**Eingabe %/€**	**Ausgabe**	**Eingabe %/€**	**Ausgabe**
Listeneinkaufspreis						
– Liefererrabatt						
= Zieleinkaufspreis						
– Liefererskonto						
= Bareinkaufspreis						
+ Bezugskosten und Sonderkosten						
= Bezugspreis (Einstandspreis)						

Bewertung: quantitativer/qualitativer Vergleich							
Entscheidungs-kriterien	Gewich-tung in %	Punkte	Gewichtete Punkte	Punkte	Gewichtete Punkte	Punkte	Gewichtete Punkte

Stellungnahme:

Drei Anbieter haben Angebote abgegeben:

- **werbetassen.com:** Stückpreis 2,28 €, 4 % Mengenrabatt, 2 % Skonto, Druckvorkosten einmalig (Klischee 45,00 €, Paketdienst 25,65 €)
- **mega-print.de:** Tassenpreis 0,79 € zzgl. 1,37 € Druckkosten/Stück, Druckvorkosten einmalig 35,00 €, 28,00 € Versandkosten, 5 % Mengenrabatt, 2 % Skonto
- **tassen-plus.de:** Einzelpreis 0,79 €, Druckkosten 0,99 € pro Stück, Druckvorkosten je Farbe jeweils 60,00 € einmalig. Bitte beachten Sie, dass wir frachtfrei liefern, 3 % Skonto gewähren bei Zahlung innerhalb von 7 Tagen und in diesem Fall einen Mengenrabatt von 5 % gewähren.

Für den Tassenkauf soll ein qualitativer Angebotsvergleich die Entscheidung herbeiführen. Sie sollen aus folgenden Bewertungen Leistungspunkte Ihrer Entscheidung in den qualitativen Vergleich einbeziehen.

werbetassen.com

- Produktqualität: Bisher wurde immer eine gute Qualität geliefert.
- Lieferbedingungen: pünktliche Lieferung frei Haus zu günstigen Lieferkosten
- Kompetenz: kompetente Internetseite, im Angebot jedoch sehr einfache Produktbeschreibungen
- Verhalten bei Reklamationen: immer ordentliche und gelegentlich auch kulante Regelung
- Service und Support: gute Kundenbetreuung
- bisherige Zusammenarbeit: ohne Beanstandungen, seit vier Jahren

mega-print.de

- Produktqualität: Die Qualität ist ordentlich, aber nicht durchgängig gut.
- Lieferbedingungen: insgesamt immer gut und besser als im Durchschnitt
- Kompetenz: kompetente Internetseite, im Angebot jedoch sehr einfache Produktbeschreibung
- Verhalten bei Reklamationen: Mängel werden relativ schnell reguliert, so gut wie keine Probleme
- Service und Support: über Serviceportal viel Unterstützung, Support online gut geregelt
- bisherige Zusammenarbeit: seit zwei Jahren ordentliche Zusammenarbeit

tassen-plus.de

- Produktqualität: unbekannt, aus dem Angebot nicht klar zu erkennen
- Lieferbedingungen: Versandkosten werden extra berechnet, Kosten im Angebot nicht genannt
- Kompetenz: eher unterdurchschnittliche Beschreibung der Produkte im Internet
- Verhalten bei Reklamationen: unbekannt, im Angebot fehlen dazu Angaben
- Service und Support: unbekannt
- bisherige Zusammenarbeit: Angebot eines bisher unbekannten Lieferanten

2 Die NISO AG hatte für die Entscheidung über die Anschaffung eines Azubi-Connect-Systems folgende Nutzwertanalyse erstellt. Die Punktbewertung erfolgte von 0 (= sehr niedrig/sehr schlecht) bis 10 (= sehr hoch/sehr gut). Vervollständigen Sie die Bewertungstabelle und geben Sie in Kurzform eine Stellungnahme ab. Geben Sie auch an, warum diese Entscheidung gefallen ist.

	A	B	C	D	E	F
1	**Bewertung Eigenentwicklung/Fremdbezug für das Eco-System Azubi-Connect**					
2	**Kriterien**	**Gewichtung**	**Eigenentwicklung**		**Fremdbezug**	
3			Punkte	Gewichtung × Punkte	Punkte	Gewichtung x Punkte
4	Kosten	30	4		10	
5	Schnelligkeit der Realisierung	20	6		9	
6	Systemumfang anforderungsgerecht	20	8		7	
7	Anpassungsfähigkeit	10	8		7	
8	Kontinuierliche Weiterentwicklung	8	6		8	
9	Qualität/Professionalität der Software	5	7		8	
10	Eigene Kapazitäten werden eingebracht	5	4		8	
11	Unabhängigkeit	2	7		6	
12	**Summe**					

Stellungnahme:

3 Ein Unternehmen will die Website um ein B2B-Portal erweitern. Sie erhalten den Auftrag, nach folgenden Angaben einen Kostenvergleich für das erste Jahr aufzustellen und Argumente zu nennen, die für bzw. gegen eine Eigenentwicklung oder Fremdentwicklung sprechen.

- **Angebot der Web&Design GmbH:** Erstellung der Portalseite; Kalkulationsangaben: 1 200,00 € einmalig; Datenbankanbindung: 600,00 € einmalig; Pflege des Webauftritts: 230,00 € pro Monat; Pflege der Datenbank: zusätzlich 330,00 € pro Monat; alle Angaben netto (ohne Umsatzsteuer)
- **Aufwandsermittlung bei Eigenentwicklung des Portals:** Kauf einer Portalsoftware: 595,00 € inkl. 19 % Umsatzsteuer; Schulungskosten der Mitarbeiter: 1 785,00 € inkl. 19 % Umsatzsteuer; Entwicklung des Portals durch eigene Mitarbeiter: 30 Arbeitsstunden; Anbindung an die Datenbank: fünf Arbeitsstunden, zwei Stunden Zeitaufwand pro Tag für die Pflege, zwei Werktage pro Woche. Als Selbstkostensatz für diesen Auftrag in der IT-Abteilung kalkuliert der Betrieb mit 44,00 € (netto) pro Arbeitsstunde.

a) Erstellen Sie zunächst mit Excel einen Kostenvergleich.
b) Erstellen Sie eine Präsentation für einen Vortrag vor der Geschäftsleitung und nennen Sie ergänzend zum Kostenvergleich Vor- und Nachteile für beide Varianten zur Entscheidungsfindung.

4 Erstellen Sie zu folgenden Angeboten einen Angebotsvergleich entsprechend der Anfrage nach sechs Druckern auf folgenden Vorlagen.

Angebot Anders-Drucker GmbH	Angebot Digidrucker AG
Etikettendrucker Andi 03: Preis je Stück 94,00 €, Verpackung und Fracht 25,00 €, ab 5 Stück 5 % Rabatt und 2 % Skonto, zzgl. 19 % USt.	Etikettendrucker Digi VC1: Preis je Stück 99,00 € beim Kauf von 6 Stück, Versandkostenpauschale 20,00 €, zusätzlich 8 % Rabatt und 3 % Skonto, zzgl. 19 % USt.

Auszug aus der Lieferantenbewertung

Bewertung Lieferanten		Anders-Drucker GmbH	Digidrucker AG
Entscheidungskriterien	**Gewichtung**	**Punkte (0 bis 5 Punkte = schlechteste/ beste Bewertung)**	
Produktqualität	15	5	4
Folgekosten (z. B. Tinte)	15	4	5
Kompetenz des Anbieters	10	4	3
Lieferbedingungen	10	4	4
Service und Support	10	5	4

Lieferer	Anders-Drucker		Digidrucker	
Kalkulation	Eingabe %/€	Ausgabe	Eingabe %/€	Ausgabe
Listeneinkaufspreis				
– Liefererrabatt				
= Zieleinkaufspreis				
– Liefererskonto				
= Bareinkaufspreis				
+ Bezugskosten und Sonderkosten				
= Bezugspreis (Einstandspreis)				
Rangfolge quantitativer Vergleich				

Bewertung: quantitativer/qualitativer Vergleich (Nutzwertanalyse)					
Entscheidungskriterien	Gewichtung in %	Punkte	Gewichtete Punkte	Punkte	Gewichtete Punkte
Preis					
Produktqualität					
		Summe:		Summe:	

5 Führen Sie eine Nutzwertanalyse durch und ermitteln Sie mit einem Tabellenkalkulationsprogramm das beste Produkt aus A bis E bei der vorliegenden Gewichtung nach Schulnoten und den vorliegenden Bewertungen (B). Ermitteln Sie die Gewichtungspunkte (GP).

	A	B	C	D	E	F	G	H	I	J	K	L
1		Punkte	A		B		C		D		E	
2	Kriterien	Gewichtung	B	GP	B	GP	B	GP	B	GP	B	GP
3	Preis	3	1		1		2		3		2	
4	Funktionen	3	3		4		3		1		2	
5	Bekanntheitsgrad	2	2		3		3		1		2	
6	Kompatibilität	1	1		3		2		1		3	
7	Bedienung	1	3		2		1		2		1	
8	Gesamtbewertung											

6 Ermitteln Sie aus folgender Tabelle den günstigsten Lieferanten.

	A	B	C	D	E	F	G
1	**Bezugskalkulation Barangebotspreis IT komplett**						
2		**Lieferant A**		**Lieferant B**		**Lieferant C**	
3	Kalkulation	Konditionen	Berechnung	Konditionen	Berechnung	Konditionen	Berechnung
4	Server	18 000,00 €		19 500,00 €		17 700,00 €	
5	Workstation	15 360,00 €		13 920,00 €		16 320,00 €	
6	Server-Betriebssystem	2 100,00 €		1 800,00 €		1 650,00 €	
7	Workstation-Betriebssystem	3 840,00 €		4 320,00 €		3 360,00 €	
8	Lizenz ERP	9 600,00 €		7 200,00 €		8 640,00 €	
9	**Kalkulation**						
10	Listeneinkaufspreis						
11	– Liefererrabatt	8 %		5 %		7 %	
12	= Zieleinkaufspreis						
13	– Liefererskonto	3 %		2 %		0 %	
14	= Bareinkaufspreis						
15	+ Bezugskosten	0,00 €		400,00 €		200,00 €	
16	= Bezugspreis (Einstandspreis)						

Auswahlvorschlag mit kurzer Begründung:

Vertragsabschluss beachten

S **Der nächste Schritt für die Auszubildenden ist, sich in Vertragsverhandlungen als professionelle Ansprechpartner zu erweisen.**

Holger Lübberstedt: Nicht selten erfolgen Bestellungen individuell und nicht aus einem Katalog oder einer Artikelliste. Häufig muss mit dem Lieferanten über die Artikel oder Leistungen verhandelt werden.

Julian Markus: Man muss ausgeschlafen in die Verhandlungssitzung gehen.

Laura Meier: Besser wäre doch, man bereitet sich auf die Sitzung vor.

Julian Markus: Okay. Aber wie soll ich ahnen, was passiert?

Holger Lübberstedt: Wir sollten uns, wie Frau Meier vorschlägt, vorbereiten. Ich habe dazu ein paar Aufgaben formuliert.

Aufgabe 5: **Bereiten Sie Vertragsverhandlungen mit Lieferanten in Stichworten vor.**

3.6.5
3.6.6

1. Nennen Sie vorbereitende Tätigkeiten für Vertragsverhandlungen mit Lieferanten.

2. Nenne Sie Fragen für eine Frageliste für die Vertragsverhandlungen mit Lieferanten.

3. Nennen Sie unfaire Verhandlungstaktiken.

4. Nennen Sie Taktiken, die die Vertragsverhandlungen mit Lieferanten positiv unterstützen.

Aufgabe 6: **Bearbeiten Sie folgende Teilaufgaben zum Vertragsabschluss.**

3.6.5
3.6.6

1. Erläutern Sie jeweils mit einem kurzen Kommentar, ob in folgenden Fällen rechtlich ein Kaufvertrag zustande gekommen ist.

Fall	Kaufvertrag zustande gekommen?
1. Wir haben bestimmte Komponenten angefragt und ein Angebot mit den gewünschten Komponenten erhalten.	
2. Der Lieferant hat die Anfrage aus 1 geprüft und in der Menge die Hälfte der Komponenten, einige mit höherem Preis, bestätigt.	
3. Wir haben entsprechend der Bestätigung aus 2 bestellt.	
4. Wir wünschen auf der Basis des Angebots von 1 einen zusätzlichen Rabatt.	
5. Der Lieferant bestätigt telefonisch im Gespräch und per E-Mail den Rabatt aus 4.	

2 Geben Sie zu den folgenden Fachbegriffen jeweils eine kurze Erläuterung bzw. ein Beispiel für eine vertragliche Regelung an.

Fachbegriff	Erläuterung/Vertragsvermerk aus der Sicht des Lieferanten
Dienstvertrag	
Fixkauf	
Gattungskauf	
Kauf auf Abruf	
Kauf mit Umtauschrecht	
Platzkauf	
Ramschkauf	
Spezifikationskauf	
Versendungskauf	
Werkvertrag	
Zielkauf	

Bestellungen erstellen

S **Die Auszubildenden erhalten Angebote vom Lieferanten und sollen diese bearbeiten.**

Holger Lübberstedt: Rein rechtlich kommt mit dem Erhalt eines Angebots vom Lieferer noch kein Vertrag zustande. Was müssen wir noch tun?

Laura Meier: Das Angebot bestätigen.

Julian Markus: Ist es nicht so: Wenn wir nicht ablehnen, kann er liefern?

Laura Meier: Das Angebot könnte ja auch mal fehlerhaft sein oder nicht passen.

Holger Lübberstedt: Das sollten wir mal prüfen und auch gleich klären, wie wir bestellen sollten.

Aufgabe 7: Bearbeiten Sie folgende Teilaufgaben.

3.6.7
3.6.8

❶ Sie erhalten ein sehr gutes Angebot eines Lieferanten, evtl. mit folgenden Hinweisen. Erläutern Sie jeweils, ob rechtlich ein Vertrag zustande kam, und was evtl. zum Zustandekommen von unserer Seite zu veranlassen ist.

Lieferantenangebot	Erläuterung und Handlungsbedarf zum Zustandekommen/ zur Annahme des Angebots
Der Lieferant sendet per Fax oder E-Mail das Angebot.	
Der Lieferant sendet per Brief das Angebot.	
Der Lieferant erwartet eine Bestätigung in den nächsten drei Tagen.	

❷ Geben Sie Handlungsempfehlungen aufgrund der folgenden Vorfälle.

Lieferantenangebot	Erläuterung und Handlungsbedarf zum Zustandekommen/ zur Annahme des Angebots
Das Angebot ist fehlerhaft, anstelle des Serverpreises von 1 000,00 € wurden 100 € angegeben.	
Unser Lieferant hat uns eine alternative Technologie angeboten, wir bestellen aufgrund des Vermerks „gleichwertig und besser". Es erweist sich, dass dies nicht der Fall ist.	
Unser Lieferant bietet uns ein Produkt an, für das es gesetzlich noch keine Zulassung gibt, ohne darüber zu informieren. Wir haben bestellt und bemerken den Fehler.	

❸ Erstellen Sie eine Kurzpräsentation in sechs Arbeitsgruppen mit jeweils einer Präsentationsfolie und geben Sie unter dem Titel „Was ist bei folgender Bestellart zu beachten?" entsprechende Hinweise in Kurzform zu den Bestellarten „per Brief, E-Mail, per Fax, per Internetportal, persönlich/telefonisch und persönlich/ direkt". Präsentieren und diskutieren Sie die Ergebnisse.

Lernsituation 7: Wir nehmen Lieferungen und Leistungen ab, kontrollieren und bezahlen

S **Herr Lübberstedt bespricht bei einer Ausbildungssitzung die Abnahme von Waren und Dienstleistungen. Er zeigt zu Anfang folgendes Schaubild.**

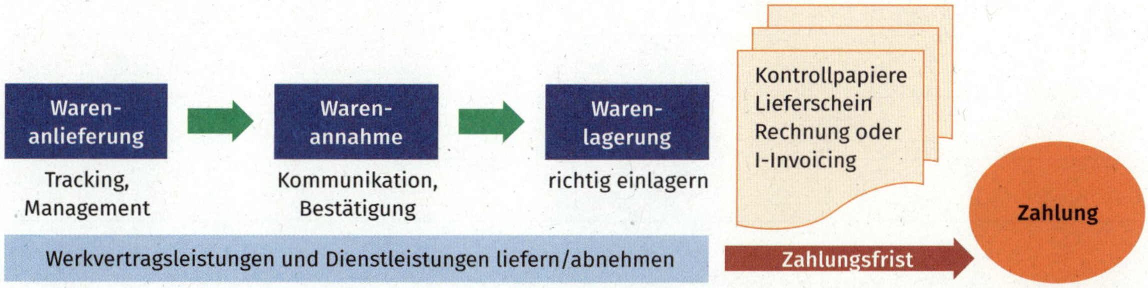

Holger Lübberstedt: Gezahlt wird erst, wenn die Lieferung der Ware geprüft ist und die vereinbarten Leistungen erbracht sind. Also müssen wir uns über die Prüfungen bis hin zu den Zahlungen unterhalten. Dann geht es natürlich auch um elektronische Belege und auch um elektronische Zahlungen.

Laura Meier: Ich kann mir vorstellen, dass in dieser Prozesskette einiges zu prüfen und zu entscheiden ist. Interessant, dies auch elektronisch umzusetzen.

Holger Lübberstedt: Wir sollten erst einmal die sachlichen und rechtlichen Prüfungen besprechen.

Julian Markus: Wir bekommen immer mehr elektronische Rechnungen.

Holger Lübberstedt: Danach gehen wir an die elektronischen Rechnungen und die elektronischen Zahlungen.

3.7 Lieferungen und Leistungen abnehmen, kontrollieren und bezahlen

Abnahmen von Dienst- und Werkvertragsleistungen erläutern

S **Die Auszubildenden der JIKU IT-Solutions GmbH sollen die Warenannahme beschreiben und auch die Abnahme von sonstigen Leistungen.**

Holger Lübberstedt: Wenn die Ware, Dienstleistungen oder auch Werkaufträge beauftragt wurden, geht es auch bald um die Lieferung und Abnahme.

Laura Meier: Wir können ja vor der Lieferung bei Waren schon tracken und bei Dienstleistungen im ständigen Kontakt mit Unternehmen bleiben, sodass sie auch pünktlich kommen und ihre Arbeit machen.

Julian Markus: Aber was ist, wenn zum Beispiel Komponenten am Lager ankommen und der Transportdienst sofort wieder weg ist?

Holger Lübberstedt: Wir sollten uns unterschiedliche Aufgaben vornehmen und einmal gemeinsam herausfinden, was für eine gute Waren- und Leistungsabnahme alles zu beachten ist.

Aufgabe 1: **Bearbeiten Sie folgende Teilaufgaben.**

3.7.1

1. Notieren Sie in Partnerarbeit Probleme und Maßnahmen bei der Lieferung von IT-Gütern, tauschen Sie sich dann im Plenum darüber aus und erstellen Sie eine gemeinsame Sammelliste.

Probleme der Lieferung in Kurzform:

____

____

____

____

____

____

Maßnahmen der Lieferung in Kurzform:

____

____

____

____

____

____

2. Erläutern Sie folgende Begriffe und Vermerke in Kurzform.

Begriff/Vermerke	Erläuterung in Kurzform
Tracking	
Lieferavis	
Frachtführer	
KEP-Dienste	
Zweiseitiger Handelskauf	

3. Geben Sie an, was bei der Annahme der Ware zu beachten und zu tun ist.

Art des Handelsgeschäfts	Tätigkeiten bei der Warenannahme
Zweiseitiger Handelskauf	
Einseitiger Handelskauf	

4 Wann besteht rechtlich keine Handhabe, die Annahme wegen festgestellter Mängel zu verweigern?

Aufgabe 2: **Geben Sie an, was bei der Abnahme von Leistungen aus Werk- und Dienstverträgen zu beachten ist.**

3.7.2

Abnahmen von IT-Dienst- und Werkvertragsleistungen	
aus Werkverträgen, z. B. Lieferung von speziell konfigurierten Servern, Erstellung von IT-Systemen und IT-Anlagen; Programmierung von Software nach genauem Pflichtenheft und Festbetrag	
aus Dienstverträgen, z. B. Wartung, Überprüfung, Installation, Reparatur oder Programmierung von Software mit Vereinbarung nach Stundenbezahlung	

Sachliche und rechnerische Überprüfungen der Rechnungen vornehmen

S **Nun geht es für die Auszubildenden darum, Rechnungen zu prüfen und digitale Formate für Rechnungen zu vergleichen.**

Holger Lübberstedt: Wenn die Lieferungen oder Leistungen erbracht sind, kommen bald die Rechnungen. Was wäre hier zu beachten?

Laura Meier: Dass Rechnungen falsch sind, wird wohl aufgrund der korrekten Software nicht passieren.

Julian Markus: Es könnte zu viel abgerechnet worden sein.

Holger Lübberstedt: Wer prüft denn eigentlich die Rechnungen?

Julian Markus: Die Lagerarbeiter machen das.

Holger Lübberstedt: Ist das wirklich so? Grundsätzlich gibt es eine sachliche und eine rechnerische Prüfung der Rechnung. Im Lager werden doch i. d. R. andere Belege geprüft. Der Staat verpflichtet die Unternehmen, alle eingegangenen Rechnungen genau zu prüfen. Wenn Finanzbehörden unvollständige Rechnungen vorfinden, verweigern sie die Anrechnung der Umsatzsteuer bzw. Vorsteuer. Lassen Sie uns das mal an Ausbildungsbelegen prüfen.

Laura Meier: Werden Rechnungen nicht auch elektronisch geliefert und können per KI geprüft werden?

Holger Lübberstedt: Auch sehr wichtig für uns. Dies sollten wir uns auch einmal genauer anschauen.

3.7.3

Aufgabe 3: Betrachten Sie folgende Ausbildungsbelege und bearbeiten Sie dazu die Teilaufgaben.

Angebot 19.03.20.. Sommer zu: CATY-Anschlussdosen

Anfrage vom 15.03.20..

Sehr geehrte Frau Meier,

vielen Dank für Ihre Anfrage. Gerne unterbreiten wir Ihnen folgendes Angebot. Als Stammkunde bieten wir Folgendes:

Angebot Nr. 127-211-01

Pos.	Artikel-Nr.	Bezeichnung	Menge	Einzelpreis (EUR)	Gesamtpreis (EUR)
1	810715	CATY-Anschlussdosen Baum-Fischer	2400	8,50	20400,00
				Rabatt (6 %)	– 2040,00
				Nettopreis	18360,00
				MwSt. (19 %)	3488,40
				Gesamtbetrag	**21848,40**

Sie können die Gesamtmenge in beliebigen Teilmengen (zu Hundert) zwischen 300 bis 600 Stück abrufen und nach Lieferung begleichen, Zahlungsziel 14 Tage netto, sofort nach Teilrechnung abzgl. 3 % Skonto.

Für Lieferung und Verpackung und Fracht berechnen wir insgesamt 100,00 €. Zu unseren AGB siehe unsere Website.

Gerne können Sie uns die Annahme des Angebots über E-Mail bestätigen. Für Rückfragen zum Angebot stehen wir gerne jederzeit zur Verfügung.

Mit freundlichen Grüßen
Elektrogroßhandel Sommer GmbH

i. A. Scholz-Rossi

JIKU IT-Solutions

Bestellung 2X.1122 22.03.20..

Wir bestellen wie vereinbart zu folgenden Konditionen:
2400 Stück CATY-Anschlussdosen
Baum-Fischer
zum Stückpreis von 8,50 €

- 10 % Rabatt
- Zahlungsziel 14 Tage netto
- 3 % Skonto bei Zahlung sofort nach Rechnungserhalt
- Verpackung und Fracht einmalig 100,00 €, mit letzter Rechnung fällig
- Gesamtmenge kann in Teilmengen zwischen 300 bis 600 Stück abgerufen werden, Rechnungserstellung auf Teilmengen
- Weiterhin gelten unsere AGB

Mit freundlichen Grüßen
i. A. Laura Meier
JIKU IT-Solutions GmbH

Sommer GmbH

Auftragsbestätigung

Ihre Bestellung vom: 22.03.20..
Bestell-Nr.: 2X.1122
Auftrags-Nr.: 127-211-22-01

Pos.	Artikel-Nr.	Bezeichnung	Menge	Einzelpreis (EUR)	Gesamtpreis (EUR)
1	810715	CATY-Anschlussdosen Baum-Fischer	2 400	8,50	20 400,00

Rabatt: 10 %
Zahlungsziel: 14 Tage netto
Bei einer Zahlung sofort gewähren wir 3 % Skonto.
Die Ware bleibt bis zur vollständigen Zahlung unser Eigentum.
Lieferbedingung: Verpackung und Fracht einmalig 100,00 €
Lieferung in Teilmengen ab 300 Stück (Verpackungseinheit 100).

24.03.202x, i. A. Scholz-Rossi
Datum, Unterschrift

Sommer GmbH

Lieferschein

Lieferschein-Nr.: 127-211-22-02 Lieferdatum: 02.04.20..
Bestellung per E-Mail 28.03.2x

Artikel-Nr.	Bezeichnung	Menge
810715	CATY-Anschlussdosen Baum-Fischer	500

Bemerkungen: gegen reine Quittung angenommen

Annahme durch

03.04.202x, K. Murat
Datum, Unterschrift

Sommer GmbH

Rechnung

Unsere Lieferung vom: 02.04.20..

Artikel-Nr.	Bezeichnung	Menge	Einzelpreis (EUR)	Gesamtpreis (EUR)
201	CATY-Anschlussdosen Baum-Fischer	500	8,50	4 250,00
			Warenwert	4 250,00
			Rabatt (10 %)	425,00
			Verpackung, Fracht	100,00
			gesamt netto	4 775,00
			MwSt. (19 %)	907,25
			Rechnungsbetrag	**5 682,25**

Die Ware bleibt bis zur vollständigen Zahlung unser Eigentum.
Zahlungsziel: 14 Tage netto
Bei einer Zahlung sofort gewähren wir 3 % Skonto.

1 Ordnen Sie folgende Stellen bzw. Prüfungsorte und Belege (Papier oder digital, Mehrfachnennung möglich) in der Tabelle richtig zu.
- Stellen/Prüfungsorte: Buchhaltung/Rechnungswesen, Einkauf, Lager
- Belege: Anfrage, Auftragsbestätigung, Bestellung insgesamt, E-Mail-Teilbestellung, Frachtschein, Lieferschein, Rechnung

Prüfungen der Lieferung mit Belegen		
Warenannahme	**Sachliche Prüfung**	**Rechnerische Prüfung**
Prüfungsort:	Prüfungsort:	Prüfungsort:
Belege:	Belege:	Belege:

2 Prüfen Sie den Vorgang auf sachliche und rechnerische Richtigkeit.

Stellungnahme:

____

____

____

____

____

3 Beantworten Sie folgende Teilaufgaben.

a) Warum erhält die Verpackung/Fracht keinen Rabatt?

____

b) Warum sind auf dem Lieferschein keine Preise aufgeführt?

c) Welche Angaben bzw. Beleginformationen sind hier in den Schulungsbelegen weggelassen, sonst aber genannt?

d) Welche Bestandteile sind in der Rechnung nach § 14 UstG verpflichtend aufzuführen und sind diese genannt? Erstellen Sie eine Checkliste.

Aufgabe 4: **Zur Ausstellung von Rechnungen bzw. Prüfung von Rechnungen sollen Sie Kompetenzen erweitern und auch elektronische Rechnungen erläutern können.**

3.7.3

1. Sie sollen einem (anderen) Lieferanten mitteilen, dass auf der eingegangenen Rechnung die Rechnungsnummer, die Steuernummer, eine genaue Angabe der Leistungen sowie das Datum der Lieferung fehlen. Wie gehen Sie vor und was sollten Sie beachten? Sammeln Sie Ihre Antworten in Einzel- oder Partnerarbeit, tragen Sie diese vor und diskutieren Sie darüber.

2. Berbeiten Sie folgende Teilaufgaben zur Erstellung digitaler Rechnungen.

   a) Kann man einfach eine Rechnung einscannen und hat dann eine E-Rechnung?

   b) In welchen Formaten werden übliche Rechnungen mit strukturierten Daten gespeichert, wenn sie elektronisch übermittelt werden sollen?

   c) In welchen Formaten werden E-Rechnungen nach EU-Norm erstellt?

d) Nennen Sie Vorteile der E-Rechnung.

e) Nennen Sie Nachteile der E-Rechnung.

Zahlungsarten und -möglichkeiten erläutern

S Herr Lübberstedt bittet die Auszubildenden, Zahlungsmöglichkeiten für Unternehmen zu vergleichen.

Holger Lübberstedt: Wenn die Rechnung sachlich und rechnerisch geprüft ist, muss gezahlt werden.

Laura Meier: Häufig steht doch „zahlbar in 30 Tagen" dabei?

Holger Lübberstedt: Ja, das ist gesetzlich so vereinbart.

Julian Markus: Gilt das denn immer? Privat zahle ich per PayPal, dann wird sofort geliefert.

Holger Lübberstedt: Wir sollten uns in Partner- oder Gruppenarbeit den Zahlungsmöglichkeiten widmen. Ich habe einige Aufgaben für Sie vorbereitet.

Aufgabe 5: Bearbeiten Sie folgende Teilaufgaben in Partner- oder Gruppenarbeit.

3.7.4

1. Sie sollen Vor- und Nachteile verschiedener Zahlungsarten in Partnerarbeit oder Gruppenarbeit erarbeiten und präsentieren, z. B. Vorauszahlung/-kasse/Barzahlung, Zahlung per Rechnung, Lastschrift, mit Kreditkarte, Sofortüberweisung o. Ä., Paydirekt, PayPal usw. Notieren Sie kurz wichtige Aspekte.

2 Beantworten Sie die folgenden Fragen zu Zahlungszielen auf Rechnungen richtig mit einer kurzen Antwort.

a) Wann muss gezahlt werden, wenn kein Zahlungsziel angegeben ist?

b) Wann muss gezahlt werden, wenn auf der Rechnung steht: „zahlbar 14 Tage netto"?

c) Können Lieferanten gezwungen werden, eine Zahlungsfrist von einem Monat zu akzeptieren?

d) Sollte man sofort zahlen, wenn bei Sofortzahl 3 % Skonto angeboten wird, sonst erst in 30 Tagen zu zahlen ist und das eigene Kontokorrentkonto im Soll bei einem Zinssatz von 8 % ist?

e) Ein Lieferer berechnet für einen Zahlungsverzug von 14 Tagen (bei 360 Tagen im Jahr) und einem Rechnungsbetrag von 20 000 € Verzugszinsen in Höhe von 777,78 €, nennt den staatlichen Basiszinssatz von 1 % und hat 10 % Zinsen angesetzt. Sind seine Angaben der Zinshöhe und Berechnung korrekt?

3 Zahlungsdienstleister (PSP) übernehmen für Unternehmen das Zahlungsmanagement. Erläutern Sie das Geschäftsmodell in Stichworten.

Aufgabe 6: Wenn Unternehmen bei größeren Beschaffungsmaßnahmen nicht genügend Barmittel zur Verfügung haben, stehen ihnen folgende Finanzierungsarten zur Verfügung:

3.7.4

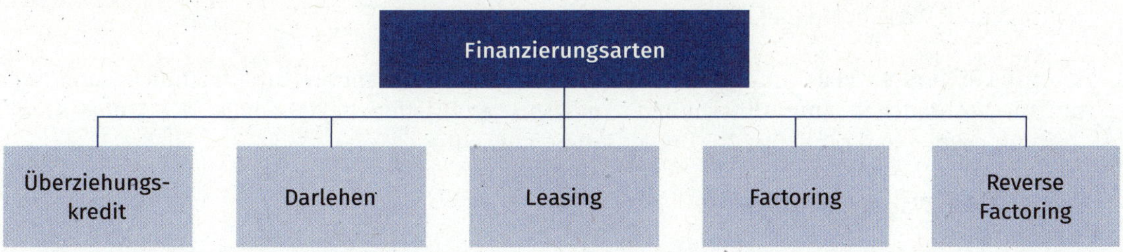

Nennen Sie Vor- und Nachteile hinsichtlich zeitlicher Verfügbarkeit, Kosten und die spezielle Art der Finanzierungsart. Arbeiten Sie evtl. in Gruppen, erstellen und präsentieren Sie jeweils eine Präsentationsfolie.

Lernsituation 8: Wir bearbeiten Vertragsstörungen und vermeiden diese proaktiv

S **Die Auszubildenden der JIKU IT-Solutions GmbH sollen mangelhafte und nicht rechtzeitige Lieferungen bearbeiten.**

Laura Meier: Wir sollen mangelhafte und verspätete Warenlieferungen bearbeiten. Können wir darüber sprechen?

Holger Lübberstedt: Ja gerne. Erst einmal geht es darum, ob ein Mangel überhaupt vorliegt, welche Art von Mangel besteht, und was man dagegen tun kann.

Julian Markus: Eventuell hat der Lieferant in den AGB vorgegeben, wie mit Mängeln und verspäteten Lieferungen umzugehen ist.

Laura Meier: Was ein Mangel ist, steht auch im BGB.

Holger Lübberstedt: Für Unternehmen gelten nach dem HGB andere Untersuchungs- und Rügepflichten als für Verbraucher. Aber Unternehmen müssen langfristige Beziehungen mit Lieferanten eingehen, vertrauensvolle und proaktive Zusammenarbeit ist wichtig.

Laura Meier: Was heißt „proaktiv“?

Holger Lübberstedt: Dass man vorausschauend handelt und möglichst Probleme vermeidet oder Auswirkungen gering hält. Wir sollten uns erst einmal den mangelhaften Lieferungen zuwenden und dann den nicht rechtzeitigen Lieferungen.

3.8 Vertragsstörungen bearbeiten und diese proaktiv vermeiden

Mangelarten feststellen und bearbeiten

S **Im Folgenden sollen die Auszubildenden Mängel in der Lieferung von Waren und Leistungen bearbeiten.**

Holger Lübberstedt: Zunächst geht es erst einmal um mangelhafte Lieferungen.

Laura Meier: Wir sollten verschiedene Fälle von Mängeln durchsprechen.

Holger Lübberstedt: Wir müssen uns mit rechtlichen Fragen auseinandersetzen.

Julian Markus: Vieles steht in den AGB.

Holger Lübberstedt: Parallel müssen wir das BGB und das HGB einbeziehen, das geht online relativ schnell. Wichtig ist mir auch, dass wir darüber sprechen, wie wir uns kommunikativ verhalten und wie wir möglichst solche Fälle vermeiden. Ich habe zwei Aufgaben mit Unteraufgaben vorgesehen. Als Erstes sollten wir ganz praktisch einen Fall bearbeiten.

Aufgabe 1	(1) Mängelarten (2) Untersuchungs- und Rügepflichten (3) Rechte des Käufers bei Mängeln
Aufgabe 2	(4) Eigentumsvorbehalt und Gerichtsstand (5) Gewährleistungsausschluss und Verjährung von Ansprüchen (6) Schlechtleistungen richtig kommunizieren und proaktiv vermeiden

Aufgabe 1: **Bearbeiten Sie folgende Teilaufgaben.**

3.8.1

1 Sie sollen folgende Notiz bearbeiten und das folgende RMA-Formular bzw. den Retourenschein ausfüllen.

JIKU IT-Solutions

Notiz: 15.04.20.., Lieferung von Fa. A. Schmidt Frankfurt/M.

Rechnungsnummer: 2x334499-4011
Menge / Seriennummer-Art-Nr. / Artikel-Kurzbezeichnung
1 / SA5269-1909 / Videostudio Pro X7

Rechnungsnummer: 2x334499-4012
Menge / Seriennummer-Art-Nr. / Artikel-Kurzbezeichnung
1 / PE3807-1914 / DVI-D-Kabel Dual Link Stecker/Stecker 2 m

Vermerk sachliche Prüfung Laura Meier: DOA Zusage per Telefon, RMA-Nr. 2x334499-22, RMA Formular per Download, ausfüllen und Retoure beifügen oder besser im RMA-Portal erfassen. Software Videostudio Pro X7 falsch, bestellt X8, DVI-Kabel Stichprobe zeigte Defekt an.

Fa. A. Schmidt Frankfurt/M.

RMA-Service-Formular RMA-Nr.: 2x334499-22

Retourenschein

Schicken Sie das ausgefüllte Formular per E-Mail oder erfassen Sie es direkt in unserem RMA-Portal.

Firma:	JIKU IT-Solutions GmbH	**Datum:**	15.04.20..
Kunden-Nr.:	335599	**Telefon:**	040 443300
Kontaktperson:	Frau L. Meier	**Telefax:**	040 443301
		E-Mail:	info@jiku-bbs.de

Art.-Nr.	Artikelbezeichnung	Seriennummer	Rechnungs-Nr.

Grund der Rücksendung:

☐ Falschlieferung ☐ Falschbestellung ☐ Transportschaden ☐ DOA
☐ Reparatur auf Gewährleistung/Garantie ☐ Reparatur/kostenpflichtig ☐ Sonstiges

Geben Sie bitte eine möglichst exakte Fehlerbeschreibung an:

___

___

___

___

Folgende Punkte sind unbedingt zu beachten:

Offensichtliche Transportschäden sind sofort nach Erhalt der Ware zu melden! Verdeckte Transportschäden müssen innerhalb von 7 Tagen gemeldet werden! Unfreie Rücksendungen werden ungeöffnet zurückgesendet!
Alle Artikel werden auf Fehler geprüft und gegebenenfalls zum Hersteller gesendet! Bringen Sie die RMA-Nummer gut lesbar auf dem Paket an! Legen Sie bitte das RMA-Formular und die Rechnungskopie bei! Eigene Reparaturversuche oder gebrochene Siegel führen zum Garantieverlust! Bei Mängeln bitte zwingend den Seriennummern-Nachweis beilegen! Für eingesandte Produkte, bei denen kein Fehler festgestellt werden kann, berechnen wir eine Test- und Bearbeitungspauschale von mindestens 35,00 € zzgl. Verpackungskosten und gesetzlicher MwSt.!

Fragen Sie uns, ob wir eine Vereinbarung DOA bieten!
„**DOA** ist eine **Abkürzung** für den englischen Ausdruck **„Dead on Arrival“** und meint auf Deutsch übersetzt **„Defekt bei Ankunft“**. Die **DOA-Garantie** bzw. **-vereinbarung** bezieht sich auf den **Elektrohandel** und gewährleistet somit den **Service**, einen sofortigen Ersatz zu bekommen, wenn ein bestelltes **Elektronikteil** bereits defekt beim Kunden ankommt. Der Händler **verzichtet** hierbei auf das **allgemeingültige Recht der Nachbesserung**. Unsere Gewährleistungs- und Garantiebedingungen können Sie auf unseren AGB auf der Rechnung (Rückseite) bzw. auf unserer Website nachlesen. Vorteil einer DOA ist, dass wir sofort nach Meldung des Mangels ein neues Gerät zusenden, nicht erst auf die Rücksendung der Ware und Prüfung des Defekts sowie die Abwicklung einer Nachbesserung warten. **Ausgenommen** von der Dead-on-Arrival **Garantie sind Verschleißteile** wie Farbkartuschen. Natürlich solltest du uns jedwede Schäden oder einen Mangel unverzüglich über unser Kontaktformular mitteilen, damit wir schnellstmöglich eine Lösung finden.“ *Quelle: Marty's Megastore s.r.o: DOA-Garantie. In: www.e.zigarette24.com. 2023. https://www.e-zigarette24.com/dampfer-lexikon/doa-garantie [01.02.2023]. (verändert)*

Ergänzender Hinweis: Im § 434 BGB steht: Die Sache ist frei von Sachmängeln, wenn sie bei Gefahrübergang den subjektiven Anforderungen (also den vom Kunden vereinbarten Anforderungen und geäußerten Verwendungen), den objektiven Anforderungen (insbesondere übliche Beschaffenheit und für gewöhnliche Verwendung geeignet) und den Montageanforderungen dieser Vorschrift entspricht. Im zweiseitigen Handelskauf (B2B, B2A) und Privatkauf kann davon abgewichen werden. Beweisumkehrlast im Verbrauchsgüterkauf nach § 477 Abs. 1 BGB: „Zeigt sich innerhalb eines Jahres seit Gefahrübergang ein ... von den Anforderungen ... abweichender Zustand der Ware, so wird vermutet, dass die Ware bereits bei Gefahrübergang mangelhaft war, ...“

2 In einer Ausbildungs-Sitzung werden verschiedene Mängel diskutiert. Ordnen Sie die Mängel den Mängelarten (Ausmaß, Erkennbarkeit, Sachmangelart) richtig zu. Wie detailliert (z. B. Stufe 1 bis 3 bei Sachmängeln s. o.) wurden die Kriterien vereinbart?

- **Art:** Artmangel (AM), Qualitätsmangel (QM), Quantitätsmangel (MM), kein Mangel: KM
- **Erkennbarkeit:** offen (o), versteckt (v), arglistig verschwiegen (av)
- **Ausmaß kombinierbar:** behebbar (b), nicht behebbar (nb), erheblich (e), geringfügig (g)
- **Hinweis:** Da Eindeutigkeit nicht immer gegeben ist, sollte über Ergebnisse diskutiert werden.

Mängelfeststellung der Lieferung, Anspruch gegenüber Lieferer	Kurzschlüssel
Statt 80 Festplatten wurden nur acht geliefert.	MM-o-be
Der Server wurde mit zu wenig RAM ausgestattet, Aufrüstbarkeit ist gegeben.	
Ein Servergehäuse hat leichte Kratzer.	
Der Grafikchip ist auf der Platine fest integriert, nicht auf Steckplatz.	
Man erhält statt genau bezeichneter Marken-Mäuse Standardmäuse.	
Da Notebooks nicht genau spezifiziert wurden, wurden einfache Standardnotebooks geliefert.	
Das Gerät wurde ohne Installationshinweise geliefert, auf Nachfrage nachgesendet.	
Die Stichprobe einer Schraubenlieferung ergab, dass 5 % zu wenig geliefert wurden.	
Einbauteile wurden im verstaubten Zustand geliefert, konnten gereinigt werden.	
Bei einer Lieferung von PCs wurden die Speicherkarten unsachgemäß installiert.	
Ein Subunternehmer mit Dienstleistungsvertrag hat für uns PCs falsch konfiguriert.	
Ein Subunternehmer mit Werkvertrag hat zehn Server sichtbar falsch konfiguriert.	
Ein Werbeprospekt wurde mit vertauschten Seiten 5 und 6 (bekannt) versendet.	

3 Testen Sie Ihr Wissen. Was ist richtig, was ist falsch? Kreuzen Sie an (siehe auch Aufgabe 2).

Aussage	Richtig	Falsch
1. Ein Verbraucher kann bei einem neuen Artikel zwei Jahre Beseitigung von Mängeln verlangen.		
2. Wer ein gebrauchtes Fahrzeug mit voller Gewährleistung gekauft hat, kann zwei Jahre die Beseitigung von nicht verschleißabhängigen Mängeln verlangen.		
3. Liefert ein Unternehmer an einen Verbraucher, muss der Lieferer innerhalb der ersten 12 Monate nach Lieferung nachweisen, dass er mangelfrei geliefert hat.		
4. Erhält ein Unternehmer Ware, muss er diese sofort und ohne schuldhaftes Zögern auf eine mangelhafte Lieferung hin überprüfen.		
5. Ein Unternehmer muss zwar Waren sofort auf Mängel überprüfen, hat aber zwei Monate Zeit, den Mangel zu melden.		
6. Ein Verbraucher packt erst acht Monate nach dem Kauf einen Drucker aus und stellt fest, dass er nicht funktioniert. Der Verkäufer behauptet, er könne so spät den Drucker nicht mehr reklamieren.		
7. Bei Versand-Conrad war ein großer Wasserschaden im Lager. Dadurch konnte die angelieferte Ware nicht gleich kontrolliert werden. In diesem Fall hat Versand-Conrad das Recht, noch nach einer Woche den Mangel einer Ware anzuzeigen.		
8. Wenn der Hersteller eines Produkts einen Mangel verursacht, den erst der Kunde bei der Benutzung der Sache entdeckt, ist der Frachtführer Schuld und muss für die Reparatur der Sache sorgen.		
9. Wenn der Hersteller eines Produkts einen Mangel verursacht, den erst der Kunde bei der Benutzung der Sache entdeckt, wird der Verkäufer den Kunden zufriedenstellen müssen, kann sich aber vom Hersteller die Kosten ersetzen lassen.		
10. Wenn der Lieferer die Ware (bzw. eine angemessene Stichprobe) nicht sofort bei der Annahme auf offene Mängel überprüft, muss er und nicht der Hersteller den Schaden tragen.		
11. Der Lieferer hat vor der Absendung einer Ware die Ware durch eine Endkontrolle (Qualitätskontrolle) im Lager überprüft und darüber einen Kontrollbogen ausgestellt und im Computer gespeichert. Der Kunde (Verbraucher) beklagt nach drei Wochen einen offenen Mangel an der Ware. Der Hersteller soll Schuld haben.		
12. Ein Händler hat von einer Ware 2 000 Stück erhalten. Er überprüfte beim Wareneingang ein Stück und das war in Ordnung. Beim Kunden stellte sich heraus, dass jedes zehnte Stück fehlerhaft war. Der Hersteller meint, dass hier der Händler den Schaden tragen muss, da er nicht rechtzeitig den Mangel gerügt hat.		
13. Auf dem Transport ist nachweislich eine Ware demoliert worden. Der Frachtführer lehnt jedoch die Schadensregulierung ab, da bis zur Übergabe an den Kunden (Unternehmer) der Lieferer die Verantwortung habe. Man solle die Ware wieder an den Lieferer zurückschicken.		
14. Wenn das Unternehmen die Ware (bzw. eine angemessene Stichprobe) nicht unverzüglich auf offene Mängel überprüft, kann der Hersteller einen Mangel ablehnen.		
15. Bei einer defekten Ware kann der Käufer sofort vom Kaufvertrag zurücktreten und das Geld zurückverlangen.		
16. Der Käufer kann zwischen Nachbesserung (Reparatur) und Neulieferung (Umtausch) wählen.		

Aussage	Richtig	Falsch
17. Bei einer defekten Ware muss der Käufer zulassen, dass der Verkäufer in zwei Versuchen den Mangel abstellt, wenn der Umtausch unverhältnismäßig teurer ist.		
18. Der Käufer kann auch bei geringfügigen Mängeln vom Kaufvertrag zurücktreten und das Geld zurückverlangen.		
19. Wenn der Kunde die Nacherfüllung verweigert, ist keine Nachfrist notwendig, um nachrangige Rechte in Anspruch zu nehmen.		
20. Bei erheblichen Mängeln kann ich nur vom Kaufvertrag zurücktreten, keine Minderung des Kaufpreises verlangen.		
21. Der Käufer kann bei geringen Mängeln einen Preisnachlass verlangen, jedoch nicht vom Kaufvertrag zurücktreten.		
22. Schadensersatz wird beim Verkäufer immer dann fällig, wenn ein Mangel (Schaden) an der Ware auftritt.		
23. Schadensersatz ist mindestens an Pflichtverletzung und Verschulden des Verkäufers gebunden.		
24. Beim Internetkauf kann ich als Verbraucher innerhalb von 14 Tagen vom Kaufvertrag zurücktreten (ohne Grund Widerspruch leisten), wenn kein Mangel vorliegt.		
25. Der Lieferant kann sich von dem Hersteller der mangelhaften Ware die geleisteten Aufwendungen der Schlechtleistung wiederholen, wenn der Mangel dem Lieferanten nicht bekannt war.		
26. Ein Kunde (Verbraucher) kann Preisnachlass verlangen, wenn er aufgrund einer schlechten Montageanleitung ein Gerät fehlerhaft zusammengebaut hat.		
27. Ein Kunde (Unternehmer) kann auch einen Preisnachlass verlangen, wenn er aufgrund einer schlechten Montageanleitung ein Gerät richtig zusammengebaut hat.		
28. Beim Fixkauf ist keine Fristsetzung notwendig.		
29. Bei Schlechtleistung trägt der Verkäufer die Transport- und Materialkosten, der Kunde die Arbeitskosten.		
30. Unternehmen können gegenüber anderen Unternehmen im Vertrag oder über AGB Rechte im Falle einer Schlechtleistung ausschließen.		

Kompetenzen	sehr gut	gut	ok	gerade so	Nacharbeit?	leider nicht
Punkte je 1 P.	ab 28	ab 24	ab 20	ab 15	ab 9	bis 8

4 Bilden Sie (z. B.) fünf Arbeitsgruppen und bearbeiten Sie folgende Teilaufgaben. Präsentieren und vergleichen Sie die Ergebnisse.

a) Geben Sie zu den Geschäftsbereichen 1. bis 3. und zu verschiedenen Mängelarten mehrere Beispiele an.

1. Lieferung an ein IT-Systemhaus

____

____

____

____

____

2. Lieferung an eine IT-Abteilung

3. Lieferung von IT-Abteilung an Fachabteilung

b) Geben Sie Beispiele dafür an, wann Sie trotz Vorliegen eines Mangels keinen Anspruch auf Mangelbeseitigung haben.

c) Geben Sie jeweils eine Handlungsempfehlung für das Unternehmen ab, wenn
1. ein einzigartiges Teil als dringend bestellt wurde (speziell konfigurierter Server) und dieser bei uns defekt ankommt,
2. ein Lieferant auf einem Dach einen Sendeempfänger montiert hat und wir trotz einer Funktionstätigkeit Kratzer auf dem Gerät feststellen,
3. wir eine zu geringe Stückzahl als angegeben für das Lager erhalten,
4. wir verschmutzte Teile erhalten, die sich jedoch reinigen lassen,
5. wir einen Server geliefert bekamen, der jetzt schon zweimal und insgesamt drei Wochen in Reparatur wegen ständiger Ausfälle war und erneut diesen Mangel aufweist,
6. wir für einen Pkw neue Reifen gekauft haben, die jedoch statt nach 60 000 km bereits nach 20 000 km abgelaufen waren,
7. wir eine höherwertige Sorte Papier zum vereinbarten Preis geliefert bekommen,
8. wir eine Verkaufsaktion zum Jubiläum planen, jedoch die Aktionsware mit Mängeln erhalten, diese aber dringend benötigen.

5 Bilden Sie Arbeitsgruppen und bearbeiten Sie folgende Punkte:

a) Erstellen Sie Präsentationen aus Website-Informationen zum Suchbegriff „Rücksendungen", z. B. bei Amazon, Dell, Großhändlern von Servern und IT-Systemen usw. Prüfen Sie insbesondere, ob die genannten Bedingungen und Vorteile nur für Verbraucher gelten oder auch für alle Unternehmen.

b) Prüfen Sie eine Auswahl von AGB (z. B. aus einer Internetrecherche) zu Rücksendungen.

c) Recherchieren Sie nach RMA-Formularen im Internet (Register Bilder) und erstellen Sie einen passenden Entwurf für die JIKU IT-Solutions GmbH. Präsentieren und vergleichen Sie die Ergebnisse.

Aufgabe 2: Bearbeiten Sie folgende Teilaufgaben zu Gewährleistung und Verjährung.

3.8.1

1 Was ist richtig, was ist falsch?

Aussage	Richtig	Falsch
1. Verjährung bedeutet, dass der Schuldner nicht mehr zahlen oder leisten muss.		
2. Gläubiger ist derjenige, der dran glauben muss, dass der Schuldner seine Schuld begleicht.		
3. Verjährungsfristen und Verjährungsbeginn richten sich danach, um welchen Anspruch es sich handelt.		
4. Ganz normale Ansprüche verjähren drei Jahre nach Anspruchsbeginn.		
5. Ganz normale Ansprüche verjähren drei Jahre nach Kenntnis des Anspruchs, zum Ende des Jahres.		
6. Mit der Verjährung werden Ansprüche automatisch ungültig, der Gläubiger darf nicht mehr mahnen.		
7. Mit Ablauf der Verjährungsfrist haben Schuldner die Möglichkeit der Verjährungseinrede.		

Aussage	Richtig	Falsch
8. Nach Ablauf der Verjährungsfrist erhält der Schuldner angezahlte Gelder (Sicherheitsleistung) zurück.		
9. Ein Gläubiger kann die Verjährungsfrist durch einen Mahnbescheid verlängern.		
10. Wenn der Schuldner eine Abschlagzahlung auf seine Schuld leistet, beginnt die Verjährungsfrist von Neuem.		
11. Wenn jemand einem Menschen körperlichen Schaden zufügt, verjährt die Möglichkeit der Einforderung von Schadenersatz erst nach zehn Jahren.		
12. Baumängel verjähren erst drei Jahre nach Übergabe des Werks.		

2 Prüfen und erläutern Sie folgende Fälle hinsichtlich der Verpflichtungen.

a) Die JIKU IT-Solutions GmbH kauft im Internet günstig eine sehr gute, jedoch defekte Grafikkarte von einem Powerseller ohne Angabe zur Gewährleistung. Der Powerseller verweigert die Reparatur bzw. Ersatzlieferung.

b) Die JIKU IT-Solutions GmbH kauft im Internet günstig eine sehr gute, jedoch defekte Grafikkarte von einem Powerseller mit Haftungsausschluss. Der Powerseller verweigert Reparatur bzw. Ersatzlieferung.

c) Sie kaufen privat von einem PC-Gebrauchthändler einen PC ohne besonderen Hinweis auf die Gewährleistung. Nach 18 Monaten ist das Netzteil defekt. Der Händler lehnt die kostenlose Reparatur mit Hinweis auf den Gebrauchtkauf ab.

d) Die JIKU IT-Solutions GmbH kauft von privat als Verkauf von privat einen neuwertigen Monitor ohne Angabe einer Gewährleistungsfrist und weiterer Zusätze. Nach einem Jahr Nutzungszeit ist der Monitor defekt.

e) Die JIKU IT-Solutions GmbH kauft ein neues Firmenfahrzeug. Neben der Gewährleistung wird auf alle tragenden Teile eine Garantie gegen Durchrostung von zehn Jahren gegeben.

f) Ein Unternehmer hat Ihnen ein gebrauchtes Smartphone ohne Angabe zur Gewährleistung verkauft. Nach 14 Monaten geht das Smartphone defekt. Der Unternehmer behauptet, dass er nur 12 Monate zur Gewährleistung verpflichtet sei, aber kulant sein will und die Reparaturarbeiten und den Transport selbst zahlen würde, die defekten Teile von 80,00 € aber vom Kunden zu tragen sind.

3 Wann endet die Verjährungsfrist in den folgenden Fällen genau?

a) JIKU IT-Solutions kaufte mangelhafte Ware auf Lager am 20.11.2024, meldet den Mangel jedoch erst am 25.11.2026.

b) Stephan kaufte am 20.03.2024 ein gebrauchtes Auto und stellte am 02.07.2026 fest, dass ihm ein großer Unfallschaden verschwiegen worden war und sich daraus Reparaturkosten von 1 000 € ergaben.

c) Die Holzfenster im Büro haben sich völlig verzogen und lassen sich nicht mehr öffnen, obwohl sie erst vor vier Jahren und zwei Monaten eingebaut wurden.

d) Ein Computer-Händler besteht auf der Herausgabe eines PCs, da der Kunde es seit dem Kauf vor genau 3,5 Jahren immer noch nicht bezahlt hat und er behauptet, der Eigentumsvorbehalt auf der Rechnung müsste beachtet werden.

e) Eine Firma hat erst später gemerkt, dass ihr Anspruch eigentlich verjährt war, jedoch auf eine „letzte Mahnung" gezahlt. Kann sie das gezahlte Geld zurückfordern?

4 Diskutieren Sie zu dem Thema „Verjährung" im Rollenspiel zweier Parteien:

- **Für eine Verjährung z. B.:** „Es muss irgendwann auch mal gut sein mit Forderungen auf Gewährleistung und Unternehmen sind schon sehr großzügig, für alle Teile eine Gewährleistung von zwei Jahren sicherzustellen."
- **Gegen eine Verjährung z. B.:** „Es kann doch nicht sein, dass man etwas liefert, was dann nach zwei Jahren defekt ist, und der Lieferer muss dafür nicht geradestehen. Wir hören doch immer wieder von Herstellern, die eine „Sollbruch-/Verschleißstelle" einbauen lassen, damit die Teile nach der Gewährleistungszeit defekt sind. Und was ist mit der immer so geforderten Nachhaltigkeit?"

5 Bearbeiten Sie in Partnerarbeit folgende Aufgaben.

a) Nennen Sie Beispiele, wann Sie vorzugsweise eine Mängelrüge an den Lieferanten wie folgt vornehmen würden:
1. per Brief
2. per Fax
3. per E-Mail
4. telefonisch
5. eher sachlich
6. eher freundlich

b) Geben Sie an, in welchen Fällen Sie persönliche, rechtliche, betriebliche oder ökonomische Handlungsspielräume bei Auftreten von Mängeln gegenüber dem Lieferanten sehen.

Nicht-rechtzeitig-Lieferungen bearbeiten

S **Es sollen nicht rechtzeitige Lieferungen bearbeitet werden.**

Holger Lübberstedt: Kann es auch ein Mangel sein, wenn zu spät geliefert wird?

Laura Meier: Irgendwie schon, wenn man die Ware dringend benötigt.

Holger Lübberstedt: Woher weiß der Lieferant, dass man die Ware dringend benötigt?

Julian Markus: Wenn man dem Lieferanten fix einen Termin gesetzt hat.

Holger Lübberstedt: Reicht der Wunsch „Lieferung sofort!“ aus? Lassen Sie uns einmal folgende Aufgaben zu dem Thema bearbeiten.

Aufgabe 3: Bearbeiten Sie folgende Teilaufgaben.

3.8.2

❶ Liegt in den folgenden Fällen eine Nicht-rechtzeitig-Lieferung hinsichtlich der Fälligkeit der Lieferung vor? Kreuzen Sie an, wenn dies zutrifft.

1. Der Kaufvertrag sieht keinen Liefertermin vor. Der Lieferant liefert nach drei Wochen.	
2. Der Kaufvertrag sieht eine Lieferung in der 42. Woche vor. Der Lieferant liefert in dieser Woche am Freitagnachmittag.	
3. Der Kaufvertrag sieht eine Lieferung innerhalb von ca. vier Wochen nach Bestelleingang vor. Der Lieferant liefert 35 Tage nach Bestellung.	
4. Der Lieferant sollte zwei Stunden vor Beginn einer Veranstaltung liefern, konnte an diesem Tag aus persönlichen Gründen jedoch nicht liefern.	
5. Der Lieferant kündigt eine mit fünf Tagen verspätete Lieferung mit der Begründung an, dass sein Lieferfahrzeug plötzlich defekt ist.	

❷ Stellen Sie fest, ob folgende Liefertermine kalendermäßig bestimmt oder bestimmbar sind und damit eine Mahnung entfallen kann.

a) Lieferung vereinbart am 12. Mai 20..

b) Lieferung frühestens am 26. Mai 20..

c) Lieferung innerhalb 14 Tage ab Bestelldatum

d) Lieferung bis spätestens 15. Mai

e) Lieferung Mitte April

f) Lieferung Ende Juni

g) Lieferung ab Juli

h) Lieferung sofort für eine Lieferung nächsten Tag.

i) Lieferung so schnell wie möglich

j) Lieferung 15. Juni fest

k) Lieferung innerhalb ca. zwei Wochen nach Bestelleingang

3 In welchen Fällen kommt der Lieferant nicht in Lieferungsverzug?

a) Der Lieferant teilt selbst mit, dass er bis zum festgelegten Termin nicht liefern kann.
b) Der Lieferant liefert die Zapfanlage nicht wie geplant zur Hausmesse.
c) Der Lieferant kann die Bauteile wegen Streik in der Fertigung nicht liefern.
d) Der Lieferant hatte eine Lieferung mit Fixtermin nicht rechtzeitig mit der Begründung geliefert, dass der Kunde die zum Transport notwendigen Transportbehälter nicht rechtzeitig zur Verfügung gestellt hat.

4 Diskutieren Sie folgenden Bestandteil der AGB eines Lieferanten:

§ 3 Lieferverzug [...]
(1) Sofern wir in Lieferverzug geraten und die vom Kunden uns gesetzte angemessene Nachfrist nicht erfüllen, ist der Kunde berechtigt, für jede vollendete Woche Verzug eine Verzugsentschädigung in Höhe von 1 % des Lieferwertes, nicht jedoch mehr als 5 % des Lieferwertes als pauschalierten Schadensersatz geltend zu machen.
(2) Diese Haftungsbegrenzung gemäß Abs. (1) gilt nicht, soweit das zwischen dem Kunden und uns vereinbarte Liefergeschäft ein Fixgeschäft gemäß § 376 HGB ist oder wenn als Folge des von uns zu vertretenden Verzugs das Interesse des Kunden an einer rechtzeitigen Lieferung in Fortfall geraten ist. Ferner gilt die Haftungsbegrenzung gemäß Abs. (1) dann nicht, wenn der Lieferverzug darauf beruht, dass wir insoweit eine wesentliche Vertragspflicht schuldhaft nicht erfüllt haben. Darüber hinaus gilt Abs. (1) dann nicht, wenn der Lieferverzug auf einem Umstand beruht, der von uns, unseren Vertretern oder Erfüllungsgehilfen vorsätzlich oder grob fahrlässig herbeigeführt worden ist. [...]

Quelle: K. u. E. Geßmann GmbH + Co.: AGB / Widerruf. In: www. muehle-gessmann.de. o. ED. https://muehle-gessmann.de/agb-widerruf.html [06.01.2023]. (verändert)

5 Welche Rechte würden Sie in folgenden Fällen empfehlen?

a) Ein neuer Lieferant wurde angemahnt, eine dringend benötigte Ware innerhalb von fünf Tagen zu liefern, lieferte aber nicht. Die Ware könnte bei einem anderen Lieferanten als Lagerware in einem Tag beschafft werden, allerdings 400,00 € teurer.

b) Ein neuer Lieferant hat Ware mit festem Liefertermin drei Tage verspätet geliefert. Als zusätzliche Verwaltungsaufwendungen für die Kommunikation mit dem Lieferanten in diesem Fall kalkulieren Sie mit 30,00 €.

c) Ein Stammlieferant liefert eine Lagerware einen Tag nach dem vereinbarten Termin.

d) Sie haben für eine große Werbeaktion günstig Ware eingekauft. Für Werbeanzeigen haben Sie bereits 500,00 € ausgegeben. Die Ware wurde vom Lieferanten trotz Terminsetzung für die Werbeaktion nicht rechtzeitig geliefert, sodass neben Verwaltungsaufwendungen in dem Fall in Höhe von 50,00 € auch noch ein entgangener Gewinn von 2 000,00 € hinzukommt. Sie wollen wegen des günstigen Einkaufspreises auf der Lieferung bestehen.

3.8.2

Aufgabe 4: Besprechen Sie in drei Arbeitsgruppen mit Parallelarbeitsgruppen die Einführung folgender drei Maßnahmen. Nennen Sie jeweils Vor- und Nachteile, präsentieren und diskutieren Sie Ihre Ergebnisse.

a) Einführung von Verfahrensanweisungen

Verfahrensanweisungen bei verspäteter Lieferung		
Fälle	**Verfahrensanweisungen**	**Vorsorgemaßnahmen**
Lieferung wird nicht dringend benötigt	Lieferanten über verspätete Lieferung informieren, evtl. abmahnen und auf Konsequenzen hinweisen. Vermerk im Beschaffungsportal über den Lieferanten vornehmen.	Mit Lieferanten vereinbaren, zukünftig über den Lieferprozess besser informiert zu werden, um Vorsorge zu treffen. Eventuell nach anderem Lieferanten Ausschau halten oder Sicherheitsbestand im Lager erhöhen.
Waren werden dringend benötigt, Kunde erhält Ware evtl. nicht pünktlich	Den Lieferanten über verspätete Lieferung informieren, abmahnen, prüfen, ob dem Lieferanten eine Nachfrist gesetzt werden soll oder ob die Lieferung aus anderer Quelle (Deckungskauf) erfolgen kann. Verzugsschaden ermitteln. Kunden sofort informieren, wenn die Lieferung an Kunden fristgemäß nicht möglich ist.	Zusätzlich in Verträgen mit diesem Lieferanten die Aufnahme einer Konventionalstrafe vereinbaren oder Lieferanten wechseln.
...	...	...

b) Nutzung eines Texthandbuches zur Erstellung von Anschreiben

Texthandbuch (Auszug)

JIKU IT-Solutions

Schnellbaustein	Name	Beschreibung
Nicht-rechtzeitig-Lieferung		
Am ... haben wir bei Ihnen mit Bestellschreiben Nr. ... ... bestellt, jedoch bis heute keine Lieferung erhalten.	NRLE1	Einleitung 1 Keine Lieferung
Sie haben die Lieferung mit der Auftragsbestätigung Nr. ... nicht geliefert.	NRLE2	Einleitung 2 Keine Lieferung
Sie haben die Lieferung mit der Auftragsbestätigung Nr. ... verspätet am ... geliefert.	NRLE3	Einleitung 3 Lieferung verspätet
Wir bitten umgehend um telefonische Rücksprache oder Antwort per E-Mail (Ansprechpartner siehe oben).	NRLTR	Rücksprache
Da wir die Lieferung zu einem festen Termin bestellt haben und dringend benötigen, treten wir vom Kaufvertrag zurück und beschaffen die Lieferung bei einem anderen Lieferanten.	NRLRK1	Rücktritt vom Vertrag Lieferung dringend
Wir setzen Ihnen für die Lieferung hiermit eine Nachfrist bis ... und teilen gleichzeitig mit, dass wir bei nicht rechtzeitiger Lieferung vom Kaufvertrag zurücktreten und Schadensersatz statt der Leistung fordern werden.	NRLN1	Nachfrist mit Ankündigung Rücktritt und Schadensersatz
Wir setzen Ihnen für die Lieferung hiermit eine Nachfrist bis ... Wir benötigen die Lieferung dringend und werden bei nicht rechtzeitiger Lieferung Schadensersatz wegen Verzögerung fordern.	NRLN2	Nachfrist mit Ankündigung Schadensersatz wegen Verzögerung
Da Sie auch die Nachfrist nicht eingehalten haben, treten wir vom Kaufvertrag zurück.	NRLRK2	Nachfrist abgelaufen Rücktritt
Wir werden Ihnen Schadensersatz wegen Verzögerung der Leistung und Ersatz vergeblicher Aufwendungen in Rechnung stellen.	NRLSV1	Ankündigung Schadensersatz wegen Verzögerung

Texthandbuch (Auszug)

JIKU IT-Solutions

Schnellbaustein	Name	Beschreibung
Wir stellen Ihnen als Schadensersatz wegen Verzögerung der Leistung und Ersatz vergeblicher Aufwendungen ... € für folgende Aufwendungen in Rechnung: ...	NRLSV2	Schadensersatz wegen Verzögerung mit Betrag
Wir werden Ihnen Schadensersatz statt der Leistung in Rechnung stellen.	NRLSL1	Ankündigung Schadensersatz statt der Leistung
Wir stellen Ihnen Schadensersatz statt der Leistung in Höhe von ... € für folgende Aufwendungen in Rechnung: zusätzliche Aufwendungen für den Deckungskauf ... €, ... € Verwaltungsaufwendungen.	NRLSL2	Schadensersatz statt der Leistung mit Betrag
Wir werden diesen Vorfall in unserer Lieferantenbewertung vermerken.	NRLB	Lieferantenbewertung
Wir hoffen, dass Sie zukünftig Ihren Lieferverpflichtungen nachkommen werden.	NRLS	Schlusstext

c) Verwendung einer Checkliste

Checkliste: Lieferprobleme proaktiv lösen	Check ✔
Mit Lieferanten erwartetes Lieferdatum erhalten.	
Trackingsystem aufgerufen und Lieferverfolgung beachtet	
...	

Lernsituation 9: Wir analysieren Veränderungen auf Vermögen und Kapital im Rechnungswesen

S Die Auszubildenden der JIKU IT-Solutions GmbH sollen im Einkauf mit Rechnungswesensoftware arbeiten und sich darauf vorbereiten.

Holger Lübberstedt: Beschaffungsbelege müssen in der Buchhaltung erfasst werden. Ist das nötig?

Julian Markus: Sonst weiß man ja nicht, wie viel wir am Lager haben, was wir an Lieferanten zu zahlen haben oder ob wir Gewinn mit den Lieferungen machen.

Holger Lübberstedt: Unser System muss also für die Buchführung wichtige Belege erfassen. Da viel eingekauft und verkauft wird, sind dies sehr viele Belege und Daten.

Laura Meier: Ohne Computer und ERP-Programme geht da nichts.

Holger Lübberstedt: Mit Verkauf, Installation und Unterstützung bei ERP- und Buchführungsprogrammen verdienen wir viel Geld. Schließlich benötigt jedes Unternehmen ein solches Programm oder Modul. Sie wechseln jetzt in der Ausbildung in das Rechnungswesen. Was erwartet Sie da?

Laura Meier: Wir sollen doch keine Buchhalter werden, oder? Ich kann mir vorstellen, dass wir einen Einblick in das kaufmännische Rechnungswesen erhalten sollen. Da unsere Arbeit und unsere Entscheidungen immer auch finanzielle Folgen im Unternehmen haben können, sollten kaufmännische Mitarbeiter vom Rechnungswesen etwas verstehen.

Julian Markus: Zur Buchhaltung ist man auch schon gesetzlich verpflichtet.

Laura Meier: Ich finde, Daten aus dem Rechnungswesen sind ganz wichtige Daten im Unternehmen. Die muss man ständig auswerten, um auch gute Entscheidungen zu fällen. Wir als ITler müssen uns auskennen, weil viele dieser Vorgänge immer mehr automatisiert und KI-gestützt ablaufen. Da gibt es den Kunden gegenüber viel zu erläutern.

Holger Lübberstedt: Genau! Nach der Ausbildung benötigen wir eine Unterstützung für Vertrieb und Beratung zu Rechnungswesensoftware. Wer sich da auskennt, kann sich in diese Richtung auch spezialisieren. Es ist eine interessante Ausrichtung.

Laura Meier: Ich hätte dazu wohl Lust.

Holger Lübberstedt: Ich würde vorschlagen, wir steigen mal in das Rechnungswesen ein und erarbeiten uns erst einmal notwendige Grundlagen. Ganz einfach ist es nicht, wird später in der Beratung aber auch gut bezahlt.

3.9 Veränderungen auf Vermögen und Kapital im Rechnungswesen analysieren

Leistungs-, Geld- und Informationsflüsse im Unternehmen unterscheiden

S Es sollen Geldbewegungen und der Informationsfluss für die Buchhaltung beschrieben werden.

Holger Lübberstedt: Zunächst sollten wir herausfinden, welche Daten im Rechnungswesen und in der Beschaffung anfallen.

Julian Markus: Wir können uns ja entlang der Wertschöpfungskette hangeln.

Laura Meier: Es gibt Daten, die mit Geld zu tun haben oder mit Lagerbeständen.

Julian Markus: Es gibt Daten von außen und Daten intern.

Holger Lübberstedt: Sehr schön. Lassen Sie uns mal die folgenden Aufgaben dazu bearbeiten.

Aufgabe 1: **Erläutern Sie das Schaubild, indem Sie die Teilaufgaben bearbeiten.**

3.9.1

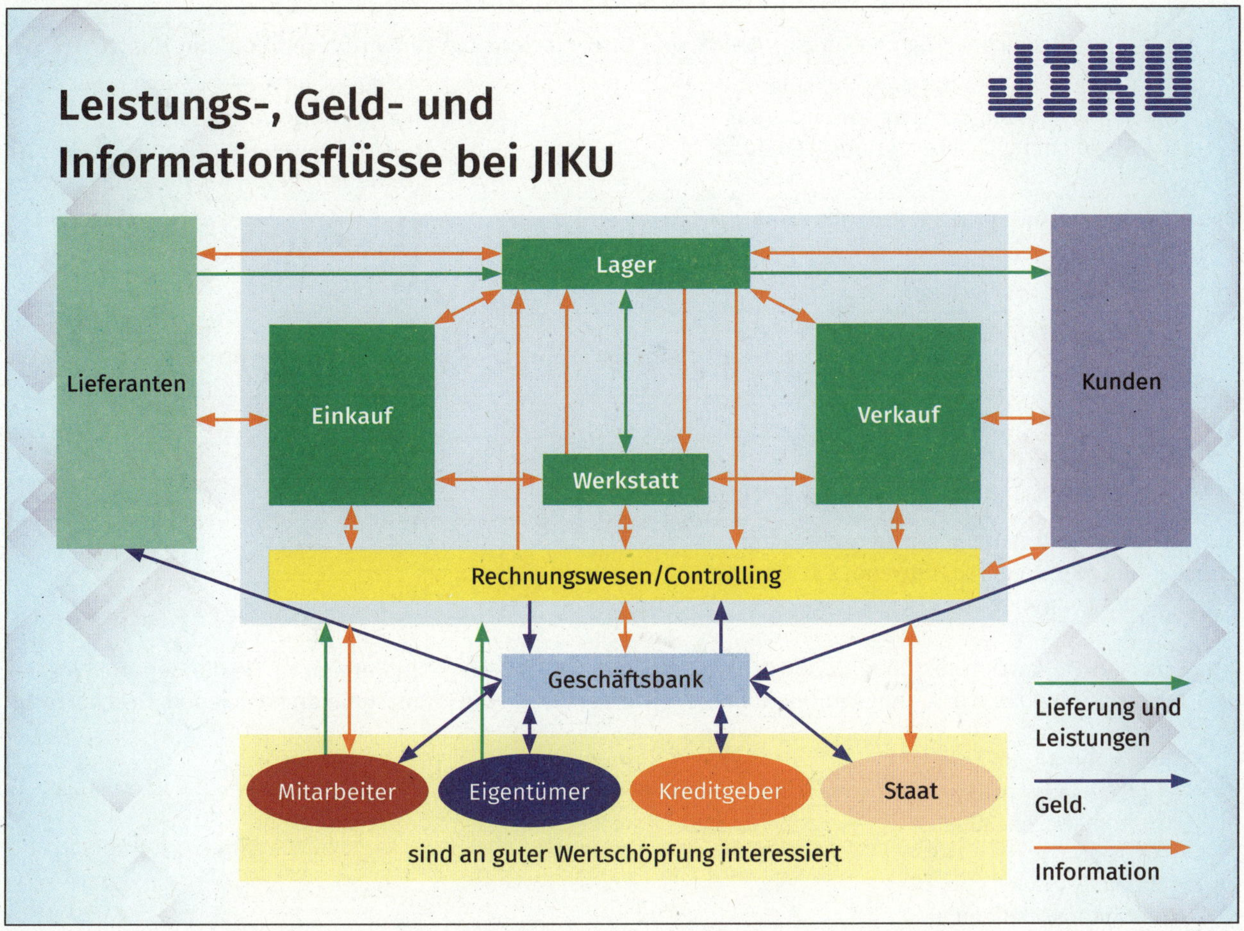

1. Geben Sie in Kurzform an, welche Leistungs-, Geld- und Informationsflüsse bei JIKU IT-Solutions mit dem Beschaffungsbereich zu tun haben.

2 Geben Sie an, ob die folgenden genannten Geschäftsfälle Einfluss auf den Bestand an Gütern oder Geldmitteln haben, Informationsdaten liefern und Wirkung auf Vermögen und Kapital von JIKU IT-Solutions haben.

Berücksichtigung von Güter-, Geld-, und Informationsflüssen auf Vermögen und Kapital					
	Geschäftsfälle mit Belegen von der Anfrage von Produkten bei Lieferanten bis zur Begleichung unserer Lieferungen durch Kunden	Güter	Geld	Information	Wirkung auf Vermögen (Waren, Kasse, Bank) und Kapital (Eigenkapital, Fremdkapital bzw. Darlehen/Verbindlichkeiten)
1	Unsere Anfrage nach Produkten und Lieferungen				
2	Angebot vom Lieferer				
3	Unsere Bestellung				
4	Auftragsbestätigung des Lieferers				
5	Lieferschein mit Ware				
6	Rechnung des Lieferers				
7	Bezahlung der Eingangsrechnung				
8	Bankkontoauszug mit Lastschrift auf Bankkonto durch Aufwand, z. B. Energieaufwendungen				

3 Erfassen Sie Anfangsbestände und Geschäftsfälle in der Bilanzwaage und ergänzen Sie die Begriffe (Vereinfachung Zahlen in Tsd. € ohne Cent) und in der Mitte der Waage die Bilanzsummen nach jedem Geschäftsfall.

Anfangsbestände:
- Betriebsausstattung: 1000
- Handelswaren: 300
- Kasse: 5
- Bank: 45
- Darlehensschulden: 600
- Verbindlichkeiten: 50
- Eigenkapital: Restbetrag ?

Geschäftsfälle:
1. Verkauf von Betriebsausstattung bar für 10
2. Einkauf von PCs (Waren für Verkauf) auf Ziel (gegen Rechnung) für 30
3. Umwandlung einer Lieferantenschuld (Verbindlichkeit) in ein Darlehen für 20
4. Ausgleich der Verbindlichkeit an einen Lieferanten (Bezahlung der Rechnung) durch Banküberweisung 5

Eintragungen: Passiva (Kapital), Aktiva (Vermögen), Aktivtausch, Passivtausch, AP+, AP-

	Betriebsausstattung	Handelswaren	Kasse	Bank	Bilanzwaage	Eigenkapital	Darlehensschulden	Verbindlichkeiten
Anfangsbestand								
1. Geschäftsfall								
2. Geschäftsfall								
3. Geschäftsfall								
4. Geschäftsfall								

4 Ergänzen Sie bei den folgenden Fällen, um welche Stromgrößen es sich jeweils handelt.

Fälle bezogen auf den Posten (fett markiert)	Stromgrößen
Unser Kunde kauft einen PC und zahlt bar in unsere **Kasse**.	
Wir holen Geld bar von der Bank für unsere **Kasse**.	
Wir reparieren einen PC beim Kunden mit **Rechnung**.	
Für Website-Hosting erhalten wir 50,00 € aufs **Bankkonto**.	
Wir entnehmen 50,00 € aus der Geschäftskasse **privat**.	
Wir kaufen einen PC auf Rechnung (Aufwendungen/ Erträge).	
Wir zahlen die Rechnung durch **Bank**überweisung.	

Funktionen und Instrumente des Rechnungswesens erläutern

S **Herr Lübberstedt will zunächst als Grundlage Aufgaben des Rechnungswesen besprechen.**

Holger Lübberstedt: Zu den Grundlagen des Rechnungswesens gehört, dass wir uns mit den Funktionen und Aufgaben des Rechnungswesens beschäftigen.

Laura Meier: Im Lernfeld 2 hatten wir bereits wirtschaftliche Themen der Buchführung besprochen.

Holger Lübberstedt: Darauf sollten wir aufbauen.

Julian Markus: Ich erinnere mich: Einfache und doppelte Buchführung braucht man beim Start-up, je nachdem, wie groß das Unternehmen ist.

Holger Lübberstedt: Wir können ja mal schauen, was Sie noch wissen.

Aufgabe 2: Prüfen Sie Ihr Wissen zu Grundlagen des Rechnungswesens.

3.9.2

Im Schülerbuch Band 1 und Kapitel 2.8.1 wurden eine einfache Buchführung und eine doppelte Buchführung erläutert.

Die einfache Buchführung bzw. Einnahmen-Überschussrechnung (EÜR) muss von allen Kleinunternehmen erstellt werden, die keinen großen kaufmännischen Betrieb und damit nicht der doppelten Buchführung unterliegen. In Deutschland sind dies weit über eine Million Unternehmen. Folgendes Beispiel zeigt die EÜR vereinfacht.

Einnahmen-Überschussrechnung 20.. nach § 4 Abs. 3 EstG *Computerhandel Janz, Frankfurt*		
Betriebseinnahmen Umsatzerlöse netto lt. Ausgangsrechnungen AR1–AR22	16 300,00 €	16 300,00 €
Betriebsausgaben		
Computer und Computerzubehör (Wareneinsatz)	8 000,00 €	
+ Raumkosten	1 380,20 €	
+ Werbungskosten	450,00 €	
+ Kraftfahrzeugkosten	950,00 €	
+ Porto, Telefon, Büromaterial	325,10 €	
+ Sonstige Betriebsausgaben	320,70 €	
		11 426,00 €
Gewinn (Betriebseinnahmen – Betriebsausgaben)		**4 874,00 €**

Mittelverwendung — Mittelherkunft

Aktiva	Bilanz		Passiva
Anlagevermögen:		Eigenkapital	89.000,00
Betriebs-/Geschäftsausstattung	80.000,00	Langfr. Fremdkapital	50.000,00
Fahrzeuge	32.000,00	Kurzfr. Fremdkapital	6.000,00
Umlaufvermögen:			
Waren	7.000,00		
Kasse	1.000,00		
Bank	25.000,00		
	145.000,00		145.000,00

Aufwendungen + Gewinn — Erträge + Verlust

Soll	GuV		Haben
Wareneinsatz	430.000,00	Umsatzerlöse	920.000,00
Löhne und Gehälter	230.000,00		
Sozialabgaben	35.000,00		
Abschreibungen	31.000,00		
Beratungskosten	7.000,00		
Bürobedarf	4.000,00		
Kommunikationskosten	13.000,00		
Werbung	45.000,00		
Versicherungen	17.000,00		
Betriebliche Zinsaufwendungen	21.000,00		
Sonst. betriebl. Aufwendungen	15.000,00		
Gewinn	72.000,00		
	920.000,00		920.000,00

Die EÜR ist als einfache Art gedacht, den laufenden Gewinn eines Geschäftsjahres zu ermitteln. Seit dem Jahr 2003 gibt es vom Bundesfinanzministerium für Finanzen (BMF) ein einheitliches Formular für die EÜR, welches auf elektronischem Weg über elster.de übermittelt wird.

Eine doppelte Buchführung mit Bilanz und Gewinn- und Verlustrechnung (GuV) müssen alle größeren Unternehmen und insbesondere in das Handelsregister eingetragene Unternehmen erstellen. Das Beispiel oben rechts auf sogenannten T-Konten veranschaulicht die doppelte Buchführung.

1 Erläutern Sie die Funktionen des Rechnungswesens mit Bezug zu den Beispielen oben.

Funktion	Erläuterungen mit Bezug zu den Beispielen oben
Dokumentationsfunktion	
Informationsfunktion	
Kontrollfunktion	
Steuerungsfunktion	
Controlling	

2 Beantworten Sie folgende Fragen.

Fragen zum Rechnungswesen	Kurzantworten
Wie lauten die Rechtsgrundlagen?	
Wofür muss zwingend eine EÜR erstellt werden?	
Was sind die GoB?	
Ist ein externes oder ein internes Rechnungswesen gesetzlich vorgeschrieben?	
Wie ist die Reihenfolge nach der Bearbeitung? (1, 2, 3)	Betriebswirtschaftliche Auswertung: Geschäftsbuchführung: Kosten- und Leistungsrechnung:

3 Warum ist Ihrer Meinung nach Rechnungswesen für kaufmännische IT-Mitarbeiter wichtig? Vergeben Sie eine Rangfolge nach der Bedeutung, vergleichen und diskutieren Sie.

Rang	Aussagen zur Bedeutung des Rechnungswesens für die berufliche Tätigkeit
	Kaufleute benötigen Kenntnisse in Buchführung Kostenrechnung und Auswertung.
	Für das ERP-Modul Rechnungswesen sind mindestens Grundlagenkenntnisse notwendig.
	Das Rechnungswesen ist wichtig für Vertrieb, Installation und Beratung von Buchführungsprogrammen.
	Kaufmännische Mitarbeiter benötigen immer Rechnungswesenkenntnisse.
	In Wertschöpfungsprozessen sind Rechnungswesenmodule wichtig.
	Die Rechnungswesen-EDV stellt wichtige Unternehmensdaten bereit.

Veränderungen von Vermögen und Kapital in der Bilanz erläutern

S **Die Auszubildenden sollen Buchungen auf Sachkonten unterscheiden und erläutern.**

Holger Lübberstedt: Mit jedem gebuchten Beleg verändern sich Bestände der Bilanz. Die Bestände der Bilanz lassen sich über die Bestandskonten ermitteln. Dazu muss man allerdings auf dem T-Konto die Buchungen links und rechts gegeneinander aufrechnen, saldieren sagt man dazu.

Laura Meier: Ja, links heißt in der Buchhaltung „Soll“ und rechts heißt “Haben“. Jede Buchung hat eine Buchung links im Soll und eine im Haben rechts.

Julian Markus: Ich habe es mir auch schon angesehen. Ich mag Sachen, die logisch sind. Da gibt's nur richtig oder falsch, keine Diskussion. Bei Kasse z. B. stehen links im Soll alle Zugänge und im Haben alle Abgänge. Dazu kommt noch die Differenz oder der Saldo.

Holger Lübberstedt: Ja, es ist alles so schön logisch. Schauen Sie sich folgende Konten an. Ich habe immer ein Plus- oder Minus-Zeichen hinzugefügt, um die Seite mit den Zugängen und Abgängen nicht zu verwechseln. Es gibt nämlich aktive Bestandskonten aus der Aktivseite der Bilanz, da sind die Zugänge immer links im Soll, und passive Bestandskonten.

Julian Markus: Und bei den passiven Bestandskonten wie Darlehen stehen eben umgekehrt rechts die Plusbuchungen – logisch.

Aufgabe 3: **Tragen Sie die Buchungen der Belege ein und schließen Sie die beiden Konten jeweils ab, indem Sie die Salden bilden. Die Summen links und rechts müssen immer gleich sein. Schreiben Sie vor den Saldobetrag das Abschlusskonto SBK.**

3.9.3

1 Geben Sie immer an, ob die Konten zu- oder abnehmen und ob sie im Soll oder Haben betroffen sind. Die Umsatzsteuer wird nicht berücksichtigt.

a) ER: Kauf eines Schranks bar, 700,00 €

S +	BGA		– H
EBK	8 300,00		

S +	Kasse		– H
EBK	930,00		

b) BA: Wir bekommen ein neues Darlehen gutgeschrieben, 30 000,00 €

S +	Bank		– H
EBK	20 000,00		

S –		Darlehen	+ H
		EBK	120 000,00

c) BA: Bareinzahlung auf unser Geschäftskonto, 500,00 €

S +	Bank		– H
EBK	5 000,00		

S +	Kasse		– H
EBK	540,00		

d) BA: Ein Kunde begleicht die Rechnung per Überweisung, 800,00 €

S +	Forderungen a. LL		– H
EBK	3 000,00		

S +	Bank		– H
EBK	18 400,00		

e) BA: Wir begleichen eine Lieferantenrechnung per Überweisung, 3 000,00 €

S +	Bank		– H
EBK	11 000,00		

S –		Verbindlichkeiten a. LL	+ H
		EBK	4 700,00

f) BA: Wir tilgen unser Darlehen per Lastschrift, 2 500,00 €

S +	Bank		– H
EBK	51 000,00		

S –	Darlehen		+ H
		EBK	90 000,00

g) BA/KB: Barauszahlung vom Bankkonto, 550,00 €

S +	Bank		– H
EBK	13 800,00		

S +	Kasse		– H
EBK	240,00		

h) AR: Verkauf von Waren auf Ziel, 630,00 €

S +	Handelswaren		– H
EBK	41 000,00		

S +	Forderungen a. LL		– H
EBK	31 000,00		

i) ER: Kauf von Waren auf Ziel, 3 500,00 €

S +	Handelswaren		– H
EBK	9 600,00		

S –	Verbindlichkeiten a. LL		+ H
		EBK	7 200,00

2 Buchen Sie die Anfangsbestände (in EBK und folgende Bestandskonten). Erstellen Sie eine Buchungsliste für die Buchung der Geschäftsfälle und buchen Sie die Geschäftsfälle auf den Hauptbuchkonten. Schließen Sie die Konten ab.

Bestände der Eröffnungsbilanz:
Betriebs- und Geschäftsausstattung 27 000,00 €, Handelswaren 6 000,00 €, Forderungen a. LL 8 500,00 €, Bank 7 500,00 €, Eigenkapital 32 000,00 €, Darlehensschulden 10 200,00 €, Verbindlichkeiten a. LL 6 800,00 €

Geschäftsfälle:
1. Eingangsrechnung (ER)/Bankauszug (BA): Kauf einer EDV-Anlage per Bankscheck 2 000,00 €
2. Eingangsrechnung (ER): Zieleinkauf von Handelswaren 1 500,00 €
3. Bankauszug (BA): Wir begleichen eine Rechnung unseres Lieferanten. 1 400,00 €
4. Bankauszug (BA): Wir tilgen unser Darlehen. 1 800,00 €

Buchungsliste					
Nr.	**Konten**	**A/P**	**+/–**		**Soll/Haben**
1					
2					
3					
4					

S	EBK	H

Aktive Bestandskonten

S	BGA	H

S	Handelswaren	H

S	Forderungen a. LL	H

S	Bank	H

Passive Bestandskonten

S	Eigenkapital	H

S	Darlehen	H

S	Verbindlichkeiten a. LL	H

S	SBK	H

❸ Bilden Sie zu folgenden Geschäftsfällen bzw. belegen die Buchungssätze.

Buchungsliste							
Geschäftsfälle	**Konten**	**A/P**	**+/–**	**S/H**	**Buchungssatz**	**Soll**	**Haben**
a) ER1: Zieleinkauf, 900,00 €							
b) BA1: Tilgung Darlehen, 1 000,00 €							
c) BA2: Bareinzahlung 500,00 €							
d) AR1: Barverkauf gebrauchtes Faxgerät, 200,00 €							
e) KB3: Kauf eines gebrauchten Pkw, 4 500,00 €							
f) BA3: Kunde begleicht Rechnung über 1 380,00 €							
g) BA4: Begleichung der Lieferantenrechnung, 4 300,00 €							
h) ER2: Bareinkauf Handelswaren, 320,00 €							
i) BA5: Barabhebung, 500,00 €							
j) BA6: Gutschrift Darlehen, 50 000,00 €							
k) ER3: Einkauf Handelswaren auf Ziel, 800,00 €							

❹ Buchen Sie auf folgenden Konten die Anfangsbestände. Erstellen Sie die Buchungsliste für die Buchung der Geschäftsfälle und buchen Sie die Geschäftsfälle auf den Hauptbuchkonten. Schließen Sie die Konten ab.

Bestände der Eröffnungsbilanz:
Betriebs- und Geschäftsausstattung 8 000,00 €, Handelswaren 6 500,00 €, Forderungen a. LL 3 300,00 €, Kasse 300,00 €, Bank 11 600,00 €, Eigenkapital 9 900,00 €, Darlehensschulden 14 700,00 €, Verbindlichkeiten a. LL 5 100,00 €

Geschäftsfälle (Belege):
1. Eingangsrechnung (ER): Kauf eines neuen Laserdruckers mit Bankcard 500,00 €
2. Bankauszug (BA): Tilgung unseres Darlehens 900,00 €
3. Eingangsrechnung (ER): Zieleinkauf von Handelswaren 2 300,00 €
4. Bankauszug (BA): Ein Kunde begleicht eine Rechnung. 1 500,00 €
5. Kassenbuch (KB): Ein Kunde begleicht nach 14 Tagen die Rechnung bar. 820,00 €
6. Kassenbuch (KB): Verkauf des gebrauchten Druckers 300,00 €
7. Kassenbuch (KB)/Bankauszug (BA): Bareinzahlung auf Bankkonto 1 200,00 €
8. Bankauszug (BA): Wir begleichen eine Rechnung unseres Lieferanten. 1 500,00 €

Buchungsliste							
Geschäftsfälle	Konten	A/P	+/–	S/H	Buchungssatz	Soll	Haben

S EBK H

S BGA H

S Eigenkapital H

S Handelswaren H

S Darlehen H

S Forderungen a. LL H

S Verbindlichkeiten a. LL H

S	Kasse	H

S	Bank	H

S	SBK	H

Aufgabe 4: **Bearbeiten Sie die folgenden Teilaufgaben.**

3.9.3

1. Buchen Sie auf den folgenden Hauptbuchkonten (EBK, Bestandskonten, Erfolgskonten, Gewinn und Verlust, SBK). Erstellen Sie u. a. eine Buchungsliste für die Belege bzw. Geschäftsfälle.

Anfangsbestände: BGA 4 000,00 €, Forderungen a. LL 2 000,00 €, Bank 3 000,00 €, Eigenkapital 3 000,00 €, Darlehensschulden 5 000,00 €, Verbindlichkeiten a. LL 1 000,00 €

Erfolgskonten: Büromaterial, Werbung, Umsatzerlöse, Gewinn und Verlust

Geschäftsfälle (Belege):
1. ER: Kauf von Büromaterial auf Ziel 100,00 €
2. AR: Computerwartung auf Ziel 500,00 €
3. BA: Ein Kunde begleicht die Rechnung. 600,00 €
4. ER/BA: Ein Werbeinserat wird sofort per Banklastschrift beglichen. 400,00 €
5. AR/BA: Reparatur eines Servers, sofort per Banklastschrift beglichen 300,00 €
6. BA: Wir begleichen eine Lieferantenrechnung. 200,00 €

Buchungsliste								
Geschäftsfälle	**Konten**	**A/P**	**A/E**	**+/–**	**S/H**	**Buchungssatz**	**Soll**	**Haben**

S	EBK	H

S	BGA	H

S	Eigenkapital	H

S	Forderungen a. LL	H

S	Darlehen	H

S	Bank	H

S	Verbindlichkeiten a. LL	H

Erfolgskonten

S	Büromaterial	H

S	Umsatzerlöse	H

S	Werbung	H

S	GuV	H

S	SBK	H

2 Was ist richtig, was ist falsch?

1. Bestandskonten haben keine Anfangsbestände.
2. Da Aufwendungen im Soll zunehmen, werden Zugänge im Soll gebucht.
3. Das Konto Umsatzerlöse wird über SBK abgeschlossen.
4. Erfolgskonten haben keine Anfangsbestände zu Beginn des Geschäftsjahres.
5. Da das Eigenkapital im Haben zunimmt, nehmen Aufwendungen im Haben zu.
6. Bank und Kasse sind Erfolgskonten.
7. Immer wenn das Bankkonto zunimmt, nimmt auch der Gewinn zu.
8. Das Konto Eigenkapital wird über das Konto „Gewinn und Verlust" abgeschlossen.
9. Das Konto Umsatzerlöse nimmt im Haben zu, da das Eigenkapital im Haben zunimmt.
10. Ein Saldo im Haben auf dem Konto „Gewinn und Verlust" weist einen Verlust aus.

3 Buchen Sie auf folgenden Hauptbuchkonten (EBK, Bestandskonten, Erfolgskonten, Gewinn und Verlust, SBK). Erstellen Sie u. a. eine Buchungsliste für die Belege bzw. Geschäftsfälle.

Anfangsbestände: BGA 5 300,00 €, Forderungen a. LL 900,00 €, Bank 3 000,00 €, Eigenkapital 3 120,00 €, Darlehensschulden 5 000,00 €, Verbindlichkeiten a. LL 1 080,00 €

Erfolgskonten: Strom/Gas/Wasser, Miete, Beratungskosten, Fachliteratur, Umsatzerlöse, Gewinn und Verlust

Geschäftsfälle (Belege):
1. AR: Reparaturrechnung auf Ziel 250,00 €
2. ER/BA: Banklastschrift der Elektrizitätswerke 100,00 €
3. BA: Wir begleichen eine Rechnung. 80,00 €
4. ER/BA: Unser Steuerberater bucht seine Honorarabrechnung ab. 300,00 €
5. BA: Banklastschrift der Miete 300,00 €
6. BA: Ein Kunde begleicht die Rechnung. 250,00 €
7. ER/BA: Kauf von Fachbüchern per Bankcard 40,00 €
8. AR/BA: EDV-Beratung eines Kunden, per Banklastschrift beglichen 700,00 €

Buchungsliste

Geschäftsfälle	Konten	A/P	A/E	+/–	S/H	Buchungssatz	Soll	Haben

S	EBK	H

S	BGA	H

S	Eigenkapital	H

S	Forderungen a. LL	H

S	Darlehen	H

S	Bank	H

S	Verbindlichkeiten a. LL	H

Erfolgskonten

S	Beratungskosten	H

S	Umsatzerlöse	H

S	Miete	H

S	GuV	H

S	Strom, Gas, Wasser	H

S	Fachliteratur	H

S	SBK	H

Aufgabe 5: **Bearbeiten Sie folgende Teilaufgaben.**

3.9.3

❶ Die folgenden vereinfachten Belege liegen Ihnen zur Übung vor. Überprüfen Sie diese Belege, geben Sie die fehlenden Beträge an und begründen Sie auch, ob es sich hier um eine Umsatzsteuer oder Vorsteuer handelt.

JIKU IT-Solutions GmbH

Papillo GmbH
Martinistrasse 120
49078 Osnabrück

Rechnung

Wartung	70,00 €
.... % USt	13,30 €
Rechnungsbetrag	83,30 €

Auto Schubert

JIKU IT-Solutions GmbH
Sachsenfeld 1
20097 Hamburg

Rechnung

Benzin Mai	95,00 €
.... % USt	.... €
Rechnungsbetrag	.... €

JIKU IT-Solutions GmbH

Papillo GmbH
Martinistrasse 120
49078 Osnabrück

Rechnung

Rechnungsbetrag	
Fachbücher	98,00 €
incl. .... % USt	

Im Betrag sind .... € Umsatzsteuer enthalten.

JIKU IT-Solutions GmbH

Der Kunstladen GmbH
Bremer Str. 80
26135 Oldenburg

Rechnung

Beratung	263,80 €
.... % USt	.... €
Rechnungsbetrag	.... €

❷ Geben Sie in folgender Buchliste entsprechend den elf Geschäftsfällen die Buchungssätze an.

Konten: BGA, Forderungen a.LL. Bank, Kasse, Verbindlichkeiten a.LL., Vorsteuer, Umsatzsteuer (USt.), Versicherungen, Leasing, Zeitungen u.Ä., Porto und Telefon, Umsatzerlöse

Geben Sie zudem im Feld Geschäftsfälle die Nrn. 1 bis 11 der folgenden Geschäftsfälle und die jeweiligen Belegarten oder einen Kurztext an.

Geschäftsfälle:

1. Quittung(Q)/KB: Kauf von Briefmarken 48,00 €
2. BA/KB: Bareinzahlung auf das Bankkonto 300,00 €
3. Q/KB: Fachzeitschriften bar bezahlt 46,00 € + 3,22 € USt.
4. AR/BA: EDV-Beratung, sofort per Bankcard bezahlt 490,00 € + 93,10 € USt.
5. ER/BA: Lastschrift der Gebäudeversicherung 380,00 €
6. BA: Wir begleichen eine Lieferantenrechnung. 416,50 €
7. AR: Serverreparatur auf Ziel 371,00 € + 70,49 € USt.
8. ER/BA: Kauf eines Schreibtisches 1 396,00 € + 265,24 € USt.
9. ER/BA: Banklastschrift Leasing FIBU-Software 534,00 € + 101,46 € USt.
10. AR/BA: Rechnung Serverwartung, per Bankcard bezahlt 770,00 € + 146,30 € USt.
11. BA: Ein Kunde begleicht eine Rechnung. 428,40 €

Buchungsliste								
Geschäftsfälle	**Konten**	**A/P**	**A/E**	**+/–**	**S/H**	**Buchungssatz**	**Soll**	**Haben**

3 Buchen Sie auf den Hauptbuchkonten (EBK, Bestandskonten, Erfolgskonten, Gewinn und Verlust, SBK). Erstellen Sie selbst eine Buchungsliste für die Belege bzw. Geschäftsfälle.

Anfangsbestände: BGA 7 000,00 €, Forderungen a. LL. 1 190,00 €, Bank 4 000,00 €, Vorsteuer 0,00 €, Eigenkapital 4 810,00 €, Darlehensschulden 5 000,00 €, Verbindlichkeiten a. LL. 2 380,00 €, Umsatzsteuer 0,00 €

Erfolgskonten: Büromaterial, Werbung, Umsatzerlöse, Gewinn und Verlust

Geschäftsfälle:
1. ER: Kauf von Büromaterial auf Ziel 100,00 € + 19,00 € USt.
2. AR: Computerreparatur auf Ziel 300,00 € + 57,00 € USt.
3. BA: Ein Kunde begleicht die Rechnung. 595,00 €
4. BA: Wir begleichen eine Lieferantenrechnung. 238,00 €
5. ER/BA: Werbung, sofort per Banklastschrift beglichen 350,00 € + 66,50 € USt.
6. AR/BA: Computerwartung, per Lastschrift bezahlt 410,00 € + 77,90 € USt.

7. BA: Überweisung der Umsatzsteuerzahllast ______________________________

S	EBK	H

S	BGA	H

S	Eigenkapital	H

S	Forderungen a. LL	H

S	Darlehen	H

S	Bank	H

S	Verbindlichkeiten a. LL	H

S	Vorsteuer	H

S	Umsatzsteuer	H

Erfolgskonten

S	Büromaterial	H

S	Umsatzerlöse	H

S	Werbung	H

S	SBK	H

4 Erstellen Sie eine Vergleichsübersicht der linearen und degressiven Abschreibung einer Maschine mit Anschaffungskosten von 64 000,00 € und zehn Jahren Nutzungsdauer (degressiv, 25 %)

a) ohne den Wechsel von der degressiven zur linearen Abschreibung,

b) alternativ: mit einem Wechsel von der degressiven zur linearen Abschreibung zum günstigsten Zeitpunkt.

Vergleich: lineare und degressive Abschreibung				
	lineare Abschreibung 10 % vom Anschaffungswert		degressive Abschreibung 25 % vom Buchwert	
Jahr	Abschreibung	Buchwert	Abschreibung	Buchwert
1				
2				
3				
4				
5				
6				
7				
8				
9				
10				

Aufgabe 6: **Erfassen Sie die Anfangsbestände des aktuellen Jahres mit Datum vom 01.01.20.. sowie folgende Geschäftsfälle im Grundbuch unten.**

3.9.3

Anfangsbestände: BGA 6 200,00 €, Forderungen a. LL. 1 428,00 €, Bank 3 500,00 €, Vorsteuer 399,00 €, Eigenkapital 3 911,00 €, Darlehensschulden 4 800,00 €, Verbindlichkeiten a. LL. 1 904,00 €, Umsatzsteuer 912,00 €

Erfolgskonten: Miete, Leasing, Beratungskosten, Versicherungen, Umsatzerlöse, Gewinn und Verlust

Geschäftsfälle (Belege):

1. BA1 vom 04.01.XX: Wir begleichen eine Lieferantenrechnung. 880,60 €
2. BA1 vom 05.01.XX: Banklastschrift der Miete (ohne USt.) 320,00 €
3. BA2 vom 06.01.XX: Ein Kunde begleicht die Rechnung Nr. 499. 1 130,50 €
4. AR1 vom 07.01.XX: Reparaturauftrag in Rechnung gestellt, R.-Nr. 503 560,00 € + 106,40 € USt.
5. ER1 vom 07.01.XX: Domain Leasing Provider 2&2 auf Ziel, R.-Nr. 774 90,00 € + 17,10 € USt.
6. ER2 vom 08.01.XX: Beraterhonorar Tax und Partner auf Ziel, R.-Nr. 55 96,00 € + 18,24 € USt.
7. AR2 vom 09.01.XX: Wartung Kundenserver auf Ziel, R.-Nr. 504 600,00 € + 114,00 € USt.
8. BA3 vom 10.01.XX: Inhaltsversicherung (Feuer, Diebstahl, Betriebsunterbrechung) an Versicherung überwiesen 320,00 €
9. BA3 vom 11.01.XX: Finanzamt, Lastschrift Umsatzsteuer Dezember 513,00 €
10. BA3 vom 11.01.XX: Begleichung der Rechnung Nr. 55 Tax und Partner 114,24 €
11. BA4 vom 28.01.XX: Begleichung Rechnung Provider 2&2 Nr. 774 107,10 €
12. BA4 vom 28.01.XX: Kunde Vogel begleicht Rechnung Nr. 503. 666,40 €

Grundbuch (Journal)

Nr. 1 von/bis:

Lfd. Nr.	Beleg-Nr.	Beleg-datum	Sollkonto	Habenkonto	Soll-betrag	Haben-betrag	Text
				Kontrollsumme			

3.9.3

Aufgabe 7: **Sie sollen im Einkauf Rechnungswesenaufgaben übernehmen. Machen Sie einen Zwischentest, ob Sie die Grundlagen des Rechnungswesens beherrschen. Geben Sie als Lösung jeweils die richtige Ziffer an.**

Testaufgabe	Richtig (Nr.)
a) Nennen Sie den Beleg, der nicht gebucht wird: 1. AR, 2. ER, 3. Bestellung, 4. BA, 6. KB	
b) Es gibt in der Buchhaltung 1. keine Eigenbelege, 2. Eigenbelege, 3. keine Sammelbelege	
c) Im Bank-Kontoauszug sind 1. Lastschriften, 2. Bestellungen, 3. Lagerabgänge aufgeführt.	
d) Das Grundbuch ist 1. ein Journal oder 2. ein Kontokorrentbuch, 3. zeigt Belege sachlich.	
e) Das Hauptbuch ist 1. das Kassenbuch, 2. sind T-Sachkonten, 3. ist das Kontokorrentbuch.	
f) Buchungsbelege müssen 1. 2 Jahre, 2. 5 Jahre, 3. 6 Jahre, 4. 10 Jahre aufrufbar sein.	
g) Debitoren sind 1. Sachkonten, 2. Lieferanten, 3. Kunden, 4. Mitarbeiter, 5. Maschinen.	
h) Kreditoren sind 1. Sachkonten, 2. Lieferanten, 3. Kunden, 4. Mitarbeiter, 5. Maschinen.	
i) Im Bankkontoauszug bedeutet ein Soll-Eintrag ein 1. Abgang, 2. Zugang, 3. Kredit.	
j) Das Konto Kasse belegt im Haben einen 1. Zahlungseingang, 2. Zahlungsausgang, ein 3. Plus.	
k) Ein Kontensaldo ist 1. der Unterschied Soll/Haben, 2. die Summe Soll/Haben, 3. das AB-Konto.	
l) Verbindlichkeiten a. LL. sind 1. Lieferschulden, 2. Lieferguthaben, 3. Liefersalden.	
m) Es gilt „Keine Buchung." 1. ohne Zahlung, 2. ohne Beleg, 3. mit Beleg, 4. mit Zahlung.	
n) Forderungen a. LL. sind 1. gezahlte Rechnungen, 2. offene Rechnungen, 3. nur Bankforderungen.	
o) Es gilt im Buchungssatz: 1. Soll an Haben, 2. Haben an Soll, 3. Soll <> Haben.	
p) Kontennummern für Sachkonten stammen von 1. Kontenrahmen, 2. IHK, 3. Staat.	
q) Die meisten Unternehmen buchen nach dem 1. SKR 03 oder 04, 2. IHK 01, 03 oder 04.	
r) Der Kontenplan 1. basiert auf IHK 2. enthält betriebliche Kontenbezeichnungen.	
s) Ausgangsrechnungen werden gebucht auf Konto 1. AR, 2. Umsatzerlöse, 3. Verbindlichkeit.	
t) Gesamte Aufwendungen und Erträge sieht man in der 1. Bilanz, 2. GuV, 3. SBK, 4. Journal.	

Eignung für den Job	sehr gut	gut	ok	gerade so	evtl. bei Nacharbeit	leider nicht
Punkte	ab 18	ab 16	ab 13	ab 10	ab 6	bis 5

Aufgabe 8: Bearbeiten Sie folgende Teilaufgaben zu Warenbuchungen just in time und über das Lager.

3.9.5

1 Buchen Sie just in time in der Buchungsliste mit folgenden Konten: Forderungen a. LL., Bank, Verbindlichkeiten a. LL., Aufwendungen Waren, Umsatzerlöse, Vorsteuer, Umsatzsteuer.

Buchungsliste								
Geschäftsfälle	**Konten**	**A/P**	**A/E**	**+/−**	**S/H**	**Buchungssatz**	**Soll**	**Haben**
1. ER1: Einkauf von Waren auf Ziel 200,00 € + 38,00 € USt.								
2. AR1: Verkauf von Waren gegen Bankcard 320,00 € + 60,80 € USt.								
3. ER2: Einkauf von Waren gegen Bankcard 150,00 € + 28,50 €								
4. AR2: Verkauf von Waren auf Ziel 240,00 € + 45,60 € USt.								

2 Buchen Sie über das Lager in der Buchungsliste mit folgenden Konten: Waren, Forderungen a. LL., Bank, Verbindlichkeiten a. LL., Aufwendungen Waren, Umsatzerlöse, Vorsteuer, Umsatzsteuer.

Buchungsliste								
Geschäftsfälle	**Konten**	**A/P**	**A/E**	**+/−**	**S/H**	**Buchungssatz**	**Soll**	**Haben**
1. ER1: Einkauf von Waren gegen Bankcard auf Lager 200,00 € + 38,00 € USt.								
2. ER2: Einkauf von Waren auf Ziel auf Lager 500,00 € + 95,00 € USt.								
3. AR1: Verkauf von Waren gegen Bankcard 400,00 € + 76,00 € USt.								
4. AR2: Verkauf von Waren auf Ziel 300,00 € + 57,00 € USt.								
5. WES: Warenentnahme aus dem Lager 450,00 €								

Aufgabe 9: **Geben Sie die Buchungssätze für folgende Buchungen von Zahlungen an Lieferanten ohne und mit Skontoabzug an.**

3.9.5

Konten: Aufwendungen Waren, Nachlässe Waren, Bank, Verbindlichkeiten a. LL., Vorsteuer

Beleg Bankauszug und Geschäftsfall	Buchungssatz	Soll	Haben
Begleichung einer Lieferrechnung brutto 1 190,00 €			
Lastschrift eines Lieferanten brutto 2 380,00 €, davon 380,00 € USt.			
Begleichung einer Lieferrechnung brutto 1 190,00 €, netto 1 000,00 €, abzgl. 2 % Skonto, Zahlbetrag 1 166,20 € (20,00 € Skonto, 3,80 € Vorsteuerkorrektur)			
Begleichung einer Lieferrechnung brutto, 2 380,00 €, netto 2 000,00 €, abzgl. 3 % Skonto, Zahlbetrag 2 308,60 €			
Begleichung einer Lieferrechnung brutto 3 570,00 € abzgl. 2 % Skonto			

Aufgabe 10: **Erfassen Sie die sonstigen Buchungen der Beschaffung der Liste.**

3.9.5

Konten: Waren, Aufwendungen Waren, Nachlässe Waren, Bank, Verbindlichkeiten a. LL., Vorsteuer

Beleg und Geschäftsfall	Buchungssatz	Soll	Haben
ER: Lieferung von Waren just in time für 470,00 €, 30,00 € Fracht, zzgl. 85,00 € USt.			
ER: Lieferung von Waren auf Lager 760,00 €, 40,00 € Verpackung/Versand, 152,00 € USt.			
Gutschrift (noch kein Zahlungseingang): Rücksendung von Waren aus dem Lager für 238,00 € brutto, davon 38,00 € USt.			
Gutschrift (noch kein Zahlungseingang): Rücksendung von Waren aus dem Lager für 500,00 € netto, 85,00 € USt.			
BA: Zahlungseingang aus Gutschriften insgesamt 823,00 €			

Lernsituation 10: Wir prüfen Beschaffungsprozesse auf Möglichkeiten weiterer Digitalisierung

S **In einer JIKU-Arbeitsgruppe sollen die Auszubildenden Möglichkeiten weiterer Digitalisierung im Beschaffungsbereich erkunden und präsentieren.**

Holger Lübberstedt: In unserer letzten Ausbildungssitzung zum Beschaffungsbereich wollen wir danach schauen, welche Beschaffungssysteme neueste Systemansätze berücksichtigen und als besonders innovativ gelten.

Laura Meier: Also schauen wir nach innovativen ERP-Systemen mit Beschaffungsmodul.

Holger Lübberstedt: Wir können auch innovativer denken. Es gibt mittlerweile sogenannte Best-of-Breed-Softwareansätze, indem man die besten und passendsten Module in einem System bzw. Stack auswählt.

Julian Markus: Gibt es nicht auch unternehmensübergreifende Programme?

Holger Lübberstedt: Große Softwareanbieter wie z. B. SAP können Zehntausende Arbeitsplätze und Hunderte Betriebsstätten bedienen. Kleinere Softwareanbieter arbeiten gemeinsam an App-Plattformen. Recherchieren Sie einmal und finden Sie die innovativsten Lösungen. Zunächst wollen wir uns aber erst einmal mit Grundlagen von Digitalisierung und Unternehmenssoftware beschäftigen. Ich habe dazu Aufgaben formuliert.

3.10 Beschaffungsprozesse auf Möglichkeiten weiterer Digitalisierung prüfen

Integrierte Unternehmenssoftware im Beschaffungsbereich einsetzen

S **Die Auszubildenden der JIKU IT-Solutions GmbH sollen ihre Kompetenzen zu Unternehmenssoftware verbessern.**

Holger Lübberstedt: Wir setzen ja eine ERP-Software ein. Was ist das Besondere an dieser Art von Software?

Laura Meier: Sie ist modular aufgebaut und unterstützt alle Abteilungen und Prozesse des Unternehmens.

Julian Markus: Wer die Berechtigung hat, kann alle Unternehmensdaten in Echtzeit aufrufen.

Holger Lübberstedt: Das hört sich schon ganz gut an. Dann prüfen wir mal Ihr Wissen genauer.

Aufgabe 1: Prüfen Sie Ihr Wissen zu Unternehmenssoftware, indem Sie folgende Teilaufgaben lösen.

3.10.1

1. Ordnen Sie folgende Begriffe den Aussagen in der Tabelle mit Angabe der richtigen Nummern von (1) bis (7) zu.

(1) Best-of-Breed-Softwarestack
(2) Copyleft-Prinzip
(3) ERP
(4) Generische Software
(5) GNU-Manifest
(6) On-Premise-Software
(7) Suite-Software

Aussage	Begriff (Nr.)
Kurzbezeichnung für vollintegrierte Unternehmenssoftware	
Software läuft auf eigenem Server im Unternehmen	
Programmpaket mit vielen logisch zusammenhängenden Modulen mit einheitlicher GUI	
Softwarezusammenstellung aus den besten Apps unterschiedlicher Anbieter	
Software mit allgemein nutzbaren Funktionen und breit nutzbaren Schnittstellen	
Erklärung zur Bereitstellung freier Software	
Weitergabe/-entwicklung von Software unter denselben Bedingungen	

2. Nennen Sie Vor- und Nachteile in der Nutzung freier Software mit GNU-Lizenz.

Vorteile in der Nutzung von GNU-Software	Nachteile in der Nutzung von GNU-Software

Aufgabe 2: Bilden Sie Arbeitsgruppen zu zwei Themengebieten:

3.10.2

a) **Recherchieren und präsentieren Sie in Arbeitsgruppen zu unterschiedlichen Softwarelizenzen im Beschaffungsbereich.**

b) **Recherchieren Sie nach ERP-Programmen mit Beschaffungsmodulen und präsentieren, vergleichen und bewerten Sie diese. Prüfen Sie unterschiedliche Arten von Unternehmenssoftware, z. B. Marktführer in ERP-Programmen mit Beschaffungsmodul, spezielle Beschaffungssoftware, Best-of-Breed-Software, Cloudsoftware zur Beschaffung, Softwaresuites u. a. Nutzen Sie zur Organisation evtl. das IPERKA-Formular im Anhang.**

Möglichkeiten der Digitalisierung und digitalen Transformation im Beschaffungsbereich präsentieren

S Herr Lübberstedt bittet die Auszubildenden, Ergebnisse der Recherche über Beschaffungssysteme zu präsentieren.

Holger Lübberstedt: Sie sollen zum Schluss möglichst selbstständig nach Neuerungen für Beschaffungssysteme recherchieren und diese präsentieren.

Laura Meier: Jeder einzeln oder können wir auch in Arbeitsgruppen arbeiten?

Holger Lübberstedt: Bis zum Ende des Lernfeldes bleibt uns nicht mehr viel Zeit. Es wäre gut, wenn Sie arbeitsteilig arbeiten und alles professionell organisieren. Das IPERKA-Formular im Anhang kann helfen.

Julian Markus: Können wir gleich loslegen?

Holger Lübberstedt: Zunächst sollen Sie sich in Möglichkeiten der digitalen Transformation und Disruption einarbeiten. Ich habe dazu noch ein paar Aufgaben, die Sie für einen gleichen Arbeitsstand vorab bearbeiten sollten.

Aufgabe 3: Bearbeiten Sie folgende Teilaufgaben.

3.10.2

1. Ordnen Sie die folgenden Erläuterungen über Software den drei Begriffen im Schaubild zu und ergänzen Sie Beschreibungen mit eigenen Worten.

- Software wird immer weiter ergänzt und einzelne analoge Funktionen werden digital integriert.

____

____

____

- Software wird digital entsprechend den laufenden Wertschöpfungsprozessen angepasst.

____

____

____

- Geschäftsmodelle werden völlig neu entwickelt, Prozesse passend völlig neu konzipiert und für Wertschöpfungsnetze digitale Systeme entwickelt.

____

____

____

2 Nennen und beschreiben Sie Unternehmen, die ihre Geschäftsmodelle bereits disruptiv zu althergebrachten Geschäftsmodellen entwickelt haben und dabei auf digitale Systeme gesetzt haben.

3 Nennen Sie allgemein und speziell auf den Beschaffungsbereich bezogen Chancen und Risiken bzw. Herausforderungen der Digitalisierung.

Chancen der Digitalisierung	Risiken und Herausforderungen der Digitalisierung

4 Geben Sie als Selbsttest und zur Kompetenzüberprüfung kurz Erläuterungen wichtiger Begriffe in der Digitalisierung des Beschaffungsbereichs an.

Begriffe	Kurzerläuterung
E-Sourcing	
E-Purchasing	
Spend-Management	
Source to Contract	
Source to Pay	
E-Procurement	
E-Invoicing	
SCM	
Cross Docking	

Begriffe	Kurzerläuterung
CRP	
Logistik 4.0	
E-BANF	
RFI	
Einkaufs-cockpit	

Aufgabe 4: **Präsentieren Sie nach Recherchen innovative Software- und Portalsysteme für Beschaffungsbereiche in Unternehmen (siehe z. B. unter https://comteam.de/, www.dataport-kommunal.de, https://www.itscope.com, www.elio-systems.com, https://it-einkauf.egis-online.de, www.netgo.de, www.channelpartner.de, www.it-business.de, www.itk-beschaffung.de, www.wucato.de usw.).**
Verwenden Sie zur Abstimmung der Arbeitsgruppen, Präsentationen und Besprechungen evtl. das IPERKA-Formular im Anhang.

3.10.2

Lernfeld 9: Netzwerke und Dienste bereitstellen

S **Die JIKU IT-Solutions vereinbart mit dem Kunden NISO AG, einem Industrieunternehmen von über 600 Mitarbeitern und insgesamt ca. 60 Auszubildenden, ein Onlineportal für die Ausbildung aufzubauen. Dazu soll eigene Hard- und Software beschafft werden. Herr Lübberstedt diskutiert das Vorhaben, solche Netzwerke und Dienste für die NISO AG bereitzustellen, mit den Auszubildenden der JIKU IT-Solutions.**

Holger Lübberstedt: Im zweiten Ausbildungsjahr vertiefen wir das Thema „Netzwerkbereitstellung". Die NISO AG ist ein guter Kunde von uns und hat angefragt, ob wir sie bei dem Aufbau eines Serversystems für ihre Ausbildungsabteilung unterstützen können. Es geht dabei um ein pädagogisches System für die Ausbilder und die ca. 60 Auszubildenden.

Laura Meier: Es wäre doch schön, wenn wir dieses Projekt gemeinsam begleiten. Dabei können wir herausfinden, ob dieses System auch etwas für die Ausbildung bei JIKU IT-Solutions ist.

Julian Markus: Ich finde, dass es ein gutes Praxisprojekt für uns ist. Wir können eigene Erfahrungen einbeziehen.

Levi Kramer: Wir sollten auf jeden Fall die Projektmethode berücksichtigen, wenn möglich uns als DevOPs einbringen, Scrum und Kanban einbeziehen.

Holger Lübberstedt: Ich merke, grundsätzlich findet dieses Projekt Anklang bei Ihnen. Wir müssen dabei beachten, dass wir konzentriert arbeiten, einen Arbeits- und Zeitplan erstellen und unsere Vorgaben einhalten.

Saahil Arora: Da ich nun im dritten Ausbildungsjahr bin, könnte ich die Projektleitung übernehmen und das Projekt für meine Projektarbeit verwenden. Bezogen auf meine Fachrichtung könnte ich ein besonderes Gewicht auf die digitale Vernetzung und den Datenschutz legen.

Holger Lübberstedt: Im dritten Ausbildungsjahr sollten schon eigenverantwortlich Projekte übernommen werden. Wenn keine Einwände von Ihnen als mitwirkendes Team bestehen, würde ich mir die Zustimmung von der Geschäftsleitung holen und dann kann Herr Arora das Projekt als Projektleiter und Scrum-Master übernehmen. Als Ihr Ausbilder werde ich die Aufsicht als Product Owner behalten.

Jannik Brunke: Als Anwendungsentwickler würde mich interessieren, ob hier auch etwas zu programmieren ist.

Holger Lübberstedt: Nach der Anfrage geht es um die Bereitstellung eines Anwendungsservers mit entsprechenden Diensten und Anwendungen. Dabei soll geprüft werden, ob eine Bare-Metal oder Cloud-Lösung zu bevorzugen ist. Das System soll ständig auf dem neuesten Stand gehalten werden. Kosten spielen natürlich auch eine Rolle.

Julian Markus: Alles, was mehr kaufmännisch ist, übernehme ich gerne vorbereitend.

Laura Meier: Im ersten Jahr haben wir schon viel über nachhaltige Systeme diskutiert. Es wäre doch schön, wenn wir dazu auch eine Ausarbeitung machen.

Holger Lübberstedt: Es ist immer wieder schön zu sehen, welches Engagement Sie für die Projekte einbringen. Ich bin überzeugt, wir werden ein gutes Projektergebnis präsentieren und die Ausbildungsabteilung der NISO AG begeistern. Es besteht auch die Möglichkeit, sich in zwei oder drei Projektgruppen aufzuteilen und mehrere Lösungsvorschläge auszuarbeiten und diese am Schluss der NISO AG zur Entscheidung zu präsentieren. Wir hätten dann gleich mehrere Referenzmodelle, die wir bei ähnlichen Kundenanfragen einbringen können.

Ich werde der Geschäftsleitung berichten und wir werden voraussichtlich in der nächsten Sitzung unser Kick-Off-Meeting haben. Dazu werde ich einen Vertreter der NISO AG einladen.

Lernsituation 1: Wir unterscheiden Netzwerkbereitstellungen nach Unternehmensanforderungen

S **Herr Lübberstedt hat die Bewilligung für eine Projektinitiierung mit der NISO AG entsprechend der Anfrage erhalten. Saahil soll die Projektleitung übernehmen, falls das Projekt zustande kommt, und dieses in der Prüfung als Projektarbeit vorstellen. Herr Lübberstedt hat zusammen mit Saahil zum Kick-off-Meeting folgende Begrüßungsfolie entworfen und zum Meeting eingeladen.**

Holger Lübberstedt: Ich begrüße als Ausbilderin der NISO AG, Jana Jankowsky, ganz herzlich zu dieser Sitzung, dazu als Vertreter der Auszubildenden Alexander Insterburg, angehender Fachinformatiker Digitale Vernetzung. Wir haben intern schon über Ihre Anfrage gesprochen und würden Sie sehr gerne bei der Umsetzung Ihrer Anforderungen unterstützen. Einbezogen sind von uns die Auszubildenden des zweiten und dritten Jahrgangs, die für Ihre Anfrage schon einige Ideen eingebracht haben. Ich würde mich freuen, wenn Sie, Frau Jankowsky und Herr Insterburg, sich kurz vorstellen.

Jana Jankowsky: Gerne! Ich bin seit etwa zehn Jahren Ausbilderin dieses innovativen Technologieunternehmens. Wir entwickeln und stellen cyber-physische Komponenten für die industrielle Fertigung her und wachsen jährlich um ca. 10 %, was uns personell sehr stark fordert. Mit derzeit 60 Auszubildenden, davon 40 in technischen Ausbildungsberufen und allein fünf in den IT-Berufen, sind wir selbst gut aufgestellt, um ein solches System zu entwickeln und bereitzustellen. Wir haben über die Make-or-Buy-Entscheidung diskutiert und waren schließlich der Meinung, dass wir aus zeitlichen Gründen gerne eine Unterstützung von JIKU IT-Solutions hätten, aber auch gerne eine externe und neutrale Expertise einholen würden. Ob es besser ist, Sie als Beratungsdienstleistung zu engagieren oder Ihrem Unternehmen im Rahmen eines Werkvertrages die gesamte Verantwortung für das gewünschte System zu geben, das werden wir noch diskutieren müssen. Entsprechend wird damit wohl die Entscheidung getroffen, ob im Auftragsfall die Projektleitung bei uns installiert wird oder in Ihrem Systemhaus. Wir haben natürlich schon mit unseren Auszubildenden darüber diskutiert. So wurde die Idee geboren, eine Anfrage an das Systemhaus JIKU IT-Solutions zu stellen. Herr Insterburg als Vertreter unserer Auszubildenden wird gerne weiter ergänzen.

Alexander Insterburg: Ich bin als Auszubildender zum Fachinformatiker Digitale Vernetzung gebeten worden, Sprecher der Auszubildenden in einem eventuellen Projekt zu sein und freue mich auf eine Zusammenarbeit. Sie fragen sich sicher, warum wir das Projekt nicht selbst durchführen. Wir haben den großen Wunsch nach einem innovativen Ausbildungssystem geäußert, haben aber selbst nicht die zeitlichen Kapazitäten, um ein System nach unseren Vorstellungen zu entwickeln und bereitzustellen. Darüber hinaus fanden wir es gut, externe Unterstützung zu erhalten und sehen darin eine Möglichkeit der Qualitätsverbesserung. Von der Ausbildungsseite ist es auch wichtig, kooperativ mit externen Unterstützern zu arbeiten.

Wir freuen uns natürlich sehr, dass es bei JIKU IT-Solutions insbesondere die Auszubildenden sein sollen. Wir haben unser System *Azubi-Connect* genannt und als besondere Anforderungen die Stichworte „disruptiv", „kooperativ", „kollaborativ", „frei", „sicher" und „reversibel" formuliert. Über diese Stichworte sollten wir schnell in eine erste Anforderungsanalyse kommen können.

Es stellen sich auch die anderen teilnehmenden Auszubildenden vor.

Holger Lübberstedt: Ich habe mit Frau Jankowsky und Herrn Insterburg die Gesprächspunkte abgestimmt und für Sie zusammengefasst. Wir sollten kurz darüber sprechen. Ich sehe für die nächsten Sitzungen zwei große Bereiche. Hierbei geht es einmal zunächst um das „Was" und in der Folge um das „Wie". Zunächst sollten die Auszubildenden den nachfolgenden Test bearbeiten, um die Kompetenzen aus Lernfeld 3 zu überprüfen.

Die Teilnehmer diskutieren über die Gesprächspunkte und einigen sich auf zunächst zwei weitere Sitzungen.

NISO-Motto:
Technologie smarter, automatisiert vernetzt im Ecosystem!

JIKU

Projekt: Ausbildungssystem NISO „Azubi-Connect"
– disruptiv, kommunikativ, kollaborativ, offen, reversibel, sicher

Kick-Off:
1. Vorstellungsrunde
2. Projektvorstellung des Kunden, Zusammenarbeit, Projektleitung
3. JIKU-Unterstützungsangebot
4. Erstgespräch bei NISO
5. Anforderungsanalyse, Lastenheft, Projektmethoden
6. Going-On

Einstiegstest: **Überprüfen Sie Ihr Grundlagenwissen aus dem Lernfeld 3 - Clients in Rechnernetzwerke einbinden (siehe auch Schülerbuch Band 1, Lernfeld 3, Kapitel 3).**

1 Ordnen Sie den Aussagen jeweils den richtigen Lösungsvorschlag mithilfe der zugehörigen Nummern von 1 bis 10 zu. (Dies ist ein 100-Punkte-Wiederholungszuordnungstest zum Thema „Grundlagen Computernetze/Netzwerktechnik" aus dem Grundlagenband, Verweise auf zugehörige Kapitel des Schülerbuches Band 1 stehen in Klammern.)

a) Netze und Netzbereiche (3.2.1 bis 3.2.2)	**Nr.**	**Lösungsvorschläge**	**P.**
Netz eines Netzdienstleisters		(1) Internet (2) Intranet (3) LAN (4) PAN (5) Providernetz (6) SAN (7) VLAN (8) VPN (9) WAN (10) WLAN	
Vor Ort begrenztes Computernetzwerk, auch drahtlos			
Abgeschottetes Unternehmensnetz			
Verbundene Betriebsnetze eines Konzerns in Deutschland			
Sichere Verbindung durch ein unsicheres Netzwerk			
Drahtloses Funknetz für Computer, Tablet etc.			
Verbindungsnetz für Massenspeicher			
Netz mit (sehr) geringer Reichweite			
Aufteilung in logische Netzsegmente im physikalischen Netzwerk			
Weltweites offenes Datennetz, paketvermittelt			

b) Fachbegriffe der Netzwerktechnik (3.2.2 bis 3.2.3)	**Nr.**	**Lösungsvorschläge**	**P.**
Verbindungsleitung zwischen Switches		(1) Application-server (2) Client-Server-Netz (3) Collocation (4) End-to-Site-VPN (5) NAS (6) On-Premises (7) Site-to-Site-VPN (8) Terminalserver (9) Trunk (10) Webserver	
Gesicherte Verbindung vom Betriebs-LAN zum Homeoffice			
Gesicherte Verbindung vom Betriebs-LAN zum Zweigstellen-LAN			
Netzwerk von Computern für Dienste eines Servers			
Server, der browserfähige Anwendungen im Netzwerk bereitstellt			
Housing eigener Server in sicherer Umgebung des Providers			
Server zum Anschluss von Thin Clients			
Server stellt im betrieblichen LAN Anwendungssoftware bereit			
Gemeinsamer Speicher im LAN			
Lizenzart „Softwarenutzung lokal auf dem eigenen Serversystem"			

c) Grundlagen der Datenübertragung in Netzwerken (3.3)	Nr.	Lösungsvorschläge	P.
Oberbegriff (Art) für TCP/IP, DHCP, DNS oder ARP (Einzahl)		(1) Anycast (2) Bit (3) Broadcast (4) CSMA/CD (5) Datenübertragungsrate (6) Kibibyte (KiB) (7) Duplex (8) Ethernet (9) Protokoll (10) USB 4.0	
Kleinste Informationseinheit dual (0,1)			
Datenmenge/Zeit z. B. 6 Gigabyte/Sekunden oder 6 GB/s			
2^{10} Byte = 1 024 Byte, nicht Kilobyte (kB) = 10^3 Byte = 1 000 Byte			
Sehr schnelle Schnittstelle mit 40 Gbit/s			
Datenübertragung in beide Richtungen			
Adressierung an alle Stationen im Netz			
Adressierung irgendeiner (freien) Station im Netz			
Zugriffsverfahren auf ein mehrfach verwendetes Medium			
Netzwerkübertragungsstandard von 10 Mbit/s bis 400 Gbit/s			

d) Clouddienste und Technologien (3.3.5)	Nr.	Lösungsvorschläge	P.
Anwendungsdienste werden über Cloudserver bereitgestellt		(1) Cloud Migration (2) Edge Server (3) Hybrid Cloud (4) IaaS (5) off-premises (6) on-premises (7) PaaS (8) Private Cloud (9) Public Cloud (10) SaaS	
Clouddienstleister bieten Plattform und APIs für Software			
Provider stellt notwendige Cloud-Hardware als Infrastruktur			
Provider stellt Dienstleistungen exklusiv für Kunden bereit			
Cloud-Anwendungen werden von Kunden öffentlich genutzt			
Gemischte Cloud-Nutzung, z. T. öffentlich oder exklusiv			
Server in der Nähe der Anwendungssysteme entlastet Cloud			
Servereinsatz vor Ort			
Server oder Anwendungen nicht vor Ort, sondern in der Cloud			
Prozess der Verlagerung von IT vor Ort in die Cloud			

e) Netzwerkstrukturen/-standards/-komponenten (3.4)	Nr.	Lösungsvorschläge	P.
Leitungsanordnung der Knoten im Netz (physikalisch/logisch)		(1) ARP (2) Bridge (3) DHCP (4) DNS (5) LWL (6) Netzwerktopologie (7) Patchpanel (8) Router (9) Switch (10) Tertiärverkabelung	
Strukturierte Verkabelung vom Etagenverteiler			
Verbindungs-/Steckelement für Kabel in Verteilerschränken			
Leitungstyp für 1 bis 100 Gbits/s, Segmentlänge z. B. 500 m			
Verbindet zwei Netzwerksegmente			
Multiport-Bridge, verbindet aktive Knoten/MAC im Netz, OSI 2 E.			
Gerät verbindet zwei oder mehrere Netze, OSI Layer 3 (über IP)			
Netzwerkdienst zur Domain-Namensauflösung in IP-Adressen			
Protokoll, das IPv4-Adressen in MAC-Adressen auflöst			
Protokoll zur automatischen Einbindung von Clients ins Netzwerk			

f) Aussagen zu Netzwerkadressierung (3.4.7)	**Nr.**	**Lösungsvorschläge**	**P.**
00:60:5c:3b:78:7a mit Herstellercode Cisco 00:60:5c		(1) Adressbereich Class B	
bei 10.40.50.60 ist 10.0.0.0, bei 192.168.40.50 ist 192.168.0.0		(2) Broadcast-ID Class C	
Von 192.168.50.60 die 0.0.50.60		(3) Erster Host	
192.168.0.50		(4) Host-ID	
2022:8050:85a6:9a44:1519:89cc:abcd:7211		(5) IPv4-Adresse	
Ziel-ID 172.16.255.255 im Netz 172.16.0.0		(6) IPv6-Adresse	
192.168.0.65 bei Net-ID 192.168.064		(7) MAC-Adresse	
255.255.255.0 /8		(8) Net-ID	
10.0.0.0 bis 10.255.255.255 (Subnetmask 255.0.0.0)		(9) Private Class A	
172.16.0.0 bis 172.31.255.255 (255.255.0.0)		(10) Subnetzmaske Class C8	

g) Clients in Netzwerke integrieren (3.4.7)	**Nr.**	**Lösungsvorschläge**	**P.**
Schlanker PC, der überwiegend Ressourcen eines Servers nutzt		(1) Access-Point	
Verbindungspunkt zwischen Funknetz und Kabelnetzwerk (LAN)		(2) Cloud-Hosting	
Konsolenbefehl listet aktuelle IP-Konfiguration auf		(3) Ipconfig	
Verbindung Rechner-Anschlussdose herstellen		(4) Mobiler Hotspot	
Erreichbarkeit des Routers prüfen		(5) Patchen	
Im Clientrechner die verfügbaren Drucker feststellen		(6) Ping	
Name des Funknetzes bei der Konfiguration des Access-Point		(7) SSID	
Laptop mit Internetanschluss als Access-Point einstellen		(8) Systemeinstellung	
IT-Infrastruktur und Services werden online bereitgestellt		(9) Thin-Clients	
Programm zeigt Liste von Routern zwischen Absender und Ziel		(10) Tracerute	

h) IT-Sicherheit in Netzen berücksichtigen (LF 3 u.4)	**Nr.**	**Lösungsvorschläge**	**P.**
Ein Sicherungssystem schützt vor unberechtigten Netzzugriffen		(1) DMZ	
Client-Vermittler zum Internet, der häufige Websites speichert		(2) Firewall	
Webserver-Rückvermittler bei Abfragen aus dem Internet		(3) Integrität	
Extra kontrolliertes Netz zwischen Internet und internem Netz		(4) Reverse-Proxy	
Prüft Netz auf Integrität, Vertraulichkeit und Verfügbarkeit		(5) Schutzbedarfsanalyse	
Netzkonzept, das Hard- und Software entkoppelt		(6) SDN	
Schutzziel zur Sicherstellung von Ressourcen und Informationen		(7) Standard-Proxy-Server	
Korrektheit, Echtheit und Überprüfbarkeit von Informationen		(8) Verfügbarkeit	
Vertraulicher, verschlüsselter Netzzugang		(9) Vertraulichkeit	
Ziel, nur autorisiert Informationen zu gewähren		(10) VPN	

i) RAID unterscheiden (3.8.1)	Nr.	Lösungsvorschläge	P.
Speicherung in Stripes mit Parität verteilt bei n >2 Disks		(1) JBOT	
Speicherung als Spiegelbild, halbe Speicherkapazität, Schreiben x 2		(2) RAID	
Zwei RAID 0 werden mit einem RAID 1 gespiegelt		(3) RAID 0	
Festplattenverbund durch Zusammenschaltung ohne Redundanz		(4) RAID 1	
Speicherung in Stripes mit Parität verteilt auf 2 Disks, n > 3 Disks		(5) RAID 4	
Sicherere Festplattenspeicherung durch logischen Verbund		(6) RAID 5	
Speicherung in Stripes mit einer Paritätsplatte bei n >2 Disks		(7) RAID 6	
Schneller durch Speicherung in Stripes auf Festplatten, ohne „R“		(8) RAID 01	
Zwei RAID-5-Systeme werden über ein RAID 1 gespiegelt		(9) RAID 10	
Zwei Spiegelsysteme werden über RAID 0 zusammengeschaltet		(10) RAID 51	

j) Backupstrategien, Stromgrößen und USV (3.8.2, 3.9)	Nr.	Lösungsvorschläge	P.
1 Sicherung zu Hause, je drei Kopien auf andere Speicher		(1) Backup 3-2-1	
Datensicherung mit viel Speicherbedarf möglichst 1 x Woche		(2) Differentielles Backup	
Immer alle geänderten/neuen Daten nach der Vollsicherung		(3) Inkrementelles Backup	
Sicherung nur der seit letzter Sicherung geänderten/neuen Daten		(4) PoE	
Lokale Stromschwankungen/-ausfälle für Minuten ausgleichen		(5) Spannung	
Netzfähige Geräte erhalten Strom über Ethernet-Kabel		(6) Strom, Ampere	
$U = R \cdot I$ in Volt		(7) USV	
$P = U \cdot I$, $W = P \cdot t$		(8) Voll-Backup	
$R = U/I$		(9) Watt, Wattstunde	
$I = U/R$		(10) Widerstand, Ohm	

Lösungen:
a) 5, 3, 2, 9, 8, 10, 6, 4, 7, 1
b) 9, 4, 7, 2, 10, 3, 8, 1, 5, 6
c) 9, 2, 5, 6, 10, 7, 3, 1, 4, 8
d) 10, 7, 4, 8, 9, 3, 2, 6, 5, 1
e) 6, 10, 7, 5, 2, 9, 8, 4, 1, 3
f) 6, 8, 4, 5, 7, 2, 3, 10, 9, 1
g) 9, 1, 3, 5, 6, 8, 7, 4, 2, 10
h) 2, 7, 4, 1, 5, 6, 8, 3, 10, 9
i) 6, 4, 8, 1, 7, 2, 5, 3, 10, 9
j) 1, 8, 3, 2, 7, 4, 5, 9, 10, 6

Besprechen Sie die Lösungen und klären Sie Ihren Nachholbedarf. Verteilen Sie z. B. zu Defizitbereichen Kurzreferate von zwei Folien in Partnerarbeit und arbeiten Sie die Defizite, auch zur Vorbereitung auf die AP1-Prüfung, auf.

Note	1	2	3	4	5	6
Punkte	ab 92	ab 81	ab 67	ab 50	ab 30	bis 29

4.1 Netzwerkbereitstellung nach unterschiedlichen Unternehmensanforderungen unterscheiden

Kundenanforderungen formulieren

S In der ersten gemeinsamen Sitzung der Auszubildenden der JIKU IT-Solutions und der NISO AG im Projektteam sollen Kundenanforderungen erörtert werden.

Holger Lübberstedt: Herr Arora und ich haben mit Frau Jankowsky das weitere Vorgehen besprochen. Die Auszubildenden von NISO haben drei Teammitglieder festgelegt, die unser Auswahl- und Bereitstellungsteam erweitern werden. Von NISO möchte ich als Auszubildende Frau Schepp (FI Fachrichtung Anwendungsentwicklung), Aki Gislason (FI Fachrichtung Systemintegration) und Alexander Insterburg, der sich schon vorgestellt hat, begrüßen.

Laura Meier: Ich freue mich über die übergreifende Teambildung, vielleicht bekommen wir auch ein Ecosystem hin.

Saahil Arora: Ich freue mich jedenfalls auf eine gemeinsame Projektleitung und will alles für ein gutes Projekt tun.

Holger Lübberstedt: Ich hatte Sie gebeten, sich etwas auf die Thematik vorzubereiten, sodass wir in das Gespräch Auftragnehmer – Kunde eintreten können. Wir sollten einen Gesprächskreis aufmachen. Saahil sollte heute die Rolle des Gesprächsleiters übernehmen und gleich auch für die Visualisierung der Beiträge sorgen.

Saahil Arora: Gut, wir bilden einen Gesprächskreis und ich würde zunächst unseren Kunden das Wort geben, um noch einmal herauszustellen, was ihnen wichtig ist. Ziel wäre es m. E., gemeinsam ein Lastenheft zu formulieren.

Die Teilnehmer bilden einen Gesprächshalbkreis, Saahil übernimmt die Gesprächsführung.

Aufgabe 1: Bearbeiten Sie folgende Teilaufgaben.

4.1.1

1. Überprüfen Sie mit folgendem Test, ob Sie für das Gespräch mit dem Kunden gut vorbereitet sind. Geben Sie an, welcher der genannten Ausdrücke am besten zu der Aussage passt.

(1) LAN und Cloud Computing
(2) Vertikale Skalierung (Scale Up)
(3) LAN
(4) WLAN
(5) Lastenheft
(6) Live-Migration
(7) Meilenstein
(8) Migration
(9) On-Premise-to-Cloud-Migration
(10) Pflichtenheft
(11) Projektstrukturplan
(12) Redundanz
(13) Vertikale Skalierung (Scale Up)

Aussagen	Nr.
a) Netzwerk mit eigenen Servern vor Ort	
b) Virtuelle Vernetzung vor Ort	
c) Hybride Vernetzung	
d) Aufrüstung durch Hinzufügen von Speicherressourcen	
e) Grundlegende Veränderung einer Systemlandschaft	
f) Wechsel auf ein anderes System im laufenden Betrieb	

Aussagen	Nr.
g) Wechsel vom eigenen Server zu Serverdienstleistungen	
h) User Requirement Specifications	
i) Functional Specifications	
j) Mehrfacher oder paralleler Einsatz	
k) Darstellung der Teilprojekte	
l) Ein Ereignis besonderer Bedeutung im Projekt	

2 Erarbeiten Sie Vorschläge zum Projekt mit der NISO AG für das nächste Kundengespräch.

a) Machen Sie stichpunktartig Vorschläge zum Projekt in der folgenden Tabelle.

Prozess der Anforderungsanalyse

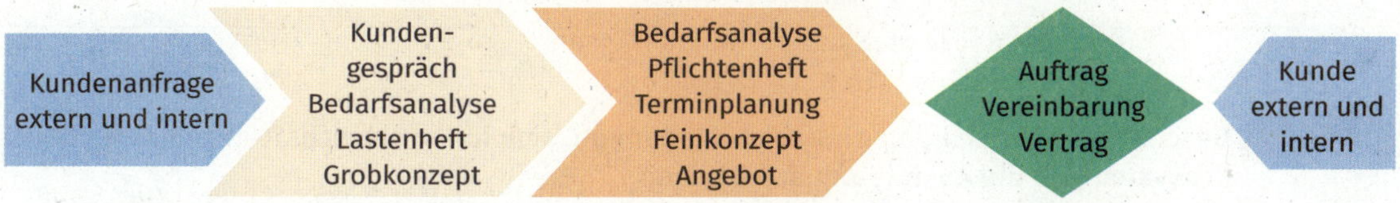

Wichtig aus der Kundenanfrage:	Konkrete Fragen für das Kundengespräch:

Handlungsprodukte/Ergebnisse:

Vorschläge für ein Lastenheft:

b) Vergleichen und stimmen Sie die Vorschläge vor der Sitzung ab und erstellen Sie gemeinsam eine Check- oder Fragenliste als gesondertes Dokument oder Präsentation.

c) Nennen Sie Aspekte, die bei den Anforderungen der NISO AG an das Ausbildungssystem „Azubi-Connect“ wichtig sein könnten. Vergleichen und diskutieren Sie Ihre Anmerkungen.

Anforderungen	Anmerkungen zur Anforderungen der NISO AG
disruptiv	
kommunikativ	
kollaborativ	
offen	z. B. freie Software, offen für zusätzliche Apps
reversibel	z. B. Vorhaben umkehrbar, d. h., Fehlentwicklungen müssen schnell korrigierbar sein, dürfen den Erfolg nicht groß mindern
sicher	

Aufgabe 2: **Beschäftigen Sie sich mit dem Grundgedanken, sich in Partnerschaften zu verflechten und ein Ecosystem für die Ausbildung aufzubauen.**

4.1.1

1. Was versteht man grundsätzlich unter einem Ecosystem (siehe auch Schülerbuch Band 1, Lernfeld 1, Kapitel 1.3.5 (2))

2. Welche Ideen und Kooperationspartner für ein Ecosystem gibt es für *„Azubi-Connect"*?

NOTIZEN

3 Im Downloadbereich finden Sie ein Glossar und eine Formularsammlung zum Projektmanagement. Erarbeiten Sie damit Aspekte zum Projekt „Azubi-Connect“ in Stichworten. Besprechen Sie diese Aspekte zu den Begriffen und klären Sie Fragen im Klassenverband.
Diskutieren Sie dies gemeinsam und erstellen Sie daraus als gesondertes Dokument eine Check- oder Fragenliste.

Mit DevOps Netzwerkbereitstellung unterstützen

S **An der zweiten Sitzung nehmen Auszubildende von JIKU IT-Solutions und der NISO AG teil. Man hat sich darauf geeinigt, dass Saahil Arora zusammen mit Karla Schepp (Auszubildende im Ausbildungsberuf Anwendungsentwicklung) die Projektleitung übernehmen. Außerdem übernimmt Herr Lübberstedt zunächst die Rolle des Product Owner. Es soll ein gemeinsames Verständnis der Arbeitskultur festgelegt werden.**

Holger Lübberstedt: Ich freue mich, dass unser Projekt genehmigt ist und nun Frau Schepp und Herr Arora gemeinsam das Projekt leiten werden. Beide sind im 3. Ausbildungsjahr und werden damit auch ihre Projektarbeit verbinden. Herr Arora will dabei seinen Schwerpunkt beim Datenschutz und bei der Datensicherheit setzen und für die Projektarbeit zusätzlich 40 Arbeitsstunden einbringen und dokumentieren. Frau Schepp will als angehende Fachinformatikerin Anwendungsentwicklung ihren Schwerpunkt in der Projektarbeit bei den Serverdiensten, dem Berechtigungs- und Rollensystem sowie Applikationen setzen. Beide müssen genau angeben, was ihre eigenständigen Leistungen sind.

Saahil Arora: Ich freue mich auf eine Zusammenarbeit im Team und die Zusammenarbeit mit Karla.

Karla Schepp: Auch ich freue mich, dass wir gemeinsam auf dem Weg zu einem der besten Ausbildungssysteme sind. Heute treffen wir uns, um die Rahmenbedingungen der Projektarbeit und die Kultur der Zusammenarbeit zu finden. In unserer Vorabfrage wurde der DevOps-Ansatz angeregt, den wir hier vertieft besprechen wollen. Wir können einen DevOps für die Bereitstellung und die weitere Betreuung des Systems festlegen. Dieser muss jedoch aus dem zur Verfügung gestellten Investitionsbudget und jährlich aus dem verfügbaren Bereitstellungsbudget finanziert werden.

Saahil Arora: Wir müssen also genau überlegen, was unter Nutzen-/Kosten-Aspekten für uns das Beste ist.

Jürgen Pollina: Ich finde den DevOps-Ansatz gut. Wir könnten genau festlegen, was dieser zu tun hat, das zeitliche Volumen pro Woche einschätzen und wissen dann ja, was dieser Ansatz kostet.

Karla Schepp: Nachdem wir uns eingearbeitet haben, können wir uns einmal eine Auswahl von DevOps-Anzeigen anschauen und überlegen, ob dies auch etwas für uns ist.

Aufgabe 3: Bearbeiten Sie zur Vorbereitung und Unterstützung folgende Teilaufgaben (siehe auch Lernfeld 7, Kapitel 2.4.2).

1 Testen Sie zunächst Ihr erarbeitetes Wissen zu folgenden Begriffen und ordnen Sie diese den Aussagen richtig zu: 2.4.2 4.1.2

(1) CALMS
(2) Continuous Delivery
(3) DevOps
(4) Orchestrierung
(5) PCBTRDOM
(6) SCIM
(7) Shift-Left
(8) SOI

Aussagen	Nr.
a) Zusammenwirken von Entwicklung und Einsatz	
b) Modell, um DevOps erfolgreich anzuwenden	
c) Einbindung möglichst früh in der Entwicklung	
d) DevOps-Phasen *(englische Anfangsbuchstaben)*	

Aussagen	Nr.
e) Praktik zur kontinuierlichen Bereitstellung	
f) Modell für Cloud IaaS	
g) Offener Standard für Benutzerkonten-Bereitstellung	
h) Komposition und automatisierte Konfiguration	

2 Diskutieren Sie, welche Rahmenbedingungen im Team gegeben sein sollten, und erstellen Sie dazu gemeinsam eine Präsentation (siehe auch Schülerbuch Band 1, Lernfeld 1, Kapitel 1.5).
Entwerfen Sie ggf. auch einen ersten Projektstrukturplan und einen Zeitplan mit Milestones als Gantt-Diagramm (Balkendiagramm) oder auch einen Netzplan (siehe auch Jahrgangsband 1, Lernfeld 2, Kapitel 2.5.3).

3 Diskutieren Sie die eventuelle Beschäftigung eines DevOps Engineer und die interne Ausschreibung einer Teilzeitstelle für DevOps unter den Auszubildenden für die laufende Bereitstellung des Ausbildungssystem „Azubi-Connect".
a) Skizzieren Sie die zu erwartenden Aufgaben anhand einer Mindmap.
b) Entwerfen Sie dazu eine interne Stellenanzeige. Die Beispiele helfen Ihnen dabei.

Stellenanzeigen zu DevOps-, System Engineer (Auszüge)

DevOps Engineer (m/w/d)
Sie sind in unserem Rechenzentrum zuständig für das Aufsetzen und die Automatisierung von Infrastrukturen unserer Kunden in der Cloud. Dabei unterstützen Sie die Entwicklerteams unserer Kunden und bilden die Schnittstelle zwischen Softwareentwicklung und dem Infrastrukturteam. Sie unterstützen Deployments (Softwareinstallation, -verteilung) und führen diese auch durch, optimieren das Monitoring und stehen unseren Kunden bei Problemstellungen zur Verfügung. Weiterhin unterstützen Sie unser Infrastrukturteam im Betrieb unserer Cloud-Infrastrukturen auf Basis von OpenStack und Kubernetes.

DevOps Engineer (m/w/d)
Um die Digitalisierung im Industrieproduktehandel aktiv zu gestalten und unsere Unternehmensprozesse weiter zu optimieren, suchen wir nach Verstärkung für unseren IT-Bereich.
Als DevOps Engineer (m/w/d) sind Sie Teil der IT-Systemadministration, mit Orientierung hin zu unserem Entwicklungsteam. Hier haben Sie die Chance, eine neue Umgebung für Microservices von Grund auf zu errichten und in unsere IT-Landschaft zu integrieren.
Zu Ihren Aufgaben zählen der Aufbau und die Administration der gesamten Microservice-Infrastruktur und die Betreuung des gesamten Zyklus, von der Entwicklung bis zum Betrieb der Anwendungen.
Dank der hohen Dynamik im Unternehmen erwarten Sie spannende Aufgaben und eigenverantwortliches Arbeiten. Sie helfen uns, unsere strategischen IT-Ziele zu erreichen und haben gleichzeitig die Möglichkeit, die Infrastruktur und unsere IT-Prozesse mitzugestalten.

DevOps Engineer/Cloud Operator (m/w/d)
- Verantwortung für den operativen Betrieb unserer Cloudlösung sowie Cloud-Infrastruktur
- Durchführung von SQL-Abfragen im Zusammenhang mit dem Monitoring
- Analyse und Behebung von Störungen
- Beratung der Kunden hinsichtlich Architektur und Aufsetzung der gewünschten Cloudlösung
- Automatisierung von Prozessen und Optimierung der Betriebsabläufe
- Umsetzung von Kundenwünschen und individuellen Lösungen
- Enge Zusammenarbeit mit den Abteilungen Entwicklung und Support

Verwendete Tech Stacks: Linux, Shell Scripting, Kubernetes, SQL Databases, Kibana, Prometheus, Grafana

IT DevOps Engineer (m/w/d) – Linux System Administrator
- Planen, Designen, Installieren und Entwickeln der Linux-Serverlandschaft
- Verantwortung und Administration der skalierbaren Cloud-Architektur (unter dem Einsatz von Azure und Kubernetes)
- Definition sowie Implementierung von Automatisierungs-Workflows (unter Ansible oder Puppet)
- Sicherstellung eines hochverfügbaren Betriebs der gesamten IT-Infrastruktur
- Mitarbeit in der Planung und Durchführung von Infrastrukturprojekten (z. B. Continuous Integration unter dem Einsatz von Jenkins, GitLab)

DevOps Engineer – IT Security (m/f/d)

What you will do

- Develop & maintain cloud security solutions and integrate security services into company processes
- Patch management across the whole infrastructure and tech stacks
- Log collection and analysis in the cloud/potentially implementing a SIEM solution
- Work closely with the team on other projects, which cover every information security topic in the company

Who you are

- At least 2 years of experience as a DevOps within the field of IT Security
- Experience with one of the major cloud technologies and knowledge in cloud security
- Hands-on experience with cloud security and understanding of the key security risks of running a cloud infrastructure
- Proficiency in Linux OS and the ability to read and write code in Python
- Self-organization with strong task management skills and experience of working in an agile scrum based culture is an advantage

System Engineer Network & Infrastructure (m/f/d)

Your Tasks

- Design, installation, configuration and monitoring of a highly available and secure network infrastructure, as well as the optimization and automation of operating processes
- Establishing connections to new remote sites or external partners and service providers
- Troubleshooting and efficient problem solving in the event of network and IT infrastructure failures
- Support in change, incident and problem management
- Cooperation with external IT service providers, in day-to-day business as well as for the implementation of projects
- SSL and DNS management
- Technical contact person in 3rd level support with rotating 24/7 on-call and travel willingness

4 Diskutieren Sie, ob der DevOps-Ansatz für das Projekt „Azubi-Connect“ sinnvoll ist und beschlossen werden sollte. Sammeln Sie Vor- und Nachteile verschiedener Ansätze. Erstellen Sie ggf. eine eigene Präsentation bzw. Visualisierung Ihrer Ergebnisse.

DevOps-Varianten		Vorteile	Nachteile
DevOps-Ansatz	sorgt für eine entsprechende Kultur, sorgt für laufende Aktualisierung des Systems entsprechend den Wünschen der Auszubildenden		
No-DevOps-Ansatz	kein Einsatz von DevOps, aber Auswahl und Realisierung einer Systemumgebung eines Anbieters/Providers, die automatisiert immer aktuell ist		
Kein DevOps-Einsatz	es wird keine DevOps-Kultur entwickelt, sondern klassisch ein System im Projekt ausgewählt und bereitgestellt		

Lernsituation 2: Wir führen Ist-Analysen durch und erstellen Lastenhefte

S Um einen Überblick über das bestehende System zu erhalten, wird zunächst eine Ist-Analyse durchgeführt.

Holger Lübberstedt: Bevor wir mit der Umsetzung unseres Projekts „Azubi-Connect" beginnen können, ist es wichtig, dass wir für Lastenhefte auch Netzpläne erstellen können und über die technischen Anforderungen sprechen. Wir haben ja in den letzten Stunden über Kundengespräche, Lasten- und Pflichtenhefte gesprochen. Das sollten wir uns einmal für verschiedene Unternehmensgrößen vorstellen.

John Steinbach: Wir können ja zu verschieden großen Unternehmen Netzpläne erstellen.

Laura Meier: Netzpläne kann man gut mit Tools wie Microsoft Visio oder Open-Source-Tools wie draw.io oder Dia erstellen.

Holger Lübberstedt: Das stimmt – sehr gut. So etwas habe ich mir vorgestellt.

John Steinbach: Es gibt auch die Möglichkeit, Extensions für LibreOffice oder andere Programme zu installieren.

Saahil Arora: Wir können ja mal nach Möglichkeiten recherchieren.

Laura Meier: Für Lastenhefte reichen aber Netzpläne nicht aus.

Holger Lübberstedt: Ich schlage vor, dass wir bezogen auf unterschiedliche Unternehmensgrößen Netzpläne und Kurzbeschreibungen für Lastenhefte entwerfen.

4.2 Ist-Analysen durchführen und Lastenhefte erstellen

S Die Auszubildenden sollen für verschiedene Unternehmensanforderungen Netzpläne und Lastenhefte erstellen. Auch für das Projekt „Azubi-Connect" werden eine Istanalyse durchgeführt und ein Lastenheft erstellt. Laura Meier führt dazu mit Karla Schepp und Alexander Insterburg ein Gespräch.

Laura Meier: Damit wir bei unserem Projekt „Azubi-Connect" eine passende Serversoftware auswählen können, müssen wir zunächst die Anforderungen dafür definieren.

Karla Schepp: Das stimmt. Nur wenn die Anforderungen klar definiert sind, kann eine ideale Software aus verschiedenen Alternativen ausgewählt werden.

Alexander Insterburg: Die Anforderungsanalyse ist nicht einfach. Wir müssen dabei an alle Anwendungsfälle denken. Wir sollten die zukünftigen Benutzer dazu befragen.

Karla Schepp: In Lastenheften werden i. d. R. auch Netzpläne im Istzustand und auch Wünsche zu Veränderungen angegeben.

Alexander Insterburg: Wir können uns ja einmal unabhängig vom Projekt zur Erstellung von Netzplänen austauschen.

Holger Lübberstedt: Genau. Zur Erstellung von Netzplänen kann ich die erste Aufgabe anbieten.

4.2.1
4.2.2
4.2.3

Aufgabe 1: **Erstellen Sie in Arbeitsgruppen zu folgenden Beschreibungen einen Netzplan und ein Lastenheft.**

Weitere Infos aus der Istanalyse/Kundenbefragung zur Erstellung des Lastenheftes	**Netzplanbeschreibung**
Kunde 1 – Familie Köhler	
Familie Köhler erhält in vier Wochen einen Glasfaseranschluss inklusive Router im Keller ihres Hauses. Im Erdgeschoss wurden beim Bau bereits zwei Netzwerkdosen installiert und an TVs angeschlossen. Das Büro von Frau Köhler kommt in das Dachgeschoss. Das WLAN des alten Routers reichte nur bis in das Erdgeschoss. Es ist ein Lastenheft zu erstellen, sodass Frau Köhler im Dachgeschoss Telefon und Internet nutzen kann. Das Angebot umfasst zwei Power-LAN Adapter, einen WLAN-Access-Point für das Dachgeschoss, einen DECT-Repeater für das Erdgeschoss und einen Router inklusive Firewall zur Absicherung des Büronetzes.	Im Keller befindet sich der Glasfaseranschluss. Der neue Router (inklusive Firewall und DECT-Station) soll hier mit den zwei Netzwerkkabeln für das Wohnzimmer verbunden werden. Das Büro im Dachgeschoss wird über einen Power-LAN Adapter im Keller und eines im Dachgeschoss erreicht. Die Adapter müssen so platziert werden, dass sie ungestört von anderen technischen Geräten arbeiten können.
Kunde 2 – Architekturbüro	
Das Architekturbüro benötigt einen neuen NAS-Server mit RAID 6, 12 TB Plattenplatz und 2,5GbE-Konnektivität. Dieser soll folgende Dienste bereitstellen: Dateisynchronisation und Datensicherung (nur bürointern), Webseite und Nextcloud für die Zusammenarbeit mit Kunden (aus dem Internet nutzbar).	Das Architekturbüro besteht derzeit aus folgenden Netzwerkkomponenten: PC, Drucker, Router inklusive Firewall und WLAN-Access-Point, Switch, NAS und per WLAN erreichbar: Tablet, Smartphone und Notebook.
Kunde 3 – Gemüsescheune Meier	
Familie Meier ist dabei, auf ihrem Hof ein separates Gebäude als „Gemüsescheune" auszubauen. Das Gebäude ist bereits mit einem Netzwerkkabel an das Hauptgebäude angeschlossen. Netzwerkdosen sind bereits installiert. Webseite, E-Mail, Kassensoftware und Telefonie-Server werden als SaaS bei entsprechenden Anbietern genutzt. Familie Meier soll bei der Lastenhefterstellung für Hardware und Einrichtung zweier Kassensysteme, eines Switches und zwei IP-Telefonen unterstützt werden. Ein Wartungsvertrag ist hinzuzufügen.	Im Hauptgebäude ist ein DSL-Anschluss mit einer 100 000er Leitung und ein Router mit integrierter Firewall vorhanden. In der Scheune müssen der Switch, zwei Kassensysteme inklusive POS-Drucker und zwei VoIP-Telefone installiert und eingerichtet werden.
Kunde 4 – Gebäudereinigung Blitz-Sauber	
Die Gebäudereinigung möchte lokal ein CRM-System einsetzen. Die Firma besteht aus zehn internen Büromitarbeitern inklusive Geschäftsführung, die in zwei Schichten arbeiten, sowie 50 Außendienst-Mitarbeitern. Im ersten Schritt soll das CRM für den Innendienst eingeführt werden. Im zweiten Schritt sollen die Außendienstmitarbeiter über datenschutzkonforme Smartphones per Browser auf ihre Aufträge im CRM zugreifen können.	Im Büro befinden sich fünf Arbeitsplatzrechner, zwei Drucker, eine USV, ein Buchhaltungsserver, ein NAS-Server, fünf VoIP-Telefone und ein DSL-Router.
Kunde 5 – Softwarehaus	
Das Softwarehaus besitzt zehn Standorte. Zur Erhöhung der Sicherheit sollen am Entwicklungsstandort VLANs eingeführt werden. Die Remote-Entwickler, z. B. verbinden sich über das Internet mit dem VPN-Gateway. Mittels der VLANs sollen sie nur noch auf spezielle Dienste der Development Server, z. B. das interne git-Repository, zugreifen können. Ebenso sollen die Netzwerkkomponenten der Buchhaltung in ein Subnetz gekapselt werden. Managed Switch inklusive Einrichtung sind erforderlich.	Am Entwicklungsstandort befinden sich ein VPN-Gateway, eine Firewall, ein Router und ein 24-Port Layer 2 Switch. Daran sind angeschlossen: fünf Workstations der Entwickler, zwei Development-Server, zwei PCs der Buchhaltung, ein Drucker für die Buchhaltung, die Workstation des Geschäftsführers, ein Drucker allgemein, ein CRM- und ein Buchhaltungsserver.
Kunde 6 – Bäckerei	
Die Bäckerei besitzt bereits 40 Filialen und möchte zwei weitere Filialen eröffnen. Dazu müssen die neue Filiale in Lüneburg und die neue Filiale in Hamburg mit jeweils einer Firewall inklusive Router, zwei Kassensystemen und je einem Drucker ausgestattet werden. Firewalls und Router müssen so konfiguriert werden, dass sie mit der Zentrale kommunizieren.	In der Zentrale sind ein DHCP-Server, ein DNS-Server, ein Domain-Controller, ein Proxy-Server und die Arbeitsplätze 1 bis N eingerichtet. Zudem gibt es dort in einem geschützten Bereich (DMZ) einen Reverse Proxy, einen Webserver und einen Mailserver.

Übersicht Netzwerksymbole:

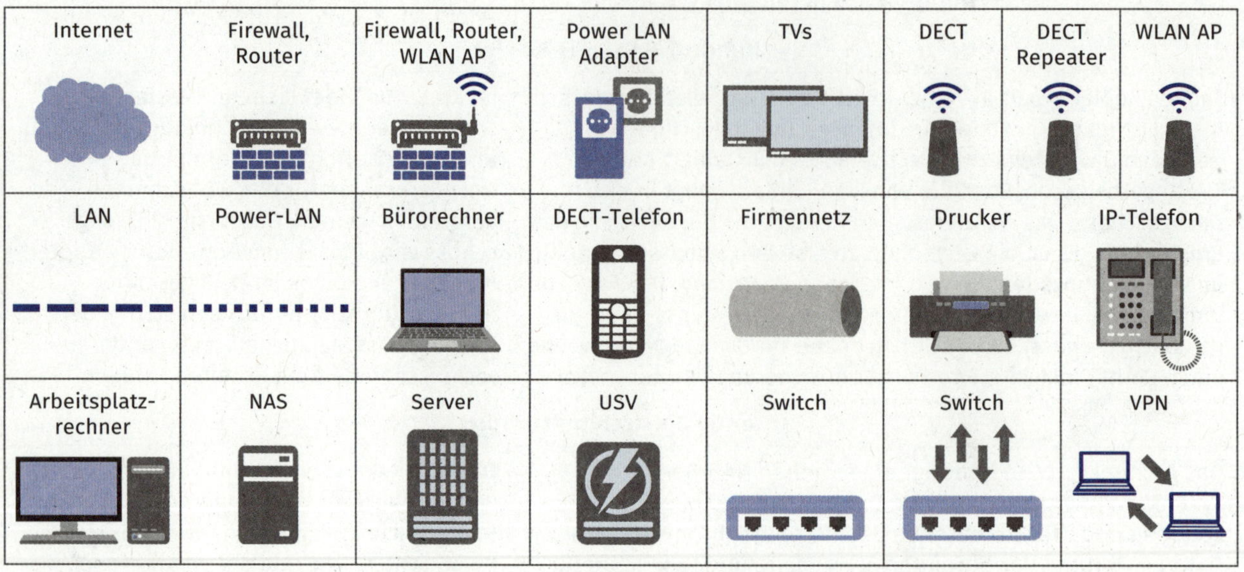

Zur Unterstützung für die Erstellung der Netzpläne können unvollständige Vorlagen über den Downloadbereich aufgerufen werden (weitere Informationen über Lastenhefte siehe auch Schülerbuch Band 1, Lernfeld 2, Kapitel 2.6.2 und Lernfeld 5, Kapitel 5.4).

4.2.3

Aufgabe 2: Erstellen Sie ein Lastenheft für das Projekt „Azubi-Connect".

Folgende Rahmenparameter sind vorgegeben:

> Ausbilder und Auszubildende von fünf Unternehmen benötigen Zugang, in Summe ca. 100 Personen. Langfristig soll ein „Azubi-Connect"-Ecosystem entstehen, d.h., weitere Partner wie die berufsbildenden Schulen und sonstige Kooperationspartner sollen hinzukommen.
>
> Folgende Anwendungsfälle sollen mindestens abgedeckt werden:
> - Dateiaustausch
> - E-Mail-Client
> - Chat
> - Videokonferenz
> - Benutzerverwaltung
> - Benutzer können eigene Freigaben erstellen
> - Kanban-Boards
>
> JIKU IT-Solutions übernimmt die Administration.

1. Legen Sie weitere Rahmenparameter in Ihren Arbeitsgruppen fest.

2. Sortieren Sie den folgenden Kriterienkatalog nach Wichtigkeit der Kriterien. Füllen Sie dazu die Spalte „Reihenfolge nach Wichtigkeit" aus. Nennen Sie je ein Beispiel für die Nutzung.

Kriterium	Reihenfolge nach Wichtigkeit	Beispiel für die Nutzung
a) Aufbau eines offenen Systems, erweiterbar über Apps und Extensions		Das System soll per „One-Klick" über die Weboberfläche erweiterbar sein, z.B. um Adressbuch, Notizbuch, Passwortmanager.
b) Benutzer können eigene Dateifreigaben erstellen		
c) Benutzerverwaltung		

Kriterium	Reihenfolge nach Wichtigkeit	Beispiel für die Nutzung
d) ca. 100 Anwender, Zugang für Ausbildende und Auszubildende aus fünf Unternehmen		
e) Clients für PC und Smartphones		
f) Dateiaustausch		
g) E-Mail-Client		
h) JIKU IT-Solutions übernimmt Administration		
i) Kanban-Boards		
j) Videokonferenz		

3 Erstellen Sie über die Vorlage zum Lastenheft im Downloadbereich einen Entwurf für das Projekt „Azubi-Connect". Legen Sie Kriterien für die Anforderungen fest.

4 Wählen Sie die passende Server-App aus. Als Plattform für „Azubi-Connect" fällt die Wahl auf „Nextcloud". Wählen Sie aus dem Angebot der Webseite zwei Apps aus und begründen Sie Ihre Entscheidung. Hinweis: Auf https://apps.nextcloud.com gibt es eine Vielzahl an Server-Apps, die sich über die „Nextcloud"-Weboberfläche auf dem Server hinzufügen lassen.

NOTIZEN

Lernsituation 3: Wir berücksichtigen technische Anforderungen in Netzwerken

S Die Auszubildenden der JIKU IT-Solutions GmbH sollen technische Anforderungen an Netzwerken erkunden und sich dabei zunächst auf das OSI-Referenzmodell beziehen, IP-Adressierung und Netzwerkkomponenten näher beschreiben und einordnen.

Holger Lübberstedt: Wir haben uns mit Lastenheften auseinandergesetzt. Auf dem Weg zum anschließenden Pflichtenheft sollten wir uns die Netzwerkkomponenten und damit die technischen Anforderungen genauer ansehen.

Laura Meier: Wenn es nach mir ginge, würde ich so oft es geht Netzwerkkomponenten virtualisiert anbieten. Das bringt einfach so viele Vorteile.

Holger Lübberstedt: Wir müssen Netzwerkkomponenten differenziert betrachten und Vor- und Nachteile gegenüberstellen.

Levi Kramer: Dazu kommt, dass man ja die Komponenten im eigenen RZ, Inhouse oder On-Premise im Vergleich zu den Cloudangeboten und den technischen Daten sehen müsste.

Jürgen Pollina: Weiter müsste man, wie schon vorher herausgestellt, unterschiedliche Unternehmensgrößen und die jeweiligen Anforderungen in Betracht ziehen.

Holger Lübberstedt: Es ist wirklich nicht einfach. Wir müssen uns herantasten, mutig vorangehen und die technischen Anforderungen aus unterschiedlichen Blickrichtungen betrachten.

Jürgen Pollina: Besser wäre doch, wir arbeiten arbeitsteilig in Gruppen mit Präsentationen und Diskussionen. Das fände ich gut, wir können dann auch unterschiedliche Vorkenntnisse einbringen.

Holger Lübberstedt: Das wäre auch mein Vorschlag, jetzt im zweiten Jahr verstärkt in Gruppen zu arbeiten. Ich habe einmal folgende Übersicht mitgebracht. Lassen Sie uns erst einmal diskutieren und gemeinsam entscheiden, wie wir vorgehen wollen.

Die Themenbereiche können entsprechend den Kapiteln des Schülerbuches hintereinander, jedoch auch in Gruppenarbeit vorbereitet und dann präsentiert werden. Es besteht auch die Möglichkeit, zunächst Internet-Protokolle, OSI (Kapitel 4.3.1) und Netzwerkkomponenten (Kapitel 4.3.2) hintereinander und danach die weiteren Kapitel des Lernfeldes parallel in Gruppenarbeit vorzubereiten.

Es soll eine ältere Anfrage des EDCA-Fahrradherstellers für Ausbildungszwecke bei den Überlegungen einbezogen werden (Aufgabe S. 293 ff.).

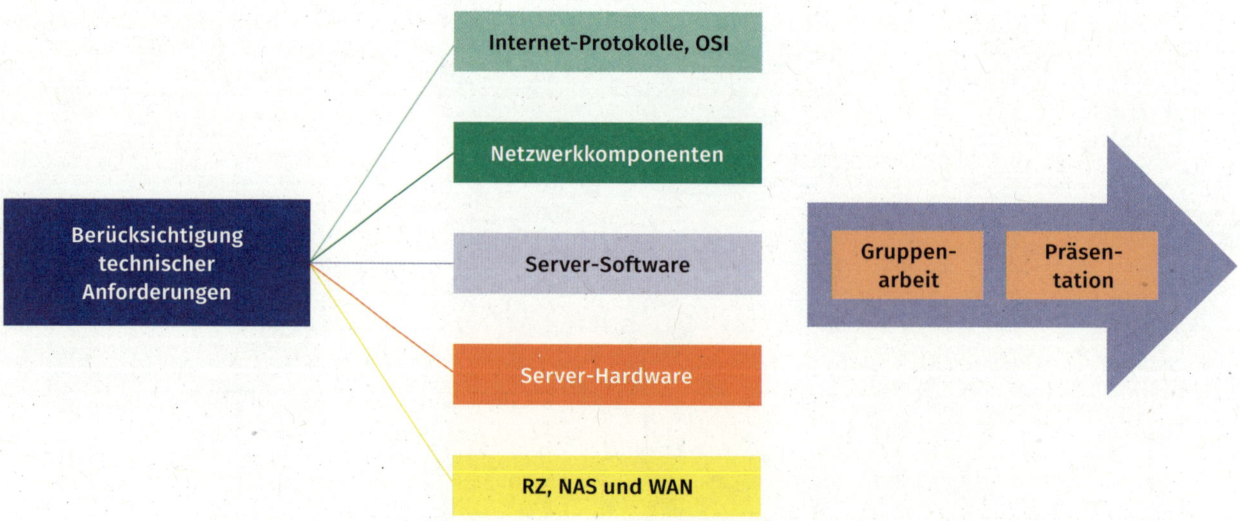

4.3 Technische Anforderungen für das Bereitstellen von Netzwerken berücksichtigen

Internet-Protokolle unterscheiden

S **Die Auszubildenden sollen zunächst vorbereitend ihre Kenntnisse über Internet-Protokolle mithilfe von Teilaufgaben vertiefen und festigen.**

Holger Lübberstedt: Wie gesagt könnten wir die Teilaufgaben an eine Gruppe geben. Diese Gruppe bearbeitet, präsentiert und erläutert die Lösungsvorschläge im Plenum. Oder wir gehen die Aufgaben gemeinsam durch.

Laura Meier: Lasst uns die Aufgaben mal eben überfliegen und dann klären, wie wir vorgehen.

Holger Lübberstedt: Okay, zehn Minuten Zeit und dann Absprache.

Bereiten Sie sich auf Anwendungsaufgaben vor und lösen Sie mit Unterstützung des Schülerbuches folgende Teilaufgaben. Gehen Sie gemeinsam oder in Gruppenarbeit mit Präsentation vor.

Internet-Protokolle und RFI-Standards sollen bezogen auf das OSI-Referenzmodell wiederholend und vertiefend behandelt werden. Zu Netzwerkstandards wird in Lernfeld 3 auch auf Kapitel 3.4.5 und 3.4.6 verwiesen, zur Adressierung im Netzwerk auf Kapitel 3.4.7. Im Fachstufenband wird Bezug auf Kapitel 4.3.1 genommen.

Aufgabe 1: Vertiefen Sie sich in das Regelwerk und die Protokolle der Vernetzung.

4.3.1

1. Die Regeln der Protokollfamilie TCP/IP-Netze sind in den Requests for Comments (RFC) festgelegt. Bei Leistungsbeschreibungen oder Funktionsübersichten von Netzwerkgeräten werden häufig RFC-Nummern angegeben. Ob der Standard noch oder schon Gültigkeit hat, ist am Status zu erkennen, z.B.: Historic, Obsolete (veraltet, überholt), Standard (anzuwenden), Draft/Experimental/Proposed (Stufen vor der Einführung), die Notwendigkeit der Anwendung über Vermerk: required (zwingend), suggested (empfohlen), elektive (freigestellt), limited use (eingeschränkt), not recommended (nicht empfehlenswert).
Rufen Sie im Internet www.ietf.org oder www.rfc-editor.org auf, suchen Sie nach Regeln zu den Protokollen und ergänzen Sie die RFC in der Tabelle.

Protokoll	Bezeichnung	Regeln	RFC
BGP	Border Gateway Protocol	Routingprotokoll, verbindet autonome Systeme	
dns	Domain Name System	Umsetzung Domainnamen/IP-Adressen	
FDDI	Glasfasernetzwerke	Übertragung IPv6-Pakete	2467
ftp	File Transfer Protocol	Dateitransfer	
http/https	Hypertext Transfer Protocol	Übertragung von Webseiten	
ICMP	Internet Control Message Protocol	Austausch Informations-/Fehlermeldungen	
imap	Internet Message Access Protocol	Zugriff auf E-Mails, zentrale Verwaltung	
IPsec	Internet Protocol Security	Sichere Datenpaket-Übertragung	
IPv4/IPv6	Internet Protocol Version 4/6	Datenpaket-Übertragung/Adressierung	791 8200
MAC	Media-Access-Code	Hardwareadresse eines Kommunikationsgerätes	
ntp	Network Time Protocol	Synchronisierung von Uhren	
Pop3	Post Office Protocol, Version 3	E-Mail-Abruf vom Server	1939
PPP	Point-to-Point Protocol	Verbindungsaufbau von Wahlleitungen	1661
PPPoE	PPP over Ethernet	DSL-Anschlüsse	
RIP	Routing Information Protocol	Informationsaustausch zwischen Routern	2453

Protokoll	Bezeichnung	Regeln	RFC
rtp	Real-Time Transport Protocol	Übertragung Multimedia-Daten	
scp	Secure Copy	Verschlüsselter Dateitransfer über SSH	
sftp	Secure FTP	SSH Dateitransfer FTP, erweitert scp	
sip	Session Initiation Protocol	Aufbau, Steuerung und Abbau von Kommunikationssitzung (VoIP)	
smtp	Simple Mail Transfer Protocol	E-Mail-Weiterleitung in Netzen	
snmp	Simple Network Management Protocol	Verwaltung von Geräten im Netzwerk	
Socks	Internet Sockets-Protokoll, socks4/5	Nutzung Dienste des Proxyservers, RFC 1928	
ssh	Secure Shell	Verschlüsseltes remote terminal	
TCP	Transmission Control Protocol	Übertragung von Datenströmen (verbindungsorientiert)	
TLS/DTLS	Transport Layer Security	Verschlüsselungsprotokoll, vorher SSL	
UDP	User Datagram Protocol	Übertragung von Datenpaketen (verbindungslos, unzuverlässig, geringer Overhead)	
WLAN	Wireless Local Area Network	Funknetzwerk nach IEEE-802.11	
xmpp	Extensible Message and Presence Protocol		

2 Ordnen Sie in der dritten Tabellenspalte Protokolle mit dem Kürzel dem Protokollstapel der OSI-Schichten richtig zu und ergänzen Sie die deutsche Bezeichnung der Schichten in der zweiten Tabellenspalte.

Adressierung im Internet-Protokoll im Protokollstapel		
OSI-Schichten	**Schichtenbezeichnung nach TCP/IP**	**Protokolle, Adressierung im Netz**
7: Application Layer 6: Presentation Layer 5: Session Layer		
4: Transport Layer		
3: Network Layer		
2: Data Link Layer 1: Physical Layer		

3 Beantworten Sie folgende Fragen zu IP-Adressen.

Frage	Antworten
Wozu dienen IP-Adressen?	
Wer weist den Unternehmen und Organisationen IP-Adressen zu?	
Was versteht man unter Subnetting?	

Frage	Antworten
Was teilt die Subnetmaske mit?	
Wie werden öffentliche Adressen in private IP-Adressen übersetzt und umgekehrt?	

4 Bearbeiten Sie die folgenden Teilaufgaben zu IP-Adressen.

IPv4: Die folgenden Bereiche sind als private IPv4-Adressen für Netzwerke vereinbart:

Auszug aus dem RFC 1597:

Network Working Group
Y. Rekhter
Request for Comments: 1918
Cisco Systems
Obsoletes: 1627, 1597
B. Moskowitz
Chrysler Corp. et al.

RFC 1918 Address Allocation for Private Internets February 1996
.....
3. Private Address Space
The Internet Assigned Numbers Authority (IANA) has reserved the following three blocks of the IP address space for private internets:
10.0.0.0 – 10.255.255.255 (10/8 prefix)
172.16.0.0 – 172.31.255.255 (172.16/12 prefix)
192.168.0.0 – 192.168.255.255 (192.168/16 prefix)
We will refer to the first block as „24-bit block", the second as „20-bit block", and to the third as „16-bit" block. Note that (in pre-CIDR notation) the first block is nothing but a single class A network number, while the second block is a set of 16 contiguous class B network numbers, and third block is a set of 256 contiguous class C network numbers.

a) Ergänzen Sie die Tabelle und geben Sie die Anzahl und Bereiche der IPv4-Adressen an.

Private Adressbereiche, RFC 1918	Anzahl	Bereiche vorgesehen für
10.0.0.0 – 10.255.255.255 Netzmaske: 255.0.0.0 oder 10.0.0.0/8	Anzahl Netze: Anzahl Adressen:	
172.16.0.0 – 172.31.255.255 Netzmaske: 255.255.0.0 oder 172.16.0.0/12 bis 172.31.255.255/12	Anzahl Netze: Anzahl Adressen:	
192.168.0.0 – 192.168.255.255 Netzmaske: 255.255.255.0 oder 192.168.0.0/16 bis 192.168.255.255/16	Anzahl Netze: Anzahl Adressen:	

b) Geben Sie entsprechend der IPv6-Adresse (Hex) die Binärziffern in folgender Tabelle an. Verwenden Sie dazu die Umrechnungstabelle im Downloadbereich:

	128 Bit IPv6-Adresse															
	Oktet 1		Oktet 2		Oktet 3		Oktet 4		Oktet 5		Oktet 6		Oktet 7		Oktet 8	
	1	2	3	4	5	6	7	8	9	10	11	12	13	14	15	16
binär	1111															
	1110															
Hex	FE	57	71	7F	80	5B	47	36	4A	76	86	11	01	1B	3F	5C
binär																
Hex	20	01	55	58	03	92	00	01	00	00	00	00	00	00	00	08

c) IPv6-Adressen können nach RFC vereinfacht/gekürzt dargestellt werden.

RFC 5952 IPv6-Adressen können in verschiedenen Formen angezeigt werden.
Siehe Syntaxvereinbarungen in den Kapiteln der RFC: 2.1 Leading Zeros in a 16-Bit Field 2.2 Zero Compression

Vereinfachen Sie folgende IPv6-Adressen nach den Regeln:

IPv6-Adresse	Verkürzte Darstellung, Kurzform
2001:0db8:0000:0000:08d3:8a2e:0070:7344	
2005:04bc:8280:97e8:6c18:0000:0000:a53f	
fe80:0000:0000:0000:021b:eaff:feef:ac54	
2001:0db8:3c4d:0015:0000:0000:1a2f:1a2b	

Geben Sie die Langform an.

IPv6-Adresse gekürzt	IPv6 Langform
2001:db8::8d3:8a2e:70:7344	
2005:4bc::1e8:6c18::43f	
fe80::21b:6ff:fe06:154	
2001:db5:3c4d: 18::1a09:12b	

Geben Sie die URL an.

IPv6-Adresse gekürzt	URL mit gekürzter Form
2001:db8::8d3:8a2e:70:7344	
2005:4bc::1e8:6c18::43f	
fe80::21b:6ff:fe06:154 , Port 8080	

5 Sie planen, auf IPv6-Adressen zu wechseln.

a) Nennen Sie Vorteile von IPv6 gegenüber IPv4.

b) Nennen Sie Aufgaben, die Sie im Rahmen der Umstellung auf den Adresswechsel und die neue Technik planen müssen.

6 Die Festlegung von nicht-öffentlichen, privaten IP-Adressen für die interne Adressierung von Datenpaketen im Netzwerk soll für das Subnetting geordnet und systematisch angegangen werden.

a) Geben Sie an, nach welcher Formel die max. Anzahl der Subnetze in einem IPv4-Unternehmensnetzwerk entsprechend der Subnetzmaske berechnet wird und nennen Sie ein Beispiel.

b) Geben Sie an, nach welcher Formel die max. Anzahl der Hosts/Clients in einem IPv4-Unternehmensnetzwerk entsprechend der Subnetzmaske berechnet wird.

c) Ermitteln Sie für eine IP-Adresse mit unterschiedlichen Subnetzmasken die IP-Adressen.

Ermitteln Sie zu folgenden IPv4-Adressen in CIDR-Notation die IPv4-Adressen	
192.168.1.0 /25	7 Bit für Hostadressen
Subnetzmaske: Netzadresse: Max. Anzahl Hostadresse: Erste Hostadresse: Letzte Hostadresse: Broadcastadresse:	
192.168.1.0 /26	6 Bit für Hostadressen
Subnetzmaske: Netzadresse: Max. Anzahl Hostadresse: Erste Hostadresse: Letzte Hostadresse: Broadcastadresse:	
192.168.1.0 / 27	5 Bit für Hostadressen
Subnetzmaske: Netzadresse: Max. Anzahl Hostadresse: Erste Hostadresse: Letzte Hostadresse: Broadcastadresse:	
192.168.1.0 /28	4 Bit für Hostadressen
Subnetzmaske: Netzadresse: Max. Anzahl Hostadresse: Erste Hostadresse: Letzte Hostadresse: Broadcastadresse:	
192.168.1.0 /30	2 Bit für Hostadressen
Subnetzmaske: Netzadresse: Max. Anzahl Hostadresse: Erste Hostadresse: Letzte Hostadresse: Broadcastadresse:	

7 Ein Netzwerk soll in zwei logische Teilnetze aus dem Hauptnetz 172.18.0.0/26 aufgeteilt werden.

Netz: 172.18.0.0/26; daraus ergibt sich die Subnetzmaske:

____

Subnetz	Subnet Bits 4. Oktett	Net-ID	Erster Host	Letzter Host	Broadcast
1					
2					

8 Sie sollen für ein Unternehmen mit sechs Abteilungen Subnetze für jeweils 30 Hosts zur Verfügung stellen.

Netz: 192.168.1.0/24, daraus ergibt sich die Subnetzmaske:

____

Abteilung	Subnet Bits 4. Oktett	Net-ID	Erster Host	Letzter Host	Broadcast
1					
2					
3					
4					
5					
6					

9 Erläutern Sie an folgendem Beispiel, was ein Standard- oder Defaultgateway ist.

```
Drahtlose-LAN-Adapter WLAN:

 Verbindungsspezifisches DNS-Suffix:
 IPv6-Adresse...................: 2a02:8108:4a3f:c784::e118
 IPv6-Adresse...................: 2a02:8108:4a3f:c784:38fe:7fe6:68b1:60ff
 Temporäre IPv6-Adresse.........: 2a02:8108:4a3f:c784:e1e8:88c9:2b7d:1d9a
 Verbindungslokale IPv6-Adresse..: fe80::38fe:7fe6:68b1:60ff%3
 IPv4-Adresse...................: 192.168.0.198
 Subnetzmaske...................: 255.255.255.0
 Standardgateway................: fe80::52a5:dcff:fed3:fc32%3
 192.168.0.1
```

____

____

____

____

____

10 Ergänzen Sie die Subnetzmaske und die IP-Adresse des (zuletzt-möglichen) Defaultgateways und der Broadcast-Adresse aufgrund der Vorgabe der Netz-ID und der Hosts.

VLAN	Netz-ID	Anzahl Hosts	Subnetzmaske	Defaultgateway	Broadcast-ID
Lager/Logistik	192.168.10.0	40			
Einkauf/Vertrieb	192.168.30.0	25			
Verwaltung/IT	192.168.60.0	20			
Leitung	192.168.90.0	5			

11 Geben Sie an, mit welchem PowerShell-Befehl ermittelt werden kann, welchen Weg ein Datenpaket mit der IP 192.168.0.200 durch den Router geht.

____

____

12 Für die Adressierung sind Broadcast-, Unicast-, Anycast- und Multicastadresse von Bedeutung. Erläutern Sie zur Vergabe von IPv6-Adressen Adressbestandteile und weitergehend Adresstypen zu IPv6.

Bestandteile von IPv6-Adressen	Erläuterungen und Beispiele
Standort-Präfix: XX:XX:XX: Kennzeichnet Adressraum	
Teilnetz-/Subnet-ID: XX: 16 Bit /48 Präfix Für Subnetzkennzeichnung	
Interface-ID: XX:XX:XX:XX:XX Schnittstellenkennzeichnung	
Adresstypen 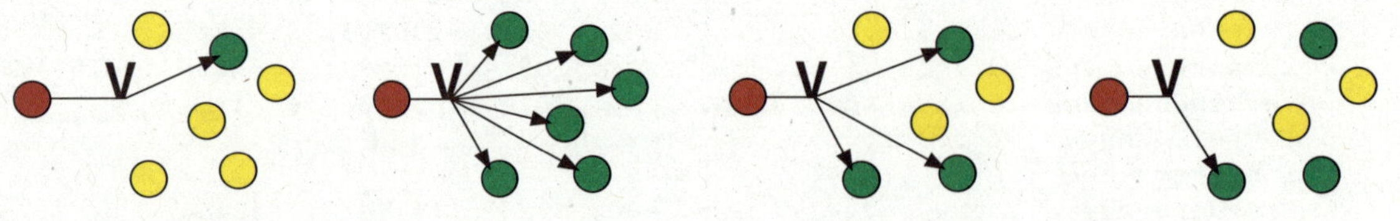 ________ ________ ________ ________	
Unicastadressen: Zwei Stationen im Netzwerk können direkt miteinander kommunizieren (unidirectional, bidirektional) Konsequenz: Netzlast bzw. Bandbreite steigen bei jedem neuen Audio-, Video-Streaming-Teilnehmer entsprechend an.	

Bestandteile von IPv6-Adressen	Erläuterungen und Beispiele
Anycastadressen: Hier gehen die Nachrichten an einen (any), den nächstliegenden Adressaten von mehreren gleichen Adressaten, der dann weiterverteilt.	
Multicastadressen: Ein Sender überträgt Daten an eine Gruppe von Zielen. Erst vorher am letzten Verteiler werden die Daten multipliziert.	

13 Sie sollen sich für das Subnetting vorbereiten. Erläutern Sie die folgenden Begriffe zur Weiterleitung von Datenpaketen.

Begriff	Erläuterung in Stichworten
VLAN	
Routing	
Port-Nummern	
DHCP-Dienst	
DNS/DynDNS	

Netzwerkkomponenten unterscheiden

S **Der Fahrradhersteller EDCA (Easy Drive and Carry Cycle AG) ist Kunde von JIKU IT-Solutions und hatte in mehreren Investitionsstufen die IT neu planen und ausstatten lassen. Eine Arbeitsgruppe der EDCA hatte ein Lastenheft erstellt. Herr Lübberstedt hat vorgeschlagen, zur Vorbereitung der Ausarbeitung eines Pflichtenheftes die Auszubildenden zu beauftragen, eigene Konzepte zu entwickeln.**

Herr Lübberstedt: Wir hatten letztes Jahr eine Anfrage mit einem Lastenheft von der Firma EDCA erhalten. Wir wollen uns diese Anfrage erneut für Ausbildungszwecke vornehmen und sie bearbeiten.

Laura Meier: Kriegen wir denn auch die Lösung zu sehen, d. h., was JIKU IT-Solutions damals angeboten hat?

Herr Lübberstedt: Nein, wir wollen ja Ihre Kreativität nicht einschränken. Ich habe die Anfrage für Schulungszwecke auch etwas eingeschränkt und abgeändert. Sie können frei arbeiten. Ich übernehme die Rolle des Kunden oder eine Gruppe von Ihnen übernimmt die Rolle der Vertreter des Kunden.

Levi Kramer: Das bedeutet, wir gestalten das Ganze wie ein Rollenspiel, JIKU-Mitarbeiter auf der einen Seite und EDCA-Mitarbeiter auf der anderen.

Herr Lübberstedt: Mit dem Willen, auf beiden Seiten konstruktiv mitzuarbeiten. Eine Gruppenarbeit zur Vorbereitung mit einem Rollenspiel zur Aufarbeitung der Ergebnisse wäre meines Erachtens eine gute Vorgehensweise.

Jürgen Pollina: Und welchen Zeitrahmen haben wir?

Herr Lübberstedt: Wir müssten uns das IPERKA-Formular vornehmen und dann darüber entscheiden. Zur Vorbereitung sollten wir aber die folgende Aufgabe erst einmal vorab bearbeiten, gerne auch in kleinen Gruppen mit Präsentation.

Aufgabe 2: Bearbeiten Sie die folgenden Teilaufgaben.

4.3.2

1. Zur Vorbereitung und zum Einstieg ordnen Sie den Beschreibungen in der Tabelle diese Netzwerkkomponenten richtig zu (Mehrfachnennungen möglich):

Access-Point/AP, Anschlusskabel, Applicationserver, Bridge, Cloud-Dienste, Core-Switch, DHCP-Dienst-/Server, DNS-Dienst/-Server, Firewall, Gateway, Hub, IaaS, Installationskabel, Load Balancer, Managed Hosting, Medienkonverter, NAS, Netzwerkkarte, Netzwerkswitch, PaaS, Patchkabel, Patchpanel, Printserver, Proxy, QoS, Repeater, Router, SaaS, Server, Steckverbinder, TA, UAE, Verlängerungskabel, VoIP, Webserver

Beschreibungen passiver Komponenten zur Orientierung	Begriffszuordnung und Stichworte
Anschlussdose für Netzteilnehmer, als Universal-Anschluss-Einheit bezeichnet, für die richtige Verkabelung hilft die Farbkodierung. Netzwerkdosen zur Aufputz- oder Unterputzmontage, auf Hutschiene oder als modulare Dosen, bestückt mit Keystone-Modulen. Für schnelle, effiziente und sichere Verkabelung von Netzwerkdosen. Installationswerkzeug LSA-Anlegewerkzeug, zur Prüfung ein LAN-Kabeltester.	
Kabel für längere Strecken gibt es z. B. für USB-Buchse/-Stecker und in mehreren Metern Länge, für den Anschluss z. B. CAT 6 (SF/UTP), CAT 6a, CAT 7, CAT 8 (S/FTP), Netzwerkkabel (STP, crossover), z. B. 2 oder 5 m, Anschlusskabel an das Patchfeld 0,5 oder 1 m, zur Verbindung zwischen Switch oder Router, auch PC oder Printserver zum Patchfeld mit RJ45 Buchsen. Verbinder gibt es als RJ45, CAT 6, CAT 8, LWL, Duplexstecker, PiMF, Stecker RJ45 CAT 6a oder CAT 7 geschirmt (STP), auch werkzeuglos.	
Sie sorgen als Umsteck-/Verteilerfeld für die Anschlüsse zu den Dosen (TA), das Verteilen und Rangieren von Verbindungen, für den geordneten Aufbau komplexer Kabelstrukturen in Gebäuden und Räumen. Sie sind in Verteilerschränken untergebracht und zählen zu den passiven Komponenten eines Netzwerkes. Varianten unterschiedlicher HE und Anzahl Ports, als Desktopvariante oder zur Wandmontage, z. B. 19 Zoll 2HE CAT 6 250MHz 48-Port RJ45 180° ungeschirmt UTP.	
Zur Verlegung wird standardmäßig derzeit das achtadrige Verlege- und Netzwerkkabel auf Kupferbasis der Kategorie 7 (CAT 7) installiert. CAT-7- Kabel unterstützt Gigabit-Ethernet und 10-Gigabit-Ethernet (10GbE), Netzwerkkabel oder ein Duplex-Kabel.	

Beschreibungen aktiver Komponenten	Netzwerkkomponenten
1Gbit Ethernet-LAN über PCI Express-Schnittstelle mit 2 RJ45 Ports.	
Bei hoher Reichweite werden damit Signale verstärkt, OSI 1.	
Der einfachste Gerätetyp verbindet kostengünstig mehrere Hosts/Ports/Geräte mit RJ-45, USB-C A und C, unterschiedlichen Anschlüssen in einem Netzwerk, auf OSI 1. Auf OSI I2 verbindet ein Gerätetyp zwei Netzwerke/Netzsegmente, i. d. R. ist heutzutage Switch günstiger, Geräte dienen heute zur Verbindung LAN/WLAN. Wenn Protokollumsetzungen bei Übertragungen in andere Netze oder für VPN oder als Telefon-Adapter notwendig sind, insbesondere auch zur Absicherung vor DDoS, werden spezielle Vermittlergeräte eingesetzt. Ohne Protokollumsetzung wären es Router/Switches.	
Er wird zwischen unterschiedlichen Übertragungsmedien geschaltet (z. B. Koaxialkabel, LWL), um managed oder unmanaged Gigibit-Ethernet zu wandeln, z. B. Fiber Link RJ45 auf SFP, SFP+, SC Steckplatz, Standardgerät auf OSI 1, Switched auf OSI 2 wie Bridge, auch mit PoE, Voll- und Halbduplex wichtig. Der Einsatz kann eine kostengünstige Lösung zur Erweiterung der Ethernet-Übertragung bei gleichzeitiger Senkung der Kabel- und Arbeitskosten sein.	
Geräte oder auch virtuelle Dienste, um Computer, Drucker und Server in Netzwerken zu verbinden; dient als Controller, damit vernetzte Geräte effizient miteinander kommunizieren; senden Pakete direkt an Geräte, bilden ein Netzwerk, anstatt sie wie ein Router an Netzwerke zu senden oder Switche/Netzwerke zu verbinden. Im Kern (Core) wird das Gerät bei hohem Datendurchsatz (Backbone, Kern des Netzwerkes) eingesetzt, unmanaged/smart sofort einsatzbereit, preiswert, jedoch unflexibler, managed konfigurierbar, auch standortfern, Cloud-managed, Basis-Switch OSI 2 (nur MAC-Adressen), Layer-3-Switch (auch IP-Routing-Tabelle) in Unternehmensnetzwerken/RZ mit Netzwerkschicht/Routing-Funktion statisch/dynamisch, für Multilayer-Switch, Inter-VLAN-Routing/-Tagging, Bauformen: Desktop, Rack mit Lüfter/Netzteil Hot-Swap, Leistungen: LAN 10 GBit/s, QSFP+ 100 GBit/s, MAC-Tabelle z. B. bis 288 000 Einträge, wie viele Switch zusammenschließbar/Stacking, Anschlüsse z. B. 52 x Rj-45, davon PoE, LWL (SFP, SFP+), USB etc.	
In jedem Haushalt, Büro und Unternehmen leiten sie Datenpakete im Netzwerk weiter; Regelwerk für die Weiterleitung; es gibt sie als SoHo-, Edge- oder virtuelle Version; sie übernehmen Dienste (DNS, DHCP, Proxy, VPN, WLAN, Hotspot) und Geräte (AP, NAS,); häufig mit Funktionsumfang von Switches mit LAN-Port, Firewall, als Leistungsanforderungen verschiedene Bauformen, CPU, RAM, Ports, IPsec, M.2 Storage, PoE, Schnittstellen LAN, WLAN, Modem, Firewall Lizenzen, Verschlüsselung WPA2, WPA3, Leistungsaufnahme Watt.	
Vermittler oder Stellvertreter, der Anfragen entgegennimmt, prüft und mit Cache vergleicht, die er unter seiner eigenen Identität weiterleitet; kann Clients zusätzliche Bandbreiten zuweisen, anonymisieren und Identitäten verbergen, kann als zusätzliche Software auf einem Rechner oder auf einem dedizierten Server installiert sein, als Service virtuell gebucht werden.; Adressen von Client und Server bleiben den Kommunikationspartnern jeweils verborgen, im Gegensatz zur NAT nicht einfach nur ausgetauscht, vielfach für HTTP für Kommunikation zu Internetservices, Verbindungsrichtung Forwarding und Reverse, für VoIP wird Session Border Controller (SBC) und SIB-Architektur eingesetzt.	
Für den universellen Einsatz als Dienstleister im Netz in verschiedenen Bautypen (z. B. Mini, Desktop, Tower, Rack) und auch von Cloud-Providern angeboten, CPU, RAM, Festplatten, RAID, Netzteile, Schnittstellen, Software Linux-Derivate, Windows, siehe auch folgende Aufgaben zur Hardware und Software als Vertiefung.	

Beschreibungen aktiver Komponenten	Netzwerkkomponenten
Die wichtigsten Dienste für Unternehmen in einem oder mehreren Geräten, die Unternehmen vernetzt zum Betrieb ihrer Anwendungssoftware, z. B. ERP-Software oder Webanwendungen benötigen, damit Clients auf diese Dienste im Netz zugreifen können, für Verzeichnisdienste oder zur Authentifizierung, als Open-Source, z. B. Nginx, Apache; auch für Drucker im Netz gibt es dedizierte Geräte, um von Computern Druckaufträge an einen zentralen Drucker zu senden, oder Drucker ans Netzwerk anzuschließen; als preiswerte Hard- oder Softwarelösung möglich, LAN, WLAN, wenn nicht Netzwerkdrucker mit Steckkarte intern.	
Komplettsysteme für den Hausgebrauch, als Gehäuse zur Bestückung, als zentrale Speicherlösungen, transportierbare Storage-Container, über das Netzwerk angeschlossen, alternative Cloud-Speicher (Prüfen Sicherheit, Wartung, Zugriff, Dyn DNS notwendig, oder Cloud nur als reiner Backup-Speicher), Vergleichskriterien max. Größe (z. B. 360 TB), Hardware: Core (z. B. 8), Arbeitsspeicher (z. B. 64 GB), Schnittstellen, Anzahl HDDs (z. B. 36), Hot-Swap-Wechselrahmen, verschiedene Bauformen (Würfel, Tower, Rack), Softwarekompatibilität.	
Virtuell, als Software oder Hardware in verschiedenen Bauformen zur Überwachung des Datenverkehrs eingesetzt. Sie unterscheiden sich darin, wie viele Geräte mit RJ45 angeschlossen werden, Multi-Core-CPU für Deep-Packet Inspection, auch mit integriertem WLAN-AP, wie hoch Firewall-Durchsatz(z. B. 20 Gbps) und der Threat-Protection-Durchsatz (z. B. 3 Gbps), Datenspeichergröße (z. B. 256 GB), Lizenzen bis zu NGFW für Wireless Protection (für sicheren WLAN-Zugang), VPN, Network Protection (stoppt raffinierte Angriffe), Web Protection, Email Protection, Web Server Protection (härtet Webserver und Apps), Sandbox Protection und Machine Learning, zentrales Management und Orchestrierung, Open-Source-Firewalls.	
Als Serverhardware, Software oder auch virtuell (Application) erhältlich, Reverse-Proxy, verteilt Netztraffic auf mehrere Server (Lastverteilung), z. B. mit Datendurchsatz bis 3,4 Gbit/s, 1 700 SSL-Transaktionen pro Sekunde, für anspruchsvolle Netze, bessere Sicherung vor DDoS-Angriffen, Verteilung nach Robin Hood, IP-Hash, Least Connection/Response/Bandwith auf OSI 4 (Netzverkehr), http(S) auf OSI 7 oder intern.	
Kommunikationsprotokoll für die statische oder dynamische Zuweisung von IP-Adressen, damit verbindungssuchende Geräte/Clients im Netzwerk für eine Lease-Zeit IP-Adresse und notwendige IP-Parameter erhalten. Client sendet über DISCOVER, Server bietet eine IP mit OFFER, Client reagiert mit REQUEST für eine Bestätigung, Server gibt OK mit ACK. Vorteil: Zuverlässige IP-Adresskonfiguration und reduzierte Netzwerkadministration.	
Server oder Dienst für die Domainnamenauflösung in IP-Adressen und umgekehrt, Telefonbuch des Internets, verwaltet von dem Resolver, hat Einträge und Anweisungen, welche IP-Adresse der betreffenden Domain zugeordnet ist und wie Anfragen für diese Domain zu behandeln sind. Unterschiede: Schnelligkeit/Latenz und Sicherheitsaspekte (TLS bzw. SSL, HTTPS, Hijacking), in Router integriert, siehe Einstellungen dort, auch öffentliche Server für höhere Sicherheit und Performance am Markt.	
Zugriffspunkte unterschiedlicher Bauformen für mobile Netzwerkgeräte innen/außen, in Router evtl. integriert, evtl. über PoE versorgt, Durchsätze 10/100/1000 Mbit/s oder Wifi-6 bis 2,4 Gbit/s, WPA-3-Verschlüsselung, OFDMA-, MIMO-, Mesh-Technologien.	

Beschreibungen aktiver Komponenten	Netzwerkkomponenten
PBX (Private Branch Exchange) bedeutet Telefonanlage. Schon herkömmliche PBX (PSTN) konnten Durchwahlen, Warteschleifen, Verknüpfung von Nebenstellen oder kostenlose interne Anrufe ermöglichen. Voice-Over-IP, IP-PBX oder VoIP-Telefonie löst PBX ab, kann über Gateways auch weiterhin mit dem herkömmlichen PSTN verbunden werden. Für VoIP wird Telefonanlagen-Software (On-Premise, in-house oder lokal) auf einem unternehmensinternen Server oder Mini-Server installiert oder alternativ ist es ebenso möglich, eine PBX in der Cloud zu hosten (Hosted PBX); nutzen das IP-Protokoll und das Voice-over-Internet-Protokoll, Teilnehmer Hardwaretelefone und Softphones auf dem Bildschirm angeboten. Das Session Initiation Protokoll regelt Aufbau, Halten und Beenden von Kommunikationssitzungen (Telefongespräche, Multimedia-Streaming, Instant-Messaging, Virtual-Reality-Szenarien, Online-Gaming). **Quality of Service (QoS):** Gerade für VoIP ist Netzwerk-Service-Qualität bzw. die Güte des Kommunikationsdienstes wichtig, gemessen anhand von Bandbreite (Übertragungskapazität), Delay (Laufzeitverzögerungen), Jitter (Laufzeitschwankungen), Packet Loss (Paketverluste). Werden Datenpakete von Echtzeit-Anwendungen wie VoIP oder Video-Streaming übertragen, so wirken sich Verzögerungen und Paketverluste negativ auf die Übertragungseigenschaften der Verbindung aus.	

2 Planen Sie eine Gruppenarbeit, indem Sie einen Organisationsleiter bestimmen und dieser Gruppenarbeiten so verteilt, dass jede Gruppe eine Präsentation von max. fünf Minuten und max. vier Folien zu unten angegebenen Themenbereichen plant. Beschreibungen sollen als Orientierung oder Anreiz zur Erkundung dienen. Anschließende gemeinsame Gespräche von im Mittel 15–20 Minuten zu den Präsentationen sollen zum Austausch und zur Vertiefung dienen. Die Themen sollen nach aktuellen Recherchen praxisnah für ein Kundengespräch aufgearbeitet werden. Verwenden Sie das IPERKA-Formular im Anhang, zur Ergänzung siehe auch Schülerbuch Band 1, Lernfeld 3, Kapitel 3.4, 3.5 und 3.7 sowie Schülerbuch Band 2, Lernfeld 9, Kapitel 4.3.2. Geben Sie in den freien Feldern auch Stichworte zu vorab getroffenen Ansprachen ein.

3 Sie sollen für den Kundenauftrag der EDCA Vorarbeiten leisten und Komponenten bzw. technische Anforderungen erarbeiten. Bestimmen Sie einen Organisationsleiter für die Teamarbeit und entwerfen Sie Folien für eine Präsentation bzw. ein Rollenspiel vor den Vertretern des Kunden. Simulieren Sie evtl. die Sitzung so, dass Sie auch Vertreter des Kunden aus dem Klassverband festlegen, die sich gesondert auf diese Rolle vorbereiten. Verwenden Sie zur Organisation das IPERKA-Formular im Anhang.

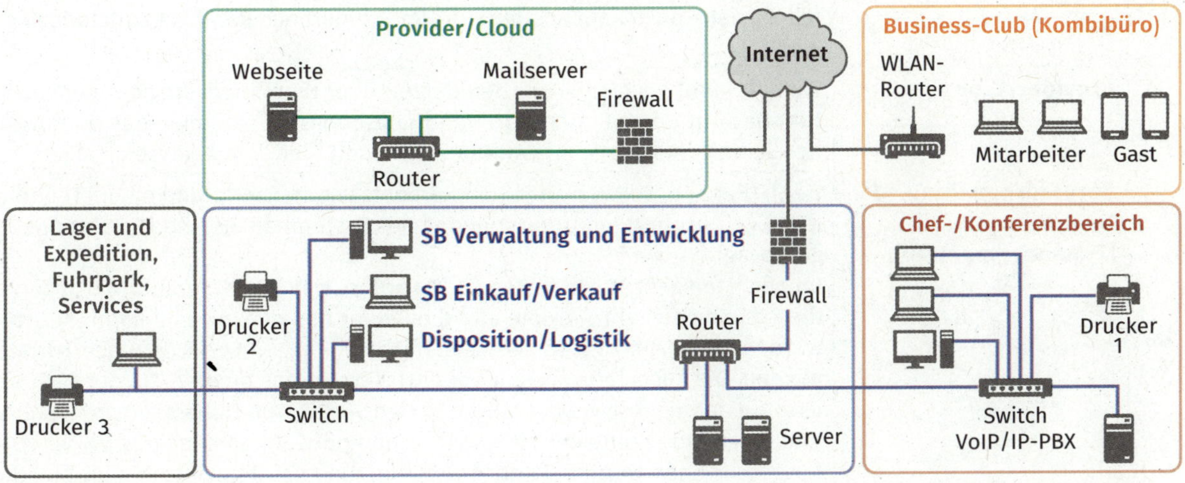

Lastenheft (vom Auftraggeber erstellt)	
EDCA (Easy Drive and Carry Cycle AG): Power-, Familien- und Last-Elektro-Fahrräder	
Anforderungen	**Beschreibung Lasten**
allgemein	Das Unternehmen ist von 50 Mitarbeitern auf 100 Mitarbeiter, davon 60 mobil, angewachsen. Umsatz und Transaktionen haben sich seit der letzten IT-Erneuerung verdreifacht.
Sachbearbeiterbereich Verwaltung, Entwicklung, Einkauf, Verkauf, Disposition/Logistik	Insgesamt 50 feste Sachbearbeiter-Arbeitsplätze, davon 40 mit Standard- und zehn mit leistungsstarken Rechnern (vier Sachgebietsleiter, sechs Sachbearbeiter Disposition und Entwicklung); beide Drucker sind als Abteilungsdrucker mit erhöhten Sicherheitsanforderungen gewünscht. Der File- und Backup-Server soll in der nächsten Erneuerungsstufe ersetzt werden. Zu ersetzen sind Router und Switch sowie Firewall.
Leitungs-/Konferenzbereich	Hier sind derzeit drei Arbeitsplätze in der Geschäftsleitung sowie sieben Arbeitsplätze für leitende Mitarbeiter eingerichtet. Für den erweiterten Servicebereich und das IMS (Integriertes Managementsystem, Qualität-, Umwelt-, Arbeitsschutz-, Energiemanagement) sollen drei weitere Leitungsstellen geschaffen werden. Das Telefonsystem soll auf IP-PBX umgestellt werden. Der Leitungsbereich soll besonderen Sicherheitsanforderungen entsprechen.
Business-Club (Kombibüro und Cafeteria)	Aufgrund der vielen mobilen Mitarbeiter und den Kundenbesuchen soll ein neues Kombibüro von 400 m² im Erdgeschoss neu konzipiert, gebaut und ausgestattet werden. Es sind vorgesehen: Mobile Arbeitsplätze in Reihe (10), mobile Arbeitsplätze in Einzelboxen (5), in Zweierboxen (4), in 6er-Gruppenboxen (2), ein Video-Konferenzraum, dazu ein Lounge- und Ruhebereich, ein Cafeteria-Bereich. Ob ein Cafeteria-Kassensystem in einer gesonderten Ausschreibung geplant werden soll, ist noch nicht entschieden. Inwieweit für die mobilen Arbeitsplätze auch LAN-Anschlüsse für Dockingstations sinnvoll sind, ist zu prüfen, alternative Vorschläge dazu sind zu unterbreiten.
Lager- und Expedition	Bisher nur mit einem Arbeitsplatz und einem Drucker für die Versandpapiere und Transportlabels ausgestattet. Es ist zu prüfen, ob hier ein WLAN-Bereich für die Lagerhaltung, Kommissionierung, Ein- und Auslagerung/Logistik und die einzuführende chaotische Lagerhaltung/mobile Lagerhaltung einzuplanen ist. Der Servicebereich (Reparatur, Wartung, Ersatzteillieferung) soll ausgebaut werden. Hierzu sind im dritten Ausbauabschnitt konkrete Entscheidungen zu fällen (siehe auch Kanbansteuerung im Schülerbuch Band 2, Lernfeld 8, Kapitel 3.5, S. 278.)
Provider/Cloud	Website- und Mailserver werden derzeit über den Cloud-Provider gemanagt. Hier besteht derzeit noch kein Handlungsbedarf. Im Rahmen der Überprüfung der Servererneuerung im zweiten Schritt soll hier eine Analyse erfolgen.
Servererneuerung, IT-Bereich, IT-Management	Der IT-Bereich wurde bisher vom Seniorgeschäftsführer und einem IT-Projektleiter geführt und mit Unterstützung des Systemhauses JIKU IT-Solutions gemanagt. Im nächsten Schritt soll festgestellt werden, welche Serveranforderungen an die Systeme gestellt werden, und die Server neu geplant und konfiguriert werden. Der IT-Betrieb soll weitgehend als Managed Services ausgerichtet werden. Die Federführung soll bei JIKU IT-Solutions bleiben. Da der IT-Projektleiter in den nächsten zwei Jahren in den verdienten Ruhestand geht, soll eine entsprechende Stelle des IT-System- und Applicationsmanagers (m, w, d) ausgeschrieben werden. In enger Abstimmung mit dem Systemhaus soll die Ausschreibung erfolgen.

4 Welche Ziele erreichen Sie mit einem VPN? Kreuzen Sie die richtigen Aussagen an.

Ziele eines VPNs	
Ein VPN verschlüsselt die Eingaben im Browser.	☐
Ein VPN schützt die Internetverbindung vor dem Mitlesen durch Fremde.	☐
Ein VPN anonymisiert den Anwender durch Anpassen der Cookies.	☐
Ein VPN ermöglicht Malware von Homeoffice-PCs die Ausbreitung im Unternehmensnetzwerk.	☐
Ein VPN verschleiert den Standort des PCs.	☐
Ein VPN bindet das TOR-Netzwerk ein.	☐
Ein VPN weist dem Client eine IP-Adresse aus dem VPN-Subnetz zu.	☐

5 Sie suchen nach einen Switch-Modell und haben exemplarisch einen Hersteller ausgewählt. Dieser Hersteller unterscheidet die angebotenen Managed Switches gemäß der folgenden Übersicht.

Hauptmerkmale	Plus Management	Smart Management	Smart und Insight Remote Management
MANAGED LAYER	L2	L2/L2+/L3 Lite	L2+/L3
NETZWERKSTEUERUNG Einfaches VLAN, QoS, IGMP, Link-Aggregation	✓	✓	✓
NETZWERKSICHERHEIT Storm Control, Auto-DoS	✓	✓	✓
ERWEITERTES VLAN UND QoS wie MAC, protokoll-, sprachbasiert, Auto-Voice, Auto-Video-LAN		✓	✓
ERWEITERTE SICHERHEITSOPTIONEN		✓	✓
STATISCHES L2+-ROUTING, IPV6-UNTERSTÜTZUNG		✓	✓
ÜBERWACHUNG UND VERWALTUNG PER FERNZUGRIFF ÜBER DIE INSIGHT APP ODER DAS CLOUD-PORTAL			✓

Switches im Vergleich (Beispiel)

Beantworten Sie einem Kunden folgende Fragen:

a) Nennen Sie den Unterschied zwischen Managed Switches und Unmanaged Switches.

____

____

____

____

b) Erläutern Sie QoS und nennen Sie mindestens zwei Anwendungsfälle für den Einsatz von QoS.

____

____

____

____

c) Entscheiden Sie, welche Parameter durch QoS verbessert werden können. Kreuzen Sie diese an.

☐ Max. Bandbreite der Leitung ☐ Paketgröße

☐ Latenzzeit ☐ die Datendurchsatzrate

☐ Jitter (Verzögerungsschwankung, also die zeitliche „Taktschwankung“, unterschiedliche Laufzeit von Paketen)

6 Ein Kunde möchte eine moderne „Next Generation Firewall“ (beispielsweise OPNSense, siehe nachfolgende Abbildungen) erwerben und benötigt dazu eine Beratung. Moderne Firewalls bieten, neben vielen anderen Funktionen, graphische Übersichten über das zu schützende Netzwerk.

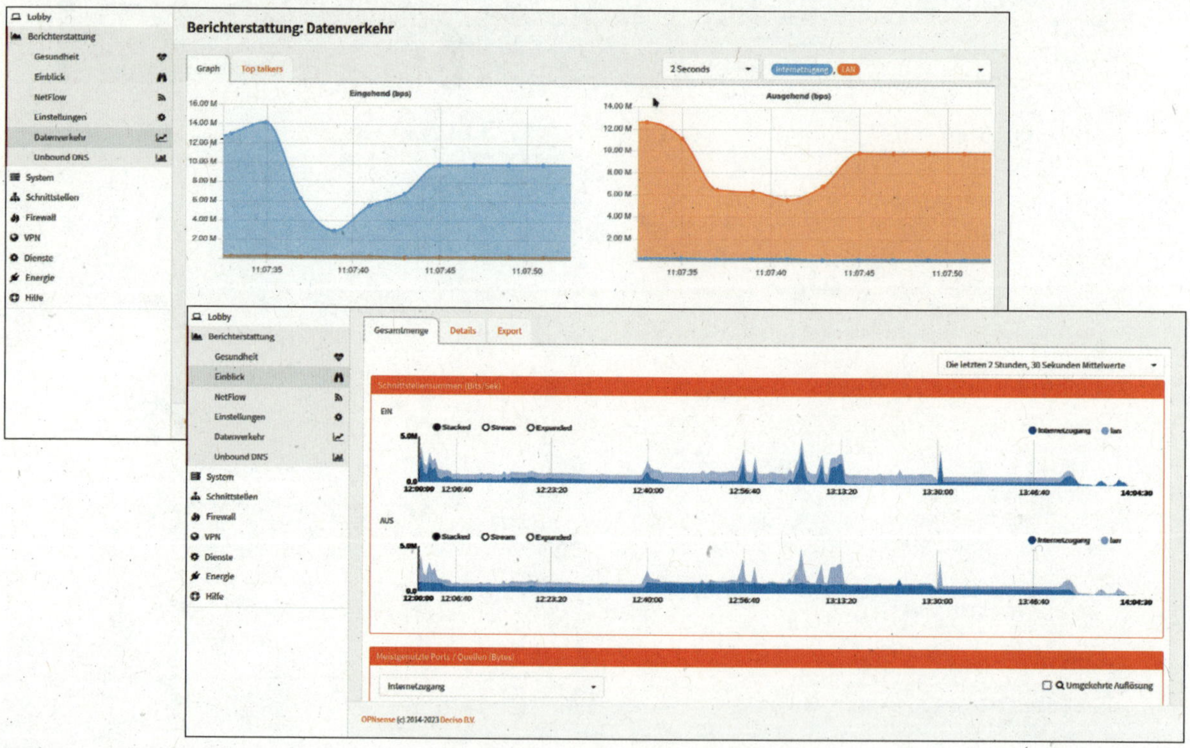

Management-Oberfläche einer Firewall mit verschiedenen Zonen.

Erklären Sie dem Kunden bei der Beratung die nachfolgenden Begriffe.

a) Deep Packet Inspection

____

____

____

____

b) Intrusion Prevention

c) Next Generation Firewall

7 Für das Auszubildenden-Labor soll ein neuer 24-Port Managed Switch angeschafft werden. Dieser soll über Gigabit Ethernet Ports, QoS und VLANs verfügen und möglichst lüfterlos betrieben werden.
Zwei Angebote stehen für den 24-Port Managed Switch zur Wahl.

Produkt A	Produkt B
Fully Managed Switch 24-Port Gigabit PoE+ 480 W Uplink 2 · Gigabit und 4 · SFP+ Multicast sofort einsatzbereit für AV-over-IP-Installationen Web based GUI telnet und ssh Layer 2 und Layer 3 Switching VLAN QoS lüfterlos	Fully Managed Switch 24-Port Gigabit Uplink 4 · SFP L2 Managed Netzwerk LAN Switch zentrales Cloud-Management SDN QoS lüfterlos

Diskutieren Sie die Vor- und Nachteile der beiden Produkte. Entscheiden Sie sich begründet für eins der beiden Geräte.

8 In Teilaufgabe 4 haben Sie einen Switch ausgewählt. Für das Labor soll ebenfalls ein WLAN-Access-Point angeschafft werden. Dieser soll den Auszubildenden ein Gastnetz zur Verfügung stellen. Wichtige Rahmenparameter sind eine möglichst gute Sendeleistung und ein hoher Datendurchsatz.
Zwei Angebote stehen für den Access Point (AP) zur Wahl.

Produkt A	Produkt B
WLAN Access Point PoE WiFi 6 Dualband 1800 Mbit/s 2.4 GHz/5GHz 1 × GB PoE LAN-Port 802.11AX mit WPA3-Sicherheit bis zu 4 separate WLAN-Netzwerke PoE-powered (Netzteil optional) 175 m² Abdeckung	WLAN Access Point PoE WiFi 6 Dualband 6000 Mbit/s 1 × GB PoE LAN-Port 802.11AX mit WPA3-Sicherheit bis zu 600 Clients PoE-powered (Netzteil optional) 225 m² Abdeckung

Diskutieren Sie die Vor- und Nachteile. Wählen Sie ein Gerät aus und begründen Sie Ihre Entscheidung.

Server-Software unterscheiden

S **Die Auszubildenden bei JIKU IT-Solutions sollen Server-Software unterscheiden und sich über das Projekt GAIA-X informieren.**

Holger Lübberstedt: Zur Erarbeitung des Themas Server-Software habe ich vier Themenbereiche unterschieden, die wir in Gruppenarbeit, evtl. auch mit Parallelgruppen, angehen können. Die nächste Sitzung beschäftigt sich mit der Server-Hardware (s. dazu im Lernfeld 9, Kapitel 4.3.4) und in den weiteren Sitzungen geht es um Rechenzentren und Speicher wie NAS und LTO (s. dazu im Schülerbuch Band 1, Kapitel 4.3.4). Wir könnten die nächsten Sitzungen inhaltlich auch zusammen wie ein Projekt vorbereiten.
Als Einstieg habe ich für jeden Themenbereich ein paar Vorabinformationen formuliert, die Sie für ein erstes Gespräch hinzuziehen können und die wir für die Gruppenarbeit einbeziehen sollten.

Laura Meier: Von GAIA-X habe ich schon mal gehört. Damit will Europa gegen Amerika und China seine eigene Plattform erstellen. Hoffentlich wird es ein erfolgreiches Projekt.

Holger Lübberstedt: Mein Vorschlag zur Vorgehensweise: Erst einmal kurz jedes Thema anhand der Vorinformationen diskutieren und dann über das IPERKA-Formular Gruppenarbeit und Arbeitsergebnisse festlegen? Zur Vorgehensweise schauen Sie auf folgendes Schaubild:

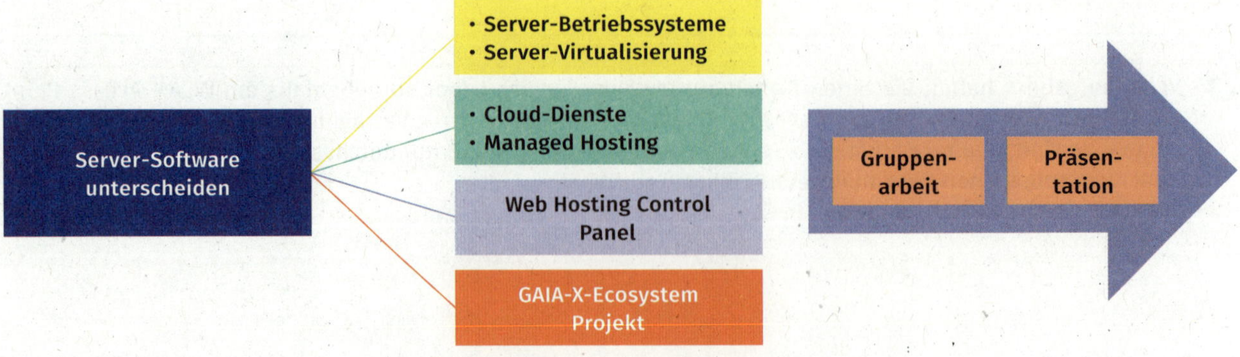

Aufgabe 3: **Diskutieren Sie die folgenden Themenbereiche der Tabelle und organisieren Sie sich in Gruppen. Klären Sie vorab, ob Sie dieses und die nächsten Kapitel zur Server-Hardware und RZ/NAS/LTO zusammen behandeln wollen. Legen Sie die Arbeitsergebnisse und die Rahmenbedingungen fest.**

4.3.3

Server-Software unterscheiden	Anmerkungen, Stichworte
Server-Betriebssysteme/Server-Virtualisierung	
Als Operational System (OS) im Netzwerk wird es installiert und verwendet, um Server-Hardware und Software-Ressourcen zu verwalten und Dienste für mehrere Programme bereitzustellen. Der Kernel ist der Kern eines Betriebssystems. Er bildet die unterste Schicht des Betriebssystems. Er übernimmt wichtige Konfigurations- und Verwaltungsaufgaben. Im Bare-Metal-Server und virtualisierten Umgebungen werden Open-Source als Serverbetriebssysteme eingesetzt. Linux und Distributionen (z. B. Ubuntu, Debian) oder von Suse z. B. als OpenSuse oder als Webserver Apache sind weltweit sehr bekannt. Sie sind ausgereift, ermöglichen eine einfache Installation. Linux Containers Project ist ein Open-Source-Projekt mit dem Ziel, distributions- und herstellerneutrale Entwicklungsumgebungen für Linux-Container-Technologien zu schaffen. Kommerziell sind Microsoft Windows Server-Betriebssysteme einfach zu konfigurieren, reduzieren den Personalaufwand, unterstützen Hypervisoren und die Integration in Azure Cloud-Services. Virtualisierungsumgebungen (Gastsysteme auf einem oder mehreren physischen Systemen/Wirtsystem) werden von Providern oder über Virtualisierungssoftware (z. B. VMware, Microsoft-Hyper-V und Virtual-Server) Hardware-, Software-, Speicher-, Daten- und Netzwerkvirtualisierungen konfiguriert. Server-Konsolidierung: Hardware-Ressourcen lassen sich dynamisch zuteilen und effizienter ausnutzen. Dazu werden unterschiedliche Server als separate Gastsysteme auf derselben Hardware-Plattform (Wirt) betrieben. Dadurch wird die Prozessorauslastung der Server verbessert, eine effektive Aufteilung von Speichermedien und geringerer Stromverbrauch für Betrieb und Kühlung erreicht.	Hierzu wurden bereits in den Lernfeldern 2, 3 und 9 der Schülerbücher Themen bearbeitet. In der Prüfung wird gerne zur Virtualisierung gefragt. Für die Unterrichtsarbeit sollte über eingesetzte Betriebssysteme in Ausbildungsbetrieben anhand von praktischen Vorführungen oder über Folienpräsentationen vorgetragen werden.
Cloud-Dienste PaaS, IaaS, SaaS	
Die meisten Anwendungen und Dienste können von Cloud-Service-Providern angeboten werden, sodass vor Ort nur minimale Geräteausstattung notwendig ist. Bei mobilen Arbeitsplätzen können Mitarbeiter ihr Arbeitsplatzsystem (BYOD) selbst mitbringen, sodass nur ein leistungsstarker Router mit Firewall, leistungsfähige Verkabelung mit Repeatern und Access Points sowie evtl. entsprechende Arbeitsplatz-Anschlussdosen, Dockingstation und Netzwerkdrucker sowie Konferenzsysteme bereitstehen müssen.	
Managed Hosting	
Die Verwaltung einzelner Systeme oder ganzer Infrastrukturen wird in die Hände eines Dienstleisters gegeben, die Systeme stehen in einem professionell betriebenen Rechenzentrum. Zeit- und Kostenersparnis, Flexibilität, Skalierung, 24/7-Monitoring und Sicherheit (Dedicated Server, Colocation) je nach SLA (vgl. auch Lernfeld 6).	

Server-Software unterscheiden	Anmerkungen, Stichworte
Webhosting Software und Control Panel	
Wer Webseiten bzw. ein beim Provider gebuchtes Webhosting-Paket selbst verwaltet, setzt Webhosting Software ein. Viele Provider bieten insbesondere Plesk (für Windows und Linux) und cPanel (für Linux) zur Auswahl an. Damit können die Domains mit ihren Einstellungen und Eigenschaften verwaltet werden, Web-Apps und Datenbanken installiert werden, E-Mails und Spam-Filter verwaltet werden, Autoresponder und E-Mail-Weiterleitungen eingerichtet werden, Besucherstatistiken und Fehlerprotokolle, Sicherheitsfunktionen wie IP-Blocker, Leech-Schutz und passwortgeschützte Verzeichnisse aufgerufen werden, die Serverleistung überwacht oder Backups erstellt oder automatisiert werden.	
GAIA-X	
Über 350 Unternehmen und Organisation haben sich an dem Projekt beteiligt, ein einheitliches europäisches Cloudsystem als Ecosystem, als Gegenkonstrukt zum US CLOUD Act, zu entwickeln, um die hohen Anforderungen Europas an Entwicklungsunabhängigkeit, Nutzerunabhängigkeit und Datensicherheit durch ein eigenes Cloudsystem zu erfüllen.	

Server-Hardware unterscheiden

S **Es sollen nach Überlegungen zur Server-Software wichtige Anforderungen an die Server-Hardware herausgestellt werden.**

Holger Lübberstedt: Wie bei der Server-Software habe ich zur ersten Orientierung einige Stichworte zum Thema Server-Hardware parat, die wir als erste Diskussionsgrundlage verwenden können.

Laura Meier: Hier wird in zwei Gruppen unterschieden, einmal Formen der Server-Hardware als Bare Metal und zweitens virtualisierte Server-Hardware, z. B. von Providern oder im eigenen Rechenzentrum.

Holger Lübberstedt: Ja, das wäre mein Vorschlag. So könnten wir die Erarbeitung aufteilen. Schauen Sie einmal auf das folgende Schaubild.

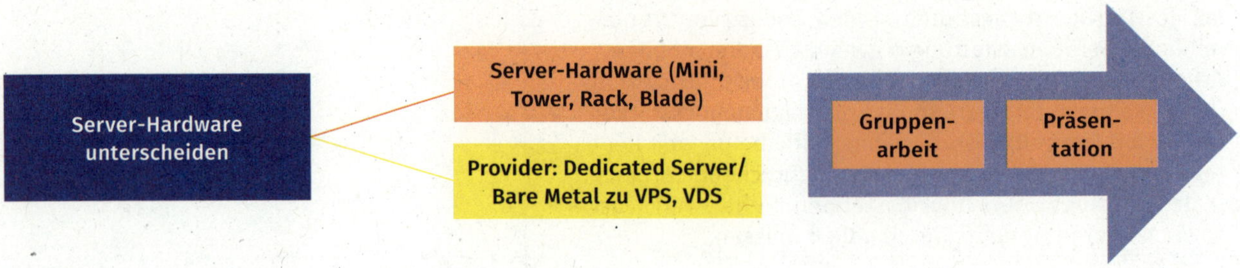

Aufgabe 4: Bearbeiten Sie folgende Teilaufgaben.

4.3.4

1. Diskutieren Sie die Themenbereiche und klären Sie, wie Sie die Gruppenarbeit angehen wollen. Erstellen Sie Arbeitsergebnisse wie vereinbart.

Server-Hardware unterscheiden	Eigene Anmerkungen im Gespräch
Server-Hardware (Mini, Tower, Rack, Blade)	
Tower-Server sind in verschiedenen Formfaktoren erhältlich. Sie enthalten Serverkomponenten und -software für kleinere Rechenzentren-Lösungen und kommerzielle Umgebungen. Rack-Server sind für den festen, stabilen Einbau oder als herausziehbare Schubfächer der Standard-Server in ein Regal/Rack geeignet (Gestellrahmen, Wandschrank, Serverschrank), von ca. 7 HE bis ca. 44 HE; benötigen weniger Platz und sind so erweiterbar; für mittlere Unternehmen mit hohem Bedarf an Servern; üblich 19 Zoll mit verschiedenen Höheneinheiten (1 HE für einfache Server, leistungsstärkere Server mit Festplatten und Prozessoren mit 2 oder 3 HE); Blade-Server sind klein und modular aufgebaut; Blade für „Scheiben" mit Modulen für Server (Prozessoren/Memory), Speicher, Netzwerkkommunikation; können eine höhere Verarbeitungsleistung bieten; benötigen weniger Platz und verbrauchen weniger Energie als andere Serverformen; nach der Leistung unterscheidet man z. B. SPARC- und RISC-Server, nach den Diensten werden zahlreiche Serverarten unterschieden. Wichtige Hardwarekomponenten sind CPU (z. B. Chipsätzen, Sockel, Anzahl Prozessoren, Kerne, Threads) und RAM (z. B. DDR4, GPU, ECC) Schnittstellen, Netzteile (redundant), Hochverfügbarkeit usw. Konvergenz: abgestimmte Rechen-, Speicher- und Netzwerkleistungen, Hyperkonvergenz: auf ein hohes Maß an Integration und Flexibilität zugeschnitten, z. B. durch modulare Blade-Server.	
Provider bieten Dedicated Server/Bare Metal zu VPS, VDS, Collocation	
Für Kleinunternehmen, Vereine, Organisationen, KMU und auch Konzerne sind unterschiedliche Cloud-Lösungen interessant, siehe die Angebote der wichtigsten Cloud-Provider oder Übersichten dazu, als Private-, Public- oder Hybrid Cloud, mit Diensten für PaaS, IaaS und SaaS im Angebot, die je nach Bedarf skaliert werden können; Hosted Management und gut vorbereitete und abgestimmte Lösungen im Angebot. Man muss nur den richtigen Provider finden. Sie unterscheiden sich in den Serverstandorten, den SLA, Sicherheits- und Verfügbarkeitsanforderungen sowie im Service und in den Preisen.	

2 Unterscheiden Sie die Begriffe VPS, VDS und Bare Metal bei virtuellen Servern.

a) VPS:

____

____

b) VDS:

____

____

c) Bare Metal:

____

____

Technische Anforderungen der Rechenzentren herausstellen

S **Herr Lübberstedt bittet die Auszubildenden, ausgewählte Anforderungen an Rechenzentren und als ergänzendes Thema Speichereinheiten wie NAS und LTO näher zu untersuchen.**

Holger Lübberstedt: Für Rechenzentren, ob klein für ein Unternehmen oder groß für viele hundert Clients, müssen besondere Anforderungen erfüllt werden. Ich habe das wichtige Thema „Datenspeicherung und Datensicherung“ ergänzt, sodass eine Gruppe oder auch Parallelarbeitsgruppen sich damit beschäftigen können.

Levi Kramer: Speichersysteme sind auch für die Prüfung sehr wichtig.

Holger Lübberstedt: Richtig. Ich habe daher auch mehrere kleinere Zusatzaufgaben parat.

Aufgabe 5: **Bearbeiten Sie die folgenden Teilaufgaben. Ziehen Sie neben Kapitel 4.3.5 von Lernfeld 9 aus dem Schülerbuch auch Kapitel 3.2.3 von Lernfeld 3 aus der Grundstufe hinzu. Bearbeiten Sie evtl. vorbereitet durch die Arbeitsgruppe oder auch nach dem Vortrag über Rechenzentren und Speichergeräte (Teilaufgaben 5 (1) und (2)) gemeinsam die zusätzlichen Teilaufgaben (5 (3) ff.).**

4.3.5

1 Erläutern Sie die folgenden technischen Anforderungen an Rechenzentren im Betrieb oder als Systemhaus zur Vermietung von Rechnerleistungen.

Technische Anforderungen an Rechenzentren (Stichworte)	
Infrastruktur (z. B. Verkabelung)	
KVM-Konsole zur Bedienung der Server	
Server-Hardware	
USV	
WAN-Infrastrukturen	

2 Ordnen Sie die drei Konfigurationen den Speichersystemen DAS, NAS und SAN richtig zu und empfehlen Sie für folgende Anwendungen ein Speichersystem (Alternativen möglich):

- als preiswerter Dateispeicher im **Kleinbetrieb**
- für einen **Verlag** mit vielen Medientiteln
- für einen **Ticketversand** für 30 000 Kundenadressen, 5 000 Tickets, davon nur 10 % aktiv
- für einen **Fanclub** mit 1 Mio. Fans und 1 000 regionalen Clubs
- für eine **Betriebsstätte**, in der bereichsübergreifend viele Daten ausgetauscht werden

Schätzen Sie die Performance der Systeme nach Tier-Level 0 bis 3 ein, diskutieren Sie darüber.

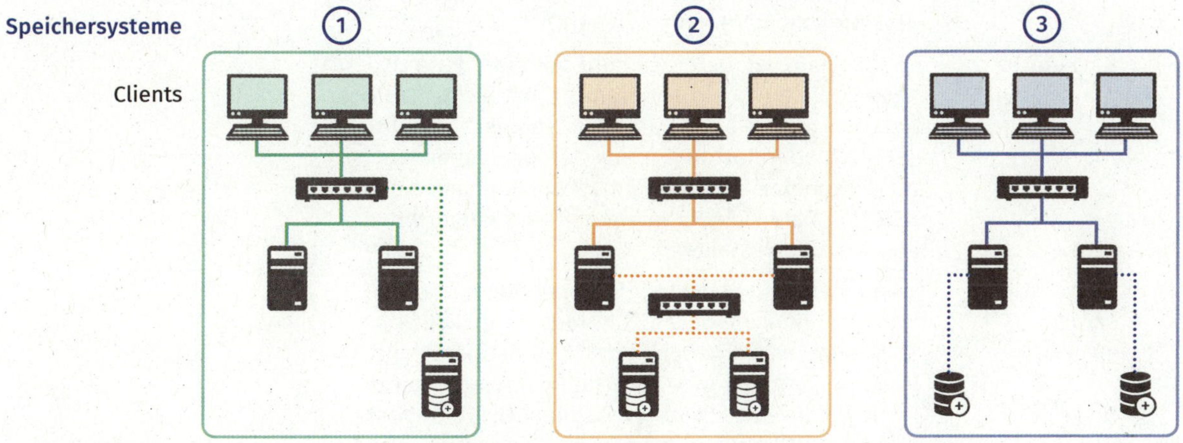

Speichersysteme im Vergleich		
Speichersystem	**Erklärung**	**Zuordnung, Kurznotiz**
Fileserver oder als NAS konfigurierte Server (Network Attached Storage)	Speziell konfigurierter Server mit eigenem Dateisystem; Kosten entstehen für Hardware, Serverbetriebssystem (Lizenzen), Konfiguration; höhere Energiekosten; i. d. R. mehr Platzbedarf, jedoch auch flexibler einsetzbar; i. d. R. größere Datensicherheit durch sicherere Infrastruktur und Firewall; Skalierbarkeit größer als bei NAS; für unstrukturierte Daten konzipiert.	
Fertig konfigurierte NAS (Network Attached Storage, NAS-Appliance)	NAS-Geräte können im Vergleich zu Fileservern sehr preiswert als Speichersysteme fertig beschafft werden; geringere laufende Kosten, geringerer Platzbedarf, geringer Konfigurationsaufwand; nicht so flexibel skalierbar wie Fileserver.	
DAS (Direct Attached Storage)	Speicher preisgünstig; direkt ohne Switch an den Server angeschlossen; hohe Performance, kostengünstig im Betrieb, jedoch eingeschränkte Skalierbarkeit, muss nahe dem Server installiert sein; als JBOD/JBOF/RAID-Systeme.	
SAN (Storage Area Network) als DAS-Erweiterung, insbesondere für strukturierte Daten	Anschluss eines Storagesystems oder mehrerer Storagesysteme (i. d. R.) über Glasfaser/Fibre Channel, dadurch größere Distanzen zum Server; Lasten können dynamisch auf verschiedene Pfade verteilt werden, aber höherer Konfigurations- und Admin-Aufwand und höhere Kosten; nicht standardisiert; Unterschied zu NAS im Protokoll: SAN klinkt sich als blockorientierte Laufwerke in den Server ein, NAS ist ein eigenständiger Fileserver.	

Speichersysteme im Vergleich		
Speichersystem	**Erklärung**	**Zuordnung, Kurznotiz**
Datenbankserver	Im Vergleich zu Dateiservern, die für die Speicherung und Verwaltung von Datendateien zuständig sind, sodass andere Computer im selben Netzwerk auf die Dateien zugreifen können, werden Datenbankserver eingesetzt, um Datenbanken zu speichern und zu verwalten sowie autorisierten Benutzern den Zugriff zu ermöglichen. Sie werden speziell konfiguriert und benötigen zum Betriebssystem eine Datenbanksoftware.	
Backup-Server	Ein Backup von Daten besteht aus einer kurzfristigen Kopie an einem anderen Ort, um für ein Disaster Recovery im Fall von Datenverlust, Beschädigung, Fehlern oder Korrumpierung bereitzustehen. Ein Unternehmen benutzt ein Backup, um nach einem Störfall Daten wieder in einen früher kopierten Zustand herzustellen.	
Archivierungsserver	Archivierung ist eine langfristige Datenaufbewahrung an einem anderen Standort. Gesetzliche Archivierungsvorgaben und Suchfunktionen sind wichtig, dazu niedrige Speicherkosten, weniger die Performance des Systems. Daher sind LTO-Tapes/Bänder, WORM-Laufwerke und Cloudspeicherung zu prüfen.	

Merke: Performance Tier-Level im Speichermanagement

Der Tier-Level bewertet im hierarchischen Speicher-Management (HSM) die Performance bzw. Geschwindigkeit der verwendeten Technologie. Je niedriger der Tier-Level, desto schneller und leistungsfähiger das System: Tier 0: NVMe/SSD, Tier 1: SAS, Tier 2: SATA, Tier 3: Band/LTO.

Zusatzinformationen für folgende Aufgaben 3–12:

Für Speichersysteme können drei Kriterien sehr wichtig sein:
- Datendurchsatz/-Performance (Schreib-Lese-Leistung)
- Speicherkosten durch Speicherauslastung des Systems
- Ausfall-/Datensicherheit und Zuverlässigkeit des Speichersystems

Sie müssen daher in jedem Beschaffungsfall bewertet werden. Eine bessere Datensicherheit bzw. Fehlertoleranz wird mit einer höheren Datenredundanz und einer schlechteren Speicherkapazität erkauft, sodass in jedem Fall zu prüfen ist, was wichtiger ist.

Festplatten können fehlerhaft produziert oder durch Überhitzung und andere Belastungen plötzlich ausfallen bzw. nicht alle Daten speichern. Festplattenhersteller geben AFR-Werte (Annualized Failure Rate) in den Datenblättern ihrer Laufwerke an, die ohne Schäden durch Stöße, Überspannung oder falsche Bedienung üblicherweise zwischen 0,4 und 1 % liegen.

Speichersysteme werden daher durch die virtuelle Speichertechnologie **RAID** optimiert.

Speicheroptimierung durch RAID-Level		
RAID oder Redundant Array of Independent Disks ist eine virtualisierte Speichertechnologie, bei der mehrere Laufwerke (Festplatten) für bessere Speicherleistung und Zuverlässigkeit zusammen betrieben werden.		
Level RAID 0 für unkritische Datenspeicherung und temporäre Speicherung (Backups)	**Striping** 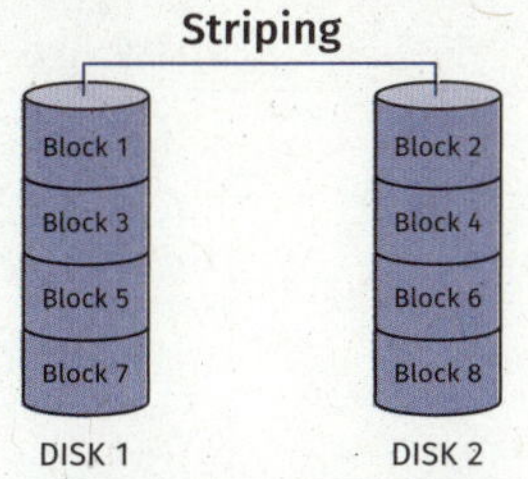	Bei RAID 0 werden die Datenblöcke nur auf mehreren Festplatten verteilt gespeichert, sodass das Speichern und Lesen schneller gehen und sich keine größere Datensicherheit/Fehlertoleranz ergibt.
Level RAID 1 für kleine Datenbanken u. Ä., die Sicherheit notwendig machen	**Spiegelung** 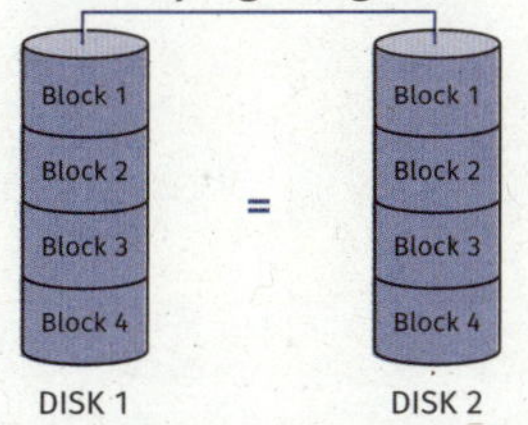	Die Festplattenspiegelung erfolgt blockweise auf einer zweiten Festplatte, also erfolgt eine zweimalige Speicherung (volle Redundanz); dies reduziert die Kapazität auf 50 %, erhöht jedoch die Leseleistung und halbiert die Schreibleistung.
Level RAID 5 für Anwendungs- und Dateiserver mit einer begrenzten Anzahl Laufwerke, mind. drei **RAID 5 + Hot-Spare** mind. vier Disks	**Striping mit Parität** 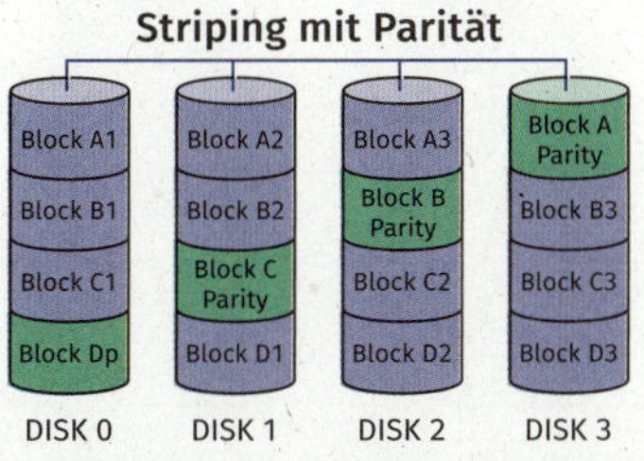	Durch Block-Level-Striping oder verteilte Paritätsspeicherung kann bei vier Festplatten eine ausfallen, um noch die Datenwiederherstellung zu ermöglichen. Die Festplatte mit der niedrigsten Kapazität bestimmt die Gesamtkapazität.
Level RAID 6 für sicherere Datenspeicherung mit hoher Leseperformance und geringen Schreibanforderungen	**Striping mit Doppelter Parität** 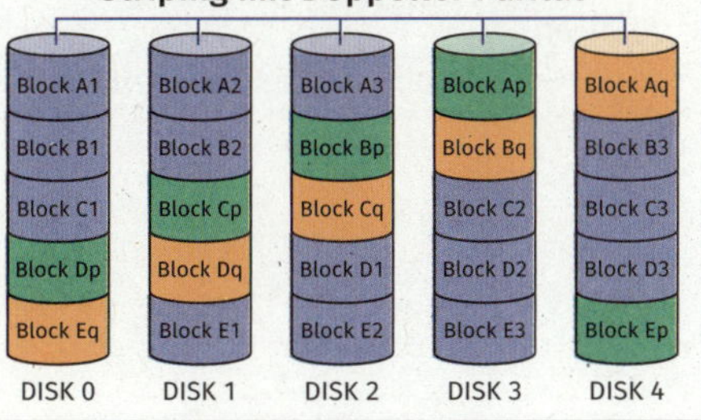	Durch doppelte Parität der Blöcke erhöht sich die Redundanz, und damit die Sicherheit und die Leseleistung. Bei vielen Schreibvorgängen durch viele Paritätsberechnungen erfolgt ein Leistungsabfall.
Level RAID 10 oder 1+0 für mittlere Schreibperformance und hohe Leseleistung bei hohen Kosten	**Stripe + Spiegel** 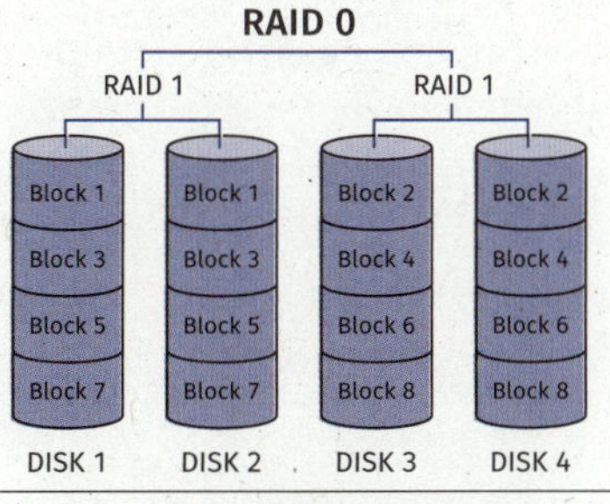	Datenschutzstufe RAID 1 und Leistung RAID 0, wobei die Datenblöcke über mehrere Festplatten verteilt werden und jede Festplatte einmal gespiegelt ist (volle Redundanz). Dadurch gibt es eine reduzierte Verzögerung durch fehlende Parität und auch eine schnelle Wiederherstellung, 50 % Speicherkapazität verfügbar.
JBOD **(ein Bündel Festplatten)** bei normalen Schreib- und Leseanforderungen hohe Speicherauslastung, einfach erweiterbar	**JBOD** 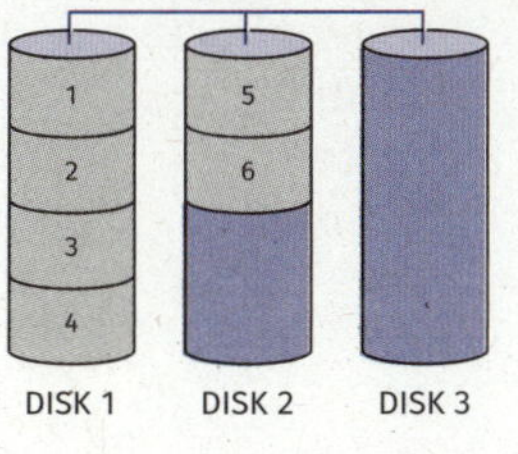	Mehrere Festplatten werden logisch als eine behandelt, Daten werden jedoch nicht spurweise über zwei oder mehr Festplatten geschrieben und gelesen, sondern eine Platte nach der anderen mit Daten aufgefüllt; hohe Speicherkapazität, kein Lesevorteil; kein Controller notwendig, dadurch bleibt die Performance.

3 Für die Server der Firma mit eigenem Serverraum soll ein extra Speichersystem angeschafft werden. Dazu müssen vorab Unterschiede zwischen verschiedenen Alternativen herausgearbeitet werden. Kreuzen Sie an, was richtig ist.

	Software-RAID	Hardware-RAID
a) Performance	☐ niedrig ☐ hoch	☐ niedrig ☐ hoch
b) Kosten der Implementierung	☐ niedrig ☐ hoch	☐ niedrig ☐ hoch
c) Betriebssystemabhängigkeit	☐ niedrig ☐ hoch	☐ niedrig ☐ hoch

4 Für die Speicherung der Serverdaten soll ein RAID-System eingesetzt werden. Es ist nicht klar, ob eine RAID 5 oder RAID 6 als RAID-Verbund zum Einsatz kommen soll (siehe auch Schülerbuch Band 1, Lernfeld 3, Kapitel 3.8.1.).

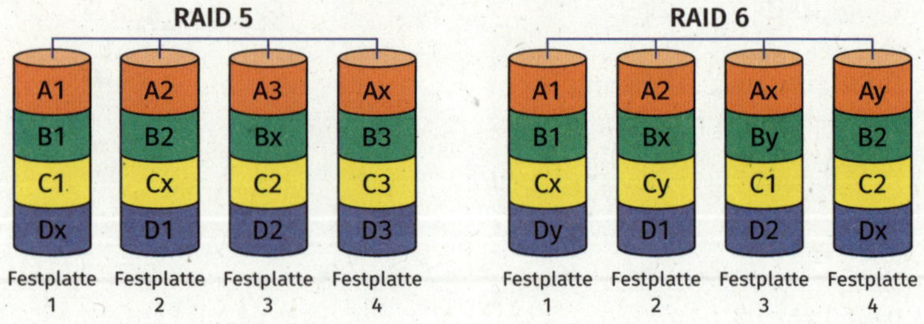

a) Worin unterscheiden sich RAID-5-Systeme von RAID-6-Systemen?

____

____

____

b) Wie groß ist die verfügbare Kapazität bei dem dargestellten RAID-5- und RAID-6-Verbund, wenn jeweils 4 · 2 TiB SSDs zum Einsatz kommen sollen?
Annahme: Alle vier Datenblöcke Orange, Grün, Gelb, Blau sind gleich groß, Ax, Bx, Cx, Dx, Ay, By, Cy, Dy enthalten Paritätsinformationen.

____

____

____

5 Vergleichen Sie die Bewertungen und geben Sie den passenden RAID-Level an. Welcher RAID-Level passt bei den folgenden Schreib- und Leseanforderungen sowie Fehlertoleranzen (tolerierbarer Ausfall an Disks)?

Bewertung	L	Bewertung	L	Bewertung	L	Bewertung	L	Bewertung	L
Write langsam		Write langsam		Write mittel		Write mittel		Write langsam	
Read schnell		Read schnell		Read schnell		Read schnell		Read schnell	
Mind. 2 Disks		Mind. 4 Disks		2-4 Disks		Mind. 4 Disks		Mind. 3 Disks	
0 Diskausfall		2 Diskausfälle		1 Diskausfall		2 Diskausfälle		1 Diskausfall	
Volumen-Kapazität: N^3 x (kleinste HDD-Größe)		Volumen-Kapazität: (N – 2) x (kleinste HDD-Größe)		Volumen-Kapazität: Kleinste HDD-Größe		Volumen-Kapazität: (N / 2) x (kleinste HDD-Größe)		Volumen-Kapazität: (N – 1) x (kleinste HDD-Größe)	

6 Ergänzen Sie die fehlenden Daten in der Tabelle.

Typ	Erläuterung	Tolerierbarer Diskausfall	Notwendige Disks	Volumen-kapazität
RAID 5 + Spare	Es sind mindestens vier Laufwerke, eines davon muss als Hot Spare-Laufwerk fungieren, um ausgefallene Laufwerke des Volume automatisch wiederherzustellen.			
JBOD	Sammlung von Festplatten			

7 Berechnen Sie die Kapazitätsauslastung in Prozent.

Mögliche Kapazitätsauslastung in % des Gesamtspeichervolumens bei Level ...									
Level	%	Level	%	Level	%	Level	%	Level	%
0		1		5		6		10	

8 Es wird darüber diskutiert, ob ein NAS- oder ein SAN-System beschafft werden soll. Nennen Sie in Stichworten die Unterschiede sowie die Vor- und Nachteile.

System	NAS-System	SAN-System
Unterschiede		
Vorteile		
Nachteile		

9 Erläutern Sie auf Präsentationsfolien, was zu beachten ist, wenn Festplatten fehlerhaft sind bzw. durch größere ausgetauscht werden.

10 Nach der Installation einer 8-TB-HHD werden nur 7,28 TiB Speichervolumen angezeigt. Erläutern Sie das Verhältnis von TB zu TiB.

11 Es wird diskutiert, ob HDD- oder SDD-Festplatten bzw. LTO-Bänder eingebaut werden sollen. Vergleichen Sie die Möglichkeiten mithilfe der Tabelle.

Kriterien	HDD	SDD	LTO
Speichervolumen			
Zugriffszeit/Data Rate			
Lautstärke			
Zweck			

12 Sie wollen den Server besonders unter dem Aspekt einer hohen Ausfallsicherheit aufbauen. Geben Sie zwei weitere geeignete Möglichkeiten an.

13 Geben Sie den folgenden englischen Text sinngemäß in deutschen Stichworten wieder und unterstreichen Sie die Textstellen, die Unterschiede zwischen MTBF und AFR beschreiben. Nennen Sie zudem andere Gründe als Fertigungsfehler, die zum Ausfall von Festplatten führen können.

Hinweis/Note eines Festplattenherstellers

„We no longer are using the industry standard ‚Mean Time Between Failures' (MTBF) to quantify disk drive average failure rates. MTBF has proven useful in the past, but it is flawed.

To address issues of reliability, we are changing to another standard: ‚Annualized Failure Rate' (AFR). MTBF is a statistical term relating to reliability as expressed in power on hours (p.o.h.) and is often a specification associated with hard drive mechanisms. It was originally developed for the military and can be calculated several different ways, each yielding substantially different results. It is common to see MTBF ratings between 300,000 to 1,200,000 hours for hard disk drive mechanisms, which might lead one to conclude that the specification promises between 30 and 120 years of continuous operation. The specification is based on a large (statistically significant) number of drives running continuously at a test site, with data extrapolated according to various known statistical models to yield the results.

Based on the observed error rate over a few weeks or months, the MTBF is estimated and not representative of how long your individual drive, or any individual product, is likely to last. Nor is the MTBF a warranty – it is representative of the relative reliability of a family of products. A higher MTBF merely suggests a generally more reliable and robust family of mechanisms (depending upon the consistency of the statistical models used). Historically, the field MTBF, which includes all returns regardless of cause, is typically 50-60 % of projected MTBF.

Our new standard is AFR. AFR is similar to MTBF and differs only in units. While MTBF is the probable average number of service hours between failures, AFR is the probable percent of failures per year, based on the manufacturer‘s total number of installed units of similar type. AFR is an estimate of the percentage of products that will fail in the field due to a supplier cause in one year. We have transitioned from average measures to percentage measures.

MTBF quantifies the probability of failure for a product, however, when a product is first introduced: this rate is often a predicted number, and only after a substantial amount of testing or extensive use in the field can a manufacturer provide demonstrated or actual MTBF measurements. AFR will better allow service plans and spare unit strategies to be set.

Hard drive reliability is closely related to temperature. By operational design, the ambient temperature is 86°F. Temperatures above 122°F or below 41°F, decrease reliability. Directed airflow up to 150 linear feet/min. is recommended for high speed drives.

The failure rate does not include drive returns with ‚no trouble found‘, excessive shock failure, or handling damage.
Find specifications for reliability, operational shock and vibration by searching for your drive’s Product Manual.“

Quelle: Seagate Technology LLC: Hard disk drive reliability and MTBF / AFR. In: www.seagate.com. 2022. https://www.seagate.com/de/de/support/kb/hard-disk-drive-reliability-and-mtbf-afr-174791en/ [02.02.2022]. (verändert)

Kurznotizen:

14 Um Vorlagen für Virtuelle Maschinen und Container zu speichern, soll ein Network Attached Storage (NAS) eingesetzt werden.
Folgendes Modell wurde dafür ausgewählt:

4.3.5

- bis zu 4 Datenträger, maximale Speicherkapazität: SSDs: 15.36 TiB, HDD: 64 TiB
- Quad-Core-Prozessor mit AES-NI-Verschlüsselungsmodul
- erweiterbar bis zu 18 GiB RAM
- mit aktivierter Link-Aggregation in einer 10-GbE-Umgebung über 1621 MB/s Lesen- und 599 MB/s Schreibgeschwindigkeit
- 10-GbE-Netzwerk- oder M.2 SSD-Erweiterungskarte optional
- mit einem identischen Zweitsystem als HA-Cluster einsetzbar
- hohe Verfügbarkeit durch redundantes Netzteil

a) Erläutern Sie den Unterschied zwischen NAS und SAN.

b) Erläutern Sie die Vorteile der Datenverschlüsselung durch den Einsatz eines Hardware-Verschlüsselungsmoduls im NAS wie beispielsweise AES-NI.

15 Bieten Sie auf folgende Kundenanfragen auf Präsentationsfolien NAS inklusive passender Festplatten an.

- Kunde 1: 8 TB NAS als Home-Speicher
- Kunde 2: 50 TB NAS als Archivierungsspeicher
- Kunde 3: 80 TB NAS für Firma zur Nutzung als Archivierungsspeicher (RAID 1), schnelle Datenspeicherung (RAID 10), auch für Webserver und Druckserver einzusetzen

16 Im Kundengespräch wird auch auf die Notwendigkeit der Datensicherung bzw. von Backups mit LTO-Laufwerken eingegangen. Folgende Teilaufgaben werden gestellt.

a) Nennen Sie vier Vorteile der automatischen und zentralen Datensicherung gegenüber manueller, dezentraler Datensicherung.

b) Als Sicherungsmedien empfehlen Sie LTO-Bänder. Nennen Sie Vorteile der Bandsicherung gegenüber der Sicherung auf externen Festplatten.

17 Folgender Plan zur Datensicherung soll mithilfe der folgenden Teilaufgaben diskutiert werden:

Mo	Di	Mi	Do	Fr	Sa	So	Mo	Di	Mi	Do	Fr	Sa	So
1	*2*	*3*	*4*	*5*	*6*	*7*	*8*	*9*	*10*	*11*	*12*	*13*	*14*
M1	M2	M3	M4	M5			M1	M2	M3	M4	M6		
IIIIII	IIIIII	IIIIII	IIIIII	■			IIIIII	IIIIII	IIIIII	IIIIII	■		

15	*16*	*17*	*18*	*19*	*20*	*21*	*22*	*23*	*24*	*25*	*26*	*27*	*28*
M1	M2	M3	M4	M7			M1	M2	M3	M4	M8		
IIIIII	IIIIII	IIIIII	IIIIII	■			IIIIII	IIIIII	IIIIII	IIIIII	■		

29	*30*	*31*	*1*	*2*	*3*	*4*
M1	M2	M3	M4	M5		
IIIIII	IIIIII	IIIIII	IIIIII	■		

M1–M8 Sicherungsmedien
IIIIII Inkrementelle Datensicherung
■ Volldatensicherung

a) Erläutern Sie das Voll-Backup (Montag bis Freitag) nach dem Drei-Generationen-Prinzip.

b) Berechnen Sie die Anzahl notwendiger Bänder auf ein Jahr gerechnet.

Bänder nach dem Drei-Generationen-Prinzip	Anzahl Bänder
Tagesbänder, die überspielt werden	
Freitagsbänder, die überspielt werden	
Freitagsbänder, die zu Monatsbändern werden	
Sonstiges:	
Gesamte Anzahl Bänder	

c) Erläutern Sie das differenzielle Backup.

d) Erläutern Sie das inkrementelle Backup.

e) Nennen Sie mindestens drei technische Vergleichsgrößen von Bandwechsellaufwerken, mit denen Sie die Leistungsfähigkeit verschiedener Geräte vergleichen können.

18 Über eine Netzwerkverbindung sollen die Daten der Filiale als Voll-Backup einmal pro Woche zur Zentrale übertragen werden. Lösen Sie dazu folgende Teilaufgaben.

a) Es soll geprüft werden, ob die Datensicherung erst ab 23.00 Uhr beginnen kann. Berechnen Sie die Übertragungszeit in Stunden und Minuten, wenn mit einer wöchentlichen Datenmenge von 500 GiB und einer Netzverbindung von 1 Gbit/s bei einer durchschnittlichen Übertragungsrate von 75 % gerechnet wird (Hinweis: 1 GiB = 1 024 MiB, 1 Gbit = 10^9 Bits). Geben Sie eine Stellungnahme ab.

b) Nennen Sie Probleme, die bei der Datensicherung mit Magnetbandkassetten auftreten können, und jeweils eine Maßnahme zum Schutz oder Vorsorge.

Auftretende Probleme bei Bandlaufwerken	Maßnahmen zur Vorsorge oder Abhilfe

c) Ermitteln Sie Grenzwerte für Temperatur und Luftfeuchtigkeit, die im Technikraum für einen Betrieb von Bandlaufwerken gegeben sein müssen.

d) Nennen Sie Vor- und Nachteile des Online-Backups gegenüber einem lokalen Backup.

Vorteile:

Nachteile:

WAN-Infrastrukturen unterscheiden

S **Es soll die Vernetzung von Zweigstellen mehrerer entfernter Standorte untereinander oder mit einer Zentrale geplant werden.**

Holger Lübberstedt: Im ersten Jahr haben wir bereits über verschiedene Netzwerkarten bzw. -größen gesprochen. Wir wollen uns einem Weitverkehrsnetz, einem WAN zuwenden. Wozu braucht man große Netze?

Levi Kramer: Unternehmen haben z. B. 100 Filialen oder Büros, die vernetzt werden müssen. Wenn man so ein Unternehmen als Kunden gewinnt, hat man ausgesorgt.

Holger Lübberstedt: Es lohnt sich also, über Filialvernetzung mehr zu erfahren.

Aufgabe 6: **Bearbeiten Sie die folgenden Teilaufgaben.**

4.3.6

1 Ordnen Sie zur Wiederholung und Vertiefung die Ziffern folgender Aussagen den Netztypen zu und erläutern Sie Ihre Auswahl kurz.

(1) Anwendungen: Anschluss PDA, Drucker, Notebooks, Headset, VCard-, Termin-Austausch, Audio
(2) Anwendungen: dauerhaft Informationsaustausch großer Datenmengen vor Ort, auch 1 000 Rechner
(3) Entfernungen zwischen 0,2 m und wenige Meter, Piconet, ohne Wände, geringere Datenübertragungsraten
(4) Für Point-to-Point- , Point-to-Multipoint-, Multipoint-to-Multipoint-Verbindungen
(5) Große geografische Entfernungen werden von Organisationen/Unternehmen global vernetzt.
(6) Netzwerkkomponenten sind Hubs, kleinere/mittlere Router, Bridges, Switches
(7) Netzwerkkomponenten sind nur kleinere Router und AP, WLC
(8) Regionale Hotzones, im Verbund arbeitende Netzzugriffspunkte lassen sich einrichten
(9) Sicheres Kommunikationsnetz, das die Infrastruktur eines physischen Netzes nutzt
(10) Technik für breitbandige Kommunikation, LWL, CE, angemietete Standleitungen, leistungsstarke Router
(11) Übertragungsstandard ist Ethernet auf Kupfer- oder LWL
(12) Übertragungstechniken sind Bluetooth, Wireless USB, ZigBee, Z-Wave
(13) Übertragungstechniken sind USB, FireWire
(14) Uplink-Verbindungsaufbau ist möglich
(15) Verbindet weltweit sicher LANs oder Fernzugriff auf Netzwerk oder Client ohne Vernetzungskosten
(16) Wide automatisiertes, programmierbares Netzwerk, das Datenverkehr dynamisch leitet

Netzwerktyp	Passende Ziffern der Aussagen	Eigene Kurzvermerke, z. B. Erläuterung
PAN		
WPAN		
LAN		
WLAN		
MAN		
WMAN		
VPN		
WAN		
SD-WAN		

2 Unterscheiden Sie für WAN-Anbindungen den Einsatz von Kupferkabel/DSL, Kabelfernsehnetz (Cable Network), Glasfasernetz und Mobilfunknetz. Präsentieren Sie nach kurzer Recherche in vier Gruppen mit Parallelgruppen Ihre Ergebnisse.

3 Übersetzen Sie folgenden Text stichwortartig. Recherchieren Sie zu SD-WAN, klassischem MPLS-WAN und VPN-Anbindung von Zweigstellen. Präsentieren und diskutieren Sie die Ergebnisse.

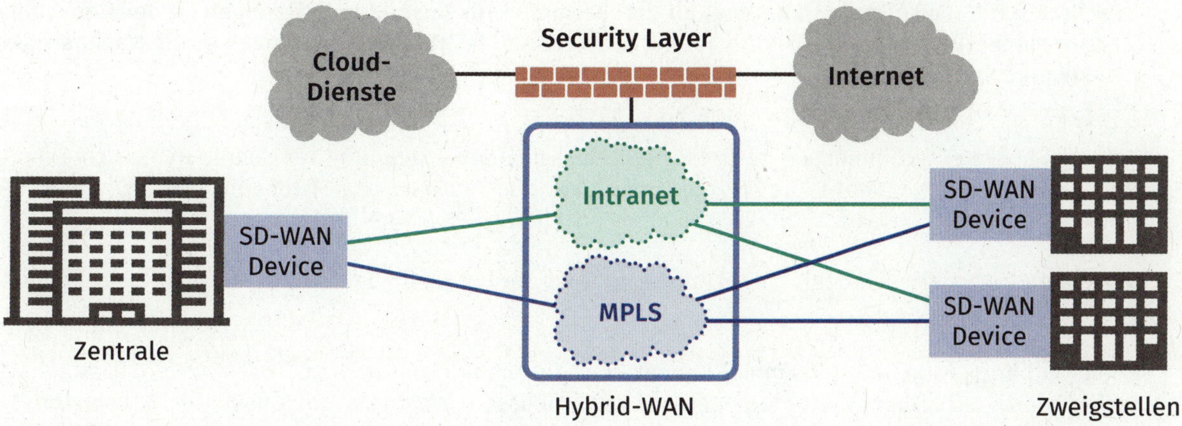

MPLS, SD-WAN or Hybrid WAN for better Branch- and Cloud-Connection	
MPLS is a widely used standard for managed WAN solutions. The infrastructure is operated in a private, closed network. Disadvantages are the dependency on one provider and the lower flexibility. Alternative to MPLS, an IPSec-encrypted Internet VPN can also be used to network branches and data center. Internet VPNs are cheaper, but may not be available as desired and are more complex to manage. A software-defined WAN enables intelligent routing of WAN traffic over multiple WAN connections used in parallel. The software on these devices intelligently decides which available connection variant is best suited for which type of data. Data that is less dependent on maximum QoS performance, but at the same time requires a lot of bandwidth, is assigned the more cost-effective transport route. In a hybrid WAN, the transport routes of the private MPLS network infrastructure can be intelligently routed using software features of SDN technology. An MPLS connection is then still available for time-critical and sensitive data, while less critical data and data with a large bandwidth can take the cost-effective route via the public Internet. Overall, latency is reduced and costs are reduced, flexibility is improved for higher requirements or the connection of new locations.	

Lernsituation 4: Wir berücksichtigen wirtschaftliche und sicherheitsrelevante Anforderungen sowie Nachhaltigkeit in Netzwerken

S **Der Ausbilder Herr Lübberstedt hat die Auszubildenden der Fachstufe I (2. Ausbildungsjahrgang) und der Fachstufe II (3. Ausbildungsjahrgang) an drei Terminen für Ausbildungssitzungen (jeweils nachmittags) zusammengerufen, um wirtschaftliche und sicherheitsrelevante Anforderungen sowie Nachhaltigkeit in Netzwerken zu besprechen.**

Holger Lübberstedt: Während wir derzeit in den Teams an der Vorbereitung der Lasten- und Pflichtenheft-erstellung arbeiten, wollen wir die Zeit nutzen und uns auch auf wirtschaftliche und sicherheitsrelevante Anforderungen sowie unsere Vorstellungen eines nachhaltigen Systems abgleichen.

Laura Meier: Müssen sich denn die technischen IT-Berufe mit kaufmännischen Anforderungen beschäftigen?

Holger Lübberstedt: Spätestens in der Projektarbeit für die Prüfung werden Sie feststellen, dass Sie alle auch über wirtschaftliche Anforderungen vortragen müssen. Wenn Sie das auslassen, bekommen Sie Punktabzüge.

Saahil Arora: Ich beschäftige mich gerade mit der Projektarbeit. In allen Projektarbeiten, die ich gesehen habe, gibt es einen Gliederungspunkt, der sich mit Wirtschaftlichkeitsanalysen oder wirtschaftlichen Entscheidungen beschäftigt. Ich bin dafür, dass wir das genauer ausarbeiten.

Levi Kramer: In Kundenprojekten geht es immer auch ums Geld. Ich habe gehört, dass kaufmännisches Hintergrundwissen auch in den mündlichen Prüfungen gefragt ist. Zum Beispiel wie sich der hohe Stundensatz begründet und wie sich die hohen Kosten der Vernetzung erklären lassen.

Jürgen Pollina: Ich bin dafür zu klären, ob wir uns aufteilen. Ich würde mich dann schwerpunktmäßig mit sicherheitsrelevanten Anforderungen bei Netzwerken beschäftigen.

Holger Lübberstedt: Wir haben insgesamt max. neun Ausbildungsstunden dafür vorgesehen. Sie können das gerne über einen IPERKA-Plan selbst organisieren.

Jürgen Pollina: Da ist ja nicht viel Zeit. Ich würde vorschlagen, wir stimmen schnell ab, ob wir arbeitsteilig oder gemeinsam die Themenbereiche bearbeiten und machen uns dann an die Arbeit bzw. die Aufgaben.

4.4 Wirtschaftliche und sicherheitsrelevante Anforderungen sowie Nachhaltigkeit in Netzwerken berücksichtigen

Wirtschaftliche Anforderungen berücksichtigen

S **Im Rahmen der Planung wird eine Anforderungsanalyse mit Akzeptanzkriterien gefordert. Karla Schepp von der NISO AG, die parallel ähnliche Aufgaben dort einbringen möchte, nimmt auch an der Sitzung teil.**

Holger Lübberstedt: Wir sollten uns für organisatorische und wirtschaftliche Aufgaben vorbereiten, damit wir bei solchen Anforderungen schnell Lösungsvorschläge erarbeiten können. Wir begrüßen wieder Frau Schepp von der NISO AG, die parallel ähnliche Aufgaben dort einbringen möchte.

Karla Schepp: Vielen Dank, dass ich vorab schon mal hier dabei sein kann.

Laura Meier: Wir haben im letzten Ausbildungsjahr bereits organisatorische und wirtschaftliche Aufgaben besprochen.

Holger Lübberstedt: Darauf sollten wir aufbauen.

Saahil Arora: Zur Organisation ging es um Aufbauorganisation und Projektmanagement.

Julian Markus: Wir mussten auch eine Zeitplanung mit einem Balkendiagramm erstellen.

Levi Kramer: Ja, es hieß glaube ich Gantt-Diagramm.

Jürgen Pollina: Ja, etwas schwieriger war das Netzplandiagramm.

Jannik Brunke: Wir mussten auch kalkulieren.

Holger Lübberstedt: Gut, fangen wir mit der zeitlichen Planung eines Projektes an.

Aufgabe 1: **Überprüfen Sie Ihre bisher erarbeiteten Kompetenzen (siehe auch Schülerbuch Band 1, Lernfeld 2, Kapitel 2.5, 2.7, 2.8, 2.9 und Schülerbuch Band 2, Lernfeld 6, Kapitel 1.1.4).**

4.4.1

1. Überprüfen Sie zunächst Ihre bisher erarbeiteten Kompetenzen aus den Lernfeldern 2 und 6 (Band 2, Kapitel 1.1.4), indem Sie eine Selbsteinschätzung durchführen:
Einschätzung: 1: schon gut und besser, 2: eingearbeitet/Vertiefung sinnvoll, 3: gerade mal ausreichend/Vertiefung notwendig, 4: zu geringe Kompetenzen/keine Unterstützung des Teams zu erwarten

Checkliste zur Selbsteinschätzung wirtschaftlicher Grundlagen, insb. Band 1	Einschätzung
2.5 Kundenanforderungen im Leistungsprozess berücksichtigen und Projektmanagement vorbereiten	
2.5.1 Anforderungen zur Kundenzufriedenheit in den Leistungsprozess einbeziehen	
2.5.2 Marketing- und Verkaufsförderungsmaßnahmen unterstützen	
2.5.3 Auftragsbearbeitung mit Projektmanagement unterstützen	
2.7.4 Desktop as a Service, Miete, Finanzierung und Leasing als Dienstleistungen berücksichtigen	
2.8 Angebote und Stundensätze kalkulieren und die Rendite berücksichtigen	
2.8.1 Umsätze, Kosten, Gewinn und Buchführungsarten unterscheiden	
2.8.2 Handelskalkulationen durchführen	
2.8.3 Stundensatzkalkulationen bei Dienstleistungen durchführen	
2.8.4 TCO und ROI beachten	
2.9 Angebotsvergleiche bei Beschaffungsmaßnahmen durchführen	
2.9.1 Beschaffungsprozess und Beschaffungsplanung erläutern	
2.9.2 Quantitative Angebotsvergleiche vornehmen	
2.9.3 Nutzwertanalysen durchführen	
2.9.4 Vertragsarten und AGB unterscheiden	
Bd 2: 1.1.4 Rechtliche Anforderungen im Servicebereich unterscheiden	

2 Sie sollen eine zeitliche Planung für ein Projekt diskutieren. Dazu hat ein Teammitglied folgende Vorgangsliste erstellt.
Hinweis: Vortage (siehe Tabelle) sind die zur Vorbereitung notwendigen Tage. Geben Sie kurz eine Stellungnahme ab.

____

____

____

____

____

____

____

____

Vorgänge				
Nr.	**Bezeichnung**	**Nr. Vorgänger**	**Vortage**	**Arbeitstage**
1	Kick-off-Meeting		0	1
2	1. Gesprächsrunde	1	5	1
3	2. Gesprächsrunde	2	5	2
4	Team1-Sitzung Hard/Soft	2	3	2
5	Team2-Sitzung Personal	2	3	1
6	Lastenheft-Sitzung	4, 5	4	2
7	Team1-Sitzung Hard/Soft	6	3	3
8	Team2-Sitzung Personal	6	3	1
9	Pflichtenheft-Sitzung	7, 8	1	4
10	Ausschreibung	9	2	1
11	Angebotsvergleich	10	4	2
12	Bestellung	11	1	1
13	Installation, Test	12	2	1
14	Übergabe	13	0	1

3 Berücksichtigen Sie im folgenden Diagramm die Daten der Vorgangsliste und zeichnen Sie für vorbereitende Tage ein O ein und je Arbeitstag ein X. Ermitteln Sie, wann danach die Übergabe erfolgen würde.

Gantt-/Balkendiagramm Projekt NISO „Azubi-Connect"

Vorgänge	Arbeitstage – Hinweis: ab 15.00 Uhr (Soll max. 3 Std.)																																																					
Nr.	1	2	3	4	5	6	7	8	9	10	11	12	13	14	15	16	17	18	19	20	21	22	23	24	25	26	27	28	29	30	31	32	33	34	35	36	37	38	39	40	41	42	43	44	45	46	47	48	49	50	51	52	53	54	55
1	X																																																						
2		O	O	O	O	O	X																																																
3																																																							
4																																																							
5																																																							
6																																																							
7																																																							
8																																																							
9																																																							
10																																																							
11																																																							
12																																																							
13																																																							
14																																																							

4 Erstellen anhand der Vorgangsliste aus AufgabenTeil 2 einen Netzplan (siehe auch Schülerbuch Band 1, Lernfeld 2, Kapitel 2.5.3), nach der angegebenen Legende ein und zeichnen Sie rot den kritischen Pfad ein. Verwenden Sie ein Programm für Netzpläne bzw. alternativ wie gezeigt ein Tabellenkalkulationsblatt. Ermitteln Sie den freien Puffer (FP) und auch den verfügbaren Gesamtpuffer (GP).

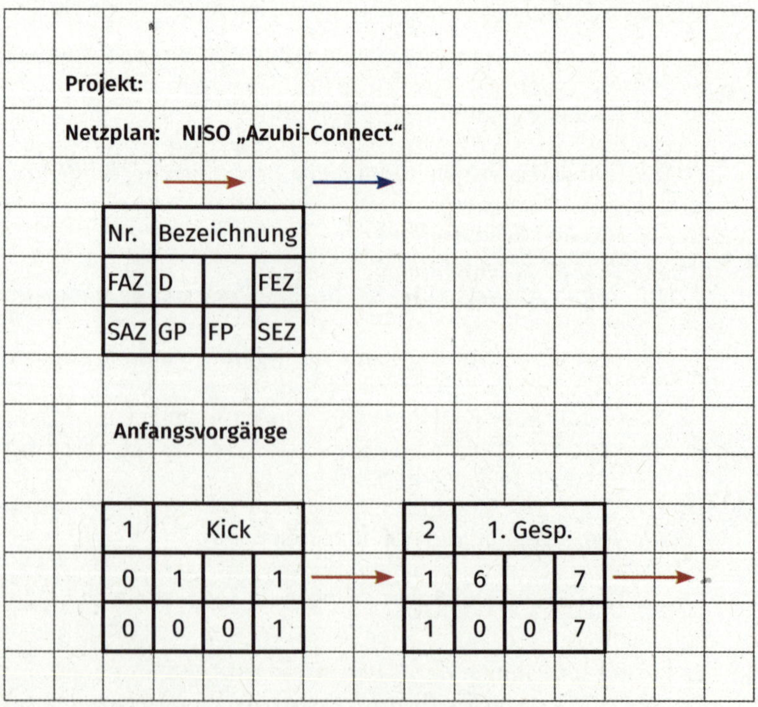

5 Nehmen Sie Stellung zum Ergebnis und geben Sie an, welche Diagrammart für diesen Fall am besten geeignet ist.

____

____

____

____

____

Aufgabe 2: Unternehmen müssen kostenorientiert entscheiden und handeln (siehe auch Schülerbuch Band 1, Lernfeld 2, Kapitel 2.8 und 2.9). Führen Sie Kostenberechnungen durch.

4.4.1

1 Auch den Arbeitseinsatz der Auszubildenden müssen Sie unter wirtschaftlichen Aspekten planen. Berechnen Sie den durchschnittlichen Selbstkostenstundensatz.

Berechnung der direkt verrechenbaren Arbeitsstunden pro Monat

a) Arbeitsstunden inkl. Berufsschulunterricht nach Vertrag	160
b) Abzug für Berufsschulunterricht	25
c) Abzug für interne Ausbildung	15
d) Abzug für interne praktische Lernarbeiten und indirekte Arbeiten	30
e) Abzug für Urlaub, Krankheit und sonstige Freitage	25
gesamt:	

Kosten Ausbildungsvergütung im 2. Ausbildungsjahr (brutto):	1 100,00 €
+ Kosten Arbeitgeberbeitrag Sozialversicherung und Anteil Unfallversicherung	170,00 €
+ Direkte Kosten anteilmäßig für die Ausbildung pro Monat	230,00 €
gesamt:	

+ Prozentualer Aufschlag für Gemeinkosten des Systemhauses 50 %	
= Selbstkosten Auszubildender pro Monat:	
= Kalkulatorischer Selbstkostenstundensatz:	
gerundet:	

2 Kalkulieren Sie 12 % Gewinnzuschlag auf den Selbstkostensatz und berechnen Sie den Nettostundensatz von JIKU-Auszubildenden im 2. Ausbildungsjahr. Erläutern Sie einem Kunden mit eigenen Worten, warum der Stundensatz für einen internen Kunden mit dem Selbstkostensatz und bei einem externen Kunden mit dem Nettostundensatz so hoch ist.

3 Es kommt im Rahmen der Beschaffung bei Lieferanten die Diskussion auf, dass beim Einkauf Rabatte und Bezugskosten zu vernachlässigen seien, da sie relativ gering sind.

a) Kalkulieren Sie anhand der Bezugskalkulation einen Hardware-Einkauf von 5 000,00 € bei 5 % Lieferrabatt und 2 % Skonto sowie 20,00 € Lieferkosten (Bezugskosten). Berechnen Sie den Bezugspreis sowie Rabatte und Nebenkosten (Frachtkosten u. Ä.) in € und % zum Bezugspreis.

Zuschlagskalkulation	Eingabe % / €	Ausgabe
Listeneinkaufspreis		
– Liefererrabatt		
= Zieleinkaufspreis		
– Liefererskonto		
= Bareinkaufspreis		
+ Bezugskosten		
= Bezugspreis		
Rabatte in € und %		
Nebenkosten in € und %		

b) Nehmen Sie schriftlich Stellung zu der Behauptung, dass beim Einkauf Rabatte und Bezugskosten zu vernachlässigen seien, da sie relativ gering sind.

4 Die Angebote von TopServer und NextServer sollen verglichen werden. Dabei sollen folgende Angebotsbedingungen berücksichtigt werden.

Angebotsvergleich				
Hardwarebeschaffung	TopServer		NextServer	
Kalkulation	Eingabe % / €	Ausgabe	Eingabe % / €	Ausgabe
Listeneinkaufspreis Stück	5 000,00 €		5 500,00 €	
– Liefererrabatt	8 %		12 %	
= Zieleinkaufspreis				
– Liefererskonto	3 %		2 %	
= Bareinkaufspreis				
+ Bezugskosten	– €		50,00 €	
= Bezugspreis (Einstandspreis)				
Differenz in € und in %				

Produkt-/Lieferantenbewertung:			TopServer = (x)	NextServer = (y)
Vorgabekriterien	**schlechter 1: –**	**mittel 2: O**	**besser 3: +**	**bester 4: ++**
Leistung, Qualität			(y)	(x)
Nachhaltigkeit	(x)			(y)
Service		(x)	(y)	

Preis: Bester = 4 Abzug je höherer Preis bis 5 % 1 P., bis 10 % 2 P., bis 15 % 3 P.

a) Erfassen Sie die genannten Entscheidungskriterien und erfolgten Bewertungen in der Nutzwerttabelle. Bezüglich des Bezugspreises soll der günstigste Anbieter 3 Punkte und der teurere Anbieter 2 Punkte erhalten.

Nutzwerttabelle					
Bewertung: quantitativer/qualitativer Vergleich					
		TopServer		**NextServer**	
Entscheidungskriterien	Gewichtung in %	Punkte	Gewichtete Punkte	Punkte	Gewichtete Punkte
Preis	40				
Leistung, Qualität	30				
Nachhaltigkeit	15				
Service	15				
Summe	100				

b) Begründen Sie kurz die Entscheidung des Anbieters mit dem nach der Nutzwerttabelle höchsten Nutzwert.

______

______

______

______

______

5 Es sollen die Kosten der Eigenentwicklung und die Bezugspreise von drei Anbietern von Fremdlösungen verglichen werden. Dabei müssen folgende zusätzliche Kriterien mit den genannten Bewertungen hinzugezogen werden.

Bewertung Make or Buy: Eigenentwicklung/Fremdbezug für das Ausbildungssystem *Azubi-Connect*									
Kriterien	**Gewichtung**	**Eigenentwicklung**		**Fremdbezug Anbieter 1**		**Fremdbezug Anbieter 2**		**Fremdbezug Anbieter 3**	
		Punkte	Gewichtung × Punkte	Punkte	Gewichtung × Punkte	Punkte	Gewichtung × Punkte	Punkte	Gewichtung × Punkte
Preis bzw. Kosten	30	4		5		6		4	
Schnelligkeit der Realisierung	20	5		8		9		10	
Eignung für ein Ecosystem	20	8		7		7		5	
Offenes System, Open Source, Schnittstellen	10	10		6		6		4	

Bewertung Make or Buy: Eigenentwicklung/Fremdbezug für das Ausbildungssystem *Azubi-Connect*									
Kriterien	**Gewichtung**	**Eigenentwicklung**		**Fremdbezug Anbieter 1**		**Fremdbezug Anbieter 2**		**Fremdbezug Anbieter 3**	
		Punkte	Gewichtung × Punkte	Punkte	Gewichtung × Punkte	Punkte	Gewichtung × Punkte	Punkte	Gewichtung × Punkte
Eignung für DevOps-Ansatz	8	9		6		6		4	
Qualität/Professionalität des Systems	5	6		6		7		8	
Eigene Kapazitäten werden ausgelastet	5	7		2		3		1	
Unabhängigkeit	2	8		4		5		4	
Summe									
Bewertungsmaßstab: 1 bis 10 (je mehr Punkte desto besser)									

b) Ermitteln Sie in der Bewertungstabelle die beste Variante und erläutern Sie kurz die Entscheidung für die beste Variante.

____

____

____

____

____

6 In einem Team wird folgender Kostenvergleich von Bare-Metal-Lösung mit fixen Kosten (einzelne Hardwarebeschaffungen geschätzt) und variable Kosten (insbesondere Dienstleistungskosten geschätzt) und Cloud-Lösung mit Dienstleistungskosten erstellt und soll grafisch dargestellt werden.

a) Vervollständigen Sie die Tabellen und geben Sie im Diagramm die Kostenverläufe an.

Kostenvergleich Bare-Metal-Lösung zu Cloud-Lösung

1)	**Bare-Metal-Lösung**					**Cloud-Lösung**		
Jahr	**Fixe Kosten**	**Variable Kosten**	**Gesamtkosten**	**Kumuliert**	**Risiko**	**Pro Jahr**	**Kumuliert**	**Risiko**
1	10 000,00 €	3 000,00 €				3 000,00 €		
2	400,00 €	2 000,00 €				5 000,00 €		
3	400,00 €	2 000,00 €				6 000,00 €		
4	400,00 €	2 000,00 €				6 200,00 €		
5	7 000,00 €	3 000,00 €				6 400,00 €		
6	500,00 €	2 000,00 €				6 600,00 €		
7	500,00 €	35,00 €				7 000,00 €		
8	6 000,00 €	40,00 €				7 500,00 €		
9	600,00 €	45,00 €				8 000,00 €		
10	600,00 €	50,00 €				9 000,00 €		
gesamt								

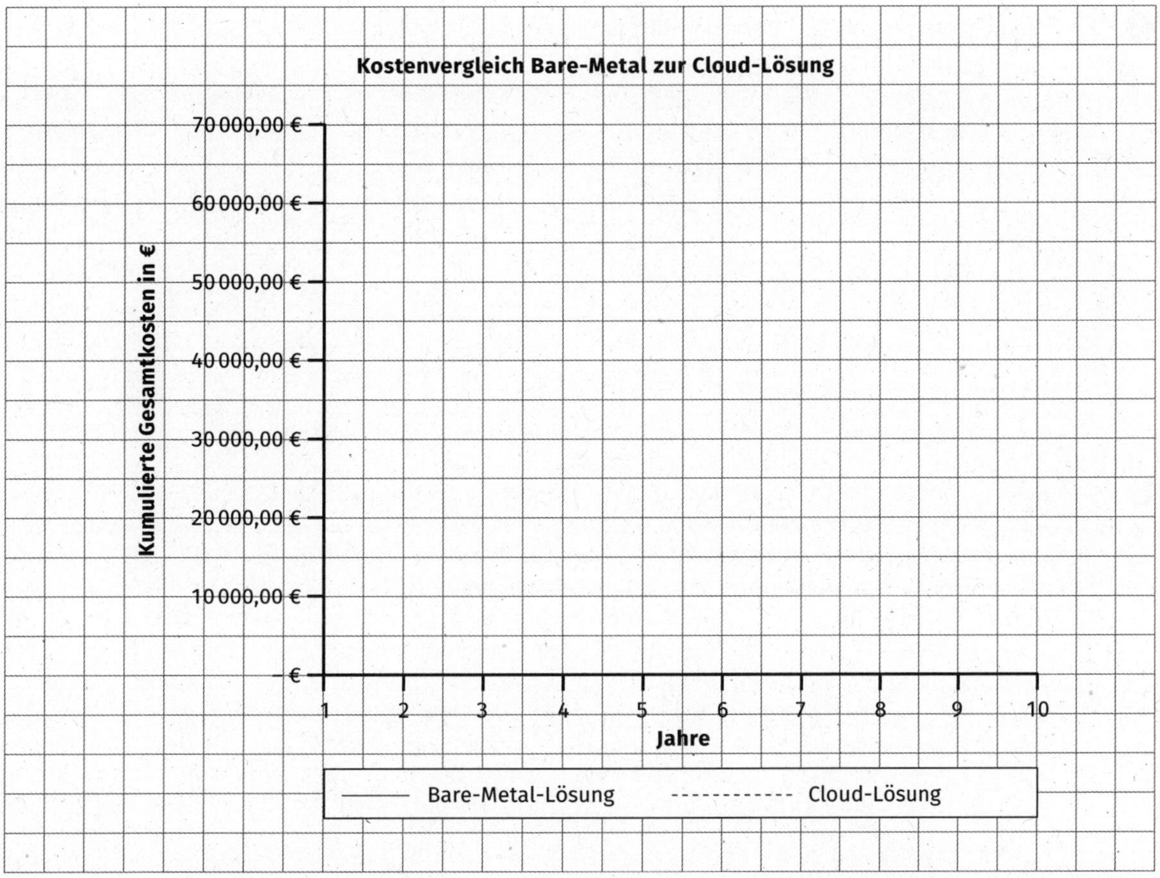

b) Geben Sie eine Stellungnahme ab, welche Lösung günstiger ist und nach Ihrer Begründung gewählt werden sollte. Erläutern Sie dabei auch die Werte, die in der Tabelle mit unterschiedlichen Farben dargestellt sind.

Aufgabe 3: **Bearbeiten Sie Aufgaben zur Finanzierung und zur Kostenanalyse.**

4.4.1

Die Geschäftsleitung von JIKU IT-Solutions bittet das Projektteam, ein Costcenter zu entwickeln. JIKU IT-Solutions würde dem Ausbildungssystem 50 000,00 € Startkapital als internes Tilgungsdarlehen zur Verfügung stellen, das jährlich am Ende anteilig innerhalb von fünf Jahren zu tilgen und mit 7 % p. a. zu verzinsen ist (siehe auch Schülerbuch Band 1, Lernfeld 2, Kapitel 2.7.4).

1 Vervollständigen Sie die Tabelle und ermitteln Sie die Kreditraten.

Tilgungsdarlehen aus Anfangsbeschaffung (Hard-/Software, Dienste)					
Jahr	**Restschuld Anfang d. J.**	**Zinsen 7 % p. a.**	**Tilgung Ende d. J.**	**Kreditrate**	**Restschuld Ende d. J.**
1	50 000,00 €	3 500,00 €	10 000,00 €	13 500,00 €	40 000,00 €
2					
3					
4					
5					
	gesamt				

2 Vier weitere Partnerunternehmen der NISO AG wären bereit, das Ausbildungssystem „Azubi-Connect" ebenfalls als Ecosystem einzusetzen, damit zum Vorteil aller sogenannte Synergien (Vorteile aus dem Zusammenwirken) entstehen. Jedes Unternehmen wäre bereit, monatlich 400,00 € (netto) an JIKU IT-Solutions zu überweisen, um das Ausbildungssystem „Azubi-Connect" zu nutzen.
Im Kostenvergleich sollen die Erlöse der fünf Partner gegenübergestellt werden. Ermitteln Sie eine Über- bzw. Unterdeckung in € und %. Teillösung Über-/Unterdeckung vorgegegeben.

Kostenanalyse und Ermittlung der Deckung aus den erzielten Erlösen							
	I. Laufende Kosten im Jahr	**II. Laufende Kosten bei 35 € SKS**		**Laufende Gesamtkosten**	**Erlöse fünf Partner im Ecosystem**	**Über-/Unterdeckung**	
		Stunden	**Kosten**			**in €**	**in %**
Jahr	Anfangsbeschaffung	JIKU		I. und II.	je 400,00 € monatlich		
1	13 500,00 €	250	8 750,00 €				
2		275				1 750,00 €	7,9 %
3		300					
4		325					
5		350					
gesamt							

3 Geben Sie dazu eine Stellungnahme für die Geschäftsleitung ab. Berücksichtigen Sie in der Stellungnahme auch sonstige Vor- und Nachteile sowie Risiken.

Sicherheitsrelevante Anforderungen berücksichtigen

S **In einer Ausbildungssitzung sollen sicherheitsrelevante Themen im Allgemeinen und speziell für das Projekt „Azubi-Connect" besprochen werden.**

Holger Lübberstedt: Wir haben bei JIKU IT-Solutions den Grundsatz, sicherheitsrelevante Anforderungen schon in der frühen Projektphase zu stellen. Wir gehen nach dem sogenannten Shift-Left-Ansatz vor.

Saahil Arora: Wir hatten Sicherheitsthemen schon in einigen Lernfeldern vorher.

Holger Lübberstedt: Ja, der Ausbildungsplan legt Wert darauf, dass wir uns in allen Ausbildungsjahren mit sicherheitsrelevanten Fragen beschäftigen.

Levi Kramer: Und was ist mit Sicherheitsanforderungen für unser Projekt?

Jürgen Pollina: Ja, gerade wenn Auszubildende von mehreren Unternehmen zusammenarbeiten, müssen wir uns besondere Gedanken machen.

Jannik Brunke: Meines Erachtens sollten wir dabei auch über Cloud-Sicherheit sprechen.

Aufgabe 4: **Bereiten Sie sich auf diesen Test vor, testen Sie Ihr Vorwissen und lösen folgende Aufgaben (siehe auch Schülerbuch Band 1, Lernfeld 3, Kapitel 3.6 sowie Lernfeld 4, Kapitel 4.1.4, 4.1.5 und 4.2)**

4.4.2

Bearbeiten Sie die nächsten Aufgaben in Partnerarbeit oder Kleingruppen und tauschen Sie sich über die Ergebnisse aus.

1 Ordnen Sie die Begriffe den Aussagen passend zu (max. 20 Punkte).

(1) Angriffsvektor
(2) APT
(3) BSI
(4) DoS
(5) DSGVO
(6) Echtheit/Überprüfbarkeit
(7) Malware
(8) Man-in-the-Middle
(9) PDCA
(10) Ping Flooding
(11) PUA
(12) Ransomware
(13) S/MIME
(14) Single-Sign-on
(15) Spam
(16) Trojaner
(17) Verfügbarkeit
(18) Vertraulichkeit
(19) Whitelisting
(20) Würmer

Aussagen	Nr.
a) Bundesamt für Cybersicherheit (Kurzform)	
b) Gesetzliches Regelwerk zum Schutz persönlicher Daten	
c) Grundwert Availability im Deutschen	
d) Grundwert Confidentiality im Deutschen	
e) Grundwert Authenticity im Deutschen	
f) Deming-Zyklus	
g) Kombination aus Angriffsweg und Angriffstechnik	
h) Allgemeiner englischer Begriff für Schadsoftware	
i) Schadsoftware, die sich von selbst übertragen kann	
j) Schadsoftware, die Hintertüren im System öffnet	
k) Englische Kurzform für ungewünschte Anwendung	

Aussagen	Nr.
l) Schadprogramme, die alles verschlüsseln und erpressen	
m) Angriff, der Server durch viele Anfragen überlastet	
n) Server sind durch diesen Angriff außer Betrieb, gestört	
o) Andauernder Cyberangriff auf das Netzwerk	
p) Serverangriffe durch Erreichbarkeitsüberprüfungen	
q) Angriffe durch Einmischung in Kommunikationen	
r) Vereinfachte Anmeldung im System	
s) Asymmetrisches Verschlüsselungsverfahren	
t) Zusammenstellung vertrauenswürdiger Quellen/Apps	

Erreichte Punktzahl	

2 Nennen Sie weitere fünf Gebote für Datensicherheit zu den bereits aufgeführten (max. 5 Punkte).

Zugangskontrolle, Eingabekontrolle, Verfügbarkeitskontrolle, Wirksamkeit, Trennbarkeit,

Erreichte Punktzahl	

3 Nennen Sie je eine passende TOM zu den folgenden Geboten (max. 5 Punkte).

a) Zugangskontrolle	
b) Eingabekontrolle des Zugriffs	
c) Verfügbarkeitskontrolle	
d) Wirksamkeitskontrolle	
e) Trennbarkeit/Trennungskontrolle	

Erreichte Punktzahl	

4 Erläutern Sie die folgenden sieben Begriffe (max. 7 · 2 Punkte).

Begriffe	Erläuterung oder zwei Beispiele
Aktive Netzwerkkomponenten	
DHCP	
DMZ	

Begriffe	Erläuterung oder zwei Beispiele
DNS	
Firewall	
IPS	
Proxy	

Erreichte Punktzahl	

5 Erläutern Sie folgende drei Befehle der Betriebssystem-Kommandozeile (max. 3 · 2 Punkte).

Befehl der Kommandozeile	Erläuterung
ping	
nslookup	
tracert/traceroute	

Erreichte Punktzahl	

Notenschlüssel						
Note	sehr gut	gut	befriedigend	ausreichend	mangelhaft	ungenügend
Punkte	ab 46 P.	ab 40 P.	ab 34 P.	ab 25 P.	ab 15 P.	darunter
					Eigene Punktzahl	

Aufgabe 5: **Bearbeiten Sie die Teilaufgaben zum Projekt „Azubi-Connect“ (siehe auch Schülerbuch Band 1, Lernfeld 2, Kapitel 2.10.3 sowie Lernfeld 4, Kapitel 4.1.3 und 4.2).**

4.4.2

1 Führen Sie eine Risikoanalyse und eine Gefährdungsbeurteilung (eigene Einschätzung) für den Server durch.

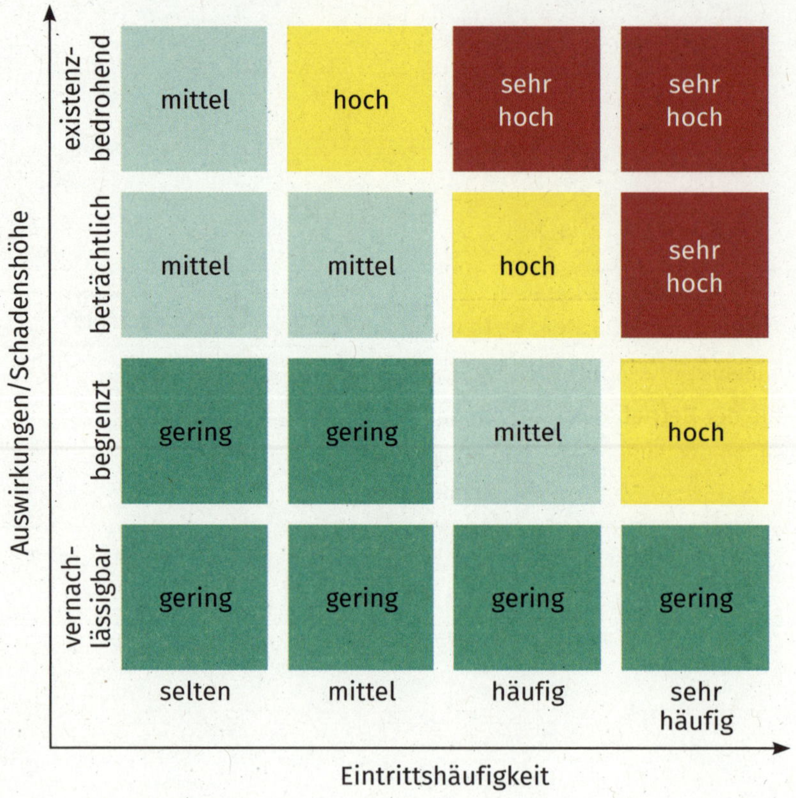

Eintrittshäufigkeit:		**Auswirkungen:**		**Risiko:**	
selten	(s)	vernachlässigbar	(v)	gering	(g)
mittel	(m)	begrenzt	(bg)	mittel	(m)
häufig	(h)	beträchtlich	(bt)	hoch	(h)
sehr häufig	(sh)	existenzbedrohend	(ex)	sehr hoch	(sh)

Tragen Sie die Kürzel aus der Übersicht/Tabelle oben in die drei Spalten der folgenden Gefährdungsbeurteilung ein. Ergänzen Sie max. drei Gefährdungen aus dem BSI-Katalog. Diskutieren Sie die Ergebnisse.

Gefährdungsbeurteilung für Server des Projekts Azubi-Connect JIKU IT-Solutions			
Basiseinstellung zur Beurteilung entsprechend BSI zur Diskussion mit dem Kunden			
Gefährdung (bedrohte Grundwerte)	**Eintritts-häufigkeit**	**Auswir-kungen**	**Risiko**
G 0.8 Ausfall oder Störung der Stromversorgung			
G 0.9 Ausfall oder Störung von Kommunikationsnetzen			
G 0.11 Ausfall oder Störung von Dienstleistern			
G 0.14 Ausspähen von Informationen (Spionage)			
G 0.15 Abhören			
G 0.16 Diebstahl von Geräten, Datenträgern oder Dokumenten			
G 0.18 Fehlplanung oder fehlende Anpassung			

G 0.19 Offenlegung schützenswerter Informationen			
G 0.20 Informationen oder Produkte aus unzuverlässiger Quelle			
G 0.21 Manipulation von Hard- oder Software			
G 0.22 Manipulation von Informationen			
G 0.23 Unbefugtes Eindringen in IT-Systeme			
G 0.25 Ausfall von Geräten oder Systemen			
G 0.26 Fehlfunktion von Geräten oder Systemen			
G 0.27 Ressourcenmangel			
G 0.29 Verstoß gegen Gesetze oder Regelungen			
G 0.30 Unberecht. Nutzung o. Administration von Geräten, Systemen			
G 0.31 Fehlerhafte Nutzung oder Administration von Geräten, Systemen			
G 0.32 Missbrauch von Berechtigungen			
G 0.36 Identitätsdiebstahl			
G 0.37 Abstreiten von Handlungen			
G 0.38 Missbrauch personenbezogener Daten			
G 0.39 Schadprogramme			
G 0.40 Verhinderung von Diensten (Denial of Service)			
G 0.41 Sabotage			
G 0.43 Einspielen von Nachrichten			
G 0.45 Datenverlust			
G 0.46 Integritätsverlust schützenswerter Informationen			

2 Erstellen Sie in parallelen Arbeitsgruppen (Partnerarbeit oder Dreigruppen) für das Sicherheitssystem eines Kunden einen Angebotsentwurf (ohne Kopfbogen) nach folgenden Angaben. Verwenden Sie die folgenden Kalkulationsvorgaben.

Projektname	Anforderungen des Kunden und Kalkulationen der Vertriebsabteilung in Stichworten
Auftrag Kunde: Müller Sicherheitssystem	Firewall-System erneuern, drei neue Firewall-Geräte in das Rack einbauen, an das Netz anschließen und hochfahren, Interface-Konfiguration, Failover-Verkabelung des neuen Systems, Konfiguration der DHCP, DNS und Proxy-Anbindung, Hochverfügbarkeit des Systems testen, Security-Funktionen: Web- und Malware Protection, DPI, IPS, QoS, Application Control, Hochverfügbarkeitsverbund im Active/Passive Mode, Graphical-User-Interface (Weboberfläche), Unterscheidung Anschaffungskosten und laufende Kosten, Terminierung
Kalkulation	Arbeitsstundenkalkulation: 35 Stunden (Analyse: 3, Konzeption: 4, Realisierung: 24, Abschluss: 4), kalkulatorische Stundensätze (Selbstkosten netto): Fachkraft: 50,00 € (25 Std.), Auszubildender: 30,00 € (10 Std.) netto, Gewinnaufschlag: 10 %
Beschaffung	Firewall Systeme SONIX 3 Stück für je 4 500,00 € (netto), 36 Monate Lizenz für 21 000,00 €, Fremddienstleistungen: 4 Stunden a 80,00 € (netto), Handlungskostenaufschlag 30 %

Risiken	Migration auf das neue System: Ausfall des Systems minimieren, Klären mit Auftraggeber, ob Wartungsvertrag o. Ä.
Lessons Learned	...

3 Vergleichen Sie die verschiedenen Entwürfe im Anschluss und diskutieren Sie, welchen gemeinsamen Entwurf Sie verwenden würden. Ergänzen Sie zum Schluss auch Angaben zum „Lessons Learned".

4 Informieren Sie sich mithilfe des folgenden Schaubilds und des englischen Informationstextes über SDN und Netzwerkvirtualisierung und bearbeiten Sie folgende Teilaufgaben.

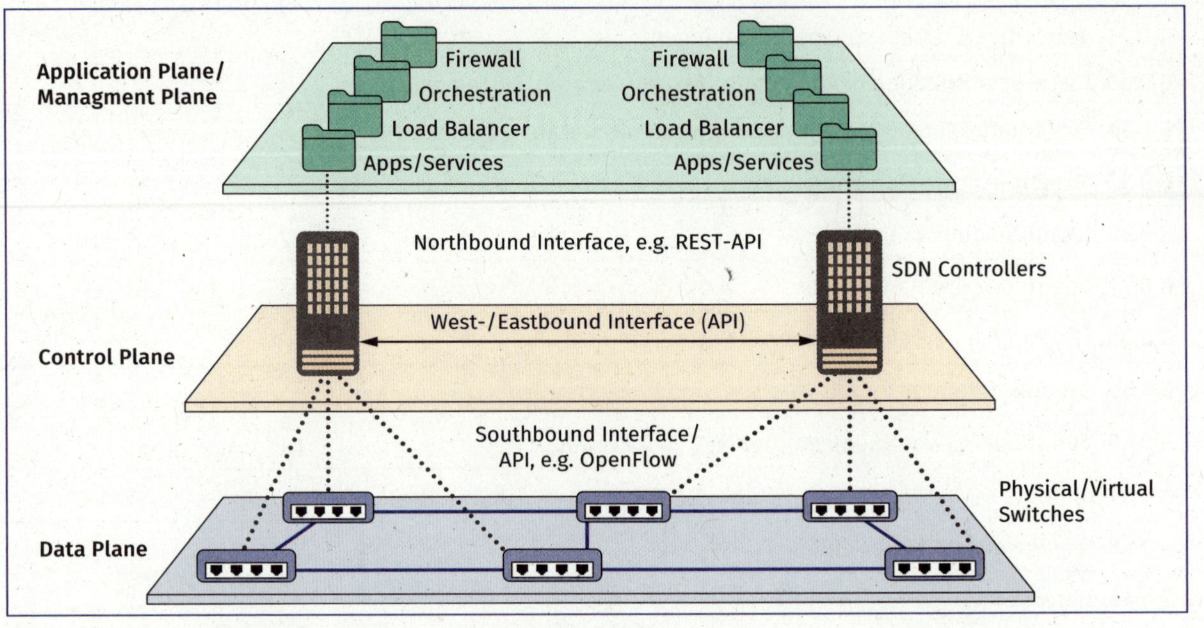

Software-defined networking (SDN) describes a decoupling of the network control logic from the executing devices such as routers, bridges, gateways or switches that control information in the underlying network. While SDN is intended for the internal network in the LAN or Provider Network, Software-Defined WAN (SD-WAN) simplified and accelerated branch office networking.
The aim of the SDN architecture is to provide fast and reliable access to business applications. In software-defined networks, a software application controller manages the network and its activities. With SDN, administrators can manage network services centrally and based on software, so they can react quickly to changing business requirements.
Network virtualization is realized in three layers – the application layer, the control layer and the infrastructure levels. Connectivity between the layers is enabled by northbound and southbound APIs.
The application layer includes a set of applications and network functions to improve the applications. Virtualization helps here to enable more performance, simplify IT and increase security. Examples are application wide area networks (WAN), firewalls, load balancing, WAN Optimization Controllers (WOCs), Authentication and Application Delivery Controllers (ADCs). With software-defined virtualization of hardware components, less flexible and hardware-specific controllers can be replaced.
The control layer manages policies and traffic flow across the network. It consists of the SDN Controller, which connects the application layer with the infrastructure layer. This layer handles the requests that are sent from the application layer via the southbound API to the actual network.
The infrastructure is connected via the northbound API. It also communicates information back to the application layer extracted from the infrastructure to optimize functionality.
The infrastructure layer contains the physical devices such as switches and routers. These network devices control important routing functions and data processing capabilities. They are responsible for providing critical information for network usage and topology to collect and send back to the control layer.
The northbound API enables communications between the control and application layers.
The southbound API enables communications between the control and infrastructure layers.

a) Geben Sie dem Schaubild auf S. 334 eine Überschrift.

b) Was ist der Grundansatz von SDN hinsichtlich der Geräte- und Netzwerksteuerung?

c) Aus welchen Schichten besteht die Netzwerkvirtualisierung?

d) Welche Netzwerkfunktionen werden in der Anwendungsschicht bereitgestellt?

e) Was leistet die Steuerungsschicht?

f) In welcher Schicht sind die physischen Switches und Router angesiedelt?

g) Was ist der Unterschied zwischen der Northbound-API und der Southbound-API?

Aufgabe 6: **Bearbeiten Sie Aufgaben zur Cloud-Sicherheit.**

4.4.2

1. Besprechen Sie folgende Checkliste zur Cloud-Sicherheit, verbessern oder erweitern Sie diese.

Cloud-Sicherheit	**ja**	**nein**
a) Sind die Verantwortlichkeiten für Sicherheit mit dem Cloud-Provider geklärt?	☐	☐
b) Werden Zugriffe kontrolliert? Sind nur Load Balancer und Bastion Hosts öffentlich vom Internet erreichbar? Werden Tools für Identitäts- und Zugangskontrolle genutzt? Werden Rollen im Identitäts- und Zugriffsmanagement (IAM) und Berechtigungen passend vergeben?	☐	☐
c) Werden Daten in der Cloud durch Verschlüsselung geschützt, Verschlüsselungsdienste genutzt, Provider keinen Zugriff auf die Schlüssel gegeben, Schlüssel regelmäßig ausgetauscht?	☐	☐
d) Kommt Multi-Faktor-Authentifizierung (MFA) beim Zugriff auf Management-Konsolen, Dashboards und privilegierte Accounts zum Einsatz?	☐	☐
e) Erfolgen ein Security-Logging und Monitoring, um unautorisierte Zugriffe und Probleme sichtbar zu machen, hat Sichtbarkeit vor der Kontrolle hohe Bedeutung?	☐	☐
f) Gilt der Grundsatz „Shift Left" für Security, werden damit Security-Anforderungen von Anfang an mit hoher Priorität berücksichtigt?	☐	☐
g) Werden regelmäßig aktuelle Sicherheitspatches installiert?	☐	☐
h) Ist ein den Sicherheitsanforderungen gemäßes Backup-System installiert?	☐	☐
i) Ist die WiFi-Sicherheit im öffentlichen Netz anforderungsgerecht?	☐	☐
Weitere Fragen/Maßnahmen		
	☐	☐
	☐	☐
	☐	☐
	☐	☐
	☐	☐

2. Prüfen Sie arbeitsteilig Cloud-Security-Analyse-Tools und -Plattformen sowie MS Windows hinsichtlich ihrer Sicherheitsfeatures.

- Recherchieren Sie zu Security-Tools wie beispielsweise www.alcide.io, www.tenable.io, www.portshift.io.
- Testen Sie diese zeitlich beschränkt über Testversionen, soweit kostenloser Download möglich.
- Rufen Sie in Windows 10 oder 11 den Echtzeitschutz (Windows-Suchleiste: „Sicherheit"), Viren- und Bedrohungsschutz „Ransomware-Schutz" auf und aktivieren Sie den „überwachten Ordnerzugriff".
- Geben Sie in Stichworten wichtige Features an.
- Erstellen Sie in parallelen Kleingruppen Präsentationen, tragen Sie vor, vergleichen und diskutieren Sie dazu. Sprechen Sie sich evtl. zum Arbeitsauftrag genauer ab.

NOTIZEN

3 Prüfen Sie arbeitsteilig die Wissensdatenbank auf Verwendung zur Netzwerksicherheit.
Recherchieren Sie arbeitsteilig in der englischsprachigen Wissensdatenbank:

MITRE ATT&CK (https://attack.mitre.org)

Stellen Sie wichtige Netzwerkattacken und Abwehrmaßnahmen (Techniques) für Netzsicherheit heraus (hier: Stichworte der Einzelrecherche).

NOTIZEN

Nachhaltigkeit sicherstellen

S **In einer Ausbildungssitzung soll das Thema „Nachhaltigkeit bei IT-Systemen“ vertieft werden.**

Holger Lübberstedt: Wir haben im Laufe Ihrer Ausbildung bereits über Green-IT bei Arbeitsplatzrechnern gesprochen. Nun geht es um Netze und Netzwerk-Devices sowie Server und RZ. Wir wollen einmal feststellen, wo Möglichkeiten für Green-IT zu finden sind.

Laura Meier: IT und Netze benötigen über 10 % der gesamten Energie auf der Welt und produzieren viel CO_2.

Julian Markus: Wir sollten Berechnungen durchführen.

Saahil Arora: Ich habe einen krassen Fall eines Kunden vorbereitet, an dem wir weiterarbeiten können und feststellen werden, wie groß das Verbesserungspotenzial in € ist und die Einsparungsmöglichkeiten von CO_2.

Levi Kramer: Wir sollten unbedingt erreichen, dass unser System so energieeffizient wie möglich ist.

Aufgabe 7: Bearbeiten Sie folgende Aufgaben (siehe auch Schülerbuch Band 1, Lernfeld 1, Kapitel 1.3.3, Lernfeld 2, Kapitel 2.3.2, 2.10.4 und Lernfeld 3, Kapitel 3.9.2).

4.4.3

1 Wenn ein Server statt einer Leistungsaufnahme von 3 000 Watt nur 1 000 Watt pro Stunde benötigt, wie viel Energie (kWh) und Geld (in €) kann man bei 40 Cent pro kWh in einem Jahr bei einer durchgehenden Serverlaufzeit einsparen?

2 Wie viel ließe sich zusätzlich einsparen, wenn der Server nur fünf Tage die Woche zwölf Stunden läuft?

3 Wie viel CO_2 wird durch beide Maßnahmen eingespart, wenn gilt: Pro eingesparter kWh werden 559 g CO_2 weniger erzeugt?

4 Welches Gütesiegel steht für hohe Energieeffizienz?

5 a) Erläutern Sie folgendes Schaubild anhand der englischen Erläuterung.

PUE – (Power Usage Effectiveness) eines vorbildlichen RZ

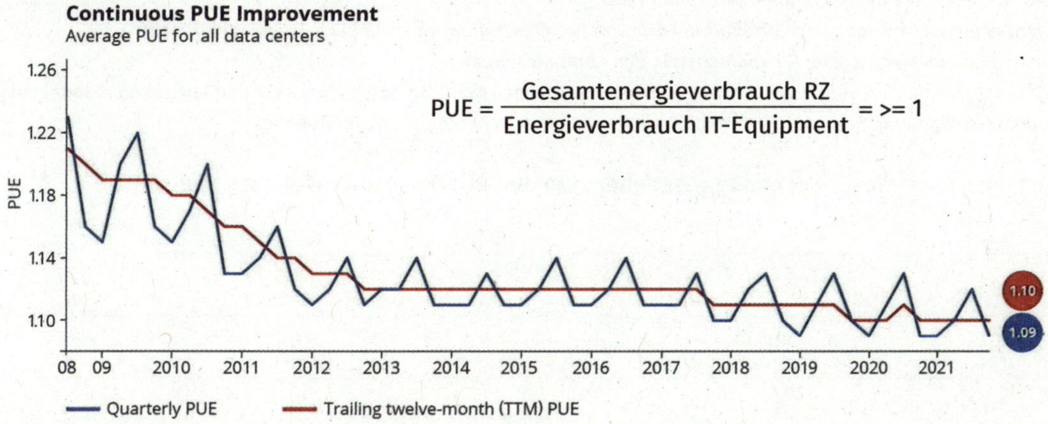

Explanation: A PUE value of 2.0 means that for every watt used to power IT equipment, another watt must be used to cool the IT equipment and distribute power. The closer the PUE approaches a value of 1.0, the more energy is spent on the computing activity itself. Siehe auch Erläuterung der Formel unten unter c).

b) Beurteilen Sie die Entwicklung des Referenz-RZ anhand der gezeigten Statistik.
Der durchschnittliche PUE-Wert 2021 der in einer Statistik geführten großen RZ lag bei 1,5, viele kleinere RZ hatten Werte z. T. weit über 2,5. Wie entwickelte sich der PUE-Wert des Benchmark-RZ insgesamt und im Jahresverlauf?

c) Berechnen Sie den PUE-Wert für ein Prüf-RZ nach folgender Formel:

$$\text{PUE} = \frac{\text{VINF} + \text{VIT} + \text{VTrans} + \text{VKAB} + \text{VEnergie}}{\text{VIT} - \text{VKlima} - \text{VUSV} + \text{ESelbst}} = \frac{0{,}3 + 1{,}2 + 0{,}2 + 0{,}2 + 0{,}4}{1{,}2 - 0{,}4 - 0{,}3 + 0{,}1} =$$

Erläuterungen der Werte (V=Value), individuelle Berechnung für RZ der JIKU GmbH:
VINF: Energieverbrauch für die Infrastruktur, über die allgemeine Klimaanlagen ohne die IT-Klimatisierung, Beleuchtung, Büroräume und einige Netzwerkgeräte versorgt werden

VIT: Energieverbrauch für die IT, über die Server, Netzwerk, Speicherkomponenten und Klimaanlagen in den Computerräumen versorgt werden
VTrans: Transformatorverluste bei Mittel- und Hochspannung
VKAB: Kabelverluste bei Hoch- und Niederspannung
VEnergie: Energieverbrauch am Standort in Form von Betriebsstoffen, einschließlich Erdgas und Heizöl
VKlima: Energieverbrauch der Klimaanlagen in den Computerräumen
VUSV: Energieverlust an unterbrechungsfreien Stromversorgungen (USV), die Server, Netzwerk und Speicherkomponenten versorgen
ESelbst: selbstgewonnener Energie-Ertrag über CO_2-neutrale Technologie, z. B. Photovoltaik

d) Was muss nach dieser Rechnung geschehen, um den PUE-Wert auf möglichst 1 zu senken?

6 Erstellen Sie eine Präsentation zum Thema „Nachhaltigkeit".

a) Stellen Sie fest, welche Bemühungen Google für CO_2-freie Rechenzentren aufwendet.
www.google.com/intl/de/about/datacenters/
www.google.com/intl/de/about/datacenters/cleanenergy/

b) Stellen Sie fest, was die Initiative „carbon-free energy" leisten will.
https://gocarbonfree247.com/

c) Ergänzen Sie eine weitere bedeutende Initiative, z. B. unter https://www.bitkom.org.

7 Bringen Sie die vorgeschlagenen Maßnahmen zur Verbesserung der Nachhaltigkeit bei der JIKU IT-Solutions in eine Reihenfolge. Nummerieren Sie die Maßnahmen aufsteigend nach Wichtigkeit von (1) bis (15). Vergleichen Sie Ihre persönlichen Ergebnisse und diskutieren Sie zur Priorisierung der Maßnahmen. Stellen Sie evtl. eine gemeinsam abgestimmte Liste auf.

Maßnahmen und Fragen zur Verbesserung der Nachhaltigkeit	
a) Ersatz alter Netzwerk-Devices mit schlechten Energiewerten	
b) Energiemanagement/-optionen der Server und Devices überprüfen	
c) BIOS-optimieren, z. B. Grafikchip abschalten/managen	
d) Energiemanagementapps prüfen und Energiesparplan aufstellen	
e) Turbo-Boost im Prozessor abstellen/managen	
f) Dafür sorgen, dass Geräte-Lüfter nicht so oft anspringen/arbeiten	
g) Akku-Verbrauch der mobilen Devices optimieren	
h) Strommessgeräte	
i) Mitarbeiter über energiesparende Möglichkeiten informieren und prüfen	
j) Möglichkeiten eigener Stromerzeugung und Wärmeweitergabe prüfen	
k) Netzteile mit hoher 80-Plus-Zertifizierung (Gold, Platinum, Titanium) wählen	
l) Bei Servern mit Leerlaufzeiten Energiemanagement anpassen.	
m) Bei Festplatten, RAID-Laufwerken Energiemanagement prüfen	
n) Bei redundanten Lüftern und Netzteilen das Energiemanagement prüfen	
o) Sind Server und Devices zur Nachhaltigkeit zertifiziert?	

Maßnahmen und Fragen zur Verbesserung der Nachhaltigkeit
Ermitteln Sie durch Recherche, welche Watt-Kennwerte aktuell die besten Server haben. Stand-By: ______________________ Leerlauf: ______________________ Dauer-Volllast: ______________________
Ermitteln Sie durch Recherche, welche TDP-Werte, auf deren Grundlage die Kühlung (falls erforderlich) sowie die Stromzufuhr ausgelegt werden, aktuell optimal sind. (Hinweis: Thermal Design Power (TDP) ist die thermische Verlustleistung elektrischer Bauteile wie CPU oder Grafikkarte, abhängig vom Typ des Bauteils, Kühlsystems und der Umgebungstemperatur.) CPU: ______________________ Grafikkarten: ______________________

8 Prüfen Sie Maßnahmen zur Energiekostenoptimierung.
Die RAMI GmbH hat sich an JIKU IT-Solutions gewandt, um eine Energieoptimierungsberatung für die IT durchzuführen. Sowohl Arbeitsplatzrechner als auch Server im Unternehmen sind z. T. weit mehr als fünf Jahre alt und nicht mehr auf dem aktuell geforderten Leistungsstand. Mit über 8 000 € im Monat sind die Energiekosten zu hoch. Eine Istaufnahme gab die Daten der Tabelle der folgenden Seite aus.

a) Vervollständigen Sie die Tabelle der folgenden Seite und berechnen Sie daraus den aktuellen Energiebedarf und einen möglichen Soll-Bedarf durch Neubeschaffung der Hardware sowie das Einsparvolumen. Verwenden Sie möglichst ein Tabellenkalkulationsprogramm (Vorlage im Downloadbereich).

b) Listen Sie Maßnahmen auf, die zur Energiekostenoptimierung ergriffen werden sollen.

____

____

____

____

Nachhaltigkeit																		
Gerätetyp	**Anzahl**		**Watt je Stunde**		**Betriebsdauer in Stunden pro Tag**		**kWh insgesamt**		**Betriebstage 5 Jahre**		**kWh auf 5 Jahre**		**Stromkostensatz in €**		**Strom-kosten**	**Strom-kosten**
	Ist	Soll	Ist	Soll	Ist	Soll	Ist	Soll	Ist	Soll	Ist 70 %	Soll 70 %	Ist	geschätzt	Ist insgesamt	Soll insgesamt
Standard-PC	10	15	300	16	8	6			1 250	1 000			0,4	0,28		
Business-PC	8	4	700	65	8	6			1 250	1 000			0,4	0,28		
Workstation	5	4	1 400	120	12	10			1 250	1 000			0,4	0,28		
Server	4	4	3 500	350	24	15			1 820	1 400			0,4	0,28		
										gesamt:				gesamt:		
										Einsparung:						

Pro Monat

Mindestoptimierung –10 %	
Ökostrom-Zusatzkosten 20 %	
Sonst. Optimierungsmögl. –30 %	

Gesamt

Einsparung kg CO_2 bei 559 g/kWh	

	gesamt 5 Jahre	**pro Monat**
Einsparung:		

Lernsituation 5: Wir erstellen Pflichtenhefte und unterstützen die Vertragserstellung

S **Das Ausbildungsteam von JIKU IT-Solutions hat die Federführung übernommen, Karla Schepp und Saahil Arora haben die Projektleitung inne. Die Geschäftsleitungen von weiteren fünf Unternehmen haben beschlossen, sich dem Projekt „Azubi-Connect“ anzuschließen und zu einem Ecosystem weiterzuentwickeln. Dabei sollen, wenn möglich, auch die berufsbildenden Schulen und die zuständige Industrie- und Handelskammer einbezogen werden.**

Holger Lübberstedt: Wir haben aus Kundensicht Lastenhefte erstellt, einfache Netzpläne erstellt und mit dem Kunden besprochen. Nun legen wir unseren Fokus auf die fachliche Spezifikation.

Saahil Arora: Wir haben ja bereits mitbekommen, dass nun die Pflichtenhefte oder fachlichen Leistungsbeschreibungen kommen.

Karla Schepp: Während im Lastenheft das Was und Wofür aus Kundensicht steht, erstellen die Leistungserbringer eine genaue Leistungsbeschreibung und damit das Wie und Womit.

Laura Meier: Die Netzpläne müssen weiter fachlich konkretisiert werden.

Holger Lübberstedt: Richtig. Zum Pflichtenheft haben wir ja eine Gliederungsvorschrift besprochen. Jetzt wollen wir tiefer einsteigen.

Levi Kramer: Bezogen auf unser Projekt „Azubi-Connect“ müssen wir also unsere Hardware bzw. virtualisierte Hardware, das Cloud-Portal und die Applikationen genauer beschreiben.

Jürgen Pollina: Wir sollten uns dabei aber nicht bloß nach dem Projekt „Azubi-Connect“ richten. Das engt uns eventuell zu sehr ein.

Holger Lübberstedt: Ich hätte auch Aufgaben, die nicht direkt mit dem Projekt zu tun haben, aber wichtige Komponenten tiefer einbeziehen.

Jürgen Pollina: Diese Aufgaben sollten wir also auch einbeziehen.

Holger Lübberstedt: Gut, dann arbeiten wir in Arbeitsgruppen parallel daran, fachliche Leistungsbeschreibungen oder Pflichtenhefte für das Projekt „Azubi-Connect“ zu erstellen. Daneben arbeiten wir auch an genaueren und fachlichen Leistungsbeschreibungen für andere Komponenten und Anforderungen aus Lastenheften.

4.5 Pflichtenhefte nach Unternehmensanforderungen erstellen

Ausschreibungs- und Vergabeplanung

S **Alle sechs Partner des Ecosystems „Azubi-Connect“ wollen Hard- und Software, Cloud-Dienste etc. bündeln und in einer gemeinsamen Aktion beschaffen und bereitstellen. Das Beschaffungsvolumen in € wird für alle sechs Partner zusammen und über fünf Jahre auf insgesamt über 250 000,00 € eingeschätzt, unabhängig von der Entscheidung für Bare Metal oder Cloud. JIKU IT-Solutions soll die Federführung in der Beschaffung bekommen. Es muss darüber diskutiert werden, ob Anfragen öffentlich ausgeschrieben werden sollen.**

Holger Lübberstedt: Wir haben es geschafft, ein gemeinsames Projekt mit nunmehr sechs Partnern unter Federführung der JIKU IT-Solutions einzurichten. Das finanzielle Auftragsvolumen wird sich dabei auf einige hunderttausend Euro erhöhen. Heute diskutieren wir darüber, ob wir eine Ausschreibung durchführen wollen oder konkret Angebote bei ausgewählten Lieferanten einholen möchten.

Laura Meier: Ich habe für öffentliche Kunden schon einmal Ausschreibungsunterlagen gesehen. Öffentliche Betriebe müssen alles sehr transparent durchführen.

Karla Schepp: Wir müssen bei der NISO AG bei Beschaffungen über 100 000,00 € prüfen und begründen, ob wir eine Ausschreibung über eine Ausschreibungsplattform durchführen sollten oder nicht.

Saahil Arora: Bisher liegen wir mit unseren Lieferanten eigentlich ganz gut.

Julian Markus: Aber über Ausschreibungen erhalten wir eventuell ganz neue Ansätze.

Levi Kramer: Ich fände es interessant, uns einmal Ausschreibungsplattformen anzusehen. Vielleicht kann man kostenlos einen Zugang erhalten.

Jürgen Pollina: Wir sollten einmal eine Aufstellung machen, was wir den potenziellen Lieferanten als Pflichtenheft oder Leistungsbeschreibung zur Verfügung stellen und in welcher Form das passiert.

Jannik Brunke: Ich habe auch gesehen, dass Unternehmen zu Ausschreibungen Preisblätter mit der Tabellenkalkulation beifügen. Dann erspart man sich das vergleichende Rechnen.

Holger Lübberstedt: Gut, versuchen wir uns einmal an einem Entwurf der Ausschreibungsunterlagen.

Aufgabe 1: Bearbeiten Sie folgende Teilaufgaben zur Entscheidung, welcher Art die Anfragen bei Unternehmen sein sollen.

4.5.1

1. Es soll über Vor- und Nachteile einer freihändigen Vergabe gegenüber einer Ausschreibung über ein öffentliches Portal diskutiert werden.

   a) Notieren Sie zur Vorbereitung für sich Vor- und Nachteile (ggf. in Partnerarbeit).

NOTIZEN

b) Sammeln, präsentieren, clustern und priorisieren Sie die gesammelten Vor- und Nachteile gemeinsam und fällen Sie eine begründete Entscheidung.

Vorteile: ______________________________

____

____

____

____

Nachteile: ______________________________

____

____

____

____

Entscheidung: ______________________________

____

____

2 Geben Sie Bestandteile an, die eine nicht öffentliche (nö) oder öffentliche (ö) Ausschreibung haben sollten, welche Unterlagen nur auf konkrete Anmeldung einer Beteiligung herausgegeben (B) werden sollten und ergänzen Sie folgende Liste z. B..

- Bekanntmachung (Titel, Auftragsgegenstand, Kurzerläuterung) z. B. (ö)
- Unterteilung in 6 Lose nach Unternehmen mit Detailbeschreibung z. B. (nö)
- Leistungsbeschreibungen z. B. (B)

____

____

____

____

____

____

____

____

____

____

____

3 Prüfen Sie verschiedene Ausschreibungsportale und geben Sie an, ob diese sich für eine Ausschreibung zu „Azubi-Connect" eignen, welche Unterlagen in den Portalen eingestellt werden, ob eine öffentliche Ausschreibung nicht öffentlichen Anfragen bei Lieferanten vorzuziehen ist.

a) Beschreibung von Unterlagen, die in Ausschreibungsportalen für die möglichen teilnehmenden Lieferanten bereitgestellt werden

b) Kurzstellungnahme zur Ausschreibung über Portal oder Anfragen bei ausgewählten Lieferanten

Funktionale Anforderungen planen

S **Die Auszubildenden der JIKU IT-Solutions GmbH sollen die Pflichtenhefterstellung vorbereiten und fachliche Spezifikationen zur Vernetzung ausarbeiten.**

Holger Lübberstedt: Im ersten Jahr haben wir über Grundlagen der Vernetzungsinfrastruktur gesprochen. Wir wollen uns nun vertiefend mit der Verkabelung von Gebäuden und WLAN beschäftigen.

Levi Kramer: Aus unterschiedlichen Gründen, insbesondere auch Sicherheitsgründen, müssen wir Netze neu aufteilen. VLAN und DMZ wird denke ich immer wichtiger.

Holger Lübberstedt: Meine ich auch. Wir sollten diese Themen gleich mitbehandeln. Ich habe viele Teilaufgaben für Sie vorbereitet, an denen wir die Anforderungen ausarbeiten können.

Aufgabe 2: **Bearbeiten Sie folgende Teilaufgaben.**

4.5.2

❶ Wiederholen Sie in Stichworten, was Sie zu Anforderungen in der Netzwerkverkabelung gelernt haben.

Wiederholung zur Verkabelung
Vorteile einer Glasfaserleitung gegenüber einer Kupferleitung:
Vorteile von WLAN gegenüber Kabel-LAN:
Was wissen Sie über die strukturierte Verkabelung?
Was wissen Sie über die Primärverkabelung (Bereich, Kabelarten, maximale Kabellänge)?
Was wissen Sie über die Sekundärverkabelung (Bereich, Kabelarten, maximale Kabellänge)?
Was wissen Sie über die Tertiärverkabelung (Bereich, Kabelarten, maximale Kabellänge)?
Was wissen Sie über Multimode-/Singlemode-Glasfasern und biegeunempfindliche Glasfasern?

2 Geben Sie im folgenden Schaubild an, bei welchen Pfeilen es sich um Primär-, Sekundär- und Tertiärverkabelung handelt. Zeichnen Sie die Gebäude- und Etagenverteiler mit einer strukturierten Verkabelung nach DIN EN 50173 ein.

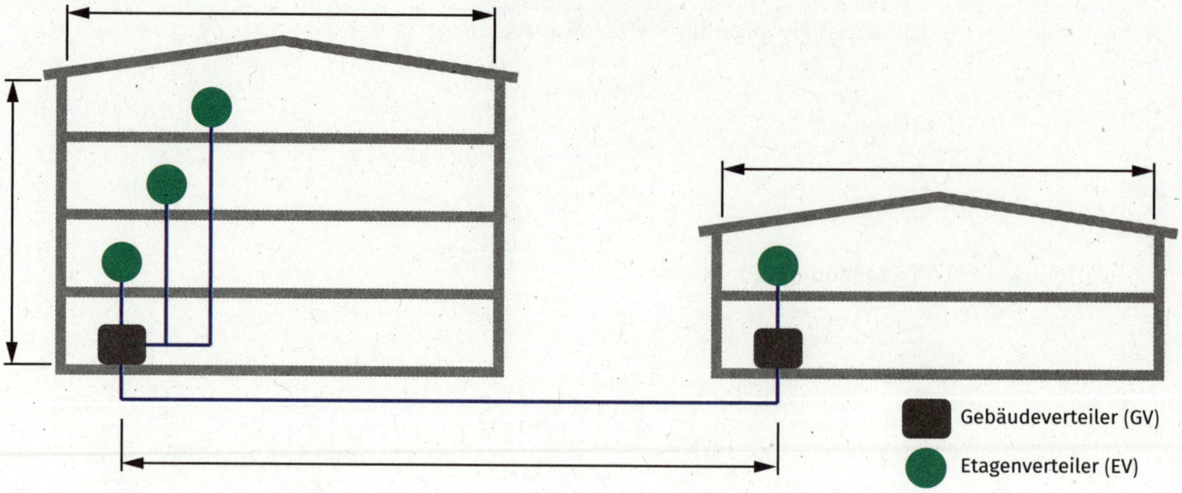

3 Es sollen drei OG-Etagen vom IT-Raum des Erdgeschosses strukturiert nach DIN EN 50173 verkabelt werden. Folgende Anforderungen wurden im Lastenheft gestellt:

- Aus Sicherheitsgründen sollen zwei Server redundant zur Verfügung stehen. Zur Datenspiegelung sind die Gebäudeverteiler über ein Kabelsegment zu verbinden.
- Der Gebäudeverteile GV1 ist mit Server 1 und Gebäudeverteiler GV2 mit Server 2 zu verbinden.
- Die Etagenverteiler (Switches) sind mit beiden Gebäudeverteilern zu verbinden.

Strukturierte Primär- und Sekundär-Verkabelung des Gebäudes	
Etage OG3	
Etage OG2	
Etage OG1	
Erdgeschoss	IT-Raum GV1 S1 S2 GV2
Hinweis: EV.. ohne Primär- und Tertiärverkabelung	

4 Planen Sie eine strukturierte Verkabelung zur Vernetzung von zwei Gebäuden mit jeweils zwei Etagen.

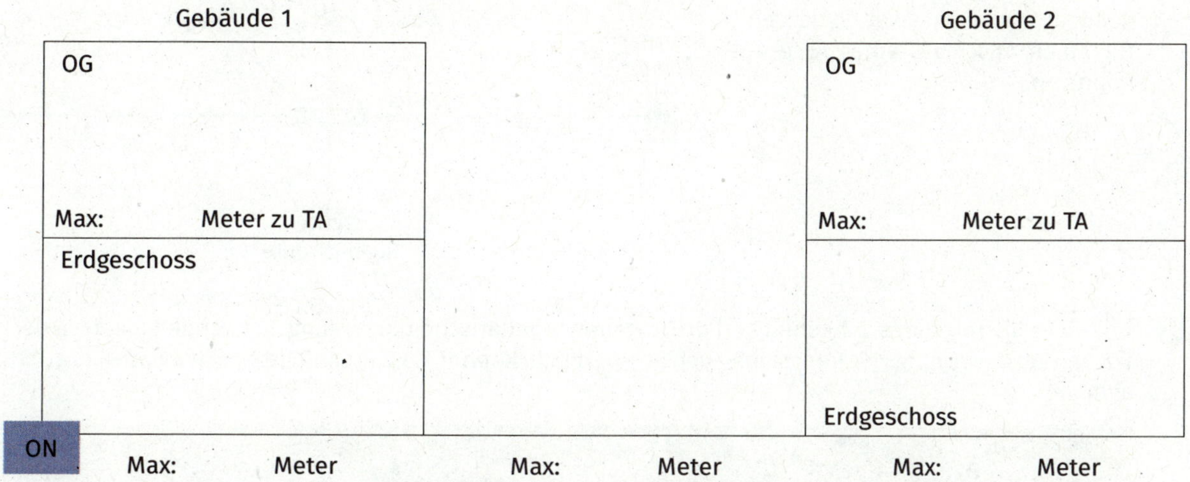

a) Zeichnen Sie einen Entwurf der strukturierten Verkabelung nach DIN EN 50173 vom [ÖN] = Anschluss Öffentliches Netz mit den [SV] = Standortverteiler, [GV] = Gebäudeverteilern, [EV] = Etagenverteilern und je einen [TA] = Arbeitsplatzanschluss/Teilnehmeranschluss in das Schaubild oben ein.

b) Tragen Sie die maximale Kabellänge in der Sekundär- und Tertiärverkabelung in das Schaubild ein.

5 Bei Lichtwellenleiter können Multimode- oder Single-/Monomode-Fasern verwendet werden. Beschreiben Sie anhand von Merkmalen, wie sich eine Monomode-Faser von einer Multimode-Faser unterscheidet.

____

____

____

____

6 Wählen Sie eine Faserart für Etagenverteiler aus und begründen Sie Ihre Auswahl.

____

____

____

____

7 Ordnen Sie die Begriffe Pachkabel und Verlegekabel in der Tabelle richtig zu.

Von	Nach	Leitungsart
Client	UAE/TA	
UAE/TA	Patchpanel	
Patchpanel	Switch	

8 Im Betrieb soll WLAN zur Verfügung gestellt werden. Geben Sie in folgendem Netzplan zwei Varianten für einen Anschluss eines Access-Points an.

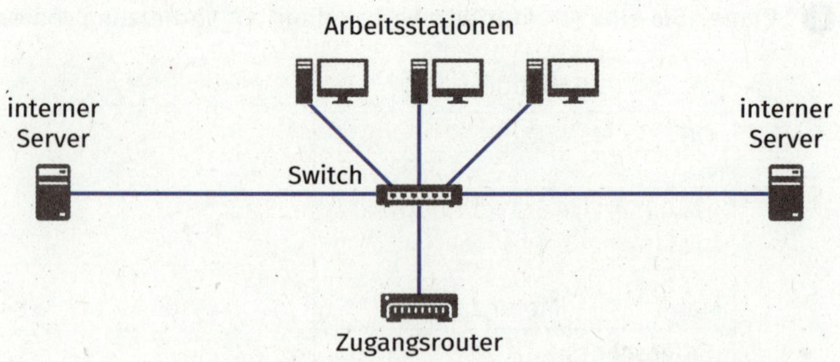

9 Erläutern Sie folgendes Schaubild und die folgende tabellarische Darstellung. Verwenden Sie dazu den englischen Text. (vgl. Aufg. 10, Info: siehe auch Schülerbuch, Kapitel 4.3.2 (1) und https://www.wi-fi.org, https://avm.de)

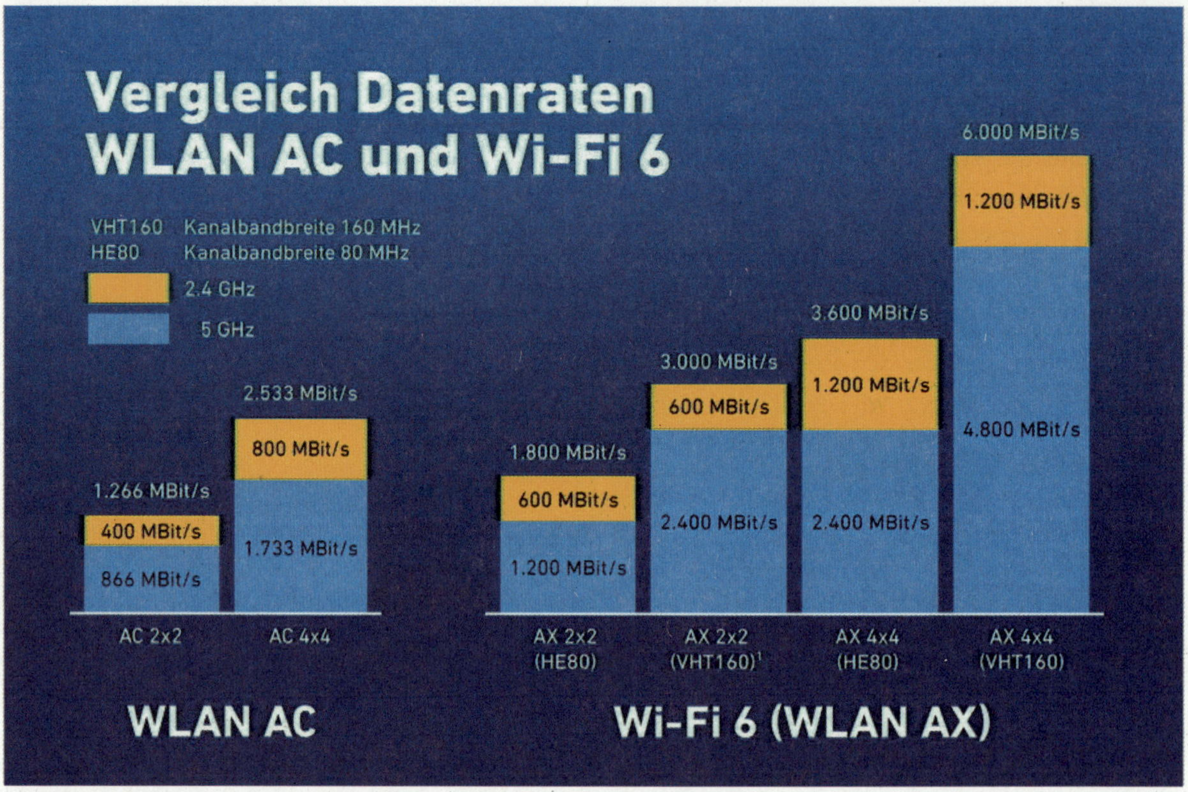

Hinweise: VHT = Very High Throughput 160, HE80 = High Efficiency 80

Standard	Jahr	Reichweite	MIMO	MU MIMO	Bänder	Bandbreite	Datenrate max.
802.11n	2009	ca. 70 Meter	bis 4x4	nein	2,4 & 5 GHz	bis 40 MHz	bis 600 MBit
802.11ac	2013	ca. 50 Meter	bis 8x8	möglich	nur 5 GHz	bis 80 MHz	300 MBit bis 3,4 GBit
802.11ac Wave2	2012	ca. 50 Meter	bis 8x8	möglich	nur 5 GHz	bis 160 MHz	860 MBit bis 6,9 GBit
802.11ax	2020	bis ca. 30 Meter	bis 8x8	ja	2,4 & 5 GHz	bis 160 MHz	bis 12 GBit
Hinweise: Reichweite von Baulichkeiten und Störquellen abhängig, max. Datenrate durch örtliche Gegebenheiten und Funktionen wie MIMO-Typ real auch ca. bis 40 % möglich							

10 Geben Sie zu folgenden Fachbegriffen und englischen Erklärungen Kurzerläuterungen ab.

WLAN	
Eigenschaften/Standards	**Kurzerläuterungen (deutsch)**
SSID The SSID (Service Set Identifier) is a freely selectable name for a WLAN radio network.	
Mesh (engl. Netz) WLAN environments, in which several WLAN components (routers, repeaters) are responsible for better WLAN coverage in the area. In mesh mode, the devices use the same settings.	
QUAM oder QAM QUadrature amplitude modulation, data transmission method, the number in front indicates how many symbols can be transmitted simultaneously, commonly 16 QAM, 32 QAM, 64 QAM, 256 QAM and since 5G also 1024 QAM, with 1024 QAM, a signal is transmitted 25 % faster over a 160 MHz wide channel, each symbol transmits 10 bits instead of just 8 bits as with 802.11ac.	
WLAN N (IEEE-802.11n, Wi-Fi 4) Transmission rates of up to 150 Mbit/s, when using three radio antennas up to 450 Mbit/s. With both frequency bands (2.4 GHz and 5 GHz), a router with three antennas can increase it up to 900 Mbit/s.	
WiFi AC and Wave 2 (WiFi-5) WLAN AC (IEEE 802.11ac, Wi-Fi-5) as the successor to the WLAN-N standard (IEEE 802.11n) is downward compatible, Bandwidth 5 GHz, per channel instead of 40 MHz 80 or 160 MHz, data transferred with a signal modulation of 256 symbols of 8 bits each (QAM256). Combined with a multi-antenna connection (MIMO 3x3), the gross data rate improves, e.g. with 80 MHz bandwidth to 1.3 GBit/s, around 500-1000 MBit/s net. Extension „Wave 2“: Multi-User-MIMO (MU-MIMO), several devices are supplied with fast WLAN at the same time, e.g. with 4x4 MU-MIMO, a single client can be radioed in parallel by the router with up to 8 antennas on the frequency bands. Or the router can supply data to up to eight mobile devices, each of which only has one receiving antenna (1x1). With multi-user MIMO, the router can split the transmission power of its antennas for simultaneous communication with several devices in the WLAN, e.g. stream a video to a smart TV with four antennas and send data to a smartphone and notebook with the remaining four antennas.	

WLAN	
Eigenschaften/Standards	**Kurzerläuterungen (deutsch)**
Wi-Fi 6 (WLAN AX)/WiFi 6E Standard IEEE-802.11ax (WLAN AX, WiFi-6), with OFDMA radio technology, router negotiates the connection with several end devices at the same time and divides the individual WLAN channels into smaller sub-areas in order to send data packets more efficiently, backwards compatible, uses both the 2.4 and 5 gigahertz bands, speed per stream increased to 287 Mbps (2.4 gigahertz), to 1,201 Mbps (5 gigahertz) with a bandwidth of 160 megahertz. With four streams a router theoretically achieves a total of 1,148 Mbps (2.4 gigahertz) and 4,804 Mbps (5 gigahertz). 1024-QAM modulation, on the 2.4 gigahertz band, Wifi 6 only uses channels 1, 6 and 11, since neighboring routers do not interfere with each other when transmitting. Modern routers supply up to three suitable end devices with data in parallel via multi-user MIMO (MU-MIMO). The WLAN standard Wifi 6 also introduces the function for the opposite direction, so that the router receives data streams from several devices at the same time. Wifi 6 routers save the battery of end devices with „Target Wake Time“ (standby mode), Although WiFi 6 is much faster than its predecessor WLAN-ac, the greater the distance between the router and the measuring station, the data rates are sometimes drastically reduced, meaning that WLAN-ac with more antennas away can be faster. Wifi 6 is better where a large number of devices come together. The costs for the standard devices must also be taken into account. Wi-Fi 6E networks ensure higher capacity because they use the 6 GHz frequency band and offer 14 additional 80 MHz channels and 7 additional 160 MHz channels. They also have the following 802.11ax features: Wi-Fi 6E offers the same features and capabilities as 802.11ax, while also combining innovative technologies to help connect large numbers of devices running high-bandwidth, low-latency applications to improve overall network performance.	

11 WLAN-Router bieten viele Hersteller in unterschiedlichen Typen an. Sie unterscheiden sich in Spezifikationen wie Übertragungsstandards (z. B. DSL, LTE), Modems (z. B. 4G, 5G, Kabelmodem, VDSL oder ohne), mehreren Schnittstellen (TAE, ISDN, RJ-11, USB), unterschiedlichen Internetgeschwindigkeiten (1 Gbit/s bis 1,65 Gbit/s), WLAN-Geschwindigkeiten (von 150 Mbit/s bis 733 Mbit/s), unterschiedlichen Standards, Frequenzbändern (insbesondere 2,4 und 5 GHz), LAN-Ports, Verschlüsselung, Telefoniearten und -funktionen.

a) Unterscheiden Sie folgende Router, indem Sie kurze Erläuterungen abgeben.

Router im Vergleich	
Art	**Kurzerläuterung**
WLAN-Router	
Mobiler WLAN-Hotspot	
DSL-Router	
Mesh-Router	
VPN-Router	

b) Erläutern Sie die folgenden WLAN-Spezifikationen.

Spezifikation	Kurzerläuterung
Multi-SSID-fähig	
WPA3-Sicherheit	
Mesh-Node	
WLAN-Powerline-Set/ Adapter	

12 Planen Sie eine WLAN-Ausleuchtung für den nebenstehenden Raumtyp (inklusive Anschlüsse). Planen Sie auch die Anzahl und Positionen von Access-Points.

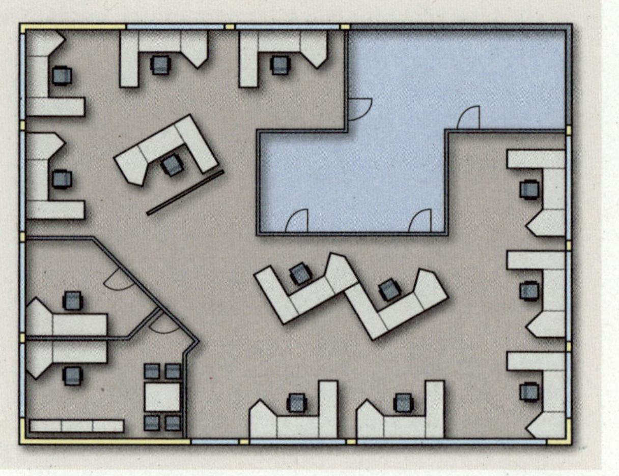

Kurzerläuterung:

13 Nennen Sie Maßnahmen, die einen unberechtigten Zugriff auf das WLAN erschweren.

14 Nennen Sie IT-Maßnahmen zur Verbesserung der Gebäudesicherheit.

15 Entsprechend DSGVO § 6 muss ein „berechtigtes Interesse“ für Videoüberwachung nachgewiesen werden. Nennen Sie Gründe für eine Überwachung und Aufzeichnung des Betriebsgeländes.

____

____

____

16 Nennen Sie Eigenschaften für die Auswahl einer geeigneten Überwachungskamera.

____

____

____

17 a) Erläutern Sie VLAN anhand der Schaubilder und nennen Sie Vorteile dieser Vernetzung.

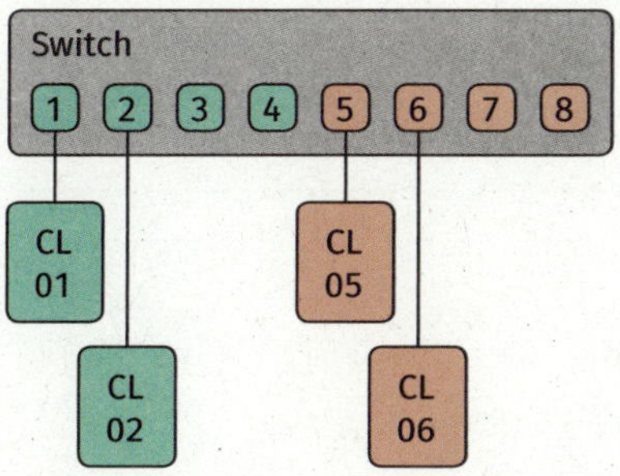

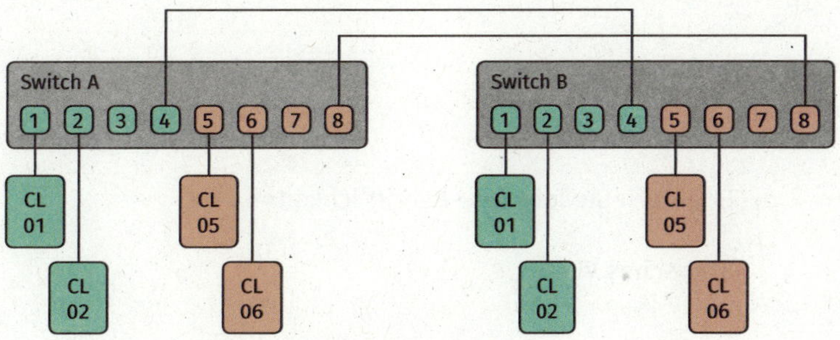

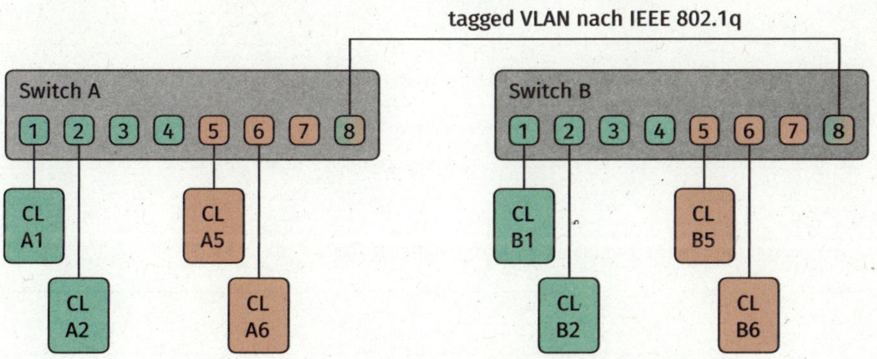

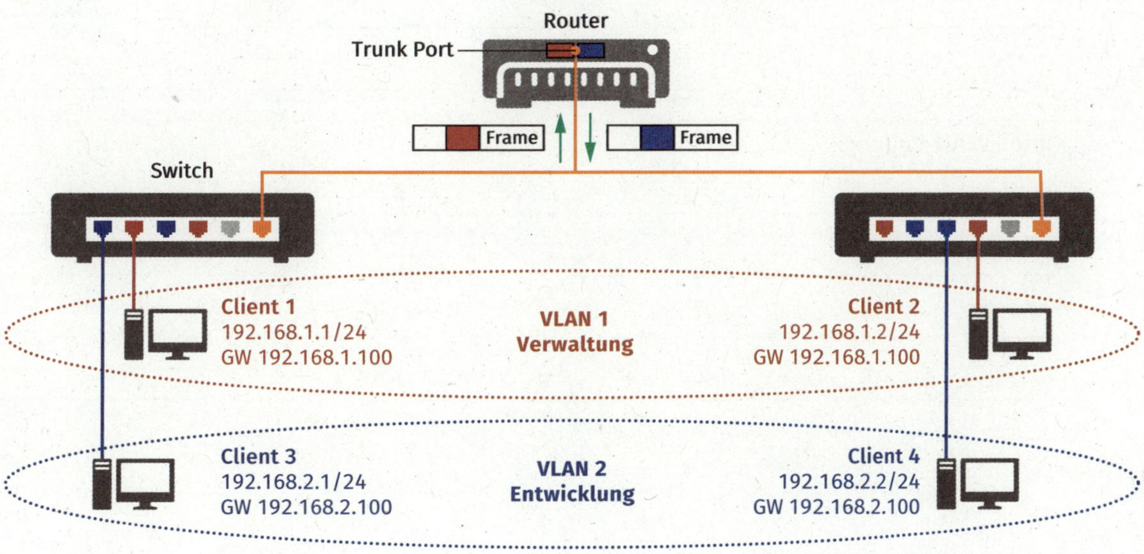

b) Erläutern Sie folgende Begrifflichkeiten.

Statisches VLAN:

Dynamisches VLAN:

Inter-VLAN-Routing:

18 Beschreiben Sie die unterschiedlichen Typen bzw. Kategorien von VLAN.

VLAN-Typ	Beschreibung
Portbasierte VLAN (untagged)	
Tagged VLAN	
Kategorien/Typen von dynamischen VLANs	
MAC-basiertes VLAN	
IP-Subnet-basiertes VLAN	
User-basiertes VLAN	
Schnittstellen bzw. Links zur Verbindung von Switches	
Access Link	
Trunk Link	

19 Um die Arbeitsplatzrechner der Mitarbeiter abzusichern, soll ein bestehendes Netzwerk in VLANs unterteilt werden (siehe auch Schülerbuch, Lernfeld 9, Kapitel 4.3.1).

Auf dem neu erworbenen Smart Business Switch mit insgesamt 16 Ethernet Ports sollen die VLANs für die Mitarbeiter konfiguriert werden (siehe Abbildung S. 245).

- Die Mitarbeiter der Buchhaltung sollen Zugriff erhalten auf beide Server und beide Drucker (VLAN 1).
- Die Service-Mitarbeiter sollen Zugriff erhalten auf den „Drucker Allgemein" und den CRM Server (VLAN 2).
- Der Geschäftsführer soll Zugriff auf alle Server und den „Drucker Allgemein" erhalten (VLAN 3).
- Alle Arbeitsplätze sollen Zugriff auf das Internet haben (VLAN 1–3).

Alle Arbeitsplatzrechner erhalten Internetzugriff. Das Routing wird per Konfiguration von Routing-Regeln abgebildet.

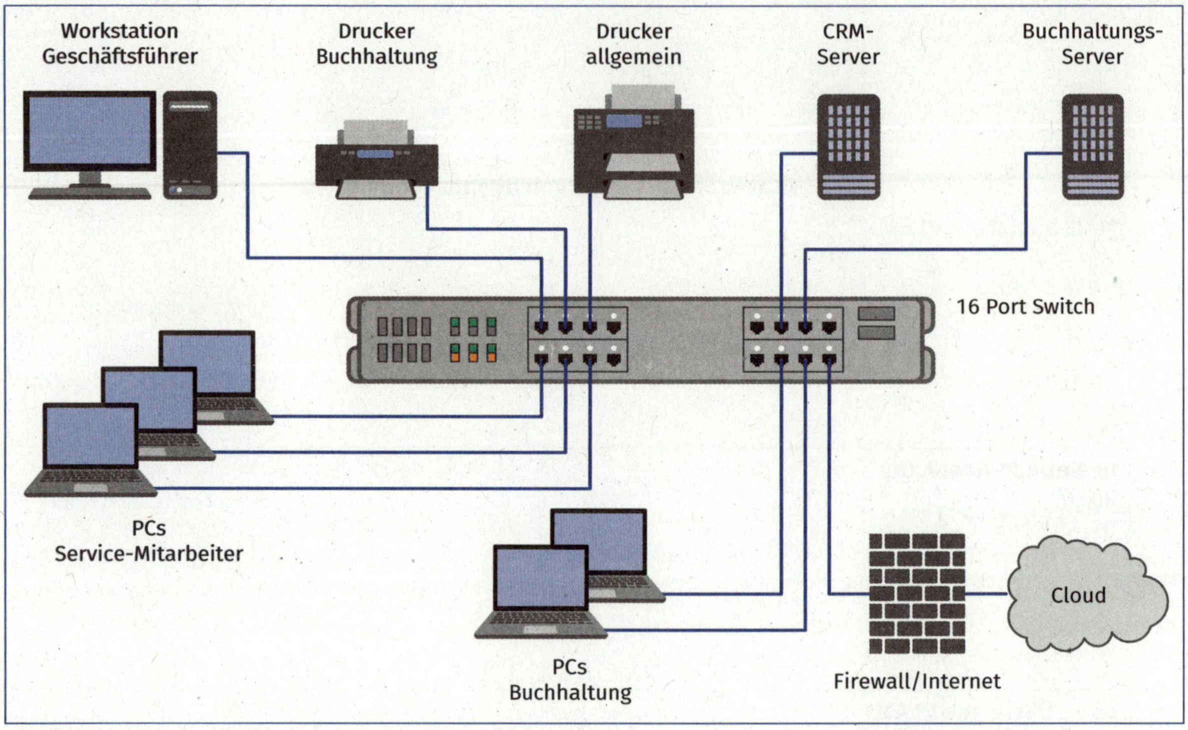

VLAN-Skizze

Bitte kreuzen Sie die entsprechenden VLANs an.

Port	Bedeutung	VLAN 1	VLAN 2	VLAN 3
1	Workstation Geschäftsführer	☐	☐	☐
2	Drucker Buchhaltung	☐	☐	☐
3	Drucker Allgemein	☐	☐	☐
6	CRM-Server	☐	☐	☐
7	Buchhaltungs-Server	☐	☐	☐
9–11	PCs der Service Mitarbeiter	☐	☐	☐
14–15	PCs der Buchhaltung	☐	☐	☐
16	Firewall/Internet	☐	☐	☐

20 Nennen Sie drei Netzwerkgeräte, die im WLAN VLANs unterstützen müssen, und begründen Sie Ihre Auswahl.

21 Planen Sie die IPv4-Adressvergabe für sechs Teilnetze (VLANs), wobei für jedes Teilnetz 50 IP IPv4-Adressen zu reservieren sind. Die Teilnetze sollen aus dem IP-Netzbereich 172.16.10.0/23 gebildet werden. Ermitteln Sie sechs Netzwerkadressen und die dazugehörige Subnetzmaske.

Teilnetz	Netzadresse	Subnetzmaske
IT		
VoIP		
Leitung		
Verwaltung		
WLAN intern		
WLAN Gast		

22 Erläutern Sie den Einsatz einer demilitarisierten Zone (DMZ) anhand folgender Schaubilder und Fragen.

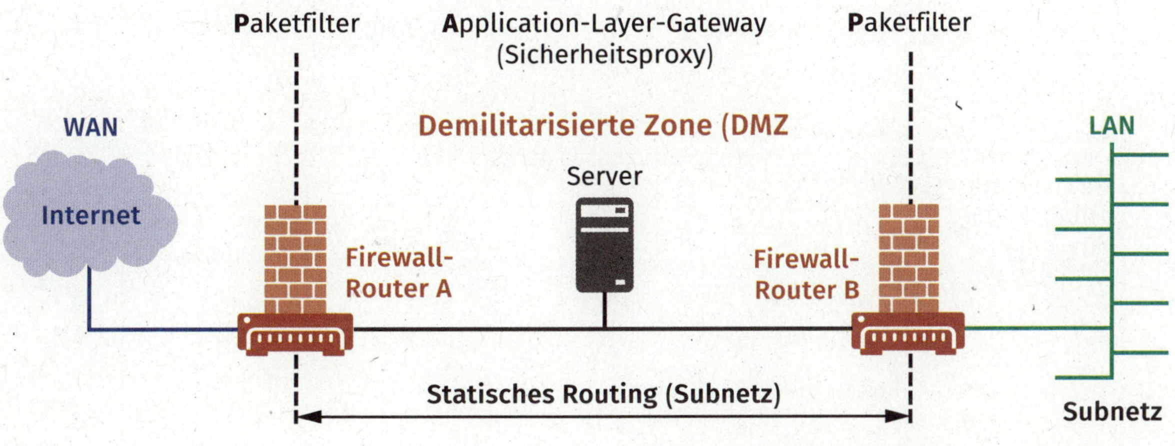

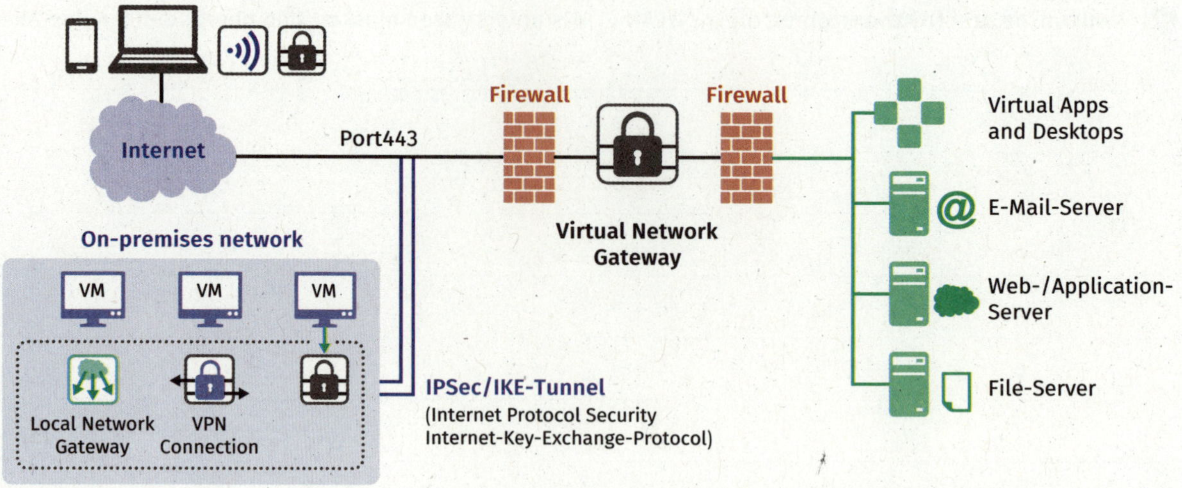

Was ist eine DMZ und was schützt sie?	
Wie wird eine DMZ eingerichtet?	
Welche Ports sollten für DMZ verwendet werden?	

Nicht funktionale Anforderungen planen

S Nun geht es darum, die Bedeutung nicht funktionaler Kundenanforderungen zu erkennen.

Holger Lübberstedt: Wir können noch so gute Netzwerktechniker sein, bekommen aber nicht den Kundenauftrag. Woran kann das liegen?

Laura Meier: Der Kunde mag uns vielleicht nicht oder der Kunde ist eine Behörde und wir müssen alle möglichen Ausschreibungsanforderungen erfüllen, und das können wir nicht. Die Kunden wollen 24/7-Verfügbarkeit, aber das bieten wir eventuell nicht usw.

Holger Lübberstedt: Ganz richtig erfasst. Darüber sollten wir einmal sprechen und zur Vorbereitung Aufgaben bearbeiten. In anderen Lernfeldern haben wir schon darüber diskutiert.

Aufgabe 3: **Stellen Sie eine Liste mit allgemeinen, nicht funktionalen Anforderungen zusammen (vgl. Teilaufgabe 3), die Kunden an Auftragnehmer bei Anfragen zu Netzwerkbeschaffungen stellen. Bearbeiten Sie dazu folgende Teilaufgaben.**

4.5.3

1. Recherchieren und stellen Sie fest, welche Lizenzen für Netzwerksoftware angeboten werden. Gehen Sie arbeitsteilig vor. Nennen Sie konkret eine Netzwerksoftware und die angebotenen Lizenzen.

2. Kunden haben bei Anfragen zu Netzwerktechnik und Vernetzungen auch rechtliche und organisatorische Anforderungen. Nennen Sie dafür Beispiele.

3 Stellen Sie eine Liste von Anforderungen zusammen, die sich nicht auf einzelne Netzwerkkomponenten beziehen, sondern allgemein von Kunden häufig genannt werden.

4 Diskutieren Sie die Liste der nicht funktionalen Anforderungen aus Teilaufgabe 3 und stellen Sie fest, welche Bedeutung nicht funktionale Anforderungen für Unternehmen haben und ob diese evtl. zu vernachlässigen sind (z. B. Kundenservice, Termintreue usw.).

Berechtigungskonzepte erstellen

S **Die Auszubildenden sollen sich über Anforderungen des Bundesamtes für Sicherheit in der Informationstechnik (BSI) an ein Identitäts- und Berechtigungsmanagement informieren und daraus Benutzer- und Zugriffskonzepte ableiten sowie Maßnahmen des Datenschutzes und der Datensicherheit berücksichtigen.**

Holger Lübberstedt: Wir haben bereits im Lernfeld 4 einiges über die Bedeutung des BSI, Gefahren und Schutzbedarf sowie Maßnahmen für Datensicherheit und Datenschutz erfahren. Nun wollen wir uns speziell den Zugangsberechtigungen im Netzwerk zuwenden.

Laura Meier: Also schauen wir, wer was im Netzwerk darf, wer welche Rolle erhält, wie man sich identifiziert, welche Sicherheitstechniken und Organisationsmöglichkeiten es gibt usw.?

Holger Lübberstedt: Ja genau, das Thema ist für Unternehmen und Betroffene sehr wichtig. In Amerika haben Unternehmen bei Verstößen schon Milliardenstrafen gezahlt, auch in Deutschland gibt es, wie Sie aus Lernfeld 4 wissen, Gesetze, die zu beachten sind.

Aufgabe 4: Bearbeiten Sie die folgenden Teilaufgaben.

1. Rufen Sie Informationen zum BSI-Baustein ORP.4 „Identitäts- und Berechtigungsmanagement" auf, erstellen Sie in Arbeitsgruppen zu den Maßnahmen M1 bis M23 Präsentationen, evtl. unter Verwendung des IPERKA-Formulars im Anhang. Präsentieren und diskutieren Sie Ihre Ergebnisse.

4.5.4

Hinweise: Informationen über www.bsi.de oder unter Umsetzungshinweis_zum_Baustein_ORP_4_Identitaets_und_Berechtigungsmanagement.pdf oder per Suche z. B. zu „ORP.4"

Maßnahmen im BSI ORP.4 Identitäts- und Berechtigungsmanagement	
M1	Regelung für die Einrichtung und Löschung von Benutzern und Benutzergruppen
M2	Einrichtung, Änderung und Entzug von Berechtigungen
M3	Dokumentation der Benutzerkennungen und Rechteprofile
M4	Aufgabenverteilung und Funktionstrennung
M5	Vergabe von Zutrittsberechtigungen
M6	Vergabe von Zugangsberechtigungen
M7	Vergabe von Zugriffsrechten
M8	Regelung des Passwortgebrauchs
M9	Identifikation und Authentisierung
M10	Schutz von Benutzerkennungen mit weitreichenden Berechtigungen
M11	Zurücksetzen von Passwörtern
M12	Entwicklung eines Authentisierungskonzeptes für IT-Systeme und Anwendungen
M13	Geeignete Auswahl von Authentisierungsmechanismen
M14	Kontrolle der Wirksamkeit der Benutzertrennung am IT-System bzw. an der Anwendung
M15	Vorgehensweise und Konzeption der Prozesse beim Identitäts- und Berechtigungsmanagement
M16	Richtlinien für die Zugriffs- und Zugangskontrolle
M17	Geeignete Auswahl von Identitäts- und Berechtigungsmanagement-Systemen
M18	Einsatz eines zentralen Authentisierungsdienstes
M19	Einweisung aller Mitarbeiter in den Umgang mit Authentisierungsverfahren und -mechanismen
M20	Notfallvorsorge für das Identitäts- und Berechtigungsmanagement-System
M21	Mehr-Faktor-Authentisierung
M22	Regelung zur Passwortqualität
M23	Regelung für passwortverarbeitende Anwendungen und IT-Systeme

2 Das BSI stellt für das Identitäts- und Berechtigungswesen folgende Prinzipien heraus. Begründen Sie die Bedeutung anhand von Beispielen aus der Praxis.

Wichtige Prinzipien vom BSI im Identitäts- und Berechtigungsmanagement	
Prinzip	**Beispiele aus der Praxis**
Prinzip Need-to-know Nur für Aufgabenwahrnehmung notwendige Benutzerkennungen und Berechtigungen vergeben	
Prinzip der geringsten Berechtigungen, engl. Least Privileges Berechtigungen immer restriktiv vergeben	
Vier-Augen-Prinzip Für die Aufgabe sollte nicht einer allein verantwortlich sein.	

3 Erläutern Sie kurz folgende Fachbegriffe zum Identitäts- und Berechtigungsmanagement.

Fachbegriff	**Kurze Erläuterung**
Schutzniveau gering, hoch, sehr hoch	
Zero-Trust-Prinzip	
IAM	
2FA	
MFA	
Biometrie	
One time Password (OTP)	

Fachbegriff	Kurze Erläuterung
Sicherheitsschlüssel	
Authenticator-App	
FIDO2	
OpenID	
Active Directory	
Open Identity Platform	

4 Erstellen Sie in Arbeitsgruppen Berechtigungskonzepte für verschiedene Unternehmen und Organisationen aus der Sicht der IT-Vernetzung. Erstellen Sie dazu Präsentationsfolien, präsentieren und diskutieren Sie dazu.

a) Arztpraxis, 10 Mitarbeiter, 2000 Patienten
b) Krankenhaus, 500 Betten
c) Handwerksbetrieb, 50 Mitarbeiter
d) Notariat, 20 Mitarbeiter
e) Reisebüro, 10 Mitarbeiter
f) Buchhandlung, 40 Mitarbeiter
g) Online-Shop, 30 Mitarbeiter
h) Apotheke mit 5 Filialen, 40 Mitarbeiter
i) Gemeindeverwaltung, 70 Mitarbeiter
j) Fußballclub, Bundesliga
k) Gaming-/Freizeitcenter
l) Polizeibehörde

Lernsituation 6: Wir installieren Netzwerke, konfigurieren sie und stellen sie bereit

S In der Schulungsabteilung der JIKU IT-Solutions GmbH sollen Testinstallationen von Netzwerken vorgenommen werden.

Holger Lübberstedt: Sie sollen Testinstallationen von Netzwerken beschreiben und dies möglichst in Arbeitsgruppen durchführen.

Laura Meier: Bekommen wir die Komponenten gestellt?

Holger Lübberstedt: Da wir das jedes Jahr machen, haben wir Komponenten für Testzwecke. Für virtuelle Testinstallationen haben wir bei einem Cloudprovider einen Schulungsaccount.

Levi Kramer: Wir haben ja alle schon viele Netze installiert. Wir sollten vielleicht erst einmal unsere Erfahrungen austauschen.

Jürgen Pollina: Ja. Mit Installationen geht auch immer viel Zeit drauf.

Holger Lübberstedt: Ich habe im folgenden Schaubild einmal drei Arbeitsbereiche lokalisiert. Wir könnten drei Arbeitsgruppen mit jeweils einer Parallelarbeitsgruppe bilden und zusammentragen, was wir bisher schon für Erfahrungen in der Netzwerkinstallation haben.

Jürgen Pollina: Wir sollten so vorgehen, dass möglichst in einer Gruppe die gleichen Erfahrungsbereiche gebündelt sind. Dann geht es arbeitsteilig schneller.

Holger Lübberstedt: Gute Idee, so machen wir es.

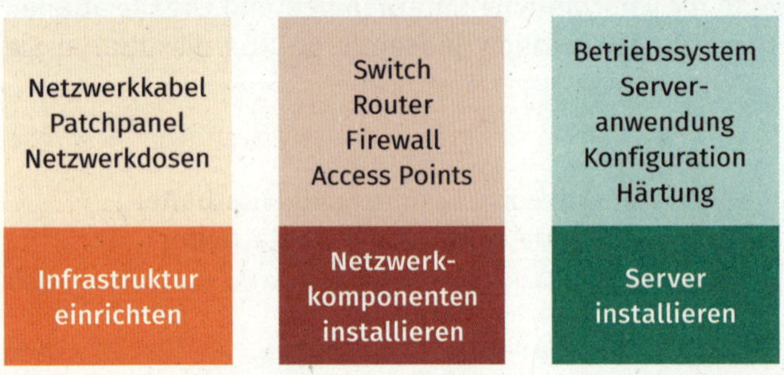

4.6 Netzwerke installieren, konfigurieren und bereitstellen

S Es sollen folgende Aufgabenbereiche der Installation und Bereitstellung von Netzwerken ausgearbeitet werden.

Infrastruktur einrichten

S Die Auszubildenden sollen die Infrastruktur des Netzes auf ihre Funktionen prüfen.

Holger Lübberstedt: Zunächst sollten wir uns der Netzwerkinfrastruktur zuwenden.

Levi Kramer: Es geht dabei wohl um das Verlegen von Netzwerkkabeln, Crimpen von Netzwerkkabeln, Installation eines Patch Panels oder die Installation von Netzwerkdosen?

Holger Lübberstedt: Ich würde vorschlagen, wir sammeln weiter Tätigkeiten und Erfahrungen, die Sie schon gemacht haben, bündeln gemeinsame Erfahrungen und werten alles aus.

Aufgabe 1: **Bearbeiten Sie die folgenden Teilaufgaben.**

4.6.1

1. Gehen Sie wie von Herrn Lübberstedt vorgeschlagen vor und erstellen Sie eine Liste der Erfahrungen, clustern dann Gemeinsamkeiten und werten die Übersicht so aus, dass Sie Arbeitsgruppen bilden können. Vereinbaren Sie Handlungsprodukte, die Sie in einer bestimmten Zeit erstellen sollen.

2. Nennen Sie Ursachen zu folgenden Gefahren bei Leitungen und Maßnahmen für sicheres Arbeiten mit elektrischen Anlagen nach VDE 0105.

Ursachen für elektrischen Leitungsschlag	Ursachen von Brandgefahr durch Leitungen
Maßnahmen nach VDE 0105 für sicheres Arbeiten mit elektrischen Anlagen	

3. Bei Videoüberwachung am und im Gebäude sind gesetzliche Vorschriften nach DSGVO zu beachten. Nennen Sie Vorgaben, die einzuhalten sind.

4. Computernetzwerke sind oftmals Ziele von Angriffen. Nennen Sie mindestens fünf Gefahren, gegen die ein Netzwerk mitsamt aller Netzwerkkomponenten geschützt werden sollte.

5 Erläutern Sie, wie NAT und SPI ein Netzwerk schützen können.
In der Anleitung eines Routers wird folgender Sachverhalt beschrieben:

> Die Geräte des Intranets sind im Internet nicht sichtbar. Dieses wird durch IP-Masquerading bzw. NAT erreicht. Zudem werden die Geräte über eine Stateful Packet Inspection (SPI) geschützt.

Erläutern Sie:

Network Address Translation (NAT): ______________________________

____

____

____

Stateful Packet Inspection (SPI): ______________________________

____

____

____

6 Nennen Sie Vorteile und Nachteile zu Universal Plug and Play. In der Beschreibung des Routers heißt es, dass „automatische Portfreigaben" über UPnP (Universal Plug and Play) eingerichtet werden können.
Nennen Sie je einen Vorteil und einen Nachteil „automatische Portfreigaben" über UPnP (Universal Plug and Play) in der Firewall.

Vorteil: ______________________________

____

____

____

Nachteil: ______________________________

____

____

____

Netzwerkkomponenten installieren

S **Es sollen für Testzwecke Netzwerkkomponenten installiert werden.**

Holger Lübberstedt: Das hat ja gut funktioniert mit unserem Erfahrungsaustausch. Wir sollten nun einige Testinstallationen vornehmen. Wir können uns einige Installationen aus unseren letzten Präsentationen anschauen und ausführen.

Levi Kramer: Ich kann die einzelnen Installationen koordinieren.

Holger Lübberstedt: Wunderbar. Das freut mich.

Aufgabe 2: **Installieren Sie Netzwerkkomponenten.**

4.6.2

Stellen Sie vorab mithilfe einer Umfrage in der Klasse fest, wer schon an Installationsarbeiten mitgearbeitet hat oder auch eigenverantwortlich Installationen von Netzwerktechnik und -diensten vorgenommen hat. Erstellen Sie eine Auswertung und je nach Möglichkeit Präsentationen über Installationsmaßnahmen von Netzwerkkomponenten und Diensten. Erarbeiten Sie anschauliche Handlungsprodukte. Beziehen Sie evtl. den nächsten Aufgabenbereich „Server installieren" mit ein.

Stellen Sie vorher fest, welche Gefahren- und Fehlerbereiche vorkommen können. Gehen Sie schrittweise und behutsam vor. Mit elektrischem Strom dürfen nur Elektrofachkräfte arbeiten. Verwenden Sie evtl. das IPERKA-Diagramm im Anhang. Erstellen Sie im Unterricht dazu eventuell Präsentationen.

Server installieren

S **Herr Lübberstedt schlägt vor, einen Server zu installieren.**

Holger Lübberstedt: Im folgenden Schaubild sehen Sie die Aufgabenbereiche bei der Installation eines ganz gewöhnlichen Kundenservers. Wer möchte einmal kurz dazu aus eigenen Erfahrungen berichten?

Levi Kramer: Ich habe schon einige Server installiert. Aber andere hier bestimmt auch, oder?

Holger Lübberstedt: Also, wir können über unsere Erfahrungen sprechen und mit der folgenden Aufgabenstellung einen Server virtuell erstellen.

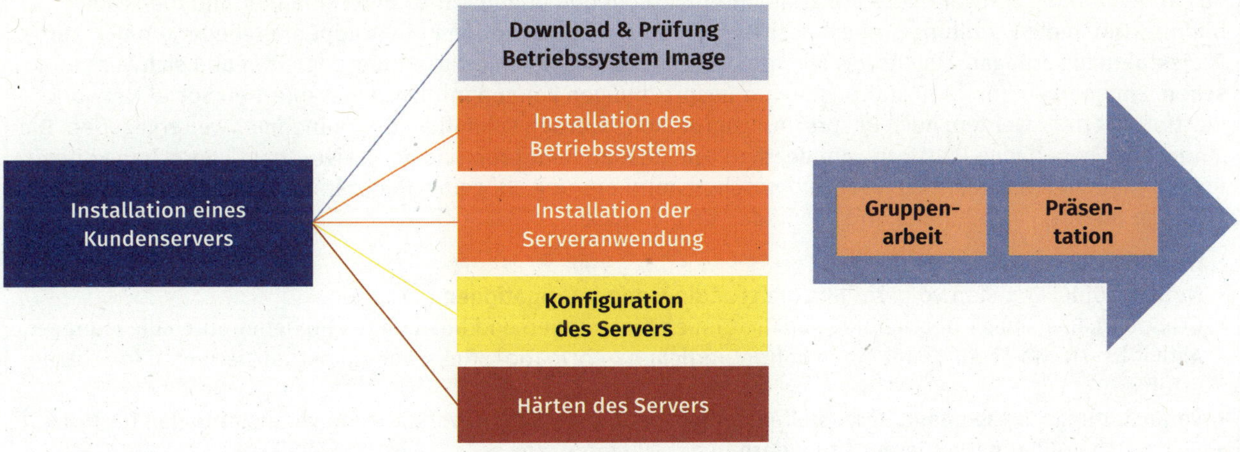

Aufgabe 3: **Sie sollen Serveranwendungen installieren, dazu Server und Plattformen zur Teamarbeit installieren.**

4.6.3

Zum Vergleich wird empfohlen, in Arbeitsgruppen vorzugehen. Dazu müssen Sie sich entscheiden, ob Sie arbeitsteilig und evtl. in Parallelarbeitsgruppen vorgehen wollen.

Da es sehr viel unterschiedliche Software für Teamarbeit, Kollaboration und Social Networking gibt, müssen Sie sich entscheiden, welche Software installiert werden soll.

Es wird empfohlen, z. B. die Nextcloud oder die Social Networking Software HumHub zu installieren oder aus der großen Auswahl und der Entscheidung zur Arbeitsgruppenbildung eine entsprechende Auswahl zu treffen. Eine Arbeitsgruppe könnte sich auch mit einer vergleichenden Präsentation von Software beschäftigen.

Nach der Installation sollten die Plattformen präsentiert und wenn möglich auch im schulischen oder privaten Bereich eingesetzt werden.

Es besteht evtl. auch die Möglichkeit, gemeinnützige Vereine zu befragen und im Auftrag der Vereine als Projekt Software für diese mit entsprechender Aufwandsübernahme zu erstellen.

Plattformen für Team- und Zusammenarbeit, Kollaboration und Networking
„Collaboration Tools, Kommunikationstools für Teams, Workflow Management Systeme Eine Collaboration-Plattform erleichtert die Zusammenarbeit in Teams. Sie beschleunigt die Kommunikation und ermöglicht die gemeinsame Nutzung von Ressourcen, beispielsweise als internes Collaboration Tool. So wird die Arbeit in einer kollaborativen Umgebung erleichtert: Mehrere Nutzer können gleichzeitig Aufgaben, Projekte und Aktualisierungen in Echtzeit verwalten und gemeinsam bearbeiten. Ein Collaboration Tool eignet sich besonders für agile Teams, die remote oder von verschiedenen geografischen Standorten aus arbeiten. Sie unterstützen die Zusammenarbeit und gemeinsame Nutzung von Informationen durch Bereitstellung einer online- oder intranetbasierten Umgebung für virtuelle Teamarbeit. Dazu gehören eine effizientere Verwaltung von Dokumentbibliotheken und -versionen, laufenden Projekten, Berichtsbearbeitung, Diskussionsrunden, Kalenderfreigabe, Suche in der Wissensbasis oder Workflow- und Aufgabenverwaltung. In der Regel können eine Vielzahl von Echtzeit-Kommunikationswerkzeugen, einschließlich Video- oder Sprachkonferenzen, E-Mail und Instant Messaging, genutzt werden. Enthalten sind je nach Schwerpunktsetzung auch Module zur Unterstützung des Projektmanagements und von Workflows. **Hauptfunktionen** sind z. B. • gemeinsame Nutzung von Dokumenten, • Versionskontrolle, • rollenbasierte Zugriffs- und Berechtigungskontrolle, • Fortschrittsverfolgung, • mehrkanalige Kommunikationstools und • ein Repository für Dokumente." Beispiele: Bitrix24, OnBoard, Wrike, Asana, Monday, Trello, Jira, Microsoft Teams *Quelle: Capterra: Collaboration Tools: Ratgeber. In: www.caterra.com. o. D. https://www.capterra.com.de/directory/15/collaboration/software [23.04.2023]. (verändert)*
„Social Networking Software Social Networking Software unterstützt die Interaktion in den Communities untereinander und die Teambildung. Durch die Erstellung projektspezifischer Nutzergruppen können die Gruppenmitglieder einfach auf Projektaktualisierungen, zugehörige Medien und Zeitpläne für die Fertigstellung zugreifen und sich austauschen. Einladungen für Veranstaltungen und Besprechungen können mithilfe einer internen Social Network-Plattform verteilt werden. Auch Besprechungsprotokolle werden schnell an die Teilnehmer weitergegeben. Die Mitarbeiter haben eine Plattform, auf der sie Projekte kommentieren und dank Live-Chat besprechen können. Plattformen bieten Funktionen wie Suchmaschinenoptimierung, Blogging, Podcasting, Newsletter, Profilseiten, Message Boards, virale Inhalte und Mitgliederverzeichnisse. **Hauptfunktionen** sind z. B.: • Nutzerprofile: Erstellen von Profilen, die grundlegende Informationen enthalten. • Gruppenmanagement: Bearbeitung von Richtlinien für Gruppen und bestimmte Mitglieder durch die Manager. • Aktivitäts-/News-Feed: Bietet einen kontinuierlichen Informationsfluss, sobald Aktualisierungen in Echtzeit erfolgen. • Veranstaltungsmanagement: Bereitstellen der Informationen über bevorstehende Veranstaltungen für Nutzer • Echtzeitchat: Chat mit anderen Mitgliedern in der Nutzergruppe • Tagging in sozialen Medien: Erwähnen oder Kennzeichnen (Taggen) von Nutzern in auf der Plattform hochgeladenen Beiträgen und Medien" Beispiele: Trello, Bitrix24, Monday, Hum Hub *Quelle: Capterra: Social Networking Software: Ratgeber, In: www.capterra.com. o. D. https://www.capterra.com.de/directory/10043/social-networking/software [23.04.2023]. (verändert)*

Empfehlungen: Nextcloud und HumHub als freie Open-Source-Software

Nextcloud: Kollaboration-Plattform, Groupware

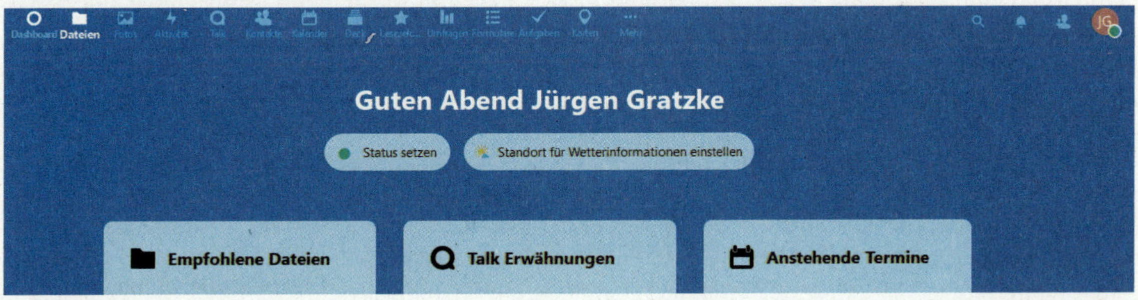

Mehr Informationen zu Nextcloud sind dem Schülerbuch, Lernfeld 9, Kapitel 4.6.3 zu entnehmen (s. auch unter https://nextcloud.com/de/compare/).

HumHub: Social Networking Software

HumHub ist eine freie und sehr flexible Social Networking Software, die auf eigenen Servern gehostet werden kann. Sie ist einfach zu installieren, intuitiv zu bedienen und dennoch sehr leistungsstark und ausbaubar. Sie basiert auf dem PHP-Framework „Yii“ und dient als Werkzeug, um eigene soziale Netzwerke zu gestalten und für die interne Kommunikation und -zusammenarbeit in Unternehmen, Vereinen und Gemeinschaften.

Open-Source: GNU AFFERO GENERAL PUBLIC LICENSE, Version 3
Professional Lizenz: Es wird auch eine Professional-Edition angeboten, wahlweise zur Eigeninstallation oder zum Betrieb als SaaS. In der Professional-Edition ist die Commercial License enthalten, durch welche u. a. Änderungen und Modifikationen an HumHub nicht veröffentlicht oder geteilt werden müssen. Der Quellcode bleibt so in den eigenen Händen.

Die Kommunikation in HumHub funktioniert über Spaces. Ein Space kann ein Projekt, eine Gruppe oder einfach nur ein Thema sein, über das man sich mit anderen austauschen kann. Für jeden selbst eingerichteten Space kann man unterschiedliche Benutzer einladen sowie Rechte und Regeln festlegen.
Ein Marketplace sorgt dafür, dass man zusätzliche Module nach Wahl installieren kann (mehr Informationen unter https://www.humhub.com/de , https://community.humhub.com).

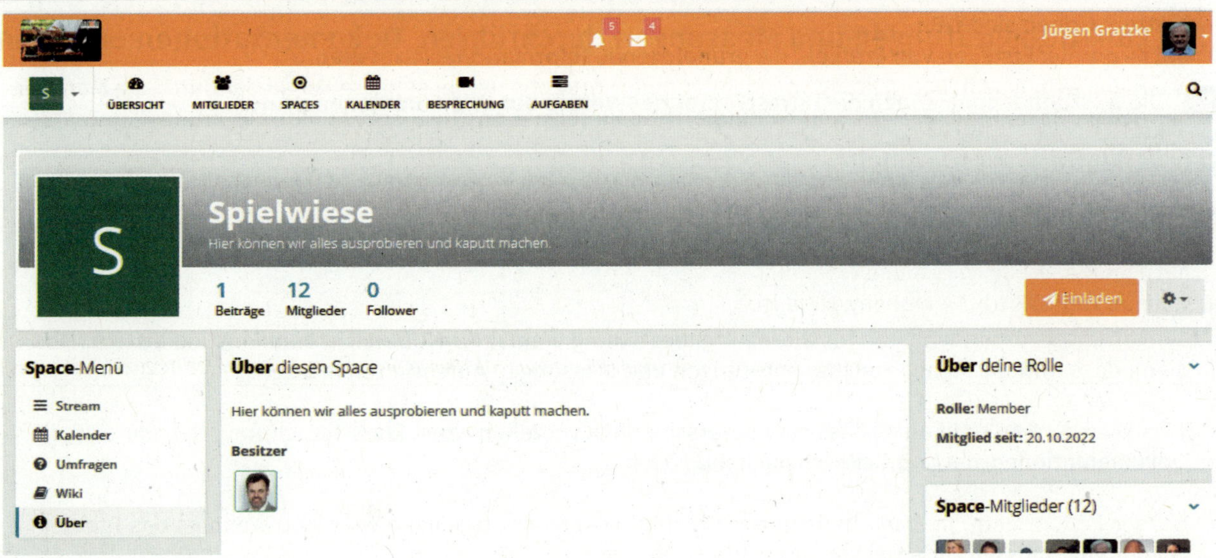

Lernsituation 7: Wir führen Funktionsprüfungen und Messungen durch

S **In der Schulungsabteilung sollen Testinstallationen eingesetzt werden und Erfahrungen zum Netzwerkmonitoring und Troubleshooting ausgetauscht werden.**

Holger Lübberstedt: Wir haben ja einige Testinstallationen für unsere Schulungszwecke angelegt. Zur Übung habe ich dort einige Fehler eingebaut, die Sie nun finden sollen.

Laura Meier: Wie tiefgehend müssen wir uns bei den kaufmännischen IT-Berufen auf Trouble-Shooting in Netzwerken vorbereiten?

Holger Lübberstedt: Die Aufgabenverteilung bei den verschiedenen Fachinformatikern, insbesondere im Bereich der Systemadministration, ist fließend. Es ist sicherlich nicht das Arbeitshauptfeld wie bei den FISIs. Kaufleute sollten jedoch die wichtigsten Fehlerursachen kennen. Da sie auch im Vertrieb eingesetzt werden, sollten sie Features von Tools und Plattformen zum Monitoring kennen sowie Unternehmen, Kunden und IT-Abteilungen beraten können.

Levi Kramer: Wir sollten einmal zusammenstellen, welche Netzwerkprobleme sich in Betrieben ergeben können.

Jürgen Pollina: Es gibt Monitoring-Programme. Wer kennt welche und kann darüber berichten?

Holger Lübberstedt: Wir sollten einmal zusammentragen, was wir bisher wissen und darüber diskutieren. Es ist auch wichtig zu überlegen, wie wir Fehlerbehebungsmaßnahmen am besten dokumentieren.

Jürgen Pollina: Hier gibt es bestimmt von handgestrickten einfachen und wirksamen Dokumentationsvarianten bis hin zu komplexen Managementsystemen eine Menge.

Holger Lübberstedt: Ich könnte mir vorstellen, dass wir auch in Gruppenarbeit vorgehen können. Ich kann zum Einstieg eine Präsentationsfolie anbieten.

4.7 Funktionsprüfungen und Messungen durchführen, Dokumentationen erstellen

S **Die Auszubildenden sollen die Infrastruktur des Netzes auf ihre Funktionen prüfen.**

Netzwerkinfrastruktur prüfen

S **Herr Lübberstedt bittet die Auszubildenden, das vorhandene Netzwerk und die Netzwerkinfrastruktur zu prüfen.**

Holger Lübberstedt: Ich habe für diese Aufgabestellung einmal eine Übersicht zum Einstieg erstellt. Man sieht, dass wir eine Menge Funktionsprüfungen und Messungen durchführen müssen.

Levi Kramer: Man sieht auch, dass man unterschiedlich vorgehen kann. Ein Schwachpunkt bei mir sind die Dokumentationen, davor drücke ich mich möglichst.

Holger Lübberstedt: Ja, dann behaupte ich mal provokant, die brauchen wir nicht. Wenn es das Problem wieder gibt, müssen wir sowieso alles prüfen.

Im Gespräch mit dem Kunden bzw. einem Mitarbeiter oder über eine Fern- oder Remote-Steuerung wurden Fehler und Probleme bekannt gemacht. Zunächst wird geprüft, inwiefern häufig vorkommende Probleme aufgetreten sind und wie diese mit bekannten Lösungsschritten zu beheben sind. Von IT-Abteilungen und Systemhäusern, Dienstleistern und Providern werden i. d. R. Monitoring-Software oder Tools eingesetzt, um Netzwerkprobleme erkennen und Lösungen finden zu können. Über eine Sichtprüfung können Anschlüsse und Kontrollleuchten der Komponenten geprüft werden. Weiterhin werden Befehlzeilen-Tools (z. B. CMD) eingesetzt,

um Auskunft über Netzdaten zu erhalten. Empfohlen wird auch, einen einfachen Test-Switch einzusetzen, Komponenten damit zu verbinden und systematisch Fehlerursachen festzustellen. Nicht zuletzt werden viele günstige und auch sehr teure und komplexe Testgeräte eingesetzt, um die Infrastruktur auf Fehlkonfigurationen, Performance, Sicherheitslücken und Netzfehler zu überprüfen.
Wichtig ist, nach der Infrastrukturanalyse oder einem Netzwerk-Troubleshooting eine genaue Dokumentation der Istanalyse vorzunehmen und diese evtl. in die Falldatenbank aufzunehmen.

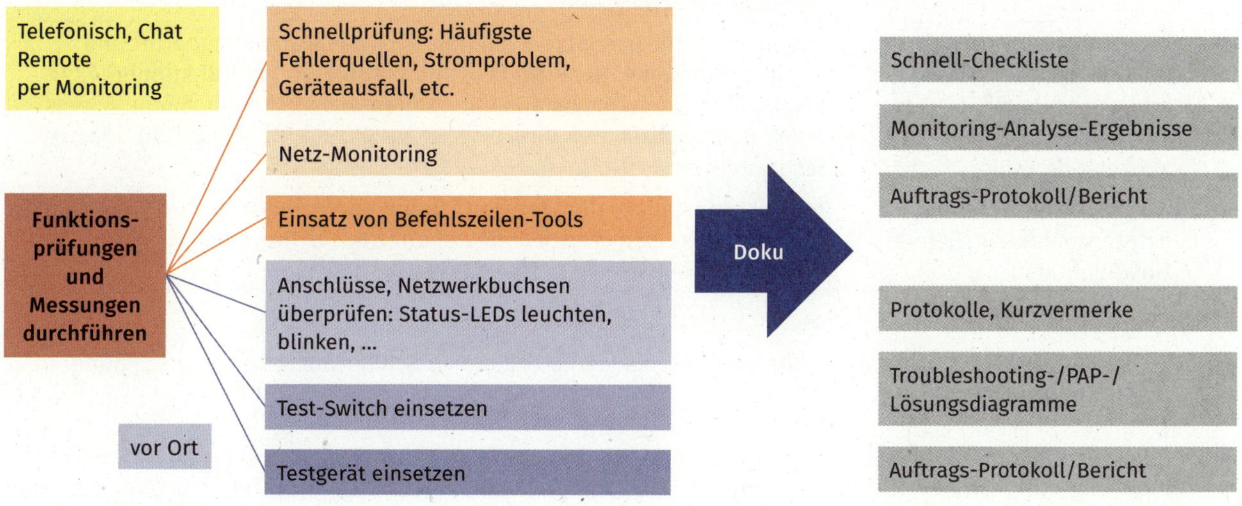

Aufgabe 1: **Bearbeiten Sie folgende Teilaufgaben einzeln oder in sechs Teams mit anschließender Präsentation und Diskussion. Benennen Sie dazu eine Organisationsleitung.**

4.7.1

1. Führen Sie Umfragen bei Ausbildungsbetrieben dazu durch, welche Schnelltests typisch für die wichtigsten Netzwerkprobleme sind. Erstellen Sie eine Präsentation mit häufig vorkommenden Fehlermeldungen und welche Problemlösungsabläufe angebracht sind.
Suchen Sie per Internetrecherche nach Netzwerk-Testprotokollen, Checklisten und Dokumentationsbeispielen. Erstellen Sie mit einem Text- oder Tabellenkalkulationsprogramm Test- und Protokollvorlagen.

Arbeits-/Testprotokoll (vereinfacht)	
Name	Funknetzwerk, WLAN
Identifikation	WLAN-003
Version	1.1
Typ	Standard, normal
Besitzer	JIKU IT-Solutions – Ausbildung
Ansprechpartner	Jürgen Pollina
Beschreibung: Das Funknetz wird durch Fehlerquellen gestört.	
Verursacher/Actors: • Client • Funknetzwerk • Access Point, Router • Störungen (Wände, Entfernungen, andere elektromagnetische Quellen)	
Vorbedingungen/Preconditions: Der Client sucht selber einen anderen AP, um Verbindung fortzusetzen.	
Lösungsbeschreibung/Use Cases: Siehe Use Case WLAN-Störungen, siehe Anlage Bearbeitung	
Feststellungen nach Behebung/Nachbedingungen/ Postconditions: Einer der anderen Access Points übernimmt die Aufgabe des ausgefallenen. Koordination durch den RADIUS-Server. Der Benutzer bemerkt nur eine kleine Einschränkung der WLAN-Performance.	
Sonstiges: Fall weiter untersuchen und Use Case anpassen.	

2 Präsentieren Sie kostenlos nutzbare oder im Ausbildungsbetrieb eingesetzte Monitoring-Software und stellen Sie eine Auswahl vor.

Infos zum Netzwerkmonitoring	
Netzwerkmonitoring mit Network Monitoring Tools, Software und Plattformen	z. B. von Solarwinds.com, www.paessler.com, www.manageengine.com oder das kostenlos erhältliche portable Tool „Wireless Network Watcher" v2.30 (https://www.nirsoft.net) bzw. andere kostenlose Tools (vgl. z. B. www.capterra.com)
Komponententest/Systemtests, Integrationstests/Interoperationalitätstests, zusätzliche Tests und auftretende Fehler	Mit einem Softwaretool (z. B. Sniffer) wird das Netzwerk geprüft und Anmeldeprobleme, Netz- und Funknetzprobleme, Fehlfunktionen, Fehlkonfigurationen, Ausfälle (Komponenten: z. B. Server, Client, Access Point, Router, AD/Active Directory, RADIUS, DHCP, DNS, Fehlfunktionen) festgestellt.
Vergleiche der Tests mit Referenzmodellen/Referenzinstallationen	Anhand von Checklisten der geprüften Referenzmodelle wird festgestellt, wo Verbesserungspotenziale bestehen (z. B. zur Trennung der Netze, aus Sicherheitsaspekten).

3 Diskutieren Sie den Einsatz von Befehlszeilentools (siehe dazu auch Schülerbuch, Lernfeld 9, Kapitel 4.7.2 und Lernfeld 3, Kapitel 3.6).

4 Diskutieren Sie über die Möglichkeit, einen einfachen Test-Switch einzusetzen, um Fehler im Netzwerk oder Fehlkonfigurationen zu entdecken. Richten Sie eine Testinstallation her und präsentieren Sie eine systematische Fehlerrecherche mit entsprechender Dokumentation.

5 a) Rufen Sie über Internetsuche „User is experiencing network issues" Netzwerkproblemlösungen oder über https://www.paessler.com/de/network_troubleshooting den dargestellten Netzwerk-Troubleshooting-Prozess auf, präsentieren und diskutieren Sie darüber. Erstellen Sie in Arbeitsgruppen zu einzelnen Netzwerkproblemen ähnliche Lösungsabläufe mit PAP-Symbolen.

b) Erstellen Sie einen Ablauf nach folgender Vorgabe:
1. Host im Netz nicht erreichbar, Test-Switch angeschlossen, ping ohne Erfolg
2. Link oder Verbindung feststellen ja/nein
3. bei „ja" Netzwerkkarte defekt oder Fehlkonfiguration
4. bei „nein" Verbindungskabel zur PC-Anschlussdose tauschen
5. Link oder Verbindung feststellen ja/nein
6. bei „ja" Verbindungskabel erneuern
7. bei „nein" Anschlussdose tauschen
8. Link oder Verbindung feststellen ja/nein
9. Link „ja"

6 Erstellen Sie anhand von Umfragen eine Übersicht, welche Service- oder Change-Management-Programme eingesetzt werden können, um systematisch ein Dokumentationssystem von Problemlösungsfällen in der IT-Abteilung, bei einem Dienstleister oder bei einem Systemhaus aufzubauen (vgl. auch Lernfeld 6).

Netzwerkkomponenten prüfen

S **Es sollen Befehlszeilentools zur Netzwerkanalyse und zum Troubleshooting eingesetzt werden.**

Holger Lübberstedt: Befehle wie ipconfig oder ping kennt ihr bestimmt alle. Wir haben aber noch nicht gemeinsam über die Befehlszeichentools gesprochen.

Levi Kramer: Ich könnte dazu eine Präsentation zusammenstellen.

Holger Lübberstedt: Gute Idee. Ich habe zum Einstieg auch einige Aufgaben vorbereitet.

Befehlszeichenkonsole
Unter dem Begriff „Shell“ werden Befehle über die Konsole an das Betriebssystem eingegeben. Diese richten sich bei Windows allgemein z. B. an die Anzeige des aktuellen Verzeichnisses (cd), testen Programme (debug), fahren den Computer runter (shutdown) oder halten einen Prozess an (timeout), dienen der Verwaltung von Dateien (z. B. copy, move, rename, verify), der Systeme (z. B. lock = Laufwerk sperren, dskraid = RAID-Verwaltung) oder sind Befehle für das Netzwerk (siehe unten). Hierzu steht für Windows der textbasierte CLI (= Command-Line-Interpreter) CMD.exe zur Verfügung. Mehr Möglichkeiten bietet die PowerShell. Auf diese Weise lassen sich Verzeichnisstrukturen ansehen, Dateien organisieren, Programme starten oder andere Befehle ausführen, die das Betriebssystem, den Computer oder auch das Netzwerk betreffen.
Aufruf in Windows: Das Fenster Ausführen per [Win + R] aufrufen, dort den Programmnamen „cmd“ eingeben und die Eingabetaste drücken oder das Programm CMD.EXE (Windows-Ordner Zubehör) aufrufen. **Power-User-Menü:** [Win + X] **Parameter:** Dadurch werden die Befehle mit Optionen und weiteren Argumenten erweitert.Infos: z. B. über www.ionos.de und die Suche: windows-cmd-Befehle

Aufgabe 2: **Bearbeiten Sie die folgenden Teilaufgaben.**

4.7.2

1. Erläutern Sie folgende Konsolenbefehle für das Netzwerk und ergänzen Sie zwei weitere Konsolenbefehle für Windows.

Befehl mit Parameter und Beispiel der Windows-Kommandozeile	Kurzerläuterung

Konsolenbefehl: arp -a
 	
`C:\Users\info>arp -a`
 	
`Schnittstelle: 192.168.0.198 --- 0x3`
`Internetadresse Physische Adresse Typ`
`192.168.0.1 50-a5-dc-d3-fc-32 dynamisch`
`192.168.0.105 48-6d-bb-17-bd-2b dynamisch`
`192.168.0.108 84-25-19-90-cd-d7 dynamisch`
`192.168.0.255 ff-ff-ff-ff-ff-ff statisch`	

Konsolenbefehl: ipconfig
 	
`Verbindungsspezifisches DNS-Suffix:`
`IPv6-Adresse.....................: 2a02:8108:4a3f:c784::e118`
`IPv6-Adresse.....................: 2a02:8108:4a3f:c784:38fe:7fe6:68b1:60ff`
`Temporäre IPv6-Adresse...........: 2a02:8108:4a3f:c784:bce0:8f12:2a3c:9fc8`
`Verbindungslokale IPv6-Adresse....: fe80::38fe:7fe6:68b1:60ff%3`
`IPv4-Adresse.....................: 192.168.0.198`
`Subnetzmaske.....................: 255.255.255.0`
`Standardgateway..................: fe80::52a5:dcff:fed3:fc32%3`
`192.168.0.1`
 	
Varianten z. B. ipconfig -all oder ipconfig/renew
Ipconfig/displaydns	

Konsolenbefehl: ping
 	
`Syntax: ping [-t] [a] [-n count] [-1 size] [-f] [-i TTL] [-v TOS]`
`[-r count] [-s count] [[-j host-list] | [-k host-list]]`
`[-w timeout] [-R] [-S srcaddr] [-c compartment] [-p]`
`[-4] [-6] Zielname`
 	
`Optionen:`
`-t Pingt den angegebenen Host bis zur Beendigung des Vorgangs.`
`Drücken Sie STRG+UNTBR, um die Statistik anzuzeigen und`
`den Vorgang fortzusetzen.`
`Drücken Sie STRG+C, um den Vorgang abzubrechen.`
`-a Löst Adressen zu Hostnamen auf.`
`-c count Die Anzahl der zu sendenden Echoanforderungen.`
 	
zeigt Optionen an	

Befehl mit Parameter und Beispiel der Windows-Kommandozeile	Kurzerläuterung

Konsolenbefehl: ping an Server mit Zeitmessung TTL
 	
`Microsoft Windows [Version 10.0.22000.1098]`
`(C) Microsoft Corporation. Alle Rechte vorbehalten.`
 	
`C:\Users\info>ping www.amazon.de`
 	
`Ping wird ausgeführt für djvbdz1obemzo.cloudfront.net [54.192.54.139] mit 32 Bytes Daten:`
`Antwort von 54.192.54.139: Bytes=32 Zeit=14ms TTL=245`
`Antwort von 54.192.54.139: Bytes=32 Zeit=15ms TTL=245`
`Antwort von 54.192.54.139: Bytes=32 Zeit=12ms TTL=245`
`Antwort von 54.192.54.139: Bytes=32 Zeit=10ms TTL=245`
 	
`Ping-Statistik für 54.192.54.139:`
`Pakete: Gesendet = 4, Empfangen = 4, Verloren = 0`
`(0% Verlust),`
`Ca. Zeitangaben in Millisek.:`
`Minimum = 10ms, Maximum = 15ms, Mittelwert = 12ms`	

Konsolenbefehl: route
 	
`C:\Users\info>route`
 	
`Ändert die Netzwerkroutingtabellen.`
 	
`ROUTE [-f] [-p] [-4|-6] Befehl [Ziel]`
`[MASK Netzmaske] [Gateway] [METRIC Metrik] [IF Schnittstelle]`
 	
`-f Löscht alle Gatewayeinträge in Routingtabellen. Wird dieser`
`Parameter zusammen mit einem der Befehle verwendet, werden`
`die Tabellen vor der Befehlsausführung gelöscht.`
 	
zeigt die Optionen	

Konsolenbefehl: tracert
 	
`C:\Users\info>tracert`
 	
`Syntax: tracert [-d] [-h Max. Hops] [-j Hostliste] [-w Zeitlimit]`
`[-R] [-S Quelladresse] [-4] [-6] Zielname`
 	
`Optionen:`
`-d Löst Adressen nicht in Hostnamen auf.`
`-h Max. Hops Maximale Anzahl an Hops bei Zielsuche`
`-j Hostliste „Loose Source Route“ gemäß Hostliste (nur IPv4)`
`-w Zeitlimit Zeitlimit in Millisekunden für eine Antwort`
`-R Verfolgt Rundwegpfad (nur IPv6).`
 	
zeigt Optionen an	

Eigener Konsolenbefehl:	
Eigener Konsolenbefehl:	

❷ Erläutern Sie in Stichworten kurz die Linux Konsolenbefehle bzw. Shellprogramme.

ip adress	
ip neighbor show	
ip route	
isov	
nmcli	
netstat	
nslookup	
tcpdump	
Eigener Konsolenbefehl	
Eigener Konsolenbefehl	

❸ Geben Sie an, was Sie mit der folgenden Software/den Tools bei Aufruf in der Kommandozeile prüfen können.

Server-programme	Erläuterung
bmon	
lsof	
iperf	

Lernsituation 8: Wir stellen Virtualisierungskonzepte vor

S **In der letzten Ausbildungssitzung wurde vereinbart, heute über Hardwarevirtualisierung und Virtualisierungsplattformen zu recherchieren und zu diskutieren und wenn möglich Virtualisierungsplattformen vorzustellen.**

Holger Lübberstedt: Letztes Mal hatten wir vereinbart, über Virtualisierungsplattformen zu sprechen. Wir setzen ja selbst eine Plattform ein. Was sind Ihre Erfahrungen?

Laura Meier: Wenn es nach mir ginge, würde ich, so oft es geht, virtualisiert vorgehen. Das bringt einfach so viele Vorteile.

Holger Lübberstedt: Können wir unsere Kunden auch davon begeistern?

Levi Kramer: Kunden sparen so erheblich ein, weniger Hardware und weniger Wartungsaufwand sind nötig. Wir als Systemhaus können remote unterstützen. Wir können Managed Services anbieten und damit Umsatz und Kundenbindung erhöhen.

Jürgen Pollina: Selbst ich habe privat viele virtuelle Maschinen auf meinem Rechner laufen, um zu testen und mir Anwendungen einmal genauer anzusehen.

Holger Lübberstedt: Wir sollten zusammentragen, was wir bisher wissen und darüber diskutieren.

Jürgen Pollina: Ich könnte die Virtualisierungsplattform „Proxmos“ vorstellen.

Holger Lübberstedt: Sehr gut. Wer möchte ebenfalls mit einer Vorstellung in die Thematik einführen?

4.8 Ein Virtualisierungskonzept im JIKU-Leistungsportfolio vorstellen

S **Sie sollen Virtualisierungsplattformen und -software erläutern und Stellung dazu beziehen können.**

Aufgabe 1: **Bearbeiten Sie folgende Teilaufgaben.**

4.8

1. Mithilfe von Hardwarevirtualisierung lassen sich virtuelle Maschinen, virtuelle Festplatten, virtuelle Switches und weitere virtuelle Geräte einrichten und in isolierten Umgebungen starten. Änderungen innerhalb der virtuellen Maschinen (VM) verändern das Hauptbetriebssystem nicht. Daher eignen sich virtuelle Maschinen besonders gut für die IT-Entwicklung, IT-Tests und Schulungen bzw. Anwendungspräsentationen. Mehrere Betriebssysteme können so auf einem Desktop-PC oder Laptop ausgeführt werden.
Erklären Sie, was man unter Virtualisierung versteht.

2 Erläutern Sie die Vorteile und Nachteile der Virtualisierung.

Geäußerte Vorteile der Virtualisierung	Kurze Erläuterung/Stellungnahme
Wirtschaftlichkeit/Unterstützung VM-Software ist als Open-Source oder über kommerzielle Anbieter bei geringen Anfangskosten einzurichten. Aufgrund der Mitbewerbersituation werden Informationen, Services und Communities sowie kostenlose Testumgebungen/Downloads bereitgestellt.	
Nachhaltigkeit/Wirtschaftlichkeit VM-Software ermöglicht die Reduzierung physischer Server. Ältere physikalische Server lassen sich z. B. problemlos auf die neue Hardware migrieren und funktionieren dort weiter als virtuelle Server.	
Wirtschaftlichkeit/Verfügbarkeit/Skalierung Durch die horizontale und vertikale Skalierbarkeit der Ressourcen bieten sich für Ressourcen (CPU, Speicher) optimale Aufteilungsmöglichkeiten und damit wirtschaftliche Vorteile sowie eine hohe bzw. eine Steigerung der Verfügbarkeit.	
Wirtschaftlichkeit Betriebskosten sowie Wartungs- und Administrationsaufwand des virtuellen Systems können durch „Provisionierung" gegenüber Hardwarelösungen gesenkt werden.	

Geäußerte Vorteile der Virtualisierung	Kurze Erläuterung/Stellungnahme
Arbeitsvorteile Durch Managementsysteme können alle Ressourcen bequem von einem oder mehreren Standorten gemanagt werden. Das Konfigurieren, Testen und Vorstellen von Software, virtuellen Netzwerken und sonstigen virtuellen Ressourcen werden erleichtert. Im Gegensatz zu physischer Hardware lässt sich der Zustand einer VM als sogenannter „Snapshot" abspeichern. Geht in der VM etwas schief, springt man schnell zum letzten Snapshot und stellt diesen wieder her (Rollback).	
Sicherheitsvorteile/-gewinn Durch eine Trennung des Betriebssystems in mehrere, voneinander isolierte, auf mehrere Hosts verteilte Systeme bzw. durch voneinander isoliert gestartete Programme (Abschottung) hat die Kompromittierung von Programmen geringere Auswirkungen (vgl. z. B. www.qubes-os.org).	
Weitere Pro-Argumente:	
Gegenargumente (contra Virtualisierung):	

3 Ordnen Sie folgende und weitere Virtualisierungslösungen den Hypervisortypen Typ-1 und Typ-2 in der Tabelle unten zu. Recherchieren Sie dazu.

Virtualisierungslösungen
Virtualisierungslösungen für Privatnutzer im Desktopbereich, z. B.: • VMware Workstation Player oder VirtualBox (Open-Source) von Oracle • Hyper-V-Manager von Microsoft, • Parallels Desktop for Mac, Virtualisierung auf Apple (Windows und macOS parallel auf Mac-Geräten verwenden, Tausende von Windows-Programmen ausführen) • QEMU Quick Emulator Open Source (qemu.org) **Virtualisierungslösungen für professionelle Anwender:** • Virtualisierungsplattformen von Anbietern wie VMware, Microsoft, Citrix und Oracle, z. B.: • VMware vSphere Hypervisor und VMware Workstation Pro • Microsoft Hyper-V Server 2019 (Hypervisor kostenlos, Management-Suite kostenpflichtig) bzw. Microsoft Hyper-V-Rolle unter Windows Server 2022 et al **Open-Source:** • KVM (Kernel-Based Virtual Maschine) für Linux (www.linux-kvm.org) • Proxmox VE / PVE (www.proxmox.com) • Xen-Virtualisierung für Server (https://xenproject.org) • OpenNebula, Toolsammlung zur Integration von Cloud-Installationen (https://opennebula.io) • Virtualisierung reduziert auf Containerisierung für Linux-Kernel (https://openvz.org, Open Virtuozzo) • VirtualBox (Open-Source) von Oracle • Libvirt-Projekt/Toolkit, quelloffene Werkzeuge zur Steuerung von Hypervisortechnologien (https://libvirt.org)

Arten von Virtualisierungssoftware		
Hypervisor-Typ/ Bezeichnung	**Beschreibung**	**Beispiele**
Typ-1 Hypervisor: „native" oder „bare-metal"	Der Hypervisor läuft direkt auf der physischen Hardware (bare-metal) oder integriert in das Host-Betriebssystem (native): Hardware → Hypervisor / Host-OS → Gast-OS	
Typ-2 Hypervisor: „hosted"	Der Hypervisor läuft auf einem Host-Betriebssystem: Hardware → Host-OS → Hypervisor → Gast-OS	

4 Recherchieren Sie allgemein und bezogen auf spezielle Virtualisierungsplattformen oder -software hinsichtlich der gestellten Anforderungen an das IT-System, ergänzen Sie folgende Übersicht oder erstellen Sie eigene Anforderungslisten in Form von Präsentationsfolien.

Allgemeine Anforderungen für Virtualisierungsplattformen/-software	
Anforderungen an Plattform/Software	**Plattform/Software, die dies erfüllt**
Architektur 64-Bit-Prozessor (z. B. Intel EMT64 oder AMD64)	
Ausreichend Arbeitsspeicher, mindestens 4 GB RAM insgesamt bzw. 2 GB zusätzlich für den Host und je nachdem, wie viele virtuelle Instanzen gleichzeitig ausgeführt werden sollen, ca. 1 GB Speicher pro TB genutztem Storage.	
Schneller und redundanter Storage, SSD Disks empfohlen, Hardware-RAID	
VM-Monitormoduserweiterungen, Virtualisierungsunterstützung im BIOS oder UEFI (z. B. Prozessoren/CPU-Flag mit Intel VT-Unterstützung, AMD V-fähige CPU/Mainboard)	
Lizenz: z. B. AGPL (v3), kommerzielle Lizenz	
Sonstige:	
Spezielle Anforderungen einer bestimmten Virtualisierungsplattform/-software	
Welche Systemvoraussetzungen sind zum Betrieb der Virtualisierungsplattform/-software notwendig?	
Hardwarevirtualisierung (Typ-1-Hypervisor/Bare-Metal-System) möglich, z. B. über KVM, Xen	
Containerbasierte Virtualisierung auf Betriebssystemebene möglich, z. B. über LXC (LinuX Containers), Docker, openVZ	
Sind mehrere Linux-Systeme parallel auf dem Host lauffähig?	
Werden Windows, Linux und andere gewünschte Betriebssystemderivate /-distributionen unterstützt? (Welche Host-OS und Gast-OS?)	
Wird flexible Netzwerkkonfiguration unterstützt?	
Werden Anforderungen der Skalierung und Hochverfügbarkeit unterstützt? Werden hohe Enterprise-Anforderungen erfüllt?	
Welcher Funktionsumfang wird geboten?	

Spezielle Anforderungen einer bestimmten Virtualisierungsplattform/-software	
Ist das File-System entsprechend den betrieblichen Anforderungen managebar?	
Management/Verwaltung der Cluster, VMs, Container einfach, komfortabel, flexibel, anpassbar durch Skripte und Web-Interface	
Gibt es eine gute Community zur Unterstützung?	
Sonstige:	
Detaillierter Featuresvergleich, z. B. über www.proxmox.com/de/proxmox-ve/vergleich www.ionos.de/ Suchbegriff: virtualisierungssoftware-im-vergleich	

5 Erstellen Sie eine Präsentation zu Virtualisierungsplattformen wie Proxmox (vgl. Schülerbuch, Lernfeld 9, Kapitel 4.8).

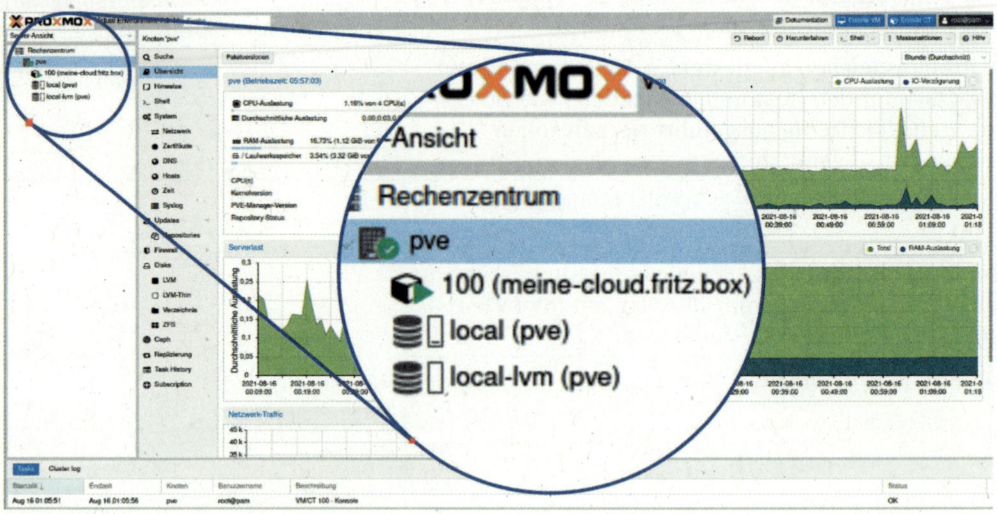

4.8.4

Aufgabe 2: **Bearbeiten Sie folgende Teilaufgaben.**

1 Auf Online-Marktplätzen können für Virtualisierungsplattformen und -software Templates heruntergeladen und genutzt werden. Recherchieren Sie dazu und beschreiben Sie ein Beispiel.

Template:

____

____

____

Marktplatz:

____

____

____

2 Nehmen Sie Stellung zum Einsatz von Virtualisierungsplattformen und -software und stellen Sie Ihre Ergebnisse mithilfe von Präsentationsfolien vor.

Anhang

Kopiervorlage

<table>
<tr><th colspan="4">IPERKA-Plan
Lernsituation</th></tr>
<tr><th>Auftrag, Handlungsprodukt</th><th>Termin Abschluss Abgabe, Ort/VZ</th><th>Moderation, Orgaleitung</th><th>Sonstige Festlegungen</th></tr>
<tr><td></td><td></td><td></td><td></td></tr>
<tr><td colspan="4">Bewertungskriterien:</td></tr>
</table>

<table>
<tr><th>Handlungs-schritte</th><th>Kurzangaben:
Meine Tools, Dateien, Ergebnisse</th><th>Phasenbewertung, Selbstbewertung</th></tr>
<tr><td>Informieren</td><td></td><td>🙂 😐 🙁</td></tr>
<tr><td>Planen</td><td></td><td>🙂 😐 🙁</td></tr>
<tr><td>Entscheiden</td><td></td><td>🙂 😐 🙁</td></tr>
<tr><td>Realisieren/ Durchführen</td><td></td><td>🙂 😐 🙁</td></tr>
<tr><td>Kontrollieren</td><td></td><td>🙂 😐 🙁</td></tr>
<tr><td>Auswerten/ Reflektieren</td><td></td><td>🙂 😐 🙁</td></tr>
</table>

Bildquellenverzeichnis

AVM GmbH, Berlin: 350.2
Google Germany GmbH – Achtung PR, Hamburg: 339.1
Gratzke, Jürgen, Adendorf: 196.1, 244.1; bearbeitet von Brauner, Angelika 31.1; bearbeitet von Hild, Claudia 8.1, 11.1, 12.1, 13.1, 15.1, 23.1, 23.2, 23.3, 24.1, 24.2, 25.1, 25.2, 34.1, 36.1, 36.2, 167.1, 216.1, 225.1, 238.2, 241.1, 297.2, 307.1, 319.1, 332.1, 334.1, 348.1, 350.1, 355.1, 359.1, 360.1
Hild, Claudia, Angelburg: 3.1, 3.2, 17.1, 25.3, 44.1, 46.1, 52.1, 70.1, 72.1, 72.2, 83.1, 94.1, 95.1, 95.2, 97.1, 98.1, 102.1, 104.1, 104.2, 118.1, 122.1, 131.1, 135.1, 141.1, 141.2, 143.1, 143.2, 147.1, 148.1, 148.2, 150.1, 150.2, 176.1, 180.1, 189.1, 190.1, 212.1, 230.1, 238.1, 264.1, 267.1, 269.1, 278.1, 280.1, 282.1, 282.2, 285.1, 297.1, 333.1, 365.1
HumHub GmbH & Co. KG, München: 371.2
Ingo Patett, Rostock: 130.1
Kullin, Jens, Bardowick: bearbeitet von Hild, Claudia 358.1
Lithos, Wolfenbüttel: 354.1
NETGEAR Deutschland GmbH, München: 299.1
Nextcloud GmbH, Stuttgart: 371.1
OPNsense, Middelharnis: 300.1, 300.2
Proxmox Server Solutions GmbH, Wien: 382.1
stock.adobe.com, Dublin: Engel, Jan 154.1, 154.2, 154.3, 155.1, 155.2, 155.3, 155.4, 155.5, 155.6, 155.7, 155.8, 163.1, 167.2, 175.1; sasel77 195.1; Visual Generation Titel